I0894016

HET MEMORIAAL
VAN ABT JAN MOORS

BIBLIOTHECA ANALECTORUM PRAEMONSTRATENSIUM
FASC. 14

HET MEMORIAAL VAN ABT JAN MOORS

15 november 1634-23 juni 1637

INGELEID EN VAN VOETNOTEN VOORZIEN

DOOR

G.M. van der Velden, o. praem.

AVERBODE
PRAEMONSTRATENSIA
1980

ISBN 2-8017-0149-1
D. 1980/0602/18.

VOORWOORD

Reeds op 15 mei 1965 schreef ik vanuit Bokhoven[1], waar ik toen pastoor was en mijn vrije tijd benutte met het doornemen van het parochiearchief, naar mijn confrater Hub. van Bavel, archivaris van de abdij van Berne te Heeswijk, dat ik in de aantekeningen van pastoor van Roosmalen[2] deze passage was tegengekomen: «Middelerwijl was de pastoor Norbertus Verkuilen[3] den 17 october 1636 overleden aan de pest en opgevolgd geworden door de heer Rudolphus Zegers blijkens de dagregister van Joannes Moors, prelaat van Berne». Ik voegde er toen de vraag aan toe: «Is er nog een tweede dagboek of dagregister van prelaat Jan Moors bewaard gebleven, dat aan het gepubliceerde dagboek[4] voorafgaat?»

Ook in mijn boek *Het patronaatsrecht over Bokhoven. Een proces te Brussel 1769-1770*[5] heb ik op «den eijgenhandigen daghregister van den prelaet Jan Moors» kunnen wijzen met de opmerking, dat met dit dagregister niet het door A.M. Frenken uitgegeven dagboek kan zijn bedoeld. In dit proces dat vanuit Vilvoorde bij Brussel, waar de abdij van Berne toen haar zetelplaats had, is gevoerd, is het bedoelde dagregister naarstig gebruikt. Het vermoeden ligt voor de hand, dat na het proces dit document uit het archief van de abdij van Berne, mogelijk door nalatigheid, in Brussel is achtergebleven bij een van de vele personen die bij het proces betrokken waren geweest.

Zoals confrater Fons van den Hurk in de *Analecta Praemonstratensia*[6] heeft medegedeeld, signaleerde prof. M.G. Spiertz van Nijmegen in september 1978, dat in het Algemeen Rijksarchief te Brussel zich een Handschrift 761 A bevond, een «*Memoriael van den heer prelaet van Berne, beginnende den vijfthienden Novembris 1634*», en dat tot en met 23 juni 1637 is voortgezet. Deze gelukkige vondst was dus geen volkomen verrassing.

1 Een kerkdorp, gelegen in het noord-westen van de door annexaties uitgebreide gemeente 's-Hertogenbosch.
2 Joannes Hubertus van Roosmalen was pastoor van Bokhoven van 1835 tot zijn dood in 1869.
3 Norbertus Vercuylen was pastoor van Bokhoven van 1633 tot 1636.
4 Frenken, Dagboek Moors.
5 v.d. Velden, Patronaatsrecht Bokhoven.
6 *Analecta Praemonstratensia*, tomus LV (1979) blz. 138.

Ik heb toen de taak op mij genomen een transcriptie te maken, waarbij ik in ruime mate hulp heb gekregen van de reeds genoemde medebroeders, de historicus Van den Hurk en de archivaris Van Bavel. Hun vakkennis bleek onmisbaar en ik ben hen bijzonder dankbaar voor de voor mij prettige en voor hen tijdrovende medewerking. Zij hebben de door mij in eerste instantie gemaakte transcriptie zin voor zin met mij doorgenomen en talrijke verbeteringen kunnen aanbrengen.

Een woord van dank geldt hier het Algemeen Rijksarchief te Brussel dat voor uitstekende foto's van het origineel zorgde, en ons met herhaling in staat stelde de fotografische weergave op voor ons duistere plaatsen met het origineel te vergelijken. Veel steun ondervonden wij daarbij van onze Vlaamse confrater van de abdij van Postel, W.M. Grauwen, die als archivaris werkzaam is aan het genoemde Rijksarchief te Brussel. Aan hem hebben wij het ook te danken, dat het resultaat van het werk kon worden gepubliceerd.

G.M. VAN DER VELDEN, O. praem.

PRELAAT JAN MOORS
abt van Berne 1621-1641
hier 50 jaar oud
(doek, portrettengalerij)

Voormalige Abdij van Berne
bij Heusden aan de Maas
(paneel Jan Meerhout, begin 17e eeuw)

Slotje te Heeswijk
gebouwd door abt Coenraad van Malsen 1546
thans hospitium en abtsverblijf
(detail van portret van abt Van Malsen)

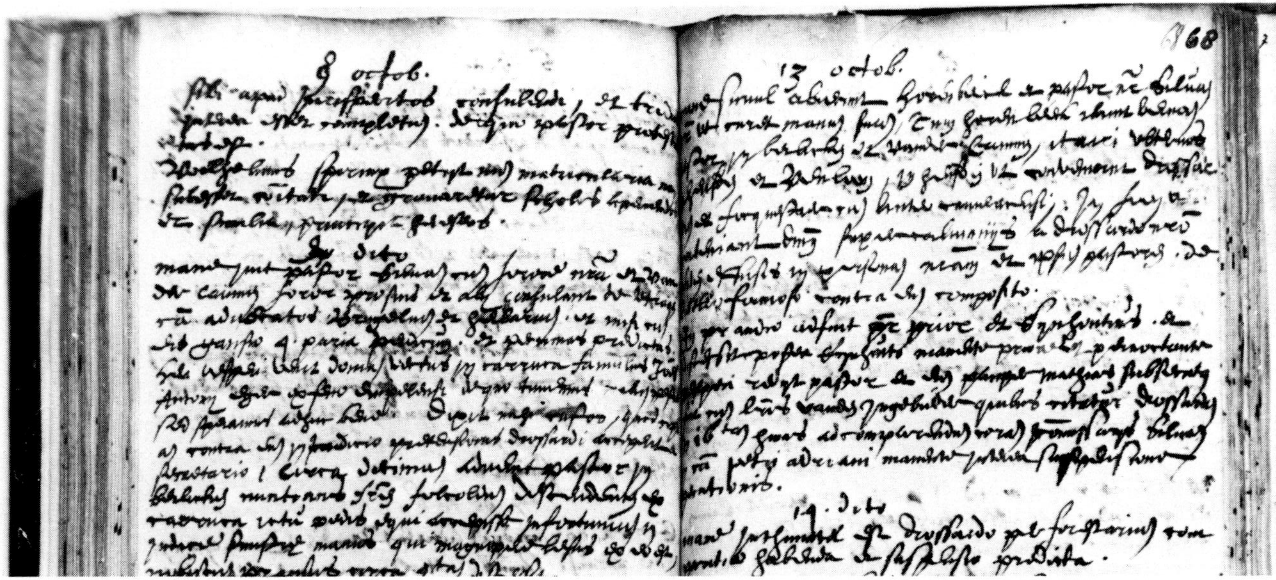

facsimile van bovengedeelten van f. 67^{v} en 68^{r}.
(Latijns gedeelte)

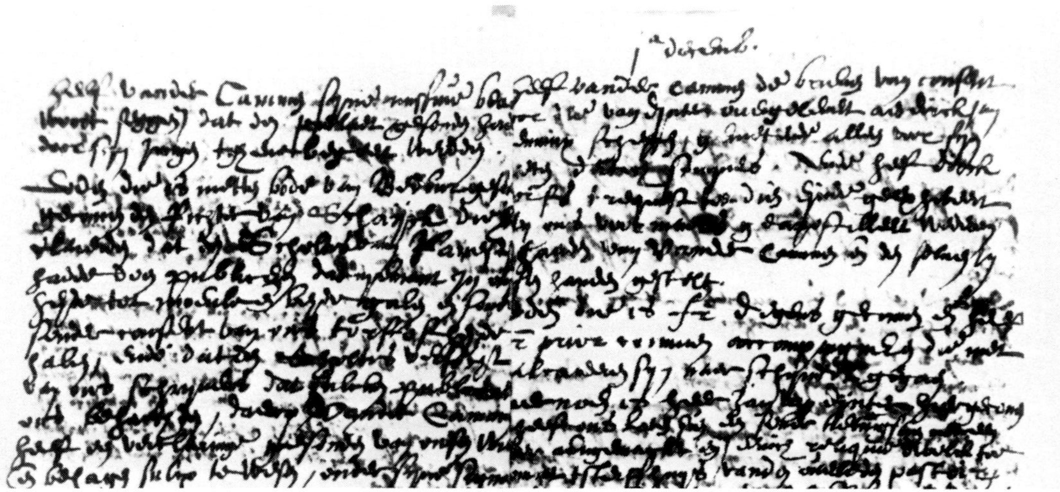

facsimile van bovengedeelten van f. 2^v en f. 3^r.
(Nederlands gedeelte)

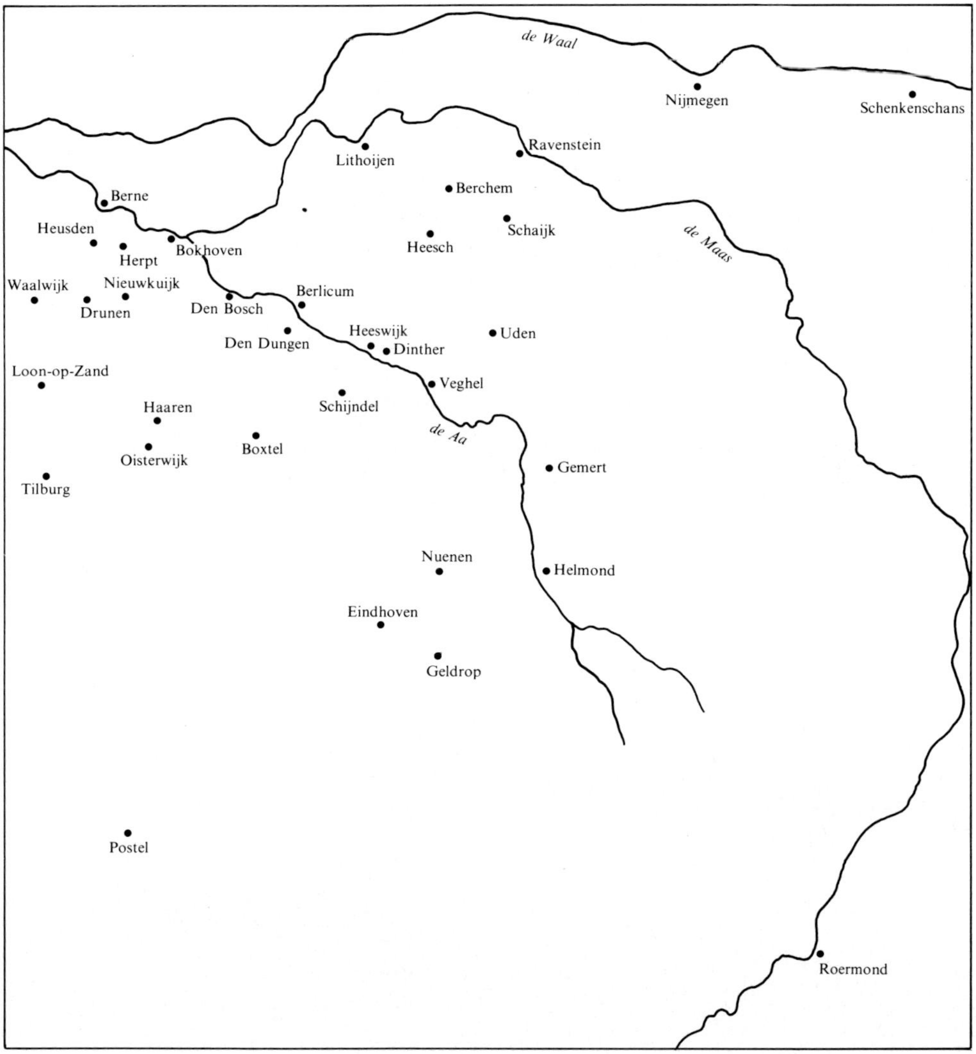
de Waal
Nijmegen
Schenkenschans
Lithoijen
Ravenstein
Berchem
Berne
Heusden
Herpt
Bokhoven
Heesch
Schaijk
de Maas
Waalwijk
Nieuwkuijk
Drunen
Den Bosch
Berlicum
Den Dungen
Heeswijk
Dinther
Uden
Loon-op-Zand
Veghel
Haaren
Schijndel
de Aa
Oisterwijk
Boxtel
Gemert
Tilburg
Nuenen
Helmond
Eindhoven
Geldrop
Postel
Roermond

INLEIDING

Het handschrift naar het uiterlijk bekeken

In het huisorgaan van de abdij van Berne, *De Kromstaf*[1] geheten, werd de vondst van het handschrift aan de abdijleden bekend gemaakt. Wij ontlenen daaraan de volgende mededelingen. Op 11 september 1978 kreeg onze confrater Fons van den Hurk van zijn promotor prof. Dr. M.G. Spiertz van Nijmegen het bericht, dat deze enkele dagen tevoren in het Algemeen Rijksarchief te Brussel een aardige vondst deed met betrekking tot Berne. Het betrof handschrift 761 A.

Dit manuscript is een boek, dat 92 bladen van 317 bij 100 mm bevat, waarvan 181 bladzijden beschreven zijn met allerlei notities van dag tot dag. De eerste negen bladzijden zijn in de Nederlandse taal van de eerste helft van de zeventiende eeuw geschreven. Vanaf 22 december 1634 schakelt de auteur, abt Jan Moors, geleidelijkaan op de Latijnse taal over. Slechts nu en dan keert daarna de Nederlandse taal voor een enkel woord of voor een enkele zin terug.

Het nu weer opgedoken Brussels handschrift is langer en breder van formaat dan het door A.M. Frenken uitgegeven Heeswijkse vervolgdagboek. Het eerste loopt over 951, het tweede over 921 dagen.

Frenken heeft de uitgave van het tweede dagboek in de *Bossche Bijdragen* ingeleid met bemerkingen over de leesbaarheid en het taalgebruik. Deze bemerkingen gelden evenzeer voor het eerste dagboek en hoeven hier niet herhaald te worden. Wel mag worden opgemerkt, dat abt Moors voor het eerste dagboek papier van minder goede kwaliteit heeft gebruikt. De inkt is vaak uitgevloeid en de tekst van de achterzijde van elk blad is door het papier heengetrokken en aan de voorzijde zeer storend merkbaar. Daar komt nog bij, dat het eerste manuscript achteraf is ingebonden en wel zo stevig, dat de tekst in het midden van de dubbele bladzijden hier en daar niet of nauwelijks leesbaar is. Zodoende is het ontcijferen van de tekst een uiterst moeizaam werk geworden.

De transcriptie

Bij de transcriptie zijn duidelijk verkeerde naamvallen en andere

1 *De Kromstaf.* Contactblad voor de Bernenses n° 239 blz. 5-7.

grammaticale fouten verbeterd zonder dat telkens in een voetnoot daarop wordt gewezen.

Moors is nogal slordig in het plaatsen van punten en komma's en in het gebruik van hoofdletters. Bij de transcriptie hebben we een ruim gebruik gemaakt van de leestekens, ook op plaatsen waar Moors deze niet heeft geschreven.

Ook in de schrijfwijze van de namen van personen en plaatsen is de auteur weinig consequent geweest. Daar komt nog bij dat hij de namen soms verlatijnst. Hierin hebben we geen veranderingen aangebracht.

De afkortingen hebben we als regel opgelost behalve in de algemeen gebruikelijke gevallen als fr. voor frater, als daar de kloosternaam op volgt.

We zijn er helaas niet altijd in geslaagd de tekst overal te ontcijferen. We waren verplicht in die gevallen de ontbrekende woorden door punten te vervangen.

De plaatsen waar Moors minstens een dag en een nacht buiten Heeswijk heeft vertoefd worden in deze uitgave telkens uitdrukkelijk aangegeven. Ook als de dag een zondag was, wordt dit gemeld.

Voor het samenstellen van de Index hebben we de jaren voorzien van een letter (1634 > a; 1635 > b; 1636 > c; 1637 > d) en de dagen van elk jaar van een cijfer.

Ten gerieve van de lezer hebben we elke nieuwe mededeling van de dagnotities met een nieuwe alinea laten beginnen.

In het origineel is door een latere hand een licht geschreven foliëring aangebracht. In deze gedrukte uitgave is deze foliëring behouden met de toevoegingen r. (> recto) en v. (> verso).

Het handschrift naar de inhoud bekeken en toegelicht

De publikatie van een dagboek vraagt om een vrij uitvoerige introductie. De lezer wordt immers, zonder enige inleiding van de kant van de schrijver, plotseling geconfronteerd met een hem veelal onbekende wereld van personen, gebeurtenissen, toestanden en onderlinge relaties. In de volgende inleidende hoofdstukken wordt niet alles herhaald, wat A.M. Frenken in zijn inleiding op *Het Dagboek van prelaat Jan Moors* reeds zo uitstekend heeft uiteengezet. Kennisname van zijn introductie is eveneens voor de lezing van deze uitgave van belang. De beide inleidingen bieden bovendien het voordeel, dat ook zij die de Latijnse taal niet of niet voldoende machtig zijn toch globaal kennis kunnen nemen van de inhoud.

In 1134 werd te Berne bij Heusden een klooster van de Orde van Prémontré gesticht vanuit Mariënweerd. Na de plundering in 1572 en het brandschatten van Berne in 1579 verbleven de meeste leden als zielzorgers op de parochies, die sinds eeuwen door priesters van deze abdij werden bediend[2].

Abt Jan Moors, die vanaf 29 november 1621 aan het hoofd stond van de uiteengeslagen kleine kudde, had zich in de stad 's-Hertogenbosch gevestigd en was daar vol goede moed begonnen aan de opbouw van een groot convent. Maar de inname van deze stad door Frederik Hendrik in 1629 maakte aan alles een voortijdig einde. Hij vestigde zich toen met goedkeuring van de Staten te Heeswijk in het oude slotje[3], dat eigendom was van zijn abdij en dat sinds jaren als pastorie dienst had gedaan. Daar schreef hij het grootste gedeelte van zijn Memoriaal onder uiterst moeilijke omstandigheden.

Want de Meierij was toen een omstreden gebied. De Republiek der Verenigde Nederlanden meende, dat met de val van 's-Hertogenbosch in 1629 ook heel de Meierij onder haar macht was gekomen, terwijl de Spaanse regering volhield, dat het capitulatieverdrag deze conclusie niet toeliet. Zo werd de Meierij een strijdgebied, waar men van beide zijden met hardhandigheid de baas wilde spelen. En daaronder hebben de toch al arme bewoners verschrikkelijk moeten lijden.

Zoals in de stad Den Bosch wilden de Hollandse machthebbers onder de druk van de predikanten in heel de Meierij de reformatie doorvoeren en de uitoefening van de katholieke godsdienst onmogelijk maken door de geestelijkheid te verdrijven en deze door predikanten te vervangen, door godsdienstoefeningen te verbieden en de kerken te sluiten. Dit leidde tot wat men de retorsietijd heeft genoemd en gekenmerkt is door de plakkaten en contraplakkaten die wederkerig werden uitgevaardigd. Deze leidden tot een soort razzia's, die van beide kanten werden uitgevoerd en die men toen executies noemde[4].

Uit de hieronder volgende onderdelen van deze inleiding krijgt men verder voldoende kijk op de situatie van het kerkelijk, burgerlijk en militair leven in de jaren dat abt Moors zo trouw zijn aantekeningen maakte.

2 Een korte samenvatting van de geschiedenis van de abdij van Berne kan men vinden in Heijman, *Berneboek* en v.d. Hurk, *Abdij Berne in haar parochies*.

3 Het nu nog bestaande oudste gedeelte van de huidige abdij van Berne te Heeswijk-Dinther.

4 Beermann; Prims, *Tax*. XXXIX.

Hierbij moet nog worden opgemerkt, dat de naam «abdij van Berne» van betekenis is veranderd. Aanvankelijk gaf men daarmee aan, dat de abdij in Berne bij Heusden was gevestigd. Later, toen de abdij niet meer in Berne was gehuisvest, bleef men de kloostergemeenschap aanduiden met de naam abdij van Berne, maar nu in de betekenis van de te Berne gestichte abdij.

§ 1. De leden van de abdij van Berne

Bij de aanvang van dit Memoriaal telde de abdij van Berne 18 leden. Zij woonden verspreid over vele plaatsen en leefden toch in een voortdurend contact met elkaar. Zij kwamen heel dikwijls naar Heeswijk en later naar Berne toen de abt daar was gaan wonen, ofschoon het wegverkeer moeilijk en tijdrovend was. Men reisde met paard en kar of als ruiter te paard.

De abt, *Joannes Moors*, woonde tot eind 1636 te Heeswijk in het door prelaat Koenraad van Malsen in 1546 gebouwde en met grachten omgeven slotje, dat toen nog in de oorspronkelijke toestand verkeerde. Hij was in 1634 53 jaar oud[5] en nog in de volle kracht van zijn leven. Sinds 29 november 1621 stond hij als abt aan het hoofd van de 17 confraters, die in hem in de moeilijke tijd sinds de inname van 's-Hertogenbosch een bekwame, doortastende en snel ingrijpende leider bezaten, die bovendien over vele en invloedrijke relaties beschikte.

Met hem was op het slotje gehuisvest de 32-jarige pastoor van Heeswijk, *Petrus Rovers*, die veel familie in het dorp had wonen en wiens ziekte en dood in het Memoriaal uitvoerig worden beschreven. Hij was tevens provisor van de abdij. Maar dit betekende niet veel meer dan uitvoerder van de verordeningen van de abt, die alles zelf regelde in overleg overigens met bekwame buitenstaanders. Onder hen neemt de bekwame en toegewijde *Mr. Jacob van der Cammen* een belangrijke plaats in. Deze was door de abt op 21 augustus 1634 aangesteld tot rentmeester over de abdijgoederen in Brabant en in het Land van Ravenstein[6]. Hij woonde met vrouw en kinderen in Berlicum, maar vertoefde zo vaak op het slotje te Heeswijk, dat we moeten aannemen dat hij daar een eigen slaapkamer had.

Vervolgens behoorden tot de huisgenoten van de abt de fraters:

5 In 1621 was hij 40 jaar oud. v. Lommel.

6 A.A.B. Instructie voor Jacob van der Cammen.

Walterus Meynarts, dikwijls Van Groeningen genoemd omdat hij klaarblijkelijk uit Groningen geboortig was, ongeveer 33 jaar oud; *Bartholomeus Somers*, 31 jaar oud, wiens familie na de inname van Den Bosch uit geloofsovertuiging deze stad had verlaten en in Berlicum was gaan wonen; en *Cornelius van Griensven*, 33 jaar oud.

Elf andere Bernenses woonden op de parochies die zij bedienden. De pastoor van Berlicum, *Paulus van den Dael*, ongeveer 44 jaar oud, neemt onder hen een bijzondere plaats in. Hij was de rechterhand van de abt en kreeg heel wat gewichtige opdrachten, vooral in Den Haag uit te voeren. Als kapelaan stond hem ter zijde de 31-jarige *Joachimus Keijsers*.

Naast Heeswijk en Berlicum hadden alleen Bokhoven en Lithoijen een ter plaatse residerende pastoor. Te Bokhoven was *Norbertus Vercuylen* pastoor. Hij stierf daar op ongeveer 36 jarige leeftijd aan de pest. *Nicolaus Havens*, de oudste nog in functie zijnde abdijheer — hij was toen 56 jaar oud — was pastoor van Lithoijen en had als kapelaan *Arnoldus Lent*, die hem als pastoor zou opvolgen. Nicolaus Havens stierf 4 juni 1637, en ook zijn dood met alle daarbij komende omstandigheden komen uitvoerig in het Memoriaal aan de orde.

De tijdsomstandigheden lieten niet toe dat de overige witherenparochies[7] Vlijmen, Engelen, Hedikhuizen en Oudheusden een eigen pastoor hadden. Wel werden enige andere parochies door leden van de abdij van Berne bediend. Zo had Waalwijk als herder *Rudolphus Seegers*. Hij zou later Norbertus Vercuylen te Bokhoven opvolgen. Hij was dan ongeveer 54 jaar oud. In Haaren bij Oisterwijk was *Antonius Cuypers* de zielzorger. Hij kwam maar zelden naar Heeswijk. Hij had als kapelaan bij zich in huis *Balthasar Jansen*, een jonge priester van bijna 30 jaar, die nog een blauwe maandag in Leuven ging studeren.

Ook Boxtel had tot pastoor een jonge priester van de abdij van Berne, *Augustinus Janssen*. Zijn zwakke gezondheid liet niet toe dat hij lang in Boxtel is kunnen blijven.

In Nuenen was de uit die plaats geboortige *Folcoldus van Riel* pastoor tot hij naar Heeswijk werd geroepen om Petrus Rovers op te volgen in de beide functies van pastoor en provisor.

Dan was er nog een Bernensis pastoor in Anholt, *Gisbertus Distelbergh*, die 20 februari 1635 op 52 jarige leeftijd aan een gezwel stierf. Zijn naam komt de eerste keer in het Memoriaal voor op 30 maart

7 Bedoeld zijn hier de parochies, waarvan de abdij van Berne sinds 1285 het patronaatsrecht had.

1635, de dag waarop de abt verneemt dat zijn onderdaan reeds ruim een maand geleden was gestorven.

Nog twee leden van de abdij moeten worden genoemd. Vooreerst de zeer bekwame *Leonardus Bosch*, in naam prior van het convent, die in tegenstelling met de abt in Leuven universitaire studies had mogen maken. Hij was lector in de abdij van Postel en toen hij daar niet meer nodig was, vond hij een onderdak in de pastorie van Hechtel, waar de Heeswijkenaar Henricus Timmermans, priester van de abdij van Averbode, pastoor was. Vervolgens *Petrus van den Meulenhof*, rustend pastoor van Heeswijk, die in 's-Hertogenbosch ziekelijk en gebrekkig was achtergebleven. In het Memoriaal wordt pas aandacht aan hem geschonken als het besluit van 2 december 1636[8] ook op hem van toepassing blijkt te zijn. Hij komt dan in Uden terecht, waar hij op 29 april 1637 is gestorven en begraven. Hij had toen de leeftijd van ongeveer 72 jaar bereikt[9].

Omdat in de jaren, die het Memoriaal bestrijken, geen nieuwe leden tot de abdij zijn toegetreden, telde de abdij aan het slot nog maar 13 leden.

§ 2. De familie Moors

Prelaat Jan Moors is de oudste zoon uit een gezin van negen kinderen. Zijn ouders waren vanuit Schijndel in Heeswijk komen wonen. Jan was toen ongeveer 15 jaar oud. En al ging hij in 's-Hertogenbosch aan de Latijnse school studeren, toch heeft hij volop gelegenheid gehad om Heeswijk en omgeving van jongsaf goed te leren kennen. Op het moment dat het Memoriaal begint leefden er van het gezin Moors nog 7 kinderen[10].

De oudste broer van de abt heette *Cornelius*, seculier priester, en was in 1634 rector van het begijnhof te Dendermonde. Zijn jongere broer heette *Maximiliaan*. Hij was advocaat te Brussel. Zijn naam komt ruim zestig maal in het Memoriaal voor. Hij was gehuwd met een Langritius, die hem vele kinderen schonk. Jan en Maximiliaan werkten innig samen in de processen, die de abt herhaaldelijk te voeren had. Ze bewezen elkaar allerlei diensten vooral door te bemiddelen bij invloedrijke personen.

Van de vier zusters van de abt komt men de naam van de ongetrouwde *Johanna* het meest in het Memoriaal tegen. Dit spreekt van zelf, daar zij tot de vaste bewoners van het slotje behoorde en de leiding had over het

8 Aan dit besluit wordt in paragraaf 13 uitvoerig aandacht geschonken.
9 A.A.B., Lijstje met namen; Frenken, Dagboek Moors.
10 v.d. Elsen, *Tax.* XLII blz. 291-294.

huishoudelijk personeel. Zij was nogal bang uitgevallen zoals uit verscheidene voorvallen blijkt. Uit schrik voor de rondzwervende soldaten had zij haar kostbaarheden elders in veiligheid gebracht, en tijdens de pestepidemie maakte zij uit voorzorg haar testament. Toen haar broer na verkregen verlof van de Staten in het oude Berne bij Heusden ging wonen, bleef zij in Heeswijk achter om daar als huishoudster op het slotje te blijven werken in het haar bekende en vertrouwde milieu.

De drie andere zusters worden minder vaak vernoemd. *Clara*, de oudste, was getrouwd met *Joannes Petri Rombouts*. Zij komen in het dagboek niet voor. Wel hun zoon *Joannes*, die in de abdij van Tongerlo intrad en de kloosternaam Gerlacus ontving[11]. Heeroom betaalde de eerste jaren voor hem het kostgeld en de benodigde studieboeken.

Op Clara volgde *Anna*. Zij was getrouwd met de voormalige vorster van Heeswijk en woonde nu in Batenburg. Van hier ontving de abt op 24 juli 1636 het droevige nieuws, dat hun getrouwde dochter *Maria* met haar man en een van de twee kinderen aan de pest waren gestorven.

De vierde zuster van de abt heette *Maria*. Zij was gehuwd met *Merten Corstens van Goch*. Deze zwager woonde met zijn gezin in Heeswijk. Hij was daar schepen en zodoende komt zijn naam dikwijls in het Memoriaal voor. Hij was evenals zijn heerbroer heetgebakerd van aard. In april 1637 werd hij door de drossaard uit zijn schepenambt ontzet.

In het Memoriaal worden nog andere familieleden en verwanten van prelaat Moors genoemd. Maar het is moeilijk uit te maken wie daarmee precies bedoeld zijn. Er is voortdurend sprake van een *Christiaen*, die bij de abt als knecht in dienst was en die hij zijn neef noemde. Hij werd met brieven naar Tongerlo gestuurd en tevens om te zien of zijn broer — en hiermee is ongetwijfeld bedoeld Joannes Rombouts — al geprofest is. Christiaen had nog een broer, *Petrus* genaamd, die ook als knecht in het Memoriaal voorkomt.

In het jaar 1635 heeft op 7 mei de verdeling plaats gehad van de nagelaten goederen van de gestorven ouders van de abt. Zijn vader was reeds gestorven in 1628. Zijn moeder stierf vijf jaar later op 20 juli 1633.

§ 3. De in Dinther wonende Familie Ter Herenhaeff

Prelaat Moors was innig bevriend met *Jhr. Bruno Ter Herenhaeff*[12], die te Dinther was komen wonen op de huizen Avestein en Ten Bogaarde. Ze nodigden elkaar wederkerig uit om te komen dineren en

11 Spilbeeck, Necrologium.

12 A.A.B. ms. G. v. d. Elsen, *De geschiedenis van Dinther*, blz. 72-76.

bewezen elkander kleine diensten. Heel vaak kwamen er paters minorieten of minderbroeders bij de familie Ter Herenhaeff op bezoek. Dan kwam men met deze logés de abt met een bezoek vereren.

Jhr. Bruno was gehuwd met *Anne Thill*. Uit dit huwelijk is slechts één kind geboren, een dochter, die reeds in 1620 heel jong was gestorven. Om toch wat jeugd in huis te hebben was er lange tijd een nicht gelogeerd. Zij heette *Catharina* en was een dochter van een broer van Jhr. Bruno, *Joannes* geheten, die schout in Kessel was.

In het memoriaal worden naast Catharina twee zonen van *Jhr. Joannes Ter Herenhaeff* genoemd, *Segewoldus* de oudste en *Daniel*, en nog een dochtertje, dat vanaf haar geboorte zwak van gezondheid was. Op 8 november 1636 bereikte de familie Ter Herenhaeff het bericht, dat het meisje was gestorven.

Uit het testament, dat Jhr. Bruno samen met zijn vrouw op 22 augustus 1620 had gemaakt[13], blijkt dat Bruno nog een oudere broer had, *Lambrecht* geheten. De oudste zoon van deze Lambrecht heette ook *Segewoldus*. Hij huwde met *Maria van Rijsenburg*. Hun zonen waren *Lambert Bruno* en *Gerard Jan*. Deze laatste ging in Leuven studeren en werd later heer van Avestein en van de ridderhof Ten Bogaarde.

§ 4. De zielzorgers waarmee abt Moors in contact kwam

Uit het dagboek van *Michael Ophovius*[14] is reeds gebleken, dat abt Jan Moors tot de vrienden van deze bisschop van 's-Hertogenbosch behoorde. Die vriendschap komt ook in het Memoriaal van de abt tot uiting. Moors was door de bisschop benoemd tot vicarius-foraneus speciaal voor de drie dorpen Heeswijk, Dinther en Berlicum[15]. Maar ook buiten dit gebied genoot hij bij de geestelijkheid groot aanzien. En men maakte graag van zijn goede betrekkingen met de bisschop gebruik om allerlei dingen te verkrijgen.

Franciscus van Gestel was in die dagen vicarius-generalis van het bisdom. Hij beschikte over uitgebreide door de bisschop verleende bevoegdheden. Bij alle benoemingen waarmee de abt te maken had als patronus of collator geschiedde de eigenlijke institutie door deze Van Gestel. Hij woonde te 's-Hertogenbosch, maar hij had materiële belangen

13 A.A.B. ms. G. v. d. Elsen, *Geschiedenis van Heeswijk en Dinther*, blz. 545.
14 Frenken, Dagboek Ophovius; Pirenne, *B.B.* XXVI.
15 Frenken, Dagboek Moors, blz. 220.

in Berlicum. Zodoende waren de contacten met de norbertijnen veelvuldig.

Tot de pastoors en kapelaans wier namen regelmatig in het Memoriaal voorkomen en waarmee abt Moors allerlei kwesties kreeg te regelen, behoren in de eerste plaats de pastoors van Dinther genoemd te worden. In deze zo nabije parochie was reeds op 2 april 1633 pastoor *Arnoldus Andriessen Beijss* gestorven. Maar er waren nog jaren nadien heel wat zaken te regelen, die betrekking hadden op zijn nalatenschap. Hij was opgevolgd door *Guilielmus van Zomeren*, die het maar drie jaar in Dinther volhield. Toen een benoeming in de parochie Someren niet doorging is hij ten slotte in Middelaar, buiten het bisdom Den Bosch, terecht gekomen, waar hij ook veel veiliger bleek te zitten.

De kapelaan van Dinther, *Jan Schenkens*, als regel mijnheer Jan genoemd, kwam heel dikwijls met allerlei praatjes en probleempjes bij de abt over de vloer.

Hier volgen de namen van enige pastoors en kapelaans uit de verdere omgeving van Heeswijk, die in het Memoriaal voorkomen. Te Schijndel was *Andreas Jacobi van de Bogaert* pastoor. Hij stierf 4 september 1636 en kreeg als opvolger *Adrianus Rutgers*. Kapelaan was in die jaren te Schijndel *Jacobus Westerhovius*. Te Nistelrode was *Wilhelmus Tuyffhuysen* pastoor, te Heesch *Rumoldus Cuypers*, te Oss *Mathias Septius*, te Berchem *Joannes Verbeek*, te Geffen *Gerardus van Amstel*, te Veghel *Joannes Hambraken*, te Den Dungen *Henricus Joannes van Boxtel* en te Gemonde *Wilhelmus Schellekens*.

Uit de nog verder afgelegen dorpen komen in het dagboek nog de volgende pastoors voor: *Henricus Jacobs Loeffs* te Velp, *Henricus Gosuini Smits* te Lith, *Petrus Veraelsfort* te Oostelbeers, *Reinerus van Enst* te Helvoirt, *Benedictus van Kessel* te Loon op Zand, *Reinerus Draeck* te Oisterwijk en *Henricus de Bije* te Geldrop.

Deze dorpsgeestelijken mogen niet te laag worden aangeslagen. Negen van hen hadden in Leuven aan de universiteit gestudeerd[16] en een graad gehaald.

§ 5. De kruisheren van Schijndel

De goede betrekkingen tussen de kruisbroeders of kruisheren en de norbertijnen of witheren in de stad 's-Hertogenbosch werden na de val

16 Bots, Noordbrab. Stud.

van deze stad in 1629 gehandhaafd. En dit was goed mogelijk. Want de Bossche kruisbroeders vestigden zich na het verplichte vertrek uit Den Bosch te Schijndel in de hoop nog eens naar deze stad te kunnen terugkeren[17].

Het convent van de kruisbroeders telde in 1629 negentien leden[18]. Van hen worden er dertien veelvuldig in het Memoriaal genoemd. In de eerste plaats de prior, *Jan Lievens*. Zijn naam wordt evenwel geen enkele maal in het dagboek genoemd. Zolang abt Moors in Heeswijk woonde kwam hij heel vaak op bezoek en bleef dan ook overnachten. Alles wijst er op dat hij als regel te voet kwam en zich door een van de leden van zijn convent liet vergezellen. Nu eens was dat een priester dan weer een lekebroeder.

De volgende priesters-kruisheren kwamen aldus dikwijls naar Heeswijk en gebruikten dan met de abt en eventuele andere gasten de maaltijden: *Anthonius van de Nieuwenhuysen*, de procurator of econoom, *Joannes Aertsen*, *Henricus Degens*, *Judocus Eyndhouts*, *Joannes Gastius*, *Petrus van Gestel*, die tijdelijk in Dinther de pastoor verving, en *Theodorus van Alem*.

De lekebroeders die de prior om beurten mochten brengen of halen waren: *Gustavus*, *Paulus Hicxpoor*, *Christianus Janssen*, *Arnoldus Jungers* en *Arnoldus Tuelinck*.

Christianus was kleermaker en heeft als zodanig verschillende opdrachten voor de abt persoonlijk uitgevoerd. Hij verbleef dan langere tijd in Heeswijk op het slotje. Bij Arnoldus Jungers wordt een keer zijn beroep genoemd. Hij blijkt dan kok te zijn geweest. Als regel kwam de prior louter uit vriendschap en als verzetje. Zelden kwamen zakelijke onderwerpen aan de orde en die waren dan van financiële aard. De econoom kwam wel eens profiteren van de kennis en ervaring die Moors had op het gebied van verpachtingen.

De kruisheren van Schijndel verleenden nu en dan ook assistentie in de parochies van Heeswijk, Dinther en Berlicum.

Aan het slot van het jaar 1636, toen alle geestelijken hals over kop de Meierij moesten verlaten, heeft prelaat Moors zich, naar het zich laat aanzien, enigszins teleurstellend tegenover het convent van Schijndel opgesteld. Ze moesten zelf maar een oplossing zoeken.

Het convent van de Schijndelse kruisbroeders zocht toen een goed

17 Francino, *In cruce vita*, blz. 63-98.
18 Schutjes IV, blz. 433.

heenkomen in Uden, waarvan men meende dat het neutraal gebied was. De vriendschapsband is er evenwel niet door verbroken.

§ 6. Op termijn komende paters en broeders

Tot voor kort bestond in Nederland nog het gebruik dat de bedelorden in de verschillende parochies omgang gingen houden, om gaven in natura op te halen voor hun levensonderhoud. Mgr. Ophovius had daaromtrent reeds in 1631 een regeling getroffen[19].

In de dagen van prelaat Moors kwamen twee soorten kloosterlingen in Heeswijk op termijn, zoals dat heette, en waren dan te gast bij de abt. Dat waren de *dominicanen* en de *franciscanen*, die in het Memoriaal als regel aangeduid worden met de namen predikheren en minderbroeders (predicatores en minoritae). Ze kwamen steeds met tweeën, een priester en een broeder. De eerste hield in de parochiekerk een preek en de tweede ging rond om de goederen op te halen en die daarom wat langer bleef. Als goederen die werden opgehaald, worden in het Memoriaal genoemd tarwe, hop en boter.

De dominicanen die naar Heeswijk kwamen, hadden hun klooster in Stratum (Eindhoven), waarheen ze na de reductie van Den Bosch waren getrokken. Op 24 september 1634 was daar de communiteit officieel opgericht[20].

De volgende dominicanen worden in het Memoriaal met name genoemd: *pater Antonius*, *pater Reijnerus Dobbelens* en *broeder Godefridus van Chaem*. Van de minderbroeders die statie kwamen houden worden *pater Voxius* (Foxius) en broeder *Cornelius van der Straten* genoemd.

§ 7. De betrekkingen van de abdij van Berne met de andere abdijen

Door de moeilijke tijden die de meeste abdijen doormaakten, was er weinig gelegenheid voor een veelvuldige communicatie onderling. Vooral de abdij van Berne had genoeg aan haar eigen zorgen. Toch zijn er contacten geweest met andere abdijen. Vooral met de *abdij van Postel.* Daar woonde en werkte, zoals hierboven reeds werd gemeld, Leonardus Bosch als lector. Op 14 juli 1635 kwam hij plotseling in Heeswijk aan met

19 Frenken, Dagboek Ophovius, blz. 308.

20 Meyer, G.A. o. p. De predikheeren te 's-Hertogenbosch 1296-1770; v. d. Elsen, *Tax.* IV, blz. 124-127.

het bericht, dat de abdij van Postel door keizerlijke troepen was geplunderd en dat alle bewoners waren weggevlucht. Zes dagen later kwamen twee jeugdige leden van de abdij, frater *Jeronimus van den Ancker* en frater *Augustinus Werdden*, uit schrik voor dezelfde soldaten eveneens hierheen gevlucht. Op 30 juli kwamen er weer twee andere fraters uit Postel bij abt Moors onderdak zoeken, *Nicolaas Rijssens* en *Rumoldus Loocke*. De toeloop vanuit Postel hield niet op. Want 3 augustus stonden er weer twee Postulenses voor de deur, frater *Franciscus Dens* en frater *Benedictus Eelkens*. Evenals de twee eersten waren ook zij Bosschenaren. Ze vertrokken spoedig naar hun familie. Toen het gevaar geweken was trokken allen weer naar hun abdij terug. Leonardus Bosch verliet begin 1637 de abdij van Postel om zich voorlopig terug te trekken in de pastorie van Hechtel bij *Henricus Timmermans*, een norbertijn van de *abdij van Averbode* zoals we al zagen.

Abt Moors is enige malen gevraagd naar de abt van Postel te schrijven. Zo werd hij verzocht, eiken te vorderen voor de gouverneur van Heusden. Met herhaling is bij hem aangedrongen om de pastoorsplaats te Someren, een parochie van Postel, te vragen voor de pastoor van Dinther.

In de maand september en begin oktober 1635 heeft abt Moors een reis gemaakt naar Antwerpen. Eerst ging hij naar Geldrop waar hij bij bisschop Ophovius de abt van Postel ontmoette met vijf fraters van zijn abdij, die daar juist de heilige wijdingen hadden ontvangen. Op 25 september reisde Moors verder. Eerst naar *Tongerlo*, waar zijn neef *Joannes Rombouts* in de abdij als kloosterling was aangenomen. Vervolgens ging hij langs de *abdijen van Grimbergen en Park* naar Dendermonde om er zijn broer Cornelius te ontmoeten. Vandaar trok hij verder naar Antwerpen. Op zondag 30 september las hij daar in de *Sint-Michielsabdij* de H. Mis. Hij had er een onderhoud met de abt, *Joannes Chrysostomus van der Sterre* en was bij hem te gast aan tafel.

Deze abt van Antwerpen was vicarius van de generaal-abt voor de Brabantse circarie. Dit verklaart dat er met hem een drukkere correspondentie werd onderhouden dan met de andere abten. Op 28 maart 1635 ontving abt Moors van hem het bericht, dat de abt van Averbode, *Mathias Valentijns*, was gestorven. In datzelfde schrijven verzocht de abt van Antwerpen eens te proberen te achterhalen, of een zekere *Vincentius Blommarts*, die uit de Sint-Michielsabdij als ketter was gevlucht, soms in Heusden in militaire dienst was getreden.

In het jaar 1636 deden zich moeilijkheden voor, die de orde als geheel raakten. De generaal-abt, *Petrus Gosset*, was 12 augustus 1635 gestorven en het convent van de *abdij van Prémontré* verkeerde in grote onzekerheid omtrent de opvolger. De vicarius van de Brabantse circarie zond toen aan alle abten van deze circarie een schrijven ter ondertekening rond, waarin de kloosterlingen van Prémontré werden aangemaand met de nodige zelfbeheersing een geschikte overste te kiezen. Een speciale bode kwam op 17 november deze brief in Heeswijk bezorgen.

Het generalaat van de orde van Prémontré werd door vele abten geambieerd, maar vooral de machtige kardinaal Richelieu keek begerig naar de rijke inkomsten van Prémontré.

De prior, *Adrianus Gosset*, en de overige kloosterlingen hadden daarover een brief geschreven die gericht was tot alle abten van de Brabantse circarie. Wederom was een speciale bode vanuit Tongerlo naar Heeswijk gestuurd om deze brief aan de abt te overhandigen. Daaraan waren toegevoegd een brief van de abt van *Ninove* en een van de Antwerpse vicarius.

Er ging heel wat tijd overheen eer de zaak opnieuw aan de orde werd gesteld. Op 19 december 1636 ontving abt Moors rechtstreeks van de abt van Antwerpen een missive, waarin deze de toestand van de orde uiteenzette, het oordeel van de abten in Duitsland doorgaf en de vraag voorlegde hoe de nieuwe generaal van de orde moest worden gekozen. Na overleg met Paulus van den Dael, Joachimus Keijsers en Jacobus van der Cammen kwam Moors tot dit standpunt, dat de generaal in beginsel wel gekozen moest worden uit en door elk klooster van de orde, maar dat het misschien efficiënter zou zijn, de keuze aan de visitatoren van de verscheidene circarieën over te laten. Heel vlot verliep alles niet, want pas op 28 april 1637 ontving prelaat Moors vanuit Antwerpen het communiqué toegestuurd, waarin de mening van de abten van de Brabantse circarie stond samengevat over de wijze waarop het hoofd van heel de orde moest worden gekozen. In het vervolg van het dagboek staat niets meer over de definitieve keuze van de ordesgeneraal opgetekend.

In het begin van het jaar 1635 was er nog een kwestie geweest die heel de circarie aanging. In Rome had men een college, waarvan een lid van de abdij van Tongerloo, *Cornelius Hanegraaf*, rector was. Deze was met allerlei voorstellen met betrekking tot dit huis gekomen. Abt Moors kon zich moeilijk met die zaken inlaten en liet daarom aan de vicarius te Antwerpen weten, dat hij bereid was zich volkomen neer te leggen bij de beslissingen die hij als vicarius tezamen met de overige abten in deze aangelegenheid zou nemen.

Dan was er nog de *abdij van Floreffe*, waarvan de bezittingen en de invloedssfeer reikten tot in de Meierij. Zo had de abt van Floreffe het begevingsrecht van het schoutsambt te Lieshout. Op 4 juni 1635 vervoegde zich bij abt Moors een zekere Theodoricus van der Stegen met het verzoek hem aan te bevelen bij de abt van Floreffe voor dit schoutsambt. Moors ging op het verzoek in en zond 27 juli een aanbevelingsbrief aan de toenmalige abt van Floreffe, *Joannes Roberti*.

§ 8. De regeerders van Heeswijk en Dinther

Afgezien van enige wijzigingen was de samenstelling van het wereldlijk bestuur over Heeswijk en Dinther in de jaren 1634 tot 1637 als volgt.

Heer van Heeswijk en Dinther en tevens van Berlicum was *Johan 't Serclaes van Tilly*. Hij was op 15 maart 1633 te Brussel in het huwelijk getreden met Marie Françoise de Montmorency. Ofschoon hij waarschijnlijk de op 10 december 1620 gestorven Wernard onmiddellijk opvolgde, werd hij pas op 12 januari 1634 te Heeswijk als tijdelijk of wereldlijk heer van die plaats ingehuldigd.

Voor het beheer van al zijn goederen en voor de verdediging van zijn rechten werd Johan 't Serclaes bijgestaan door zijn intendant of procureur, *Nicolaas van Zeune*, die zich ook verscheidene malen met de zaken van Heeswijk heeft bemoeid.

De heer had nog een rentmeester, die de inkomsten van de heerlijkheidsbezittingen moet innen. Hij heette *Egidius de Weer* en was uit Oisterwijk afkomstig. Zijn broer heette Godefridus en was kapelaan te Helvoirt. Ook de zoon van Egidius, Adrianus geheten, komt in het Memoriaal enige malen voor.

Voor het handhaven van de rechtsorde was de heer ter plaatse vertegenwoordigd door een drossaard. Deze heette *Judocus van Hedichuysen* en was gehuwd met Maria Hovelmans. Zij woonden te Middelrode op het slotje Seldensat.

Secretaris van Heeswijk en Dinther was *Joannes van Craenven*, een intrigant. Voor hem had Jan Moors geen enkel goed woord over.

In Heeswijk was een schepenbank, bestaande uit zeven schepenen zoals op de meeste plaatsen gebruikelijk was. De eerste schepen werd preses genoemd. De namen van hen die bij de aanvang van het Memoriaal in functie waren staan vermeld in Bijlage II.

De twee laatst afgetredenen, die gezworenen werden genoemd, waren: *Hendrik Hendriks Rovers* en *Mathijs Delissen*.

Velen onder hen stonden met de abt en de pastoor van het dorp in een bijzondere relatie, wat de onderlinge samenwerking soms bevorderde, maar meestal moeilijker maakte. Zo was Jan Aertsen Vercuylen pachter van de pastoor. Jan Hendriks Rovers was de vader van de pastoor. Aert Hendriks van Loon was pachter van de abdij. Merten Corsten van Goch was een zwager van de abt. Jan Willemsen Bosch was de broer van de prior Leonardus Bosch en Hendrik Hendriks Rovers was een oom van de pastoor.

De vorster of gemeentebode van Heeswijk was *Jan Peters Dobbelsteen* en de burgemeesters of gemeenteontvangers waren *Willebrord Willemsen* en *Adrianus Willemsen Spirincx*.

Dan waren er nog enige functionarissen, die zowel met de kerk als met de gemeente te maken hadden. Vooreerst twee kerkmeesters: *Peter Adriaansen* en *Henricus Jans Rovers*. Deze laatste was wederom een oom van de pastoor. Vervolgens twee H. Geest- of armmeesters: *Hendrik Jan Delissen* en *Freyns of Laureyns Roeffen*. De abt somt al deze personen op bij zijn aantekeningen van 23 december 1634.

Ten slotte moet hier nog worden genoemd de koster-schoolmeester, ook zo'n grensfiguur tussen het wereldlijk en het geestelijk terrein: *Willem Wijnants*.

De namen van de regeerders van Dinther staan in Bijlage I.

§ 9. Het grondbzit van de abdij en het beheer daarvan

De abdij van Berne had in de dagen van prelaat Moors behalve het oude slotje en bijhorigheden, bezittingen in drie verschillende gebieden. Vooreerst in het Land van Heusden de oude landerijen rondom de restanten van de abdijgebouwen en de verderaf gelegen percelen. Vervolgens de goederen tussen Maas en Waal. En ten slotte de eigendommen in Brabant en in het Land van Ravenstein.

De goederen in het Land van Heusden bezat de abdij grotendeels niet in volle eigendom. Zij had deze in een soort eeuwigdurende erfpacht verkregen van het Sint-Janskapittel te Luik[21]. Ieder jaar moest daarvoor een bepaalde soms gelds aan dit kapittel worden betaald. Dit geschiedde als regel door de tussenkomst van *Pierre Wispyn*, een koopman in Luik. Elke nieuwe abt was verplicht voor de verheffing van de erfpacht naar Luik te komen. Hij kon ook iemand anders afvaardigen.

21 v.d. Velden, Patronaatsrecht Bokhoven, blz. 19.

Op 28 april 1634 sloot abt Moors een contract met de heren *Aert van Horenbeeck* en *Mr. Simon van Breugel*, waardoor deze heren de abdijgebouwen en de in Berne en in het Land van Heusden gelegen abdijgoederen in amodiatie namen tegen een jaarlijkse forse pachtsom in geld en natura[22]. Aldus was de abt van een grote zorg bevrijd.

De goederen tussen Maas en Waal waren op 9 maart 1630 voor negen jaren verpacht, voor tweederde aan *Jhr. Zweder van Brakel* en voor eenderde aan *Mr. Jacob Vercuylen*[23]. Ook dit betekende een aanmerkelijke verlichting van het vele werk waar de abt voor stond.

De derde groep bezittingen stonden onder het meer directe beheer van de abt. Wel had hij, om hem bij te staan, op 21 augustus 1634 *Jhr. Mr. Jacob van der Cammen* tot rentmeester benoemd over de abdijgoederen in Brabant en in het Land van Ravenstein[24].

De bezittingen in Brabant bestonden vooreerst in vijf hoeven met bijbehorende landerijen in Bernheze.

De voormalige buurtschap Bernheze lag in het noordelijk deel van de huidige gemeente Heeswijk-Dinther en strekte zich uit rechts en links van de grenslijn tussen de twee kerkdorpen Heeswijk en Dinther. De naam Bernheze komt reeds voor in een aantal zeer oude oorkonden uit het abdijarchief, die in het *Oorkondenboek van Noordbrabant* opnieuw werden gepubliceerd en van toelichtingen voorzien[25].

In de tijd van abt Moors vielen drie boerderijen onder Heeswijk en twee onder Dinther[26].

Van de drie Heeswijkse hoeven had er een vanouds een speciale naam, *'t Lanckhuys*. Bij de aanvang van het Memoriaal was daarop *Mathijs Rutten* de pachter. Deze is echter tussen 22 mei en 22 juli 1635 gestorven. Daarna zette de weduwe met haar getrouwde zoon *Godefridus* het bedrijf voort[27].

Niet ver van 't Lanckhuys lag de tweede boerderij in Bernhese, waarvan in 1634 *Aert van Loon* de pachter was. Zijn pachtceel is van 1632 en de pacht was voor zes jaar aangegaan[28].

Op het derde bedrijf aan de Heeswijkse kant van Bernhese woonde als pachter *Claes Willemsen*. Zijn pachtceel voor zes jaren was van 1629[29].

22 A.A.B. Pachtceel van Arnold v. Horenbeek en Mr. Simon v. Breugel.
23 A.A.B. Verpachtinghe van de goeden der Abdije van Bern.
24 A.A.B. Instructie voor Jacob van der Cammen.
25 Camps, Oork. Noord-Brab. De nummers 85, 101, 133, 173.
26 A.A.B. Lantmetinge de anno 1629.
27 A.A.B. Pachtceel van 't Lanchuys.
28 A.A.B. Pachtceel Aert van Loon.
29 A.A.B. Pachtceel Claes Willemsen.

In het Dintherse gedeelte van Bernhese zat op de ene hoeve *Claes Petersen* en op de andere *Cornelis Denen*[30]. Deze laatste boerderij lag in de Heilaren.

In Berlicum had de abdij eveneens vijf boerderijen. De pachter van de hoeve aan 't Braakven heette *Adrianus Geritsen Coppen*. Hij heeft op 10 januari 1635 na enige strubbelingen de pacht vernieuwd[31].

Een tweede hoeve, in de Zandstraat te Middelrode gelegen, had als pachter *Mathijs Maertens*[32].

De derde hoeve lag op 't Beecvelt. *Heesken, de weduwe van Jacop Martens* had deze in pacht[33].

Als pachter van de vierde hoeve wordt *Dirck Antoonsen* genoemd, die 3 januari 1636 door *Joannes Peter Alberts* werd opgevolgd[34]. Deze hoeve lag aan 't Belver in de Coninkstraete.

En ten slotte had *Jan Hendrick Willemsen* nog een boerderij van de abdij in pacht[35].

Tot de goederen in Brabant behoorden nog twee elders gelegen boerderijen, een in Loon op Zand en een onder Heesch. Pachter in Loon op Zand was eerst *Cornelis Corsten*. Hij werd op 14 juni 1635 opgevolgd door zijn zoon, die ook Cornelis heette[36].

De hoevenaar te Heesch moest vaak tot betalen worden aangemaand. Hij wordt geen enkele maal bij zijn naam in het Memoriaal genoemd.

In het Land van Ravenstein had de abdij in de dagen van prelaat Moors nog drie flinke boerderijen. Ze lagen onder Schayk. Nummer een heette Cleyn Gael. De pachter was *Jan Hendrick Geritsen*[37], die in 1630 de pacht voor zes jaar had vernieuwd. In 1635 ging de pacht over op Hendrik zijn zoon.

De tweede heette Groot Gael met als pachter *Andries Jansen van Uden*[38]. De derde heette Moenle. De pachter daar was *Hein Peters*[39].

Behalve hoeven en landerijen had de abdij nog andere bronnen van inkomsten, namelijk losse percelen onder Berchem, Heeswijk en

30 A.A.B. Lantmetinge de anno 1629 en Pachtboek van 1634.
31 A.A.B. Pachtceel van Adrianus Gerit Coppen.
32 A.A.B. Pachtceel van Mathijs Martens.
33 A.A.B. Lantmetinge de anno 1629.
34 A.A.B. Pachtceel van Joannes Peter Albert.
35 A.A.B. Lantmetinge de anno 1629.
36 A.A.B. Pachtceel van Cornelis Cornelissen (Corsten).
37 A.A.B. Huurceel van Henrick Geritsen en Pachtboek van 1634. A.R.A. De nieuwe Blaffart f. 143r.
38 A.A.B. Huurceel van Andries Jansen van Uden.
39 A.A.B. Pachtboek van 1634. A.R.A. De nieuwe Blaffart f. 144r.

Berlicum. Verder tienden[40] in Berlicum, Heeswijk en Lithoijen en o.a. de ossencijns te Berlicum[41].

In het abdijarchief wordt een blaadje uit 1638 bewaard waaruit blijkt, dat de bouwgrond in Berlicum, voor wat de korentiende aangaat, verdeeld was in tien «clampen» of blokken. Omdat de namen van deze buurtschappen en groeperingen van landerijen hier en daar in het Memoriaal voorkomen, laten we ze hier volgen volgens de op het blaadje aangetroffen schrijfwijze: 1. Hasselt, 2. Vaert, 3. Wamberch, 4. Braeck, 5. Beeckvelt, 6. Westelacker, 7. Huefthiende, 8. Coninckstraet, 9. Lenxstvelt, 10. Loo ende Houtart[42].

Hier is het ook de plaats te wijzen op het feit, dat de abt van Berne met betrekking tot enige goederen en bronnen van inkomsten in middeleeuwse trant optreedt als leenheer. Zo waren er in Heusden enige huisjes, die als lenen golden. Ook de tienden van Hedikhuizen vormden een goed dat in leen werd uitgegeven. Deze lenen moesten op de gebruikelijke manier met eed van trouw en leenhulde verheven worden. Als leenmannen komen in het Memoriaal voor: *Thomas van Thienen, baron van Heukelum, Jhr. Sebastiaan Beelaerts*, burgemeester van Heusden, *Cornelius Moors*, de reeds genoemde broer van de abt, en een zekere *Rochus Lermaes*. Als stadhouder van de leenheer trad op Aert van Horenbeeck. Bij afwezigheid van de leenheer werd de eed van trouw in zijn handen afgelegd.

§ 10. De pestepidemie van 1635-1636

«Zoals zo dikwijls», schreef L.J. Rogier in zijn artikel *Uit de geschiedenis van de beoefening der geneeskunde, in zonderheid te Nijmegen*[44], «kwam de pest ook ditmaal in het gevolg van de oorlog». En dit kwam in de Meierij in de jaren 1635-1636 des te harder aan, omdat de bevolking toch al zozeer door drie economische plagen: de belastingen, de oorlogen en de ambtenaren werd geteisterd, zoals Th. Goossens in zijn bekende rede *Het arme Brabant*[45] zo overtuigend heeft uiteengezet.

In 1635 hebben Frankrijk en de Republiek een verbond gesloten, dat een nieuwe fase in de Tachtigjarige Oorlog inluidde. De troepen, en

40 A.A.B. Pachtboek 1634.
41 A.R.A. De nieuwe Blaffart f. 282r - 326r.
42 A.A.B. map: 19 pachtcelen Berlicum 1624 - 1639.
43 A.A.B. Leenverheffing betreffende koren- en smaltiende.
44 Rogier, Opstellen blz. 731-785.
45 Goossens.

speciaal de Franse legers, hebben de pest in snel tempo verspreid. Van Maastricht tot Amsterdam zijn er duizenden slachtoffers gevallen. In Maastricht begon de pestepidemie reeds in 1633[46]. Daar kwam meer dan de helft van de bevolking door deze ziekte om het leven. In Nijmegen was dit bijna de helft, namelijk ruim zesduizend inwoners. Ook typhus kwam met het krijgsvolk mee. Voor Amsterdam worden getallen opgegeven van 8000 in het jaar 1635 en meer dan 17000 personen in het jaar 1636 die aan de gevreesde ziekten stierven. Van het Franse leger, dat 16 duizend man voetvolk en 4 duizend ruiters telde, kwamen slechts 8 duizend man in hun vaderland levend terug[47].

Voor de dorpen in de Meierij worden natuurlijk niet zulke grote getallen genoemd. Maar ook hier had men danig van de pest te lijden. Het Memoriaal van abt Moors geeft ons daarvan talrijke bijzonderheden.

Op 1 november 1635 constateerde een zekere *Everardus Henricx*, een priester die in Oisterwijk een beneficie genoot en die tot in verre omtrek de pestlijders bijstond, dat de pastoor van Heeswijk door de pest was aangetast.

De abt nam, zoals altijd, onmiddellijk de nodige maatregelen. Hij bestelde genees- en bestrijdingsmiddelen. Uit het ziekenhuis in Den Bosch liet hij een zuster komen, om de pastoor te verzorgen. En zelf vertrok hij in allerijl naar Berlicum om zich tegen besmetting te vrijwaren. En terecht. Want hij was als leider van zijn medebroeders onmisbaar. Hij nam zijn intrek in de pastorie en bleef daar tot 22 december. Pastoor Rovers leek genezen, maar zijn gezondheid was toch danig aangetast. In de nacht van 25 op 26 februari 1636 ontsliep hij kalm in de Heer.

Op 6 november 1635 kreeg de abt bericht uit Dendermonde, dat het huis van zijn broer Cornelius door pest was getroffen en dat zijn huishoudster, Isabella, daaraan was overleden.

Telkens opnieuw kwamen bij de abt berichten binnen van slachtoffers van de gevreesde ziekte. Op 5 januari 1636 werd hem gemeld, dat frater Augustinus Janssen en zijn zuster door de pest waren besmet. Everardus Henricx was weer present om hen te verzorgen.

De molenaar in de Reek kwam op 1 maart zeggen, dat Henricus van den Steen, notaris te Herpen, de pest had. Hij vroeg om een aanbevelingsbrief voor heer Everardus opdat deze onmiddellijk zou komen. Het

46 Lier.
47 Nuyens, blz. 102.

mocht niet meer baten, want reeds vier dagen later bezweek de notaris aan de kwaal.

Op 11 mei verspreidde zich het gerucht, dat drie huizen nabij de kerk in Heeswijk door de pest waren besmet. In Heeswijk vielen twintig slachtoffers. In de familie Rovers alleen al negen.

Na een bezoek op 16 mei 1636 aan Johan Gans te 's-Hertogenbosch moest de abt bij zijn thuiskomst op het slotje vernemen, dat nu de keukenmeid de pestziekte had opgelopen. Reeds de volgende dag ging hij op de vlucht voor het besmettingsgevaar en nam opnieuw zijn intrek in de pastorie van Berlicum.

Heer Everardus snelde vanuit Oisterwijk te hulp. Maar hij kwam helaas te laat. Reeds op 19 mei stierf het keukenmeisje.

Negen dagen later kreeg de abt bezoek van de pastoor van Bokhoven, Norbertus Vercuylen. Hij mocht niet binnenkomen, omdat hij aan de pestziekte leed. Op 6 juni 1636 kreeg de abt te horen, dat de zus van de pastoor van Bokhoven aan de pest was bezweken. Op 3 juli keerde prelaat Moors weer naar Heeswijk terug.

Maar de pestepidemie is in de Nederlanden nog niet afgelopen. Uit Antwerpen kreeg Moors bericht, dat de bisschop Ophovius uit deze stad was weggevlucht uit schrik voor de verraderlijke ziekte. Twee dagen later vielen er ook slachtoffers in de familie Moors te Batenburg, zoals hierboven reeds werd medegedeeld.

Op 27 augustus bleek het neerhuis van het kasteel te Dinther, waar de familie Ter Herenhaeff woonde, door de pest te zijn verrast. Jhr. Bruno, zijn vrouw en het bij hen inwonende nichtje kwamen bij de abt om onderdak. Tot 27 november bleven zij bij hem in het slotje logeren en waren dagelijks met hem aan tafel.

3 September ontving de prelaat het bericht, dat de pastoor van Schijndel aan de pest was gestorven.

In Bokhoven heerste nog steeds de pest. Op 17 oktober stierf daar de pastoor in een uiterst desolate toestand.

Niemand en geen enkel huis was tegen besmettingsgevaar gevrijwaard. Nog in 1637 moest de heer van Heeswijk met zijn familie het kasteel te Tilly, 15 km ten oosten van Nijvel, verlaten, omdat er de pestziekte was gesignaleerd.

De schrik zat er bij iedereen wel erg diep in. Bij elk ziektegeval vreesde men dat het wel de pest kon zijn. Afdoende middelen ter bestrijding en genezing bestonden er blijkbaar niet. Abt Moors had veel vertrouwen in een geneesmiddel, dat theriaca Venetiana werd genoemd en dat hij in busjes verpakt uit Antwerpen liet komen. Maar of er gunstige resultaten mee werden bereikt blijkt nergens.

§ 11. HET GEVEN VAN CADEAUS OM DE GUNST VAN GEZAGSDRAGERS TE VERWERVEN EN TE BEWAREN

Het is een bekend feit, dat de Hollandse functionarissen, zowel zij die in Den Haag werkten als die een taak hadden gekregen in de veroverde gebieden, erg gevoelig waren voor geschenken. In plaats van geld gaf men gaarne waardevolle dingen in de vorm van cadeaus om het omkoopkarakter daarmee wat weg te nemen. Langs die weg kon men vaak heel wat gedaan krijgen.

Prelaat Jan Moors wist daar handig gebruik van te maken. Hij wist precies voor welk soort geschenken de heren en vooral hun echtgenoten gevoelig waren.

De zeventiende eeuw geldt als de gouden eeuw. Dat gaat wel op voor Holland, maar absoluut niet voor het arme Brabant, althans niet voor de Meierij van 's-Hertogenbosch. Maar de abt had goede relaties in Antwerpen, en daar was van alles te koop.

Een van de zaken waarmee men de noorderlingen een groot plezier kon doen was Kamerijks doek. Herhaalde malen laat de abt stukken van dit kostelijke linnen uit Antwerpen komen. Een welgestelde dame in die stad, Maria Vranx, waarmee ook bisschop Ophovius goede relaties had[48], trad op als tussenpersoon om die lappen Kamerijks doek in te slaan en naar Den Bosch over te maken. Telkens als de pastoor Van Berlicum, Paulus van den Dael, naar Den Haag werd gestuurd, om daar een gunst te verwerven of een of ander onheil af te wenden, ging hij niet met lege handen. Reeds op de allereerste bladzijden van het Memoriaal onder 20 november 1634 staat te lezen, dat hij aan de gedeputeerden van de Staten van Holland patrijzen, hazen en stukken Kamerijks doek ten geschenke gaf.

In Den Bosch was Mr. Johan Gans al bijzonder uit op presentjes[49], en prelaat Moors bedacht hem goed om op zijn steun te kunnen rekenen. Telkens als de abt een haas van iemand cadeau kreeg, liet hij deze bij de heer Gans aan huis bezorgen. Op 11 januari 1635, toen de pastoor van

48 Frenken, Dagboek Ophovius.
49 Sasse v. Ysselt, *Tax.* XLII.

Berlicum hem bepaalde brieven ter hand moest stellen, was daarbij een pakje toegevoegd met tien el linnen.

Ook andere bevriende relaties, die hem diensten konden bewijzen, werden niet vergeten. Zo kreeg ook advocaat Van Herlaer op 12 februari van datzelfde jaar een haas thuis gebracht.

's-Hertogenbosch was bekend om de fabricatie van tafelmessen. Deze waren erg gewild. Zo vereerde de abt de heer Gelinckhuysen met een dozijn Bossche tafelmessen voorzien van ivoren heften, die hem acht gulden hadden gekost.

Nu en dan werden geldelijke giften gedaan en deze waren dan steekpenningen in de strikte zin van het woord. Het kwam voor, dat men uit dankbaarheid voor een verkregen gunst een geschenk aanbood. Zo besloten de drie dorpen Heeswijk, Dinther en Berlicum aan de commandant in Den Bosch, Jhr. Hendrik van Tuyll van Bulckenstein, een haas en de schenkel van een varken aan te bieden, omdat hij had toegestaan, dat soldaten van het Spaanse leger deze dorpen in bescherming namen tegen het geweld van rondzwervende militairen.

Nieuwjaarsgeschenken werden niet vergeten. De commandant van het kasteel van Heeswijk geneerde zich niet er zelfs om te vragen. Tijdig stuurde de abt iemand naar Eindhoven, om daar patrijzen te kopen, die de pastoor van Berlicum dan weer moest sturen naar de bevriende adressen in Den Haag. Onder deze heren behoorde ook de griffier der Staten-Generaal, Cornelis Musch, die volgens het oordeel van de historicus P. Geyl, «berucht om de omkoopbaarheid» was[50].

Op 18 juli 1636 kwamen de pastoors van Heesch en Nistelrode naar Heeswijk om Mr. Van der Cammen te spreken, opdat hij de schout er toe zou bewegen oogluikend de diensten in hun kerken toe te staan. Ze lieten 20 gulden daarvoor bij hem achter. Met datzelfde doel besloten op 6 augustus 1636 de drie dorpen Heeswijk, Dinther en Berlicum 75 gulden te schenken aan de schout van 's-Hertogenbosch.

Om een uitzonderingspositie te verkrijgen ten aanzien van het edict van 2 december 1636[51], dat heel de geestelijkheid in zo grote moeilijkheden bracht, heeft Moors diep in zijn buidel moeten tasten. Aan Noortwijck heeft de pastoor van Berlicum tijdens zijn verblijf in Den Haag twee zilveren kandelaars, ter waarde van 170 gulden geschonken, aan Van der Wolf een zilveren suikerpot ter waarde van 70 gulden, en een stuk Kamerijks doek aan de heer Musch, dat 40 gulden had gekost.

50 Geyl, blz. 373.
51 Zie paragraaf 13 van deze inleiding.

Na het verkrijgen van het gevraagde schonk prelaat Moors nog anderhalve aam wijn en 14 patakons[52] aan de commandeur van 's-Hertogenbosch, Philips van Thienen, om op zijn goede medewerking te kunnen rekenen.

Als men later bovendien nog wil verkrijgen, dat de abt ongehinderd naar de steden, die aan de Staten waren onderworpen, mag reizen, kwamen daar weer geschenken aan te pas. Diederik van Schagen, heer van Goudriaan, een bevriende relatie van Moors en Van der Cammen[53], die deze gunst moest zien te verwerven, kreeg een lap linnen toegestuurd om aan Musch cadeau te geven. Hij moest ook een zilveren suikerpot laten vervaardigen, die later aan Johan Gans zou worden geschonken.

Prelaat Moors was er steeds op uit op goede voet te staan met de verschillende militaire commandanten. Op 15 november 1636 liet hij aan de gouverneur van Heusden, graaf Willem van Nassau, een os bezorgen. Toen hij zich in Berne had gevestigd, kwam ook de vesting Crèvecœur onder zijn aandacht. Op 27 mei 1637 schonk hij aan de commandant van deze versterking, Cassiopijn, een vet schaap.

§ 12. Oorlogsnieuws

In het Memoriaal staan veel berichten over het verloop van de oorlog, over troepenverplaatsingen en over al de ellende die de oorlogstoestand meebracht.

De jaren waarin abt Moors zijn aantekeningen maakte vormden een belangrijke fase in de Tachtigjarige Oorlog. Aan Spaanse zijde kreeg Frederik Hendrik tegenover zich de bekwame Kardinaal-Infant, Ferdinand van Oostenrijk, broer van de koning van Spanje, Filips IV.

Het Staatse leger kreeg in 1635 wel Frankrijk aan zijn zijde, maar ondanks deze steun waren de jaren 1635, 1636 en het begin van 1637 niet de succesvolste voor Frederik Hendrik.

Hier volgt slechts een greep uit de vele oorlogsnieuwtjes. Op 8 december 1634, 's middags om twee uur, kwamen in Heeswijk zes compagnieën paardenvolk van het Staatse leger inkwartiering zoeken. Ook in enkele hoeven van de abdij werden ruiters ondergebracht. Onder hen was een neef van frater Cornelius van Griensven, een kornet, die aan de kloosterpoort aanklopte met de eis hem wijn te verschaffen. De abt

52 Een zilveren munt ter waarde van 48 stuivers. v. Gelder, blz. 124 en 265.

53 Een dochter van Van der Cammen woonde volgens dit Memoriaal (c. 107 en d. 40) enige tijd bij de familie Van Schagen te 's-Gravenhage.

gaf hem twee potten wijn om verdere overlast ook op de boerderijen te voorkomen. In Dinther was Thomas Stakenbroek, gouverneur van Grave, met zeven compagnieën neergestreken. Ze hadden tevoren in de Kempen van Son en Breugel, Hoge en Lage Mierde tot Turnhout toe rondgezworven. Ze bleven gelukkig niet lang, want reeds de volgende morgen vertrokken ze naar hun garnizoenen in Grave en elders.

In dezelfde maand december kreeg de abt een brief van de dominicaan Ludovicus Loumans, die men dikwijls in het gezelschap van bisschop Ophovius aantrof, waarin deze goed nieuws meldde over het verloop van de oorlog in Duitsland en elders.

Het belangrijke wapenfeit zoals de inname van de Schenkenschans[54] door de Spaanse troepen kon niet verborgen blijven. Op 29 juli 1635 kreeg Moors een schrijven van de pastoor van Berlicum met een min of meer gedetailleerde beschrijving van het gebeurde.

Enige dagen later, 2 augustus 1635, kreeg hij van iemand bezoek, die hem het dagboek van de belegering van Leuven bezorgde[55].

Baanstroperij door loslopende militairen kwam in die tijd veelvuldig voor[56]. De knecht van de abt, Christiaan, ondervond dat, toen hij 5 januari 1635 met wijn en andere benodigdheden o.a. witte voering, die hij in Den Bosch had moeten gaan inslaan, naar Heeswijk terugkeerde. In Middelrode werd hij door ongeveer 25 soldaten van het Staatse leger uit Willemstad overvallen. Zij haalden zijn kar leeg. De volgende dag werd hij opnieuw naar Den Bosch gezonden om een ander stuk witte voering, dat dringend nodig was, te kopen. Hij bracht het nieuws mee, dat de militairen uit Den Bosch vertrokken waren over Rosmalen naar Limburg.

Ook in Berne heeft men met herhaling last en nadeel ondervonden van de Staatse legers, vooral toen ze in de zomer van 1634 in Drunen en Nieuwkuijk waren gelegerd.

Toen de abt op vrijdag 13 april 1635 op en neer naar Geldrop ging, kwam hij onderweg op de hoogte van Gerwen soldaten tegen, die hem ruim twee gulden afpersten. Ditzelfde overkwam hem tijdens zijn reis naar Antwerpen tussen Retie en Geel. De baanstropers hadden niet altijd succes. Op 26 mei 1636 was de abt wederom naar Geldrop geweest. Bij zijn terugkeer werd hij door soldaten achtervolgd. Maar door de kracht en de snelheid van zijn paarden wist hij te ontkomen.

54 Waddington, blz. 272: Poelhekke, Gelderland, blz. 194.
55 Dit dagboek is niet in het abdijarchief bewaard gebleven.
56 Frenken, *Tax*. XXXVI.

Legerafdelingen vertoonden zich soms ook met welwillende bedoelingen in de contreie van Heeswijk. Zo kreeg prelaat Moors op 8 september 1635 bezoek van de commandeur van 's-Hertogenbosch, die ook toezicht had op het kasteel van Heeswijk als versterking. Hij was vergezeld van commissaris Johan Ruys, van kapitein Van den Brande en nog andere officieren. Ongeveer driehonderd man voetvolk was met hen meegekomen, dat verdeeld werd over Heeswijk en Dinther. Een derde gedeelte bleef onder leiding van kapitein Eetvelt bij het kasteel. De officieren gebruikten met de abt het middagmaal op het slotje. De manschappen kregen brood en bier. Rond vijf uur trokken ze voldaan weer heen.

Half oktober 1635 ontstond in de dorpen Heeswijk en Dinther grote beroering. Soldaten uit een nabije Spaanse legerplaats trokken plunderend rond. Ze hadden in Nistelrode reeds een twaalftal huizen in brand gestoken en kwamen nu in de richting van Bernheze. Om de dorpen Heeswijk, Dinter en Berlicum tegen dergelijke baldadigheden te beschermen, meende men niet beter te kunnen doen dan enige soldaten van Spaanse zijde aan te vragen, die de streek zouden beschermen tegen het brute optreden van die plunderaars. Abt Moors schreef met die bedoeling een brief aan kapitein Tuyl in Den Bosch om een sauvegarde te krijgen waarmee de pastoor van Berlicum en de drossaard ongehinderd die beschermers zouden kunnen gaan halen. Het resultaat van al die stappen was, dat Moors een dokument van de Kardinaal-Infant kreeg, waarin deze de drie dorpen in bescherming nam[57].

Om de soldaten in hun legerkampen van het nodige voedsel te voorzien, moest er heel wat door de bevolking uit de omgeving worden opgebracht. Zo werd de streek van Heeswijk, Dinther, Berlicum, Nistelrode en Rosmalen verplicht tarwe te leveren aan de koninklijke legerplaatsen. Het ging over grote hoeveelheden, die men zo maar niet voorradig had. Daarom kwamen vertegenwoordigers van deze dorpen naar de abt, om van hem de benodigde tarwe te kopen.

Het van Spaanse en Staatse zijde gevangen nemen van personen was aan de orde van de dag. Op 7 juli 1636 kreeg de abt te horen, dat zijn medebroeder Rudolphus Seegers, pastoor te Waalwijk, door militairen uit Geertruidenberg was meegenomen en naar Den Haag overgebracht, omdat hij in de pastorie de H. Mis had opgedragen. Zelfs de heer van Loon op Zand, toch een neutrale figuur, werd lastig gevallen omdat hij aan een priester in zijn kasteel logies verschafte.

57 A.A.B. Sauvegarde van 14 oktober 1635.

Eind oktober 1636 verschenen er plotseling veertien afdelingen ruiters uit de legerplaats van de Prins van Oranje in Heeswijk en Dinther. Drie soldaten wilden bij de abt in het slotje binnendringen. Toen dit niet lukte, trok een van hen zijn kleren uit, zwom door de gracht met in zijn ene hand een zwaard en in de andere een bijl waarmee hij de sloten van de toegangspoort wilde stukslaan. Maar tevergeefs. Henricus van den Leemputte, die bij de abt op bezoek was, riep zijn zwager luitenant Loserot te hulp, waarop de onverlaat de benen nam. De overige soldaten werden vriendelijk behandeld en van brood en bier voorzien, waarvoor men dank bracht.

§ 13. Het plakkaat van 2 december 1636

Binnen het tijdsbestek van dit Memoriaal valt ook het verschijnen van het plakkaat van 2 december 1636. «De godsdienstbepalingen» aldus Dr. V.A.M. Beermann «waren in hoofdzaak de volgende. Alle geestelijken, mannelijke en vrouwelijke, in ongeveer het gehele Zuiden tot aan de Fransche grenzen toe werden voor goeden prijs verklaard; zware geldboeten zullen gearresteerde geestelijken moeten betalen, evenals de dorpen, die toelieten, dat daar de katholieke godsdienst werd uitgeoefend. Wie katholieke kerkdiensten bijwoonde, werd eveneens gestraft. Wat de Meierij zelf betreft, voor de zooveelste maal werd geboden, de kerken te sluiten en het katholicisme niet uit te oefenen. De geestelijken moesten uit dit gebied vertrekken, daar zij ongewenschte onderdanen waren»[58].

Het eerste wat opvalt is, dat dit funeste plakkaat pas drie weken later in de stad Den Bosch bekend werd. Abt Moors vernam het eerst op 22 december uit een brief van de pastoor van Berlicum. De volgende morgen werd de pastoor van Heeswijk naar de stad gestuurd, om nadere informatie in te winnen. De pastoor van Berlicum was meegegaan. Ontdaan en droevig gestemd kwamen ze 's avonds met de letterlijke tekst van het edict bij hun abt aan. Hij las het stuk en besefte terstond het ongelooflijk rigoureuze van dit uitwijzingsbevel. Paulus van den Dael werd naar Den Haag gestuurd met de vraag, of de abt en zijn convent ook onder de bepalingen vielen.

Maar men kon niet op een antwoord blijven wachten. Er moesten onmiddellijk maatregelen worden getroffen. Prelaat Moors toonde zich

58 Beermann, blz. 159.

weer een goed en energiek leider, die aan alles dacht. De pastoor moest terug naar Den Bosch om te zien of er een uitwijkmogelijkheid voor het Bernse convent te vinden was. 's Avonds keerde hij terug met de mededeling, dat men daar van oordeel was, dat de abt en de zijnen veilig in Bokhoven zouden kunnen verblijven.

Het werd een droeve Kerstmis. De diensten in de kerk gingen niet door. De pater dominicaan Reynerus Dobbelens en een broeder van de kruisheren kwamen op die kerstdag bij de abt met het voorstel, dat hij in Den Haag niet alleen voor zichzelf maar ook voor hen een uitzonderingspositie zou weten te verkrijgen. Zij deden dit nog wel op raad van de bisschop. Maar de abt verontschuldigde zich «propter neutralitatem», dus op grond van het feit, dat de abdij van Berne in tegenstelling met anderen steeds een onpartijdig standpunt had ingenomen in het geschil tussen Spanje en de Republiek.

De abt kreeg de raad om voorlopig een onderkomen te zoeken in het eveneens neutrale Bokhoven. Op de tweede kerstdag werd de pastoor van Heeswijk naar de graaf van Bokhoven gestuurd met het verzoek, of de norbertijnen van Berne tijdelijk in zijn kasteel te Bokhoven zouden mogen verblijven tot men door de nevels van de proscriptie heen beter zou kunnen onderscheiden wat hen te doen stond. De volgende dag was de pastoor al terug met een brief, waarin stond dat het huis van Bokhoven voor de abt, maar dan voor de abt alleen, open stond.

Omdat dit geen bevredigende oplossing bood, zocht de abt naar een ander toevluchtsoord. Op 29 december zond hij frater Cornelius van Griensven en Van der Cammen naar de commandeur van de Duitse Orde te Gemert, Ulrich van Hoensbroek, met de vraag of de prelaat van de abdij van Berne met zijn religieuzen voor enige dagen bij hem onderdak zouden kunnen krijgen. Deze stemde daarin toe.

Nu moesten nog snel allerlei zaken worden geregeld. Vooreerst moest een oplossing gevonden worden voor de oude en zwakke Petrus van den Meulenhof, die nog steeds in Den Bosch vertoefde, en vervolgens moest men maatregelen treffen voor het beheer van de goederen, die de gestorven pastoor van Dinther eertijds aan de Tafel van de H. Geest had geschonken. In een kist liet hij zilverwerk, belangrijke charters en andere kostbaarheden van de abdij overbrengen naar het huis van Van der Cammen in Berlicum.

Aan de pastoor van Heeswijk en frater Augustinus gaf hij de opdracht uit te wijken naar Uden. Frater Cornelius zond hij naar Bokhoven.

Met achterlating van al het andere en van het personeel vertrok de abt zelf, in gezelschap van frater Walter en Van der Cammen, naar Gemert, waar hij door de commandeur vriendelijk werd ontvangen. Zo ging men met een bezorgd en angstig hart het nieuwe jaar 1637 in.

Een brief van de naar huis teruggekeerde Van der Cammen kwam de abt in verwarring brengen met de mededeling, dat volgens de commandant van Heusden, noch Bokhoven, noch de andere neutrale gebieden een veilige schuilplaats betekenden. Toch besloot hij in Gemert te blijven en zich toe te vertrouwen aan de Goddelijke Voorzienigheid.

Op vrijdag 9 januari 1637 ontving hij de uitkomst brengende apostille of aantekening bij het edict, waardoor de abt van Berne en zijn convent vrijgesteld werden van de proscriptie. Men stond hen zelfs toe zich in het oude Berne metterwoon te vestigen. Het besluit was gevallen op 3 januari[59]. Deze datum betekent een belangrijk keerpunt in de geschiedenis van de abdij van Berne.

Snel werd nu alles geregeld. Allen moesten de volgende dag in Heeswijk bijeenkomen voor verdere instructies. Na verkregen verlof om door de stad Den Bosch te mogen reizen, ging men met spoed op stap naar Berne, te meer, omdat de commandant van Heusden op onmiddellijke overkomst aandrong. Op 15 januari kwam de abt in Berne aan, waar hij voorlopig te gast was bij de familie Van Horenbeeck, die de oude resterende gebouwen van het klooster bewoonde. Een nieuwe toekomst opende zich voor abt Moors en zijn kleine kudde.

§ 14. Het conflict tussen de abdij van Berne en de dorpsregeerders van Heeswijk

Abt Jan Moors kwam op voor de handhaving van de rechten, die de abdij van Berne sinds het begin van haar aanwezigheid in Heeswijk en Dinther daar meende te bezitten. Dit heeft geleid tot een botsing tussen de twee daarbij betrokken partijen. Het conflict tussen de abdij en Heeswijk was al ontbrand voor de abt aan zijn Memoriaal begon. In het archief van de abdij wordt een map documenten bewaard, die op dit geschil betrekking heeft[60].

Het ging om drie kwesties[61]. De abdij stond op het standpunt, zich daarbij baserend op zeer oude rechten, dat er in Heeswijk geen gemene grond mocht verkocht worden zonder toestemming van de abdij;

59 Frenken, Dagboek Moors, Bijlage VII, blz. 220.
60 A.A.B. map: Schepenen en regeerders in conflict met abdij.
61 A.A.B. Drievoudig Quaeritur.

vervolgens dat deze abdij het recht van vernadering had, d.w.z. het recht van terugkoop van gemene grond wanneer deze zou zijn verkocht; en ten slotte dat de pachters van hoeven, die de abdij in Heeswijk bezat, vrij waren van herendiensten en in dit geval dus van verplichte, onbetaalde handenarbeid ten dienste van de tijdelijke of wereldlijke heer van het dorp.

Deze rechten liet de abdij ook gelden ten overstaan van de gemene grond in Dinther en met betrekking tot de hoevenaars die daar woonden. Maar deze rechten werden door de regeerders van Dinther niet betwist. De eerste mededeling van het Memoriaal wijst daar al op. Daar geeft de abdij toestemming tot de verkoop van zes bunders gemene grond, waarom men met gegronde redenen had gevraagd. In de op perkament geschreven instemming werden de argumenten, waarop de abdij haar rechten fundeerde, terloops naar voren gebracht[62].

De aanleiding tot het conflict met de regeerders van Heeswijk lag als volgt. In 1629 hadden de schepenen van Heeswijk, zonder toestemming te vragen aan de abdij, gemeentegrond verkocht. Ongetwijfeld heeft de abt toen op het onrechtmatige van die verkoop gewezen, ofschoon daarover geen schriftelijke getuigenissen bewaard zijn gebleven. De schepenen hebben de tussenkomst van de abt eenvoudig naast zich neergelegd. Maar de abt liet het er zomaar niet bij zitten. Op 3 november 1634[63] liet hij door de vorster aan de schepenen van Heeswijk gerechtelijk aanzeggen, dat zij de verkochte gemeentegronden in hun vroegere toestand moesten terugbrengen. En daarmee was het hek van de dam. De secretaris van Heeswijk schaarde zich aan de kant van de schepenen en ging de oppositie tegen de abt leiden.

Om zeker van zijn zaak te zijn, ging de abt niet alleen te rade bij zijn regelmatige adviseur, Mr. Jacob van der Cammen, maar nam hij nog een advocaat in de arm, de Bosschenaar Mr. Aelbert van Breughel. Het ging hard tegen hard en het conflict groeide. Nog meer advocaten werden in het geschil betrokken[64]. Ten slotte moest de gemeente, om niet te zeer op kosten gejaagd te worden, wel zwichten. Er kwam een zeer duidelijke en op perkament geschreven overeenkomst tot stand, waarin de rechten van de abdij werden erkend. Het stuk werd door alle betrokkenen op 11

62 A.A.B. Goedkeuring gegeven door de abt aan de ingezetenen van Dinther en Antwoord van de regeerders van Dinther op de inwilliging van hun verzoek.

63 A.A.B. Insinuatie aan de schepenen van Heeswijk van 3 nov. 1634.

64 A.A.B. Advies van G. v. Zomeren, etc. Advies van G. v. Herlaer op de 3 Quaeriturs.

september 1635 ondertekend en van zegels voorzien[65]. Toch werd het later door de heer van Heeswijk als een ongeldige overeenkomst bestempeld. Maar dat is een geschiedenis apart.

§ 15. Het proces tussen Jan Moors en Johan 't Serclaes van Tilly

De goede en zelfs vriendschappelijke betrekkingen tussen de abt van Berne en de heer van Heeswijk slaan in de tweede helft van het jaar 1636 in het tegendeel om. Op 26 juni weet Egidius de Weer, de rentmeester van de heer van Heeswijk, die tot de trouwe vrienden van de abt behoorde, te vertellen, dat de drossaard op 7 mei in een brief heeft geschreven aan de te Tilly wonende heer van Heeswijk, Johan 't Serclaes, dat de abt, de pastoor van Berlicum en mogelijk ook Jhr. Ter Herenhaeff vele onware dingen over hem schrijven, maar dat hij ze niet moet geloven, omdat ze enkel streven naar eigen voordeel ten nadele van de tijdelijke heer. Dit wijst er op, dat de verhoudingen tussen de abt en de heer en zijn drossaard aanmerkelijk verslechterd waren en dat er onderling wantrouwen was gegroeid.

De op 11 september 1635 gesloten overeenkomst tussen de abdij en de dorpsregeerders van Heeswijk werd in discussie gesteld, en men wist de heer van Heeswijk te bewegen de rechtmatigheid van dit verdrag aan te vallen. Op 5 februari 1637 kondigde deze in een aan de abt gerichte brief een proces in verband daarmee aan[66]. Van der Cammen scheef naar Berne, waar de abt sinds 15 januari woonde, dat de heer door zijn drossaard op zondag 15 februari had laten bekend maken, dat de tussen de abdij en het dorp Heeswijk gesloten overeenkomst door hem was nietig verklaard en dat de hoevenaars van Bernheze evengoed herendiensten moesten verrichten als de andere boeren.

Oplopend van aard als hij was nam Moors zonder uitstel de nodige maatregelen en zette de advocaten met wie hij als regel samenwerkte aan het werk. Op 9 maart schreef hij naar zijn broer Maximiliaan en gaf hem de opdracht de strijd tegen de heer van Heeswijk aan te binden. Zoals steeds verliepen de juridische procedures niet erg vlot. Op de laatste bladzijde van het Memoriaal staat bij de datum van 23 juni nog genoteerd dat hem in de rechtszaak als commissarissen zijn toegestaan Van der Velde en Cools.

65 A.A.B. Akkoord tussen abdij en regeerders van Heeswijk.
66 A.A.B. Brief van de graaf van Tilly aan abt Moors van 5 febr. 1637.

De voortzetting van het proces, waarbij allerlei kwesties werden betrokken, zoals het visrecht op de Aa, het betalen van de houtschat enz., komt in het vervolgdagboek aan de orde. Pas na de dood van prelaat Moors werden de processen door zijn opvolger, Leonardus Bosch, beëindigd. Op 29 mei 1642 zond Maximiliaan Moors de rekening in van zijn werkzaamheden en gemaakte onkosten in verband met het proces tegen de heer van Heeswijk[67].

§ 16. De overige ter sprake komende processen en geschillen

Behalve de reeds besproken processen zijn er nog acht andere kleine geschillen voorgevallen.

Vooreerst zijn er moeilijkheden geweest over een dijk, die inwoners van Heesch hadden doorgestoken. Ze hadden de opening wel behoorlijk overbrugd, maar door het gat in de dijk kon water binnenstromen, waardoor de daar liggende landerijen schade zouden ondervinden.

Vervolgens is een nogal hoog oplopende ruzie voorgevallen met de drossaard van Heusden, Gaspar van Eyck, die bezittingen had in de Zandstraat in Berlicum. Het ging over de vraag wie de sloot tussen zijn land en dat van de abdij moest vegen.

Een derde onenigheid betrof een vonder over de Leigraaf nabij een van de hoeven van de abdij in de Heilaren, waarop Cornelis Denen woonde. Die vonder was stuk gegaan en nu kwam de kwestie wie het herstel moest verrichten en bekostigen.

Ook was er een lang slepend proces in het Land van Ravenstein met de erfgenamen van Dirk Jan Coenen te Schaijck, dat al voor de aanvang van het Memoriaal lopende was.

Dan zijn er nog twee gelijktijdige processen voorgevallen, waarbij ook de toenmalige pastoor van Heeswijk was betrokken. Het ene betrof de Heeswijkse kerkmeester, Petrus Adriani, die zich smalend zou hebben uitgelaten ten opzichte van de schepenen, die de schouw van sloten en wegen slordig hadden verricht[68]. Hij had zich daarna lelijk in de nesten gewerkt, zodat de drossaard, die er bij betrokken raakte, hardhandig optrad. Het andere had met de koster van Heeswijk, Wilhelmus Wijnants, te maken. Deze was door de drossaard op het matje geroepen, omdat hij de secretaris, Jan van Craenven, zou hebben beledigd.

67 A.A.B. Specificatie van de vacatiën, etc. van Max. Moors 1636-1641.

68 A.A.B. Petrus Adriani en de kwestie van de beloofde 200 gulden; Frenken, Dagboek Moors, blz. 89 onder 5 dec. 1637.

Twee andere processen zijn er ten slotte nog voorgevallen in het Land van Heusden. Het ene was gericht tegen de regeerders van Herpt en was tot in Den Haag doorgedrongen. Zij waren van mening dat de in hun gemeente gelegen abdij van Berne mee moest betalen aan de dorpslasten zoals het onderhoud van de wegen en dijken. De abdij wees die eis van de hand, omdat de abdij die lasten reeds apart betaalde en omdat tweemaal betalen niet gevorderd kon worden[69].

Het tweede was tegen Daniel van Haren, de schoonzoon van de inmiddels gestorven Anthonius Boudewijns van der Stappen. Het ging over een tweetal lapjes grond die Van der Stappen in gebruik had gehad, maar eigendom waren van de abdij van Berne. De schoonzoon wilde dit laatste eerst wel eens bewezen zien. Schriftelijke eigendomsbewijzen waren er niet, en men moest zich van de kant van de abdij baseren op getuigenissen van personen, die de ware toedracht kenden.

§ 17. Verdere zaken waaraan bijzondere aandacht wordt besteed

Met grote nauwkeurigheid noteerde de abt de dagen waarop aan huis bier werd gebrouwen. Men brouwde twee soorten bier, bier voor dagelijks gebruik en bier van een betere soort. Ook de wijnbestellingen bij Petrus Cottel in 's-Hertogenbosch werden getrouw opgetekend. Telkens als een nieuw vat werd aangesproken schreef hij dat op. Nu en dan kocht hij ook brandewijn. Ook vergat hij niet bij te houden de keren dat er varkens of ander vee werd aangevoerd en geslacht.

Ter ontspanning en ook om het visrecht op de rivier de Aa te handhaven zond de abt zijn confraters vaak uit om te gaan vissen. Dat kwam telkens in het Memoriaal te staan. Behalve in de Aa ging men ook wel vissen in de beek, de Leigraaf, en zelfs in de grachten die het slotje omgaven.

Een zaak die hem ten zeerste ter harte ging was de strijd tegen stuifzand. In deze aangelegenheid had hij de regeerders van Heeswijk aan zijn zijde. Vooral in Bernhese vormde het opdringende stuifzand een gevaar voor de daar liggende boerderijen. Duizende boompjes werden door hem aangekocht en geplant om dit euvel in te perken. Zijn voorkeur ging uit naar elze- en eikebomen. Dennebomen waren toen in Nederland nog onbekend. Tevens waakte hij er over, dat er geen bomen zonder zijn

69 A.A.B. Procuratie aan de pastoor van Berlicum en Arnoud v. Horenbeek om het proces met Herpt af te wikkelen.

verlof op grond van de abdij werden gerooid. Ook het plaggensteken in de heide werd in de gaten gehouden, opdat dit niet steelsgewijze of zo maar in het wilde weg zou geschieden.

De volksgebruiken hield hij in ere. Hij deed mee aan het geschenken geven met nieuwjaar, en het planten van de meiboom bij de toegangspoort van zijn woning werd niet onbeloond gelaten. Maar met de pastoor van Berlicum bestreed hij de ongepaste gebruiken zoals het ganzenknuppelen en het geld ophalen met Driekoningen, omdat dit besteed werd voor het drinken van sterke drank door jongens en meisjes tot diep in de nacht.

Omdat het houden van paarden onmisbaar was, niet slechts voor allerlei werkzaamheden op het land, maar vooral voor de vele reizen die gemaakt moesten worden, schonk de abt daaraan veel aandacht. Dat bracht mee, dat er paarden gekocht en verkocht moesten worden, haver ingeslagen, het tuig onderhouden, en de stal in goede staat gehandhaafd. Van al deze zaken maakte hij aantekening.

Een bron van vele zorgen was het vinden en behouden van goed personeel. En Moors had heel wat personeel nodig: voor de keuken, voor de koeienstal, voor de verzorging van paarden en karren, voor de tuin, enz.

De knechten moesten de vele benodigdheden en vooral etenswaren aanhalen voor de bewoners van het slotje en voor de vele gasten, die er bijna dagelijks waren. Hij had ook steeds een jeugdig knechtje ter zijner beschikking voor boodschappen en allerlei kleine klusjes.

Al zijn relaties schakelde hij in, om voor hem goed en betrouwbaar personeel te zoeken. Vooral een bekwame keukenmeid was onmisbaar. Want de abt zette zijn dikwijls hoge gasten geen gewone burgerpot voor.

§ 18. Wat men in het memoriaal mist

De eerste helft van de zeventiende eeuw is niet slechts gekenmerkt door de laatste fasen van de Tachtigjarige Oorlog. Dit aspect komt bij Moors voldoende tot zijn recht. Deze periode behoort ook tot wat in de vaderlandse geschiedenis de Gouden Eeuw wordt genoemd, waarin de stoffelijke welvaart de ontwikkeling van kunsten en wetenschappen mogelijk maakte. Hier hoeven slechts enkele namen genoemd te worden, om de betekenis van Moors' tijd te beseffen: Rembrandt, Artus Quellinus de oude, Jan Pietersz Sweelinck, Vondel, Hugo de Groot, René Descartes, Jacob van Campen.

Van al deze tijdgenoten verneemt men niets in het Memoriaal. Nu moet men natuurlijk wel in aanmerking nemen, dat zijn dagelijkse aantekeningen daar niet voor bedoeld waren. Maar men zou toch verwachten in zijn notities, desnoods tussen de regels door, enige blijk van belangstelling in deze richting aan te treffen.

Diezelfde eeuw is ook bekend om de wereldhandel, door de aanwezigheid van de Hollanders op alle wereldzeeën, door de bloei van Oost- en Westindische Compagnie. Van dit alles komt er uit de pen van Moors niets op papier. Belangstelling voor kunst, studie en wetenschapsbeoefening toont de abt nergens.

Wat de lezer nog meer bevreemdt, er blijkt ook weinig of niets van een verdiept geestelijk leven, van een kloosterlijke spiritualiteit, van geestelijke lezing, theologische studie, van aandacht voor wat in de wereldkerk plaats had.

Moors las dagelijks de H. Mis tenzij hij door ziekte of rheuma was verhinderd. In het slotje was een kapel, waarin zelfs een keer een huwelijk werd gesloten. Hij zal ook wel de kerkelijke getijden hebben gebeden, al staat dat nergens te lezen. De grote kerkelijke feestdagen als Kerstmis, Pasen, Pinksteren en Allerheiligen waren dagen, dat hij alleen thuis was. Dan waren er geen gasten en voelde hij zich, zoals zo dikwijls, erg eenzaam.

Men zou verwachten, dat de dagindeling verbonden was met de tijden van het koorofficie. Van koorofficie, van gemeenschappelijke godsdienstoefeningen buiten de parochiekerk om, blijkt niets. Het zijn de maaltijden, die de dagindeling uitmaken. Moors spreekt van vóór en na het diner, van vóór en na het avondeten.

Ofschoon Moors een innemende figuur moet zijn geweest, gezien de vele personen, meestal uit de meer gegoede kringen en daaronder veel dames, die bij hem op bezoek kwamen, toch missen we in zijn Memoriaal tekenen van een fijn ontwikkeld gevoelsleven. Sterfgevallen tot in zijn naaste familie worden met een ontstellende zakelijkheid met slechts enkele woorden opgetekend. En men krijgt ook niet de indruk dat hij uitmuntte door geestigheid of zin voor humor.

Al die gebieden van culturele ontwikkeling kregen bij prelaat Moors weinig kans door de zorgen voor het beheer van de goederen, voor de handhaving van de rechten van de abdij.

We kennen uit het Memoriaal zijn vaste vriendenkring, maar van de onderwerpen van hun gesprekken, als het niet over zaken en processen ging, werd niets opgetekend. Het is duidelijk, dat dit Memoriaal, evenals het vervolgdagboek, bijna uitsluitend de tijdelijke belangen van de abdij diende.

ARCHIVALIA

Archief Abdij van Berne, Heeswijk-Dinther

Afdeling I

IV F. abbatiaat van Otto van Boetselaar 1549-1552
V D. abbatiaat van Jan Moors 1621-1641.
Akkoord tussen abdij en regeerders van Heeswijk.
origineel op perkament in afzonderlijke omslag
Advies van G. v. Herlaer op de 3 Quaeriturs.
map: Diverse bescheiden betreffende de Abdijgoederen II.
Advies uitgebracht door Snavels, Decker, Tipoets en Moors.
map: Stukken tegen den Heer van Heeswijk en Dinther.
Advies van G. v. Zomeren, R. v. Griensven, A. Breugelius en B. Loeff van der Sloot op de 3 Quaeriturs.
map: Stukken tegen den Heer van Heeswijk en Dinther.
Afrekening van Zweder van Brakel.
map: Abdijgoederen in Maas en Waal.
Akte van drossaard J. v. Hedichuyzen van 23 feb. 1635.
map: Heeswijk.
Akte van twee schepenen van Heeswijk van 3 febr. 1635.
map: Stukken tegen den Heer van Heeswijk en Dinther.
Akte van overeenkomst tussen de abt en de regeerders van Heeswijk.
map: Stukken tegen den Heer van Heeswijk en Dinther.
Antwoord van regeerders van Dinther op de inwilliging van hun verzoek om 6 bunder gemene grond te mogen verkopen.
map: Stukken tegen den Heer van Heeswijk en Dinther.
Antwoord van de abt en de abdij op de «Intendit» van 16 aug. 1635.
map: Schepenen en regeerders van Heeswijk in conflict met abdij 1635-1638.
Attestatie gedaan door Mechteld Martens.
map: Schepenen en regeerders van Heeswijk in conflict met abdij 1635-1638.
Attestatie van schepenen van Schaijk van 18 dec. 1634.
map: Abdijgoederen in het Land van Ravenstein.
Bekentenis van Gerart Andriessen van den Steen.
map: Abdijgoederen in het Land van Ravenstein.
Benoemingsbrief van abt Moors tot vicarius foraneus.
map: Parochialia.
Benoeming van Wouter Matheeussen tot forestarius officialis.
map: Abdijgoederen in het Land van Ravenstein.
Brieven.
map: Brieven.
map: Correspondentie Moors-Vercuylen.

Brief van Vinc. Bedbur, secretaris van de hertog van Neuburg.
map: Abdijgoederen in het Land van Ravenstein.
Brief van Zweder van Brakel van 6 sept. 1635.
Brief van Zweder van Brakel van 8 dec. 1635.
Brief van Zweder van Brakel van 29 jan. 1636.
map: Abdijgoederen in Maas en Waal.
Brief van Rumoldus Cuypers.
map: Abdijgoederen in het Land van Ravenstein.
Brief van de pastoor van Heeswijk aan de schepenen.
map: Heeswijk
Brief van Max. Moors aan abt Moors van 18 aug. 1636.
Brief van Max. Moors aan abt Moors van 8 sept. 1636.
map: Stukken tegen den Heer van Heeswijk en Dinther.
Brief aan Max. Moors door Folcoldus van Riel geschreven.
map: Schepenen en regeerders van Heeswijk in Conflict met abdij 1635-1638.
Brief van de schout van Ravenstein aan J. van der Cammen.
Brief van de regeerders van Schaijk.
Brief en notariële akte van Hendrick Andriessen van den Steen.
Brief aan Henricus van den Steen van 12 jan. 1636.
Brief van Henrick Andriessen van den Steen aan abt Moors.
map: Abdijgoederen in het Land van Ravenstein.
Brief van de graaf van Tilly van 26 april 1636 aan De Weer.
Brief van de graaf van Tilly aan abt Moors van 5 febr. 1637.
map: Stukken tegen den Heer van Heeswijk en Dinther.
Declaratie der schepenen van Heeswijk.
map: Diverse bescheiden betreffende de abdijgoederen I.
De Heer van Heeswijk uit zijn bezwaren tegen het akkoord.
map: Proces Tilly 1636-1639.
Dirck-Jan-Coenen-kwestie in het Land van Ravenstein (3 stukken).
map: Abdijgoederen in het Land van Ravenstein.
Dossier betreffende de diefstal van beesten te Dussen.
map: Diverse bescheiden betreffende de abdijgoederen I.
Drievoudig Quaeritur.
map: Schepenen en regeerders van Heeswijk in conflict met abdij 1635-1638.
Formula secundum quam religiosi... sese in suis inventariis conscribendis conformabunt.
map: Parochialia.
Goederen in Alphen.
map: Abdijgoederen in Maas en Waal.
Goedkeuring gegeven door de abt aan de ingezetenen van Dinther om 6 bunder gemene grond te verkopen.
origineel op perkament in afzonderlijke omslag.
Huurcelen: zie Pachtcelen.
Insinuatie aan de schepenen van Heeswijk van 3 nov. 1634.
Insinuaties door de vorster aan de kopers van grond zonder verlof van de abt.
map: Stukken tegen den Heer van Heeswijk en Dinther.

Inspectie van een huis van de abdij waarin Dirk Tonissen woont.
map: Diverse bescheiden betreffende de abdijgoederen II.
Instemming van abt Moors met het verzoek van Anna, vidua Henrici Bogarts.
map: Dinther 1634-1641.
Instructie voor Jacob van der Cammen bij zijn aanstelling tot rentmeester.
map: Diverse bescheiden betreffende de abdijgoederen I.
«Intendit» van abt Moors tegen de schepenen en regeerders van Heeswijk.
«Intendit» van de abt van 8 jan. 1636.
«Intendit» van de regeerders van Heeswijk tegen abt Moors.
map: Schepenen en regeerders van Heeswijk in conflict met abdij 1635-1638.
Inventaris van de nalatenschap van Gisbertus Distelbergh.
Iuramentum fratris Arnoldi Lentius van 8 juni 1637.
map: Parochialia.
Kwitantie van inkopen voor de keuken.
Kwitantie van de inkopen voor nieuwe zomerkleding.
map: Kwitanties.
Kwitanties geïnd door Jan Ariensen van Aelst van Huybert Vyversen te Babiloniënbroek.
map: Kwitanties Babiloniënbroek.
Lantmetinge de anno 1629.
origineel in afzonderlijke omslag.
Leenverheffing betreffende koren- en smaltiende van 17 okt. 1636.
origineel op perkament in afzonderlijke omslag.
Libellus supplex van 5 febr. 1635 met apostilla van abt Moors.
map: Stukken tegen den Heer van Heeswijk en Dinther.
Libellus supplex gericht aan de bisschop met apostilla.
map: Parochialia.
Lijstje met namen, leeftijden en positie van de leden van de abdij van Berne op 24 sept. 1629.
map: Diverse bescheiden betreffende de abdijgoederen I.
Memorie aan de Hertog van Neuburg.
map: Abdijgoederen in het Land van Ravenstein.
Memorie van ontfanck en Memorie van uuytgheven in één band.
Memorie van de pachtinge van de goeden van Bern, gelegen tussen Maese ende Wael.
Memorie van 29 maart 1636.
map: Abdijgoederen in het Land van Ravenstein.
Overeenkomst tussen Zweder van Brakel en Anna Buys.
map: Abdijgoederen in Maas en Waal.
Pachtboek van 1634.
map: Pachtboeken.
Pachtbrief, waarin bisschop Ophovius de zogenaamde Abtscampen aan abt Moors voor zes jaar verpacht.
map: De abtskampen in het Empelerveld van mgr. Ophovius.
Pachtcelen (Huurcelen).
Pachtcelen Brabant.
Pachtceel van Joannes Peter Albert.

Pachtceel van Adrianus Gerit Coppen.
Pachtceel van Mathijs Martens.
Pachtceel van Jacob Mertensen.
map: 19 pachtcelen Berlicum 1624-1639.
Pachtceel van Cornelis Daniels.
Pachtceel van Goossen Denen.
map: 3 pachtcelen Dinther 1634-1636.
Pachtceel van 't Lanchuys.
Pachtceel van Aert van Loon.
Pachtceel van Henricus Rovers.
Pachtceel van Jan Aertsen Vercuylen.
Pachtceel van Claes Willemsen.
map: 10 pachtcelen Heeswijk 1626-1638.
Pachtceel van Cornelius Cornelissen (Corsten) sr. en jr.
map: 3 pachtcelen Loon-op-Zand.
Pachtcelen Land van Heusden.
Pachtceel van Huybert Vyverssen van Oss.
map: 5 pachtcelen Babiloniënbroek 1626-1635.
Pachtceel (huurcontract) van Anthonis Boudewijns v. d. Stappen.
map: 21 pachtcelen Bern.
Pachtceel van Arnold v. Horenbeek en Mr. Simon v. Breugel van 28 april 1634.
map: Gecombineerde pachtcelen Bern, Herpt, etc. 1624-1634.
Pachtceel van Jhr. Johan van Ypelaer.
map: 2 pachtcelen Genderen 1623-1630.
Pachtceel van Adriaen Dierick Bruystenssen.
map: 11 pachtcelen Herpt.
Pachtcelen Land van Ravenstein.
Pachtceel van Henrich Geritsen van 3 jan. 1630.
Pachtceel van Reijnder Reijnders van Meer en Jan Jacopssen.
Pachtceel van Henricus Michaelis van 1 aug. 1622.
Pachtceel van Andries Jansen van Uden van 4 dec. 1623.
Pachtceel betreffende de Geer en de Meer onder Berchem gelegen.
map: Huurcelen Ravenstein.
Pachtceel betreffende de tiend van Heeswijk.
map: Tiendpacht Heeswijk.
Pachtovereenkomst met Zweder van Brakel van 9 febr. 1637.
map: Abdijgoederen in Maas en Waal.
Petrus Adriani en de kwestie van de beloofde 200 gulden.
map: Schepenen en regeerders van Heeswijk in conflict met abdij.
Procuratie aan de pastoor van Berlicum en Van der Cammen betreffende het sterfhuis van Gisbertus Distelbergh.
Procuratie aan de pastoor van Berlicum en Arnoud van Horenbeek om het proces met Herpt af te wikkelen.
map: Diverse bescheiden betreffende de abdijgoederen I.
Procuratie gegeven op 14 mei 1635 aan zes personen.
map: Stukken tegen den Heer van Heeswijk en Dinther.

Protestatie van abt Moors wegens de verkochte percelen van de gemeente van 22 maart 1637.
map: Proces Tilly.
Publieke mededeling door de vorster namens de Heer van Heeswijk op 4 mei 1636.
Rekening van de reis van 7 nov. 1634 naar Den Haag.
Rekening van de reis van 6 maart 1635 naar Den Haag.
Rekening van de reis van 8 sept. 1635 naar Den Haag.
Rekening van de reis van 28 febr. 1636 naar Den Haag.
Rekening van de reis van 23 april 1636 naar Den Haag.
Rekening van de reis van 29 mei 1636 naar Den Haag.
Rekening van de reis van 15 juni 1636 naar Den Haag.
Rekening van de 2 amodiateurs van Berne.
Rekening van Mr. Arnoud van Horenbeke betreffende de schapenteelt.
map: Rekeningen.
Rekening van Max. Moors.
afzonderlijke omslag.
Request van de ingezetenen van Dinther geapostilleerd door de abt.
map: Stukken tegen den Heer van Heeswijk en Dinther.
Sauvegarde van 14 okt. 1635 verleend door de Kardinaal-Infant.
map: Verzoekschriften voor Brussel.
Sauvegarde gegeven door Philips van Thienen op 13 jan. 1637.
map: Paspoorten en sauvegarden.
Schrijven van Geris Janssen, vorster der vrijheyt van Oss.
map: Diverse bescheiden betreffende de abdijgoederen I.
Schrijven van de graaf van Tilly van 26 april 1636.
map: Proces Tilly 1636-1639.
Specificatie van de vacatiën etc. van Max. Moors 1636-1642.
map: Stukken tegen den Heer van Heeswijk en Dinther.
Supplicatie van P. van den Dael tegen de drossaard J. van Hedichuysen van 4 sept. 1636.
Testimonium van Pastoor P. van den Dael, Van der Cammen en S. van Breughel.
map: Stukken tegen den Heer van Heeswijk en Dinther.
Verklaring betreffende het accoord van 4 sept. 1635.
map: Schepenen en regeerders van Heeswijk in conflict met abdij 1635-1638.
Verklaringen onder ede door 6 schepenen van Heeswijk tegen abt en pastoor te Heeswijk van 16 sept. 1636.
map: Schepenen en regeerders van Heeswijk in conflict met abdij 1635-1638.
Verpachtinghe van de goederen der Abdije van Bern, gelegen tusschen Mase ende Wael, 9 maart 1630.
map: Abdijgoederen in Maas en Waal.
Visitatio scabinalis in Bernhese.
map: Heeswijk.

Afdeling II

ms. G. v. d. Elsen, *Geschiedenis van Heeswijk en Dinther* (C 4).

ms. G. v. d. Elsen, *Documenta pro historia de Berlicum et Middelrode* (C 4).
ms. G. v. d. Elsen, *Geschiedenis van de Heeren van Heeswijk en Dinther* (C 4).
ms. G. v. d. Elsen, *De geschiedenis van Dinther* (C 4).
ms. G. v. d. Elsen, *De S. Antoniuskapel in De Mortel* (C 4).

Algemeen Rijksarchief, 's-Gravenhage

Geestelijke goederen n° 521.
Nieuwe Blaffart der gewesene Abdye van Berne de dato 19 nov. 1697.

Archief der parochie Bokhoven
(gedeponeerd in het archief Abdij van Berne, Heeswijk-Dinther).

ms. J. van Beers, *Genealogie van de familie van Immerselle.*

In particulier bezit

ms. Marius van Loon, Geschiedenis van het klooster Nazareth 3dln. Waalwijk 1978.

BRONNENPUBLIKATIES EN LITERATUUR

v. d. Aa = Aa, A. J. van der. *Aardrijkskundig woordenboek der Nederlanden*, dln. I-XIII, Gorinchem 1839-1851.

Aitzema = Aitzema, Lieuwe van, *Historie of Verhael van saken van Staet en Oorlogh in ende ontrent de Vereenigde Nederlanden. Beginnende met den Jare 1635 en eyndigende met het begin van den Jare 1640*, dl. IV 's-Gravenhage 1659.

v. B., *Tax.* XI = B., B. van, *Bijdrage tot de genealogie van het geslacht Van der Stegen*, in *Taxandria* jrg. XI (1904) blz. 76-82.

Backmund = Backmund, Norbertus, o. praem., *Monasticon Praemonstratense*, 3 dln. Straubing 1949-1956.

Barbier = Barbier, V., *Histoire de l'Abbaye de Floreffe de l'Ordre de Prémontré*, 2 dln. Namur 1892 (2-de editie).

v. Bavel, Archief Mariënkroon en Mariëndonk = Bavel, H. van, *Inventaris van het archief van de Heusdense Cisterciënzerkloosters Mariënkroon en Mariëndonk, 1245-1631*, 4 dln. 's-Hertogenbosch 1972.

Beelaerts v. Blokl. *Tax.* VII = Beelaerts van Blokland, Jhr. Mr. F., *Extract uyt de genealogie van de familie Van Veen, gesproten uyt den Huyse van Heusden*, in *Taxandria* jrg. VII (1900) blz. 196-204.

Beelaerts v. Blokl. en Juten. *Tax.* XIV = Beelaerts van Blokland, F. en Juten, W. J. F., *Noordbrabantsche zegels II*, in *Taxandria* jrg. XIV (1907) blz. 68-79.

Beelaerts v. Blokl. en Juten. *Tax.* XIV = Beelaerts van Blokland, F. en Juten, W. J. F., *Noordbrabantsche zegels IV*, in *Taxandria* jrg. XIV (1907) blz. 293-299.

Beelaerts v. Blokl. *Ned. Leeuw* = Beelaerts van Blokland, Jhr. Mr. F., *Gegevens omtrent den burgerlijken stand van officieren in de 17-de eeuw te Heusden in garnizoen en hunne huisgezinnen*, overdruk uit *De Nederlandsche Leeuw*, 1900.

Beermann = Beermann, V. A. M., *Stad en Meierij van 's-Hertogenbosch van 1629 tot 1648*, Nijmegen 1940.

Belonje, *Brab, Leeuw* XX = Belonje, J., *Jr. Arent van Thienen van Berlicum en de zijnen*, in *De Brabantse Leeuw* jrg. XX (1971) blz. 133-140.

Blomme = [Blomme, L.], *De Norbertijner abdij van Averbode*, Averbode 1920.

Bogaerts, *Nat. Biogr. W.* = Bogaerts, A. M., *Capello, Marius*, in *Nat. Biografisch Woordenboek IV* blz. 135-142.

v. Bokhoven, *Brab. Leeuw* VII = Bokhoven, A. J. L. van, *Joost van Hedichuysen, drossaard van Heeswijk etc. en Hubrecht van Hedichuysen, drossaard van Meeuwen*, in *De Brabantse Leeuw* jrg. VII (1958) blz. 117-123.

v. Bokhoven, *Brab. Leeuw* VIII, a. = Bokhoven, A. J. L. van, *De Heusdense familie Hamel*, in *De Brabantse Leeuw* jrg. VIII (1959) blz. 5-8; 46-48.

v. Bokhoven, *Brab. Leeuw* VIII, b. = Bokhoven, A. J. L. van, *Nogmaals het geslacht van Hedichuysen*, in *De Brabantse Leeuw* jrg. VIII (1959) blz. 26-27.

v. Bokhoven, *Brab. Leeuw* XI = Bokhoven, A. J. L. van, *Leenmannen in het land van Heusden II* in *De Brabantse Leeuw* jrg. XI (1962) blz. 49-52.

v. Bokhoven, *Brab. Leeuw* XII = Bokhoven, A. J. L. van, *Nog enkele Heerlijkheden in de huidige provincie Noord-Brabant*, in *De Brabantse Leeuw* jrg. XII (1963) blz. 86-90.

Bots, *Noordbrab. Stud.* = Bots, H., Matthey, I., Meyer, M., *Noordbrabantse Studenten 1550-1750*, Tilburg 1979.

Brock = Brock, A. C., *De stad en meierij van 's-Hertogenbosch of derzelver beschrijving*, Veghel 1978.

Byleveld, *Tax.* XXX = Byleveld, W. J. J. C., *Genealogische sprokkels III Van Oss*, in *Taxandria* jrg. XXX (1923) blz. 136.

Camps, *Oork. Noord-brab.* = Camps, H. P. H., *Oorkondenboek van Noord-Brabant tot 1312*, deel I *De Meierij van 's-Hertogenbosch (met de heerlijkheid Gemert)* 2 stukken 's-Gravenhage 1979.

Cat. Brab. Zilver = *Catalogus van de tentoonstelling n° 13 Brabants Zilver 25 juli - 26 september 1965*, 's-Hertogenbosch 1965 (2-de editie).

Cat. Beleg Den Bosch = *Catalogus van de Tentoonstelling Het Beleg van 's-Hertogenbosch in 1629, van 3 juni tot 19 aug. 1979*, 's-Hertogenbosch 1979.

Ceyssens, *Nat. Biogr. W.* II = Ceyssens, L., *Boonen, Jacobus*, in *Nat. Biografisch Woordenboek* II blz. 74-89.

Ceyssens, *Nat. Biogr. W.* III = Ceyssens, L., *Angelis (Engelen), Willem ab (van)*, in *Nat. Biografisch Woordenboek* III blz. 42-43.

Coopmans = Coopmans, J. P. A., *Het Bossche recht van ingebod*, in *Vriendenboek stadsarchivaris Kuyer*, 's-Hertogenbosch blz. 42-63.

Cunen, *Gesch. Oss* = Cunen, J., *Geschiedenis van Oss*, Oss 1932.

Cunen, *Tax.* XXXV = Cunen, J., *Eenige bijzonderheden over pastoor Septius*, in *Taxandria* jrg. XXXV (1928) blz. 212-214.

v. Dijck, *Bossche Optim.* =Dijck, G. C. M. van, *De Bossche Optimaten. Geschiedenis van de Illustere Lieve Vrouwebroederschap te 's-Hertogenbosch, 1318-1973*, Tilburg 1973.

v. Dijck, *Brab. Leeuw* XVIII = Dijck, L. G. van, *In de Sterre - Van der Sterre*, in *De Brabantse Leeuw* jrg. XVIII (1969) blz. 51-57.

v. Dijck, *Brab. Leeuw* XXI = Dijck, L. G. van, *Gewapend Eindhoven. Familiewapens van Eindhovenaren of aanwezig in het gemeentearchief te Eindhoven* III, in *De Brabantse Leeuw* jrg. XXI (1972) blz. 33-64.

Doorninck = Doorninck, P. N. van, *Inventaris van het oud-archief van Nederhemert*, Haarlem 1892.

v. d. Elsen, *Tax.* XLII = Elsen, G van den. *De familie Moors*, in *Taxandria* jrg. XLII (1935) blz. 291-294.

v. d. Elsen, *Tax.* IV = Elsen, G. van den, *De predikheren te 's-Hertogenbosch*, in *Taxandria* jrg. IV (1897) blz. 124-127.

v. d. Elsen, *Tax.* IV = Elsen, G. van den, *De kanunniken der kathedrale kerk van 's-Hertogenbosch in 1629*, in *Taxandria* jrg. IV (1897) blz. 267-269.

Francino, *In cruce vita* = Francino, J., *Onder Maria's bescherming*, in *In cruce vita. De orde der kruisheren in Nederland*, Rotterdam 1936.

Frenken, Dagboek Moors = Frenken, A. M., *Het dagboek van Jan Moors 24 Juni 1637 - einde 1639*, in *Bossche Bijdragen* jrg. XVII (1940-1941) blz. 19-243.

Frenken, Dagboek Ophovius = Frenken, A., *Het dagboek van Michaël Ophovius 4 augustus 1629 - einde 1631*, in *Bossche Bijdragen* jrg. XV (1937-1938) blz. 1-340.

Frenken, *B.B.* XIV = Frenken, A. M., *De Bossche bisschop Michaël Ophovius o. p. 1570-1637*, in *Bossche Bijdragen* jrg. XIV (1936-1937) blz. 15.

Frenken, *Tax.* XXXVI = Frenken, A., *Baanstrooperij in de Meierij van 's-Bosch gedurende den tachtigjarigen oorlog*, in *Taxandria* jrg. XXXVI (1929) blz. 19-28.

Frenken, *Tax.* XXXVI = Frenken, A., *De voormalige finantieële toestand eener stad in Brabant* in *Taxandria* jrg. XXXVI (1929) blz. 250-259.

v. Gelder = Gelder, H. Enno van, *De Nederlandse munten*, Utrecht/Antwerpen 1965.

Geyl = Geyl, P., *Geschiedenis van de Nederlandsche Stam* II Amsterdam 1934.

Goossens = Goossens, Th., *Het arme Brabant. Rede uitgesproken bij de viering van den eersten geboortedag der R.K. Handelshoogeschool te Tilburg*, Tilburg 1929.

Goovaerts = Goovaerts, L, *Ecrivains, artistes et savants de l'Ordre de Prémontré Dictionnaire bio-bibliographique*, 4 dln. Bruxelles 1899-1909.

Gudde = Gudde, C. J., *Vier eeuwen geschiedenis van het garnizoen 's-Hertogenbosch*, 's-Hertogenbosch 1958.

Haberkern = Haberkern, E., Wallach, J. F., *Hilfswörterbuch für Historiker*, Berlin 1935.

v. d. Hammen, *Tax.* XIX = Hammen, J. van der, *Inventaris Loon-op-Zand (18 dec. 1610)* IV, in *Taxandria* jrg. XIX (1912) blz. 297-305.

v. d. Hammen, *Tax.* XXI, a. = Hammen, J. van der, *Inventaris Loon-op-Zand (18 dec. 1610)* IX, in *Taxandria* jrg. XXI (1914) blz. 199-205.

v. d. Hammen, *Tax.* XXI, b. = Hammen, J. van der, *Inventaris Loon-op-Zand (18 jan 1653)* X, in *Taxandria* jrg. XXI (1914) blz. 244-251.

v. d. Hammen, *Tax.* XXXIV = Hammen, J. van der, *Inventaris van het oud-archief van de heerlijkheid Bokhoven, berustende in het heerlijk archief van Loon-op-Zand en opgemaakt van 20 maart tot 24 april 1624* I, in *Taxandria* jrg. XXXIV (1927) blz. 70-91.

Heesters, W., Rademaker, C. S. M.
Geschiedenis van Sint-Oedenrode, Tilburg 1972.

Heijman, Berneboek = Heijman, H. Th. o. praem., *Acht eeuwen*, in *Berneboek*, Heeswijk 1934.

Hendrikx, Grave = Hendrikx, P., *Geschied- en aardrijkskundige beschrijving der stad Grave*, 2 dln. Grave 1845.

Hermans, Charters Ravenstein = Hermans, C. R. met medewerking van anderen, *Verzameling van charters en geschiedkundige bescheiden betrekkelijk het Land van Ravestein*, dl. II, 's-Hertogenbosch 1850-1854.

v. Heurn, 's-Hertogenbosch = Heurn, J. H. van, *Historie der stad en Meyerye van 's-Hertogenbosch*, dl. II, Utrecht 1726.

Hezenmans, 's-Hertogenbosch = Hezenmans, J. C. A., *'s-Hertogenbosch van 1629 tot 1798 Historische studiën*, 's-Hertogenbosch (zonder jaartal).

H.G., Familie Ram = H.G., *Proeve van een geslachtslijst van den katholieken tak der familie Ram, uit ongedrukte bescheiden opgemaakt*, in *Archief voor de geschiedenis van het Aartsbisdom Utrecht*, dl. XII, Utrecht 1884 blz. 101-104.

Hoevenaars, W. en Heijman, H., *Berna ut Lucerna* in *Met Gansen Trou* jrg. IX en X.

Houben, Eindhoven = Houben, L. G. A., *Geschiedenis van Eindhoven* 2 dln. Turnhout 1890.

Houtman-de Smedt = Houtman-de Smedt, H., *De Zuidelijke Nederlanden 1598-1780*, in *Winkler Prins, Geschiedenis der Nederlanden* dl. II, Amsterdam/Brussel 1977.

v. d. Hurk, Abdij Berne in haar parochies = Hurk, W. J. C. C. van den, *Het verborgen leven van de abdij van Berne in haar parochies 1797-1857*, Tilburg 1977.

v. d. Hurk, Berne in de branding = Hurk, A. W. van den, *Berne in de branding tijdens de Tachtigjarige Oorlog*, in *Archief voor de geschiedenis van de Katholieke Kerk in Nederland* jrg. VIII (1966) blz. 1-61.

v. d. Hurk, P. v. d. Dael = Hurk, A. W. van den, *Uit het «dagboek» van een dorpspastoor Paulus van den Dael 1623-1636*, in *Met Gansen Trou* jrg XXI (1971) blz. 153-168.

In cruce vita, De orde der kruisheren in Nederland, Rotterdam 1936.

de Jonghe, Corpus Dominicanorum = Jonghe, B. de, *Corpus Dominicanorum sive Historia Provinciae Germaniae inferioris sacri Ordinis ff. Praedicatorum* Bruxellis 1719.

Juten, *Tax.* XLII = Juten, G. C. A., *Schouten van Steenbergen* in *Taxandria* jrg XLII (1935) blz. 116-122.

Juten, *Tax.* V = Juten, W. J. F., *Heeswijk en Dinther* III, IV en VI, in *Taxandria* jrg. V (1898) blz. 161-170; 220-226; 283-293.

Juten, *Tax.* VI = Juten, W. J. F., *Heeswijk en Dinther. Het huis ten Bogaerde*, in *Taxandria* jrg. VI (1899) blz. 286-289.

Juten, *Tax.* IX = Juten, W. J. F., *De kapellen van het kasteel Heeswijk* (volgens de aantekeningen van G. v. d. Elsen), in *Taxandria* jrg IX (1902) blz 3-8; 39-41.

Juten *Tax.* XX = Juten, W. J. F., *Het geslacht van Hoorenbeeck*, in *Taxandria* jrg. XX (1913) blz. 261-273.

Juten, *Tax.* XXI = Juten, W. J. F., *Noordbrabantsche «Medicinale» families* I, in *Taxandria* jrg. XXI (1914) blz. 57-62.

Juten, *Tax.* XXIII = Juten, W. J. F., *Noordbrabantsche schepenzegels* I, in *Taxandria* jrg. XXIII (1916) blz. 56-63.

Krom en Sassen = Krom, C. C. N. en Sassen A., *Oorkonden betreffende Helmond*, 's-Hertogenbosch 1884.

Lefèvre, Averbode = Lefèvre, Pl., *L'Abbaye Norbertine d'Averbode pendant l'époque moderne 1591-1797*, Louvain 1924.

v. Lommel = Lommel, A. van, *De Abdij van Bern, Bijdragen tot de kerkelijke geschiedenis van Nederland* in *Dietsche Warande* jrg. IX (1871) blz. 363-378 en 429-458.

Meyer = Meyer, G. A., *De predikheren te 's-Hertogenbosch 1296-1770*, Nijmegen 1897.

Melssen, *Brab. Leeuw* XXIII = Melssen, J. Th. M., *Lijst van bekende drossaards van Cranendonck en Eindhoven*, in *De Brabantse Leeuw* jrg. XXIII (1974) blz. 156-157.

v. Miert, *Tax*. XXX = Miert, L. van, *Een zevental jezuïten behoorende tot de familiën Van Susteren, Doncquers, Van Hoorenbeeck*, in *Taxandria* jrg. XXX (1923) blz. 93-103.

Nuyens = Nuyens, W. J. F., *Algemeene Geschiedenis des Nederlandschen Volks, van de vroegste tijden tot op onze dagen* dl. XI, Amsterdam 1877.

Nuyens, *Nat. Biogr. W*. V = Nuyens, P. J. A., *Ophovius, Michiel*, in *Nat. Biografisch Woordenboek* V blz. 659-661.

O, *Tax*. IV = O., A. A. V. van, *Het Heerlijk Goed Thulden III*, in *Taxandria* jrg. IV (1897) blz. 59-64.

v. Oudenhoven, 's-Hertogenbosch = Oudenhoven, J. van, *Een nieuwe ende gantsch vermeerderde beschrijvinge van de Stadt van 's-Hertogen-Bossche*, 's-Hertogenbosch 1670.

v. Oudenhoven, Meierij = Oudenhoven, J. van, *Een nieuwe ende vermeerderde Beschrijvinge van de Meyerye van 's-Hertogen-Bossche*, 's-Hertogenbosch 1670.

v. Oudenhoven, Heusden = Oudenhoven J. van, *Beschrijving der stadt Heusden, door verscheide liefhebbers der Oudheit merkelyk vermeerdert*, Amsterdam 1743.

Ouwerling = Ouwerling, H. N., *Geschiedenis der dorpen en heerlijkheden Deurne, Liessel en Vlierden*, Helmond 1933.

Ouwerling, *Tax*. XI = Ouwerling, H.N., *De laatste priorin van Hooidonk*, in *Taxandria* jrg. XI (1904) blz. 26-28.

de Pater, *In cruce vita* = Pater, J. de, *In den lande van Cuyk*, in *In cruce vita, De orde der kruisheren in Nederland*, Rotterdam 1936 blz. 135.

Pirenne, *B. B*. XXVI = Pirenne, L., *Bisschop Ophovius en abt Moors, ondertekenaars van het capitulatieverdrag van 1629*, in *Bossche Bijdragen* jrg. XXVI (1963) blz. 159-180.

Pitiscus = Pitiscus, S., *Lexicon Latino-Belgicum novum olim idiomate Gallico publicatum a P. Guidone Tachard*, Amsterdam 1704.

Poelhekke, Gelderland = Poelhekke, J. J., *Gelderland van 1609-1672*, in *Geschiedenis van Gelderland 1492-1795*, dl. II, Zutphen 1975 blz. 133-210.

Prims, *Tax*. XXXIX = Prims, Fl., *De schrikkelijke jaren van de retorsie 1632-1642*, in *Taxandria* jrg. XXXIX (1932) blz. 71-84.

ten Raa en de Bas = Raa, F. J. G. ten, en Bas, F. de, *Het Staatsche Leger 1568-1795*, dl. IV. Breda 1918.

de Raadt, Itegem = Raadt, J. Th. de, *Itegem et ses Seigneurs, notice historique sur la commune d'Itegem*, Malines 1894.

de Raadt, Grafschriften = Raadt, J. Th. de, *Verzameling van grafschriften en wapens in de verschillende Noord-Brabantsche kerken*, Helmond 1893.

Ridder de v. d. Schueren, *Tax*. VII = Ridder de van der Schueren, J. B. J. N., *Het geslacht van Oetelaar* in *Taxandria* jrg. VII (1900) blz. 18-21.

Rogier, Opstellen = Rogier, L. J., *Uit de geschiedenis van de beoefening der geneeskunde, inzonderheid te Nijmegen*, in *Terugblik en uitzicht II, Verspreide opstellen*, Hilversum/Antwerpen 1965 blz. 731-785.

Rogier, Geschiedenis v. h. Katholicisme = Rogier, L. J., *Geschiedenis van het katholicisme in Noord-Nederland, in de zestiende en zeventiende eeuw*, Elsevierpockets, Amsterdam/Brussel 1964.

v. Rooij, Oud-archief Groot-Ziekengasthuis = Rooij, H. J. M. van, *Het Oud-archief van het Groot-ziekengasthuis te 's-Hertogenbosch* 3 dln., 's-Hertogenbosch 1963.

Roy v. Zuidewijn, *Brab. Leeuw* I = Roy van Zuidewijn, Jhr. B. R. C. M. de, *De Princessen van Portugal te Geertruidenberg*, in *De Brabantse Leeuw* jgr. I (1952) blz. 16-17.

Roy v. Zuidewijn, *Brab. Leeuw* IV = Roy van Zuidewijn, Jhr. B. de, *Van Engelen of ab Angelis*, in *De Brabantse Leeuw* jrg. IV (1955) blz. 190.

van S., *Tax.* XLV = S., B. van, *Aanteekeningen betreffende het geslacht van Hedickhuijsen*, in *Taxandria* jrg. XLV (1938) blz. 162-172.

Sassen, *Tax.* XIV = Sassen, A., *De heerlijkheid Milheeze* I, in *Taxandria* jrg. XIV (1907) blz. 192-195.

Sasse v. Ysselt, *Tax.* III, a. = Sasse van Ysselt, A. van, *De Heerlijkheid Eckart en de huizen Lochtenburg en Pasbogaard* I, in *Taxandria* jrg. III (1896) blz. 235-251.

Sasse v. Ysselt, *Tax.* III, b. = Sasse van Ysselt, A. van, *Genealogie van het geslacht van Randerode genaamd van der Aa en der daarvan afstammende familiën* I, in *Taxandria* jrg. III (1896) blz. 110-116.

Sasse v. Ysselt, *Tax.* VI = Sasse van Ysselt, A. van, *Het kasteel van Boxmeer* III, in *Taxandria* jrg. VI (1899) blz. 84-99.

Sasse v. Ysselt, *Tax.* XI = Sasse van Ysselt, A. van, *De familie van Eyndhouts* IV, in *Taxandria* jrg. XI (1904) blz. 226-230.

Sasse v. Ysselt, *Tax.* XIX = Sasse van Ysselt, A. van, *Het guldenhuis te Rixtel en de heerlijkheid Rixtel, Aarle, Beek en Stiphout*, in *Taxandria* jrg. XIX (1912) blz. 266-278.

Sasse v. Ysselt, *Tax.* XX = Sasse van Ysselt, A. van, *Grafzerken en wapenborden in de Hervormde Kerk te Berlicum*, in *Taxandria* jrg. XX (1913) blz. 123-132.

Sasse v. Ysselt, *Tax.* XXI = Sasse van Ysselt, A. van, *De kasteelen van Blaarthem*, in *Taxandria* jrg. XXI (1914) blz. 121-144.

Sasse v. Ysselt, *Tax.* XXIII = Sasse van Ysselt, A. van, *De voormalige St. Corneliuskapel te Middelrode*, in *Taxandria* jrg. XXIII (1916) blz. 23-30.

Sasse v. Ysselt, *Tax.* XXIV = Sasse van Ysselt, A. van, *Het huis Croy*, in *Taxandria* jrg. XXIV (1917) blz. 91-96.

Sasse v. Ysselt, *Tax.* XXVI = Sasse van Ysselt, A. van, *Specificatie ende gheleegentheydt van de jurisdictie ende goederen van den Eecaert, bij Woensel omtrent de stadt van Eyndhooven gheleeghen*, in *Taxandria* jrg. XXVI (1919) blz. 267-269.

Sasse v. Ysselt, *Tax.* XXX = Sasse van Ysselt, A. van, *Van Oss*, in *Taxandria* jrg. XXX (1923) blz. 306-310.

Sasse v. Ysselt, *Tax.* XXXVI = Sasse van Ysselt, A. van, *De afkomst van het Bossche geslacht Van Broeckhoven*, in *Taxandria* jrg. XXXVI (1929) blz. 97-110.

Sasse v. Ysselt, *Tax.* XXXVII = Sasse van Ysselt, A. van, *De afstammelingen van Hendrik Hovelmans*, in *Taxandria* jrg. XXXVII (1930) blz. 219-223.

Sasse v. Ysselt, *Tax.* XLII = Sasse van Ysselt, A. van, *Mr. Johan Gans*, in *Taxandria* jrg. XLII (1935) blz. 217-228; 256; 286.

Sasse v. Ysselt, *Tax.* XLV = Sasse van Ysselt, A. van, *Kwesties tusschen Jhr. Hendrik van Bergaigne, hoog- en laagschout der stad en meierij van Den Bosch en de magistraat van die stad*, in *Taxandria* jrg. XLV (1938) blz. 204-214.

Sasse v. Ysselt, *Tax.* XLVI = Sasse van Ysselt, A. van, *De waarde van de heerlijkheid Berlicum en Middelrode in vorige eeuwen*, in *Taxandria* jrg. XLVI (1939) blz. 81-90.

Sasse v. Ysselt, Voorname Huizen = Sasse van Ysselt, A. van, *De voorname Huizen en Gebouwen van 's-Hertogenbosch alsmede hunne eigenaars of bewoners in vroegere eeuwen*, 3 dln. 's-Hertogenbosch 1911-1914.

Sassen en Verreyt, *Tax.* VI = Sassen, Aug. en Verreyt, Ch. C. V., *Genealogie van het geslacht van Horenbeeck* II en IV, in *Taxandria* jrg. VI (1899) blz. 33-43; 192-206.

Scheffers = Scheffers, J. W., *De kapucijnen met hun historie*, Utrecht 1979.

Schutjes = Schutjes, L. H. Chr., *Geschiedenis van het Bisdom 's-Hertogenbosch* 5 dln. plus aanhangsel, 's-Hertogenbosch 1870-1881.

Sier = Sier, M., vertaler van *De verrichtingen van de broeders Capucijnen in Maastricht, die zich ten dienste stelden van de lijders aan de pest*, in *750 jaar minderbroeders in Nederland*, Utrecht 1978 blz. 121-127.

Smit, *Brab. Leeuw* V = Smit, J. P. W. A., *Bezitters van Noord-Brabantse Heerlijkheden* II, in *De Brabantse Leeuw* jrg. V (1956) blz. 109-112.

v. Spilbeeck, Abdij Tongerlo = Spilbeeck, W. van, *De Abdij van Tongerloo Geschiedkundige navorschingen*, Lier/Geel 1888.

v. Spilbeeck, Necrologium = Spilbeeck, W. van, *Necrologium Ecclesiae B. M. V. de Tongerloo*, Tongerlo 1902.

v. Spilbeeck, *Tax.* XIV = Spilbeeck, W. van, *Joannes Chrys. van der Sterre*, in *Taxandria* jrg. XIV (1907) blz. 230-232.

Spilman = Spilman, H., *Afbeeldingen van Kerken, Kasteelen en andere gebouwen in Oostelijk Noordbrabant, met aantekeningen van A. van Sasse van Ysselt*, 's-Hertogenbosch 1921.

Steynen = Steynen, Jan. Ev., *Capitula Provincialia Circariae Brabantiae, o. Praem.* (1620-1643) in *Analecta Praemonstratensia* jrg. XVII en XVIII. (1941-1942).

Swane, *Brab. Leeuw* XII = Swane, J. A. W., *Van Taterbeecke* II, in *De Brabantse Leeuw* jrg. XII (1963) blz. 145-150.

Des Tombe = Tombe, J. W. Des, bewerkt door C. W. L. baron van Boetzelaer, *Het geslacht van den Boetzelaer*, Assen 1969.

v. d. Velden, Patronaatsrecht Bokhoven = Velden, G. M. van der, *Het patronaatsrecht over Bokhoven, Een proces te Brussel 1769-1770*, Tilburg 1978.

v. d. Velden, Kosterij Bokhoven = Velden, G. M. van der, *De Kosterij van Bokhoven 1369-1969*, Tilburg 1976.

v. d. Velden, *M. G. Tr.* XXIV = Velden, G. M. van der, *De Broederschap van de H. Rozenkrans te Bokhoven*, in *Met Gansen Trou*, jrg. XXIV (1974) blz. 198.

v. d. Velden, *M. G. Tr.* XXIX = Velden, G. M. van der, *Pastoor Joannes Moors en proost van Grinsven*, in *Met Gansen Trou* jrg. XXIX (1979) blz. 113-119.

Verdam = Verdam, J., *Middelnederlandsch Handwoordenboek*, 's-Gravenhage 1973.

Verrees, Necrologium Park = Verrees, William, *Necrologium 1129-1979 Abdij van Park*, Leuven 1979.

Verreyt en Juten, *Tax.* VIa = Verreyt, Ch. C. V. en Juten, W. J. F., *Noordbrabantsche zegels* II, in *Taxandria* VI (1899) blz. 99-110.

Verreyt en Juten, *Tax.* VIb = Verreyt, Ch. C. V. en Juten, W. J. F., *Noordbrabantsche zegels* II, in *Taxandria* jrg. VI (1899) blz. 324-334.

Verreyt en Juten, *Tax.* XI = Verreyt, Ch. C. V. en Juten, W. J. F., *Noordbrabantsche zegels* II, in *Taxandria* jrg. XI (1904) blz. 176-181.

Verreyt en Juten, *Tax.* XII = Verreyt, Ch. C. V. en Juten, W. J. F., *Noordbrabantsche zegels* III, in *Taxandria* jrg. XII (1905) blz. 243-249.

Verreyt en Juten, *Tax.* XIII = Verreyt, Ch. C. V. en Juten, W. J. F., *Noordbrabantsche zegels* I en II, in *Taxandria* jrg. XIII (1906) blz. 44-49; 131-137.

Verreyt, *Tax.* XIV = Verreyt, Ch. C. V., *Leden der Lieve-Vrouwebroederschap te 's-Hertogenbosch van 1318-1642* I, in *Taxandria* jrg. XIV (1907) blz. 36-48.

Verreyt en Juten, *Tax.* XIV = Verreyt, Ch. C. V. en Juten, W. J. F., *Noordbrabantsche zegels* I, in *Taxandria* jrg. XIV (1907) blz. 46-51.

Verreyt, *Tax.* XIX = Verreyt, Ch. C. V., *Leden der Illustre Lieve-Vrouwebroederschap te 's-Hertogenbosch* van 1318-1642, in *Taxandria* jrg. XIX (1912) blz. 160-166.

Waddington = Waddington, A., *La République des Provinces-Unies. La France et Les Pays-Bas Espagnols de 1630 à 1650*, 2 dln., Paris 1895 en 1897.

Wagenaar = Wagenaar, J., *Vaderlandsche Historie, vervattende de geschiedenissen der nu Vereenigde Nederlanden, inzonderheid die van Holland*, dl. XI Amsterdam 1793.

Welvaarts, *Postels Biogr. W.* = Welvaarts, Th. Ign., *Postels Biografisch Woordenboek*, Brussel 1892.

Welvaarts, Abdij Postel = Welvaarts, Th. Ign., *Geschiedenis der Abdij van Postel naar hare eigene archieven*, 2 dln., Turnhout/'s-Hertogenbosch 1878.

Weyns, *Nat. Biogr. W.* III. = Weyns, N. J., *Masius (Maes), Joannes*, in *Nat. Biografisch Woordenboek* III, blz. 552-556.

Weyns, *Nat. Biogr. W.* IV. = Weyns, N. J., *Sterre, Joannes Chrysostomus van der*, in *Nat. Biografisch Woordenboek* IV blz. 783-789.

Weyns, *Nat. Biogr. W.* V. = Weyns, N. J., *Wichmans (Wychmans), Augustinus Franciscus*, in *Nat. Biografisch Woordenboek* V blz. 1003-1009.

LIJST VAN AFKORTINGEN

A.A.B.	Archief van de Abdij van Berne.
A.P.B.	Archief van de Parochie van Bokhoven.
A.R.A.	Algemeen Rijksarchief te 's-Gravenhage.
B.B.	Bossche Bijdragen
Nat. Biogr. W.	*Nationaal Biografisch Woordenboek.*
N.N.B.W.	*Nieuw Nederlandsch Biografisch Woordenboek.*
M.G.Tr.	*Met Gansen Trou.*
Tax.	*Taxandria.*
blz.	bladzijde.
dl.	deel.
dln.	delen.
f.	folio.
jrg.	jaargang.
ms.	manuscript.
r.	recto.
v.	verso.
vlg.	volgende.

Memoriael van den heer prelaet van Berne[1]; beginnende den vijfthienden Novembris 1634.

1. 15 Nov. *(Heeswijk)* Geappostilleert een requeste[2] geëxhibeert bij de gemeyne ingesetenen van Dinter, daerinne versocht werdt van ons te consenteren in de vercopinge van ses buendere der gemeinte, ende hen geconsenteert met marginale apostille met ons handt geschreven ende geteekent ende geconsenteert. Acte in forma onder ons zegel[3].

Eodem die gesonden fratrem Griensven[4] met Van der Cammen, onsen rentmeester[5], naar de landen van Ravestein ende doen vermanen allen de pachters aldaer tot betalinge ende gecomineert deselve over te leveren aen den drossardt[6] over 't misbruyck van ons heiden te vercopen ende torf. En hebben geloven men soude suver soderen. D'welck is geschied; maer sijn voortgegaen naer Ravestein ende simpelijck den drossardt gesalueert.

2. *(16 Nov.)* Des sanderdachs gegaen tot Berchem ende hebben aldaer den pastoir[7] vermaent, dat hij sijne ondersaten soude vermanen egheen heidestooc te halen in de Moensche heiden[8], d'welck den pastoir heeft publyckelijck op den stoel vermaendt. Ende vandaer gecomen over Osch naer Heesch ende bij den hoevenaer[9] voorts savonts tot Heeswijck gebrocht mette wagen.

1 Joannes Moors. Frenken, Dagboek Moors, blz. 24-59; v. d. Hurk, Berne in de branding, blz. 11 en volg.; Pirenne, *B. B.* XXVI, blz. 159-180; v. d. Velden, M. G. Tr. XXIX, blz. 113-119; Cat. Beleg Den Bosch, blz. 59.

2 A.A.B. Request van de ingezetenen van Dinther.

3 A.A.B. Goedkeuring gegeven door de abt aan de ingezetenen van Dinther; Frenken, Dagboek Moors, blz. 201, noot 180.

4 Frater Cornelius van Griensven, norbertijn van Berne. Zie Inleiding § 1; Juten, *Tax.* IX blz. 7 en 40.

5 Jhr. Mr. Jacob van der Cammen. Zie Inleiding § 1; Bots, Noordbrab. Stud. nº 2594. Hij stierf 1 maart 1639 volgens het dodenboek van de parochie van Berlicum. Bij zijn sterfdatum staat deze aantekening: Obiit nobilis ac generosus vir ac dominus D. Jacobus van der Cammen, morum probitate, quam et haeretici in ipso suspiciebant, ac vitae innocentia, conversationeque angelica, spectabilis; omnibus praemunitus S. Romanae Ecclesiae sacramentis.

6 Jhr. Jan Vaeck, drossaard van het Land van Ravenstein. Schutjes V, blz. 523.

7 Joannes Verbeek. Bots, Noordbrab. Stud. nº 5354.

8 De heide bij de abdijhoeve Moenle onder Schaijk. Zie Inleiding § 9.

9 Zijn naam komt in dit Memoriaal niet voor. Zie Inleiding § 9.

3. 17 Nov. Met Van der Cammen geïnstitueert drye queriteurs[10] op de poincten: van de gemeinte van Heeswijck niet te mogen vercopen[11] sonder onsen consent, ende van de vernaerderinge[12] derselver bij ons te mogen doen, ende van onze hoevenaers vrije te wesen van tsheren hoofdiensten[13].

Eodem die heer Jan van Dynter[14] ontboden ten einden hij soude tegens dynsdaechs toecomende sijne naerrekeninge van den sterfhuys des overleden pastoirs[15] gereetmaken.

4. 18 Nov. Van der Cammen met onse suster[16] naer Den Bosch gesonden om advys te crijgen op de voors. queriteurs ende de bescheden daertoe dienende medegegeven ende tsamen gestelt in de handen van den advocaet mr. Aelbert van Breugel[17].

5. *(zondag 19 Nov.)*

6. 20 Nov. Is den pastoir van Berlickem[18] met heer Jochim[19] hier gecomen ende heeft den pastoir rappoirt gedaen van sijne reise in Den Hage[20], etc. te weten:

(f. lv.) als dat den heere van Duvenvoorden met twee coppelen patrijsen ende eenen haes was gesalueert, ende hadde alle faveur toegeseit; insgelijcx Van der Wolf[21] met vier coppelen ende twee hasen, Oytgens van Amsterdam met een stucxken camerijcx, Gelinkhuysen van den Briel met een stuxken camerijcx, Bever van Dort met 2 coppelen patrijsen ende

10 A.A.B. Drievoudig Quaeritur.

11 A.A.B. Insinuatie door de vorster.

12 Recht van terugkoop.

13 Herendiensten. In dit geval verplichte diensten ten behoeve van de heer van Heeswijk.

14 Joannes Schenckens, kapelaan van Dinther. Zie Inleiding § 4. Schutjes III blz. 462.

15 Arnoldus Andriessen Beijs, pastoor van Dinther tot zijn dood op 2 april 1633. Zie Inleiding § 4. Schutjes III blz. 460.

16 Johanna Moors. Zie Inleiding § 2.

17 Mr. Aelbert van Breugel, advocaat te 's-Hertogenbosch. Bots, Noordbrab, Stud. n° 818; A.A.B. Drievoudig Quaeritur en Advies van G. v. Zomeren.

18 Frater Paulus van den Dael, norbertijn van Berne, pastoor van Berlicum en deken van Orthen, Heusden en Zaltbommel. Zie Inleiding § 1; Schutjes III blz. 254; v. d. Hurk, P. v. d. Dael. Hij studeerde van 1612 tot 1616 te Leuven (zijn dictaatcahiers zijn bewaard gebleven), maar hij staat niet vermeld in Bots, Noordbrab. Stud.

19 Joachimus Walravens, priester en rector van de kapel in Middelrode. Sasse v. Ysselt, *Tax.* XXIII, blz. 30. In het dodenboek van de parochie van Berlicum staat deze aantekening: In festo S. Joachimi Senensis 16 Aprilis 1657 obiit Dominus Joachimus Goswini Walravens, presbyter ac rector in Middelroy fere centenarius et ante septem annos jubilarius, omnibus S. Rom. Ecclesiae sacramentis munitus.

20 A.A.B. Rekening van de reis van 7 nov. 1634.

21 C. van der Wolf, griffier bij de Raad van State te 's-Gravenhage. Frenken, Dagboek Moors, blz. 199 noot 140.

eenen haes, Beaumont[22] met 2 coppelen patrijsen, oock Van Dort ende sommigen anderen, ende hebben allen faveur toegeseit. Ende vandaer vertrocken naer Utrecht bij monsieur Brakel[23], die geseit heeft te sal comen betalen.

Ende des savonts, eodem die, is Van der Cammen met ons suster ende den pastoir van Heeswijck van Den Bosch[24] gecomen, noch egheen schriftelijck advis meebrengende op de bovenges. saecken.

7. 21 Nov. Is tot onsen huyse finalijck affgedaen de naerrekeninge van den sterfhuys van den overleden pastoir tot Dinter. Daerover geweest sijn wij, den heere drossaert van Heeswijck[25] ende Van der Cammen, als gecommitteerde van den eerweerdigste here biscop[26], ende heer Jan, cappellaen van Dinter ende joncker Bruno ter Herenhaeff[27] als executeurs, ende hebben snoenens tsamen gegeten.

Eodem die sijn tegen den avont gecomen, terwijlen wij in de rekeninge te doen noch besich waren, den secretaris Bedbuer[28] met sijn huysvrou ende suster, wesende secretaris van den hertoch van Nieuborch[29] ende den rentmeester van Ravestein, met een karre ende noch met een trompetter.

(22 Nov.) Ende sijn sanderdaechs vertrocken naer Ravestein naer den onbijt.

8. 23 Nov. Is Van der Cammen ende onse suster naer Den Bosch gereist ende hebben bestelt aen den silversmit te doen maken een silvere

22 Simon van Beaumont. *N.N.B.W.* I 265.

23 Jhr. Zweder van Brakel. Zie Inleiding § 9. Was gehuwd met Anna Mom.

24 Frater Petrus Rovers, norbertijn van Berne, pastoor van Heeswijk. Vanaf 8 jan 1635 was hij provisor van de abdij. Bots, Noordbrab. Stud. nº 4438.

25 Joost van Hedichuysen, drossaard van Heeswijk, Dinther en Berlicum.Zie Inleiding § 8. Van 1621 tot 1631 was hij drossaard van Kranendonk en Eindhoven. Heer van Ekkart. Was gehuwd met Maria Hovelmans. Woonde te Middelrode op het slotje Seldensat. Volgens het dodenboek van Berlicum is hij 30 okt. 1647 te Brussel gestorven. Bokhoven, *Brab. Leeuw* VII, blz. 119 en VIII blz. 26; Melssen, *Brab. Leeuw* XXIII blz. 157; van S., *Tax.* XLV blz. 162; Sasse v. Ysselt, *Tax.* III blz. 238 en XXVI blz. 268; Spilman, blz. 32.

26 Michaël Ophovius, o.p., bisschop van 's-Hertogenbosch. Zie Inleiding § 4. Bots, Noordbrab. Stud. nº 3922; Nuyens, *Nat. Biogr. W.* V 659-661; Frenken, Dagboek Ophovius; Frenken, *B.B.* XIV; Pirenne, *B.B.* XXVI; Cat. Beleg Den Bosch blz. 58.

27 Jhr. Bruno Ter Herenhaeff. Zie Inleiding § 3. Juten, *Tax.* V, blz. 285 en *Tax.* VII, blz. 287; Spilman, blz. 34; v. Dijck, Bossche Optim., blz. 432.

28. Vincentius Bedbuer, secretaris van Ravenstein. Frenken, Dagboek Moors, blz. 54 noot 1.

29 Wilhelm Wolfgang, hertog van Neuburg, heer van het Land van Ravenstein. Frenken, Dagboek Moors, blz. 203 en Dagboek Ophovius, blz. 144 noot 5; Schutjes V, blz. 518; v. d. Aa VIII, blz. 76.

lampetschotel[30], metbrengende savonts een hamel van Berne. Ende is fr. Somers[31] niet van Bern thuysgecomen, die den 20 deser derwaerts gegaen was om 't horologie te stellen.

Eodem die heeft ons besocht dominus prior[32] cruciferorum Buscoducensium met eenen socius ende savons wederom gegaen.

Eodem die sijn onse pachters van Ravestein hier gecomen, vergiffenisse biddende over 't onbehoirlijck gebruyken ende vercopen onser heiden. Ende heeft Andries Jansen[33] op Groot Gael affgerekent, clagende dat hij soude moeten vertrecken van de hoeve om de overgrote schattingen. Desgelijcx Hein Petersen[34] op Moenle heeft ter oorsaecke als vore versocht verminderinge van sijnen pacht.

9. 24 ende 25 Nov. Tegen den avont is Van der Cammen hier gecomen van Berlickem, ende is des sanderdaechs voor noen metten pastoir van Heeswijck van onses wegen, Aert van Loon[35] van dorps wegen, joncker Robbert de Bever[36] van den hoogen schoutet van Den Bosch[37] wegen, Mathijs Merttensen[38] van 't dorp Berlickem wegen, joncker Cornelis de Bever[39] van sijn self wegen, gegaen naer De Bleecken[40] achter de Boexhoven[41], alwaer die van Hees hadden een bruxken geleit door eenen dijck om haer water, tot prejudicie van de gemeinten van Berlickem ende Heeswijck ende vele particuliere geërffdens, ende sijn aldaer gecompareert acht personen[42] van

30 A.A.B. Memorie van uuytgheven bij 10 dec. 1634.

31 Frater Bartholomeus Somers, norbertijn van Berne, assistent van de pastoor van Heeswijk vanaf 8 jan. 1635. Zie Inleiding § 1. Schutjes IV, blz.93.

32 Jan Lievens, prior van de kruisheren in Schijndel. Zie Inleiding § 5. Schutjes IV, blz. 433 en V. blz. 650; *In cruce vita*, blz 72-73.

33 Andries Jansen van Uden, pachter van de abdijhoeve Groot Gael onder Schaijk. Zie Inleiding § 9.

34 Hein Petersen, pachter van de abdijhoeve Moenle onder Schaijk. Zie Inleiding § 9.

35 Aert Hendricx van Loon, pachter van een van de abdijhoeven in het Heeswijkse deel van Bernheze. Zie Inleiding § 9.

36 Jhr. Robbert de Bever, heer van Milheeze, huurder sinds 14 aug. 1634 van het perceel de Papencamp te Berlicum. Frenken, Dagboek Moors, blz. 203 noot 232; Sassen, *Tax.* XIV, blz. 194.

37 Hendrik van Bergaigne, hoogschout te 's-Hertogenbosch van 26 nov. 1629 tot 1666. Bots. Noordbrab. Stud. nº 368; Sasse v. Ysselt, *Tax.* XLV, blz. 204; v. Dijck, Bossche Optim., blz. 321.

38 Mathijs Mertens, pachter van de abdijhoeve in Middelrode. Zie Inleiding § 9.

39 Jhr. Cornelius de Bever woonde te Berlicum.

40 Nog gebruikelijke benaming van een groep percelen in het noordelijk deel van Heeswijk-Dinther.

41 Bocxhoven, perceelsnaam in het noord-westen van Heeswijk-Dinther. A.A.B. Lantmetinge van 1629, f. lv; A.R.A. De nieuwe Blaffart f. 120 v.

42 A.A.B. Brief van Rumoldus Cuypers, pastoor van Heesch.

(f. 2r.) die van Hees gesonden: den vorster met vier gesworens ende drye andere naeburen. Ende tsamen tvoors bruxken gevisiteert hebbende, ende bevonden de schade die daerdoor comen soude, hebben die acht mannen van Hees gelooft aen de voors. onse gesonden personen, dat sij ierstdaegs het bruxken soude affbreken ende den dijck wederom toemaken.

Eodem die heeft joncker Bruno ter Herenhaeff van Dinter met sijn huysvrou[43] ende nichte[44] met twee dochters Van Oetelaer van Rode[45] ons naer noen besocht met haer carosse, ende een banquetten geset met Spaenschen ende Rijnschen wijn. Ende tegens den avont is joncker Robbert voors., die des snoenens bij ons hadde gegeten, vertrocken met sijn kerre naer Berlickem.

10. *(Zondag)* 26 Nov. Hebben wij een requeste geteeckent, bij Van der Cammen geschreven aen den hertoch van Nieuborch als heer van Ravestein, inhoudende: denselven soude gelieven te doen expediëren het proces dat tuschen ons is ende d'erffgenamen Dirc Jan Coenen[46] tot Schaijck.

Item een memorie[47] waerin wij remonstreren onse bederfenisse soo tot Berne als ten Bosch, ende versoecken van denselven hertoch, dat hij ons soude bij de Staten van Hollant exempteren ende neutraliseren, ons verlenende plaets om een clooster te maken binnen Ravestein met seclusie van ander geestelijckheit, met vrijicheit van d'allen schatten ex exactiën, oock de school ende pastorijen desselfs lants, daerinne denselven heer van Ravestein jus patronatus heeft.

Eodem die deselve requeste ende memorie door onsen jongen[48] gesonden met eenen brieff aen den secretaris Bedbur, door Van der Cammen geschreven, tot Ravestein om voort te seinden ende selver te bestellen.

43 Anna van Thill.

44 Catharina, dochter van Jhr. Joannes Ter Herenhaeff, schout te Kessel.

45 Jhr. Nicolaas Oetelaer van Sint-Oedenrode. Ridder de v. d. Schueren, *Tax.* VII, blz. 18; Juten, *Tax.* V, blz. 284-285; Heesters, W., Rademaker, C.S.M., *Geschiedenis van Sint-Oedenrode* Tilburg 1972, blz. 160.

46 A.A.B. Dirck-Jan-Coenen-kwestie. Uit een brief van abt Moors aan Mr. Jacob Vercuylen van 9 dec. 1631 blijkt dat het proces ging over de heg en de sloot tussen het land van Dirc Coenen en dat van de abdij.

47 A.A.B. Memorie aan de hertog van Neuburg; Brief van Vinc. Bedbur, secretaris van de hertog van Neuburg; Frenken, Dagboek Moors, blz. 54 voetnoot 1.

48 Marcellus Goyertsen, huisknechtje van abt Moors. A.A.B. Memorie van uuytgheven bij de datum 24 febr. 1635.

Eodem die heeft fr. Henricus Degens[49], cruysbroeder van Schijndel, snoenens hier gegeten.

Item heeft Joannes Henricx[50], pachter tot Clein Gael geweest, ons geseit dat Henrick[51] sijn soon heeft aen Loef, richter ten Reeck geweest, eenig torf van ons heide gegeven voordat hij van den drossart tslants Ravestein hadde vercregen een attestatie van den onraet oft schattinge aengaende. Quod accidit 24 die huius mensis.

11. 27 Nov. Renovatus est liber censualis de Berlickem, dictum den ossenchijns[52], manu domini Van der Cammen in pargameno conscriptus.

Eodem die hebben wij metgegeven aen Van der Cammen dryentwintich ducatons ende dryentwintich pattacons in specie tot een silveren lampetschotel te doen maken[53]. Ende is savonts naer Berlickem thuys gegaen.

Eodem die des snoenens heeft den secretaris Bedbur bovenges. door een missive, bij een expressen tot ons gesonden, versocht onse brieven aen den request bovenvermelt. Ende
(f. 2v.) heeft Van der Cammen sijne missive beandwoort seggende dat den prelaet gesonden hadde door sijn jongen 't ghene begeert werdden.

Eodem die is metten bode van Bedbur gesonden gecomen den richter van Schaijck, die verclaerden dat den scholtes van Ravestein[54] hadde doen publiceren dat niemant in onse heide tot Moenle[55] ende beide Galen en soude sonder consent van ons torf of heide halen, ende dat den scholtes versocht van ons schrijvers dat sulcken publicatie ons behaechden. Daerop Van der Cammen heeft een verclaringe gesonden, van onsen wegen ende behagen sulcx te wesen, onder zijn signature.

Eodem die heeft den custer van Dinter[56] ons request gepresenteert, inhoudende dat wij niet en soude toelaten, dat de kinder van Dinter tot Heeswijck souden scholen comen. Tselve request aen den pastoir van Heeswijck, onsen religieus, overgelevert.

49 Zie Inleiding § 5, Schutjes IV, blz. 433.

50 Joannes Henricx Geritsen. Zie Inleiding § 9. Zijn vrouw heette Emerentiana. A.A.B. Pachtboek van 1634; A.R.A. De nieuwe Blaffart f. 143 v.

51 Henrick, zoon van Joannes Henricx, volgt zijn vader op als pachter van de hoeve Clein Gael in Schaijk.

52 Zie Inleiding § 9, voetnoot 45.

53 Zie hierboven 23 nov. 1634.

54 J. Lieffertz schout van Ravenstein. Frenken, Dagboek Moors, blz. 24, voetnoot 1.

55 Zie Inleiding § 9, voetnoot 43.

56 Petrus Joannes van Lieshout. Treedt ook op als notaris. A.A.B. Attestatie gedaan door Mechteld Martens. Op 1 juni 1635 werd Jan Anthonis Stanssen als koster-schoolmeester aangenomen. Zie in dit Memoriaal onder 1 juni 1635.

12. 28 Nov. Sijn onse religieusen gaen vischen. Ende is een paer van de cruisbroederen van Schijndel en br. Pauwels[57] ons snoenens comen besoecken. Ende is den prior hier gebleven ende broeder Paulus naer Schijndel gegaen.

Eodem die is fr. Griensven gegaen naer den vorster van Schijndel, omdat denselven soude gerechtelijcke insinuatie doen aen gebruycker van eenen camp gelegen neffens den Reutencamp[58] ons behorende, ten einden hij soude graven gelijck wij alrede gedaen hadde. Ende heeft rapport gedaen dat den vorster soude van desen dage de voors. insinuatie doen.

13. 29 Nov. Des snoenens is Van der Cammen tot ons gecomen met een ton brant-herinck. Ende is oock smiddachs gecomen fr. Degens.

Eodem die is oock door Van der Cammen ontfangen twee hondert Engelse buxhorn. Item den 23 Nov. hebben wij een vat wijn ontsteken.

Eodem die naer mij sijn hier gecomen den pastoir van Dinter[59], heer Jan, cappelaen, ende twee heiligeestmeesteren[60] en hebben van ons ontfangen 't rest of overschot van de gelde overbleven van het sterffhuys van den overleden pastoir, wesende 144 gulden ende noch de actie van eenighe restanten bedragende ontrent 140 gulden. Ende hebbe quitancie gegeven sulcx van de executeuren te hebben ontfangen, die wij mede geteeckent hebben. Ende hebben wij oock geordonneert dat het reliquie met een silvere ketingsken, gevonden int sterfhuys voors., sal bewaert blijven bij den pastoir ende gebruyckt tot cieraet der kercke ende altaer.

14. 30 Nov. Hebben wij die brieven voor die van Dinter geëxpedieert met zegel in parquement, bij Van der Cammen getekent hoewel den date is van 16 novembris[61].

(f. 3r.) **15.** 1 Dec. Heeft Van der Cammen de brieven van consent voor die van Dinter overgelevert aen Dirck Jan Penninx schepen, genietende alleen voor sijn moeten[62] dertich stuyvers. Ende heeft Dirck voors. 't request tot dien einde geëxhibeert, bij ons voormaels geapostilleert, wederom uit handen van Van der Cammen ende denselven in onsen handen gestelt.

57 Paulus Hicxpoors. Zie Inleiding § 5. Schutjes IV, blz. 434.

58 Perceelsnaam.

59 Guilielmus van Zomeren, pastoor van Dinther sinds 2 mei 1633. Eind mei werd hij pastoor te Middelaer (ten noorden van Gennep). Schutjes III, blz. 460.

60 Zie Inleiding § 8.

61 A.A.B. Goedkeuring gegeven door de abt aan de ingezetenen van Dinther. Zie hierboven de voetnoten 2 en 3.

62 Medewerken.

Eodem die is fr. Degens gecomen ende heeft pater prior commen accompagneren, die met malcanderen sijn naer Schijndel gegaen.

Naer noen is heer Jan van Dinter hier gecomen en heeft ons laten sien een seker ketingsken met een ander aengemackt ende eenich reliquie[63] d'welck toecomt 't sterffhuys van den overleden pastoir van Dinter ende nu voortaen sal blijven in bewaernis van den pastoir in den tijt wesende tot Dinter.

Eodem die is Van der Cammen naer Berlickem gegaen ende heeft ons een brieff gethoont van den drossart van Heusden[64], waerinne denselven ons leert dat wij sijn goet in de Santstraet tot Berlickem willen brengen in servituyt van enen schouwsloot[65], maer is qualijck geïnformeert.

Eodem die heeft Margriet, onze kockmaert, sijnde sieckelijck met passie ende courselheit willen ten Bosch met onse kere gebrocht sijn ende en is niet geschiet.

16. *(Zondag)* 3 Dec. Een brief aen Van der Cammen geschreven ende met fr. Griensven gesonden eodem die, die naer Berlickem is gegaen om den ossenchijns te ontfangen, in welcken wij hebben geschreven dat Van der Cammen soude sien voor ons een ander kockmaert te besorgen, terwijlen wij de courselheit van Margriet soo groot hebben gevonden, ende oock dat hij aen den drossart van Heusden soude schrijven alsdat denselven qualijck geïnformeert was, maer dat de schouw daer altijt gegaen hadde, ende dat wij maer versoecken, dat sijnen laet tegens den onsen graeft, ende den sloot behoorlijck opmaect, ende can den drossart de schouw keren, dat wij dat wel mogen sien.

17. 4 Dec. Fratrem Petrum Rovers, pastorem, met de karre naer Den Bosch gesonden ende is Margriet de maert metgegaen om te doen haer cureren, ende hebbe hem metgegeven den ossenchijnsboeck, die anno 1574 is gemackt. Daerinne staet dat den chijns voors. is een gewinchijns, dewelck de chijnsgelders refuseren te winnen. Ende daerom een laten-consultatie nemen bij den advocaet mr. Aelbert van Breugel, om te weten waernaer ons te reguleren.

Item te doen metbrengen 1 pont gymber, twee pont drooch amandelen, 2 pont cortte rasijnen, vier pont pruymen[66].

Des savonts is den pastoir mette maert ende de kerre wederom thuis

63 Zie in dit Memoriaal onder 29 nov. 1634.

64 Jasper van Eyck, drossaard van Heusden en dijkgraaf. Frenken, Dagboek Moors, blz. 198, noot 119 en blz. 37-38; Beelaerts v. Blokl. *Ned. Leeuw*, blz. 3.

65 Zie Inleiding § 16.

66 A.A.B. Memorie van uuytgheven.

comen, hebbende den ossenchijnsboeck gelaten in handen van den advocaet Van Breugel sonder ander merckelijcke raportten te doen. Ende Van der Cammen is om sijn affairen binnen gebleven.

Eodem die is Emken Tonissen geweest bij ons suster sprekende van haar suster om maert te sijn, etc.

(f. 3v) **18**. 5 Dec. Naer noen is den drossardt ons comen salueren ende adieu seggen omdat hij naer Brussel reisde.

Ende denselven avont eenen brief geschreven aen den prior van de cruysbroederen ende dyen gesonden tsanderdaechs per fratrem Bartholomeum ten einden dat de prior soude van joffrouw van Delf[67] haer huys tot Middelrode huyren, daertoe den drossaert sou helpen.

Eodem die is des savonts met fr. Zomers hier gecomen ende overnacht.

19. Den 6-den ende 7 Dec. smorgens gesonden fratrem Griensven int Bernhese[68] tot Claes Peters[69] om te vermanen tot leveringe ende betalinge van de restante ende te spreken van 't vercken tegens Dryeconingen te willen. Insgelijcks oock tot Aert van Loon om 't selve als vooren te doen.

Des smiddachs is gecomen fr. Joachimus[70] van Berlickem, ende oock fr. Arnoldus Tuelinc[71] om den prior te comen halen.

Naer noen sijn gecomen de heiligeestmeesters van Dinter om te tekenen de quitancie van de executeuren van den testament van den overleden pastoir. Van de welcke wij verstaen hebben, dat Claes Petersen, onsen hoevenaer, heeft ten halfven sijn schapen vercochft op drye jaeren ende thien vrije, dewelck ons is een groot prejudicie.

Den selven avont is monsieur Breugel[72] van Bern gecomen. Savons hier. Ende heeft ons een briefken laeten sien bij den hoofmeester[73] van

67 A.R.A. De nieuwe Blaffart, f. 98r. Volgens het dodenboek van Berlicum stierf op 22 sept. 1656 «Domicella Margaretha van Delft, ultima uxor Domicelli Adriani Ruyn».

68 Zie Inleiding § 9.

69 Claes Peters, pachter in het Dintherse deel van Bernhese. Zie Inleiding § 9.

70 Frater Joachimus Keijsers, norbertijn van Berne, kapelaan te Berlicum. Hij had 14 aug. 1628 verlof gekregen van de Staten in Den Haag om zich in Berlicum te vestigen, terwijl zijn pastoor, Paulus van den Dael, dat verlof niet ontving. In 1668 werd hij abt van Berne.

71 Arnoldus Tuelinck, lekebroeder bij de kruisheren te Schijndel. Zie Inleiding § 5. Schutjes IV, blz. 434.

72 Mr. Simon van Breugel, amodiateur van de bezittingen van de abdij in het Land van Heusden. Zie Inleiding § 9. Bots, Noordbrab. Stud. n° 844; Juten, *Tax*. XX, blz. 265. In het abdijarchief zijn verscheidene brieven van hem uit de jaren van dit Memoriaal bewaard gebleven.

73 Firi, architriclinus, tafel- en hofmeester van graaf Willem van Nassau. Frenken, Dagboek Moors, blz. 200 noot 160.

graef Willem[74] tot Heusden geschreven, begerende dertich boomen uuyt Bernse bosch.

20. 8 Dec. Aen Breugel metgegeven de huyrcedulle van den hoeve tot Loon[75]. Item een leenboeck in folio geschreven bij Vercuylen[76]. Item een brief van Lambert van Haren, secretaris van Heusden, inhoudende dat de stadt van Heusden versoeckt 't leen van een huys, tot Heusden staende, te verheffen op de naem van Sebastian Belarts[77]. Item een acte van verheff geteeckent bij heer Cornelis Moors[78] ende Rochus Lermaes, leenmannen van onse abdije, met Steven van Eert, etc.

Ten selven dage naer noen omtrent ten twee ure sijn hier tot Heeswijck comen logeeren ses compaignie peerde van Statenvolck.

Eadem hora is Breugel[79] van hier vertrocken naer Berlickem. Ende is over de hoeve van Thijs Mertens gereden om den sloot tusschen ons goet ende joncker Van Eyck te besichtigen. Ende heeft ons gerelateert Thijs Mertens, dat joncker Robbert de Bever ende Henrick Beverst[80], als commissie van denselven joncker Van Eyck, denselven sloot daechs tevoren besichtigt hebben, hebbende Jacop Henricx Jacopsen bij haer, die wat vremps voortbracht van een hoeidijcxken vooraen gelegen te hebben bij het bruxken aen de strate.

Savonts is hier aen de poorte gecomen een cornet, gelogeert op ons hoeve daer Claes Willemsen[81] op woont, willende een stoop wijns hebben.

(f. 4r.) — Desen was cosijn van onsen fr. Griensven. — Heeft gedreycht de hoeve te willen overlast doen indien hij egheen wijn en creech. Ende hebben twe potten wijn voor hem doen tappen. Ende alsdan heeft hij

74 Graaf Willem van Nassau-Siegen, gouverneur van Heusden. N.N.B.W. I, 1572; ten Raa en de Bas, blz. 339.

75 De abdij bezat een hoeve te Loon-op-Zand. Zie Inleiding § 9.

76 Mr. Jacob Vercuylen, voormalig amodiateur van de abdijgoederen in het Land van Heusden tot zijn dood in 1633. Hij was een broer van Joannes Vercuylen, voorganger van Jan Moors als abt van Berne (1608-1621). Bots, Noordbrab. Stud. nº 5457; A.A.B. Correspondentie Moors-Vercuylen.

77 Sebastian Belarts, burgemeester van Heusden, leenman van de abdij van Berne. Frenken, Dagboek Moors, blz. 198 noot 117 en bijlage X, blz. 227; Beelaerts v. Blokl. en Juten, *Tax.* XIV, blz. 294. Zie ook Inleiding § 9.

78 Mr. Cornelis Moors, seculier priester, broer van de abt. Hij was in de jaren van dit Memoriaal rector van het begijnhof te Dendermonde. Bots, Noordbrab. Stud. nº 3676.

79 Mr. Simon van Breugel.

80 Hendrick Beverst wordt genoemd in een brief van Simon van Breugel aan de abt van Berne van 30 juli 1634 als pachter van de novaaltienden te Breda.

81 Claes Willemsen, pachter van een abdijhoeve in het Heeswijkse deel van Bernhese. Zie Inleiding § 9.

beleefdelijck gesproken. Ende was met sijn elf soldaten op deselve hoeve gelogeert. Ende opt Lanckhuys[82] wasser sesthien gelogeert.

Tot Dinter was Stakenbroek[83] tot Jan Wijnen[84] gelogeert met seven compaigniën.

21. 9 Dec. Smorgens tusschen vijf ende ses uren voor den dage sijn de ses compaigniën vertrocken van hier naer Dinter, ende van daer tsamen naer den Grave ende elders in haer garnisoen. Waren geweest in de Kempen tot Son ende Breugel etc., Hooge ende Lege Mierde ende tot Turnhout toe. Ende hebben hier al wat veel vatrazie gedaen met gelt te eischen ende etc.

Eodem die een brief van fr. Folcoldus[85] ontfangen waerbij denselven insinueert sijn goede affectie totte religie ende presenteert sijn inventaris ten te presiserene tijt over te leveren.

Eodem die des snoenens is br. Goyaert van Chaem[86], predickherenbroeder, hier gecomen ende met ons gegeten, versoeckende statie[87] te mogen hebben op S. Jansendach naer Kerssmisse, maer, overmidts de minrebroeders dachs tevorens was toegeseit op St. Stefensdag, sullen een ander dach nemen.

Eodem die is ons gerelateert dat de secretaris van Heeswijck[88] ende Merten Corsten[89] woorden hebben gehadt in presentie van vele, ende dat den secretaris heeft Merten geculpeert, dat de ruyteren meer sijn tsijnen[90] huys als tot Mertens gecomen. Ende stotende met sijn stoxken

82 't Lanchuys, abdijhoeve in het Heeswijkse deel van Bernhese. Zie Inleiding § 9.

83 Thomas Stakenbroek, gouverneur van Grave. Frenken, Dagboek Moors, blz. 51; Sasse v. Ysselt, *Tax*. XXIV, blz. 91-96; ten Raa en de Bas, blz. 191, 213, 338; Aitzema, blz. 199.

84 Jan Wijnen was president van de schepenbank te Dinther.

85 Frater Folcoldus van Riel, norbertijn van Berne, pastoor te Nuenen tot 19 juni 1636. Hij werd op 9 juli 1636 pastoor van Heeswijk. Zie Inleiding § 1. Frenken, Dagboek Moors, passim.

86 Goyaert of Godefridus van Chaem, lekebroeder van de predikheren. Frenken, Dagboek Moors, blz. 211 noot 469 en Dagboek Ophovius, blz. 122 noot 2; Meyer, blz. 95.

87 Zie Inleiding § 6.

88 Mr. Joannes van Craenven, secretaris van Heeswijk en Dinther. Volgens het dodenboek van Heeswijlk stierf hij 20 maart 1641. Zie Inleiding § 8. Sasse v. Ysselt, Voorname Huizen II, blz. 541 en 545.

89 Merten Corsten van Goch, zwager van de abt. Pachter van de Loeffhoeve, toebehorend aan de kapel van het kasteel te Heeswijk. Zie Inleiding § 2. Frenken, Dagboek Moors, blz. 203 noot 235.

90 Tsijnen = tot sijnen

heeft hem Merten int eerde gestoten. Ende heeft den secretaris sulcx door den vorster[91] doen betuygen, etc.

22. *(Zondag)* 10 Dec. Is des snoenens hier gecomen Van der Cammen metbrengende een silveren lampetschotel die wij nieuw hebben doen maken. Cost 140 gulden. Ende bracht oock een silveren soutvat, dat wat was gerepareert, ende den silveren waterpot die door den silverensmidt was gewasschen[92].

Eodem die des savonts heeft denselven een brief geschreven aen den advocaet Van Breugel ten einde hij wilden seinden de advisen die wij bij denselven hadde doen nemen, relaterende dat se bij vijf advocaten waren geteeckent, te weten: Griensven[93], Zomeren[94], Loeff[95], Breugel[96] ende Costerius[97]. Ende heeft oock gebracht den ossenchijnsboeck met advys, bij Van Breugel ende Loef gegeven, denselven boeck als abdije-chijns egheen gewinchijns soude wesen[98].

23. 11 Dec. Is onsen jongen den bovenges. brief gaen dragen. Ende Van der Cammen met den pastoir sijn int Bernhese gegaen om te vermanen tot betalinge Claes Peters ende Aert van Loon, en hebben gerelateert dat Claes Petersen sijn achterstellen sal binnen acht dagen comen betalen. Oock offereerden tot leveren op de achterstellen inde veertich hopbosschen.

Eodem die is Aert van Loon gecomen brengende een partije van 70 pont gelts. Hebben oock gerelateert, dat Cornelis Denen[99] het vervallen geweerken[100] opmakten ende repareerden.

(f. 4v.) Naer noen is Van der Cammen gegaen bij Dirck Jan Dircx, schepen tot Dinter, versouckende die van Dinter soude opmaken de vonder over 't Meerken[101] bij of voor Cornelis Denen liggende op de

91 Jan Peters Dobbelsteen.
92 A.A.B. Memorie van uuytgheven. Zie hierboven 23 nov. 1634.
93 Rogerus van Griensven, advocaat te 's-Hertogenbosch. Bots, Noordbrab. Stud. n° 1827; A.A.B. Drievoudig Quaeritur en Advies van G. v. Zomeren.
94 Gerardus van Zomeren, advocaat te 's-Hertogenbosch. Bots, Noordbrab. Stud. n° 4866; Verreyt en Juten, *Tax.* XII, blz.243-244: A.A.B. zoals de voorafgaande noot.
95 Bartholomeus Loeff van der Sloot, advocaat te 's-Hertogenbosch. Bots, Noordbrab. Stud. n° 3263; A.A.B. zoals de voorgaande noot 93.
96 Mr. Aelbert van Breugel.
97 Mr. Jan Costerius, advocaat te 's-Hertogenbosch. Bots, Noordbrab. Stud. n° 2908; Sasse v. Ysselt, Voorname Huizen II, blz. 411; A.A.B. zoals de voorgaande noot 93.
98 Zie Inleiding § 9, voetnoot 45.
99 Cornelius Denen (Daniels of Daandels), pachter van een abdijhoeve in het Dintherse deel van Bernhese. Kerkmeester in Dinther. Zie Inleiding § 9.
100 geweerken = bouwsel.
101 't Meerken of de Meer = naam van een beek, De Leigraal, in Heeswijk-Dinther.

Heilaren[102], die allens schoons toeseide, begerende, dat Van der Cammen op toecomende woensdach wilden sulcx comen versoecken aen de schepenen, die alsdan, wesende Sint Luciendach[103], soude dingdach houden.

Eodem die savonts is onsen jongen gecomen van Den Bosch brengende d'advisen, voor meer verhaelt, van den advocaet Van Breugel ende door den voorseyden geteeckent.

24. 12 Dec. Smorgens ten acht of negen uren sijn hier tot onsen huysen gecomen allen de seven schepenen[104] van Heeswijck, die hebben begeeren te horen lesen de voors. advisen, ende sijn haer door Van der Cammen voorgelesen. Ende hebben copije versocht seggende, sij haer wilden beraden. Want sij niet conste bij de gemeinte verantwoorden sonder haer oock ierst te beraden bij rechtsgeleerden. Maer en is haer egheen copije verleendt.

Eodem die geschreven door Van der Cammen een ordonnantie aen den vorster van Heeswijck teneinden hij soude den wete gerichtelijck doen aen verscheide personen die eenighe parcelen van de gemeinte eertijds gecocht hadden, dat sij binnen drye dagen souden quijten ende afstant doen ende weerom tot gemeinte maken, of dat den prelaet met recht sulcx soude versoecken[105].

Eodem die is den tambour van den heer Van Brederode[106], bij naeme Hans van Batenborch, hier gecomen, ons presenterende eenen almanack met een salich nieuwejaer, denwelcken wij hebben naer gewoonte gegeven twee rijxdaelders.

Ende is de ordonnantie bovengeschreven noch voorhouden[107] ende niet aen den vorster gelevert tot naeder advis.

Dese naenoens, is Van der Cammen metten pastoir gegaen naer Dinther om te spreken enighe schepenen ten einde de vonder voorgeroert gemackt werdde. Ende hebben ons gerelateert dat Peter Bogarts[108], Jan Wijnen ende Dirck Jan Penninćx haer hebben geseit ende belooft, dat sij van dorpswegen de vonder souden door Cornelis Denen, onsen pachter,

102 Heilaren is de naam van een buurtschap in Heeswijk-Dinther.
103 De feestdag van de H. Lucia valt op 13 december.
104 Zie Inleiding § 8.
105 Zie verderop onder 15 jan. 1635.
106 Johan Wolfert van Brederode, sinds 27 jan. 1630 gouverneur van 's-Hertogenbosch. v. Heurn, 's-Hertogenbosch, II, blz. 456; Gudde, blz. 88; ten Raa en de Bas, blz. 332; v. Dijck, Bossche Optim. blz. 318; Cat. Beleg Den Bosch, blz. 52
107 voorhouden = verhinderen dat de ordonnantie de geadresseerden bereikt.
108 Peter Bogarts, schepen te Dinther. Hij werd in okt. 1636 daar kerkmeester.
109 Zie Inleiding § 9.

laten maken ende hem goet doen betalen sijn contributie om de gemeinte den mont te stoppen.

Eodem dage heeft Van der Cammen een brief geschreven aen monsieur Breugel tot Bern, hem insinuerende dat Claes Petersen, ons laet int Bernhese, hadde in de viertich schapen te vercopen. Soo hij die begeerden, soude antwoorden. Item dat denselven soude den drossaert van Heusden aenseggen, dat hij den graef tussen ons ende sijn lant in de Santstraet tot Middelrode soude doen voor sijn deel opgraven eer het water quame.

(f. 5r.) **25.** 13 Dec. Is Van der Cammen smorgens van hier naer Den Bosch gegaen om noch bij andere advocaten advis te halen over ons gerechticheit die wij hebben tot Heeswijck en dattet scheen, die schepenen geresolveert waren in proces te treden tegen ons. Ende heeft de voorgaende advisen metgenomen ende de munimenten hiertoe dienende.

Item heeft metgenomen twee silveren miss-ampullen om te doen van vier twee maken, ende twee silveren commekens. Oock metgegeven den slotel van 't kisken van 't silver. Is oock fr. Griensven metgegaen tot Berlickem om Heese Jacopsen[109], ons laetersse, te vermanen van 't vercken op S. Thomasavont[110] heel vroech hier te bestellen. Desgelijcx oock tot Thijs Mertensen. Ende snoenens thuys comende heeft geseyt dat Van der Cammen niet voor sanderdaechs naer Den Bosch gaen soude om het tempeestich weder.

26. 14 Dec. Hebben onse religieusen wesen vischen in de Aa[111]. Ende eodem die gebrouwen thien tonnen biers.

27. 15 Dec. Sijn smorgens vroech hier gecomen Willem de Best, secretaris van Autheusden, ende Niclaes Loeff[112] versoeckende van ons een billetken of extract uyt ons pachtboecken van de jaeren 1629 ende 1631 van de quytscheldingen die in de voors. twee jaren gehadt heeft mr. Jacob Vercuylen, die wij hem gegeven hebben met ons hant geschreven ende geteeckent, bedragende int jaer 1629 ter sommen van ontrent vijfthienhondert ende dryeënvijftich ende int jaer 1631 ter sommen van veerthienhondert gulden ende cenige toepachten. Eodem die is Jan Hendricx Geritsen van Gael hier gecomen brengende eenendertich gulden gelts[113] ende de twee pachtcedullen, die wij hem hadden voor-

110 Het feest van de apostel St. Thomas valt op 21 december.

111 Rivier, die ten zuiden langs Dinther, Heeswijk, Middelrode en Berlicum naar 's-Hertogenbosch stroomt.

112 Niclaes of Claesen Loeff was in 1638 secretaris in Oudheusden. Frenken, Dagboek Moors, blz. 100 onder 16 febr. 1638.

113 A.A.B. Memorie van ontfanck.

maels metgegeven, repeterende wederom dat Hendrick sijn soon aan Loef, richter tot Reeck geweest, hadde vijf of ses voyeren torfs gegeven ende heiden laten halen tot strausel uyt ons heide en voorschrijvens te hebben van de drossart aengaende den onraet.

28. 16 Dec. Fuimus soli domi et perlustravi scripta accepta a vidua Vercuylen[114], inter quae inveni scedulam elocationis factam nobis per Cameram Computus Hollandiae van 't Deeckens-wertken[115].

29. *(Zondag)* 17 Dec. Sijn hier comen tegens den middach den prior van de Cruysbroeders met broeder Christiaen[116] ende joncker Pels[117], heer tot Milhese[118], met joncker Cornelius de Bever met sijn carotse comende van Erp ende voorts van Milhese ende sijn naer noen naer Berlickem gereden. Ende den prior cum socio is gebleven. Ende broeder Christiaen heeft ons eenen casack gesneden des sanderdaechs.

30. 18 Dec. Is den pastoir van onsen wegen naer Den Bosch gegaen met den kerckmeester, sijn broeder[119].

(*f. 5 v.*) Eodem die is den prior van de cruysbroederen van hier naer Schijndel met broeder Christiaen gegaen.

Des savonts den pastoir van Den Bosch thuys comende heeft een copye metgebracht van seeckere ordonnantie of placaet bij de Staten Generael corts gegeven[120], waerbij wederom de kercken ende den dienst verboden werdden op seeckere penen soo voor de priesters als toehoorrenden. Heeft oock metgebracht schriftelijcke permissie voor desen dorpe ende Berlickem gegeven bij den hoogenschout van Den Bosch, dat men in de huysen sal mogen dienst doen. Door denselven een brief ontfangen van joncker Brakel die schrijft, dat hij corts sal comen betalen van den pacht van Maes en Wael van date 27 novembris. Alnoch een brief van monsieur Breugel van Bern met een ingesloten van den drossart van Heusden. Alnoch de bovenges. advysen van de rechtsgeleerden.

114 Joanna Vercuylen-Buys, weduwe van Mr. Jacobus Vercuylen. In het abdijarchief is een dik pak stukken bewaard gebleven betreffende een proces met haar. Frenken, Dagboek Moors, blz. 30.

115 't Deeckens-wertken is een perceelsnaam.

116 Christiaen Janssen, lekebroeder van de kruisheren te Schijndel, kleermaker. Zie Inleiding § 4. Schutjes IV, blz. 434.

117 Jhr. Jan Pels, heer van Milheeze en van het huis ter Aa te Berlicum. Sassen, *Tax.* XIV, blz. 194; Sasse v. Ysselt, *Tax.* XX, blz. 124 en 128; Spilman, blz. 27; A.R.A. De nieuwe Blaffart, f. 118 r.

118 Milheeze is een gehucht onder Bakel, niet ver van Gemert.

119 Henricus Rovers, broer van de pastoor van Heeswijk, kerkmeester en pachter van de pastoor. A.A.B. de map: 10 Pachtcelen Heeswijk 1626-1638.

120 Plakkaat van 25 nov. 1634. Beermann, blz. 153.

31. 19 Dec. Des smorgens vroech den ingesloten brief van den drossart van Heusden, horende aen sijnen pachter tot Middelrode, denselven bestelt door onsen jongen aen Willem Jan Dircx. Den inhout was van 't graven tusschen sijn ende ons erffve.

Eodem die sijn hier gecomen den pastoor van Berlickem, fr. Joachimus ende Van der Cammen, ende heeft Van der Cammen ons laten sien den brief van den drossardt van Heusden met schampere woorden geschreven alsof wij hem willen over den sloot voorges. ongelijck doen. Ende sijn den pastoor ende fr. Joachimus naer noen met Hees Jacops wagen naer huys gereden, ende Van der Cammen, hier gebleven, die naer noen is gegaen metten pastoor naer Claes Petersen om van hem of borge of betalinge te voorderen.

Eodem die heeft den pastoir van Dinter ons in handen gestelt den coopcedulle van een clotvelt, dat den overleden pastoir met Merten Aert Driessen hadde gecocht, nu toecomende den heiligengeest aldaer. Ende heeft begeert copye van de permissie bovenges. die hem gegeven is door onsen pastoir geschreven.

Eodem die is Jan Henricx van Gael hier gecomen ende heeft ons attestatie van schepen van Schayck[121] in handen gestelt, waaruyt blijckt datten onraet moet half bij den pachter, die afftreckt, ende half bij de pachter, die op den hoeve compt, betaelt werdden. Ende alsdoen hebben wij een bevel gescreven aen Hendrick sijn soen ten einden hij soude den half onraet betalen.

Eodem die drye vette vercken gecregen, ende oock van Mathijs Mertensen ende Heesken Jacops coren ende gelt[122]. Ende hebben gepermitteert dat Heesken voors. soude voor ses mudden roggen leveren ses mudden gersten op haren achterstel.

32. 20 Dec. Des smorgens de drye vercken gestoken door Aert van Loon ons pachter, die des snachts hier hadde geslapen om vroech te beginnen.

(*f. 6 r.*) Eodem die is hier gecomen Hendrick sone Jans Hendricx van Gael en heeft ons gebracht attestatie dat den helen onraet moet betaalt werdden bij den bouwman die affgetrocken is. Want den onraet, omgeslagen S. Peter-ad-cathedram[123], is vervallen van den jaer 1633. Ende hebben aen Jan Hendricx sr. gescreven een briefken dat hij moet en

121 A.A.B. Attestatie van schepenen van Schaijk van 18 dec. 1634.

122 A.A.B. Memorie van ontfanck.

123 St. Petrus-ad-cathedram valt op 18 januari.

niet Hendric den onraet betalen. Item heeft Hendrick gelt gebracht ende Dries ende Henrick Petersen.

Eodem die heeft Van der Cammen verscheiden billetkens geschreven om de hoeve, daer Claes Petersen op woont, te doen veylen. Item heeft eenen brief geschreven aen den drossardt van Heusden, in denwelcken scrijft om het water dat men tot den naesten zomer sal verbeiden, om te graven den sloot daer questie om is.

33. 21 Dec. Is Van der Cammen smorgens van hier gegaen met hem nemende de sumpele copye van de advisen der rechtgeleerden op de drye «queritur» genomen voor meer gemelt. Ende is onsen jongen met hem gegaen om te confoyeeren.

Is eodem die fr. Griensven gegaen naer Ravestein om naer terwe te sien om te copen[124], ende oock om te sien of men eenen anderen laet conste crijgen op de hoeve van Groot Gael. Want schijnt Andries, die daarop woont, gerne ontslagen waer. Hem metgegeven voor teergelt 47 stuyvers.

Item eodem die last gegeven aen Peter onsen bouknecht[125] om te sien naar heesteren om te poten.

Op gisteren heeft ons Cornelis Denen onsen pachter geseyt, dat de vonder op de Heilaren liggende over 't Meer voor sijn huys, met gemein resolutie des dorps van Dinter niet en sal bij die van Dinter gemackt werdden, maer dat Jan Wijnen president geseit heeft, dat die daerover gaen willen ende gebreck bij hebben die mogen maken.

Eodem die is hier gecomen den pastoir van Velp[126] metten richterbode ende twee ander met enen wagen brenggende een kelck met pateen om gewijt te werdden. Ende seide, dat den biscop hadde ontboden, corts te comen confirmeren int lant van Ravestein.

34. 22 Dec. Smorgens vroech is fr. Somers mette kerre ende Christiaen[127] voerman gereden naer Den Bosch ende voorts naer Bern, om daer te blijven tot toecomende hoochtijt, ende hem den brief bovengeschreven aen den drossart van Heusden metgegeven, ende noch eenen bij ons geschreven aen Breugel tot Bern, inhoudende dat wij 43 schapen voor denselven gecocht hadden van Claes Peters. Oock gerecommendeert totte halfteult Claesen Loeff ende vermaent tot betalinge.

(*f. 6 v.*) Eodem die ontrent ten acht uren voor noen is dominus

124 A.A.B. Memorie van uuytgheven.
125 Petrus Petri, familielid van de abt. Zie Inleiding § 2.
126 Henricus Jacobs Loeffs. Schutjes V, blz. 801.
127 Christiaen Petri, familielid van de abt en broer van Petrus Petri.

archidiaconus van Gestel[128] hier gecomen te voet met een jongsken, ons brengende salutatio van mijnheer den bischop, begerende wij hem soude een karre doen om bij denselven te rijden tot Gemert, alwaer dyen noen den voors. heere bischop hem verscheiden[129] hadden om des sanderdachs ordines te confereren of tot Gemert of tot Boeckel int lant van Ravestein, addens quod reverendissimus proposuit in pagis Ravesteinensibus per totum instantem festum permanere ibique jurisdictionem episcopalem velle exercere. Cui carrucam concessi, ac auriga fuit Petrus noster cognatus. Communicavit nobis quasdam litteras a patre Loduvico[130] predicatore scriptas, quae continebat bona nova ex Germania et aliis partibus.

Eodem die is Dirck Tonissen[131] gecomen met een partije gelts[132], seggende dat den coninxrentmeester heeft gemaent door Henrick Beverst van 14 florijnen uyt sijn hoeve, die hij betaalt aen den rentmeester ten Bosch.

Item de bovenges. coopcedulle van den pastoir van Dinter wederom gerestitueert aen denselven 20 huius.

Pastori[133] relatum est per parentem suum, scabinum, ex communitate aliquos esse qui garriunt, quod villae nostrae 't Lanckhuys et alia vicina, in qua habitat Arnoldus de Loon, teneantur in usum communitatis alere een hengxt ende beer. Sunt tamen figmenta malevolorum, ex causa quod nos defendamus privilegia nostra contra illos.

Eodem die circa vesperum reversus fr. Griensven ex Ravestein, qui retulit se triticum emisse, vel cum siligine posse permutari, dando 3-am partem amplius. De colono in villa nostra accipiendo satis bona est apparentia. Schulteto de Ravestein commendavit solutionem parvi redditus bladi in Schayck tangentis fratrem nostrum germanum[134]. Rediit domum Christianus Silva cum duabus ovibus et salutatione ex

128 Franciscus van Gestel, aartsdiaken. Bots, Noordbrab. Stud. nº 1623; Schutjes II, blz. 19; v. d. Elsen, *Tax* IV, blz. 268; Sasse v. Ysselt, Voorname Huizen II, blz. 356.

129 Verscheiden = ontboden.

130 Ludovicus Loumans, predikheer te Antwerpen. Frenken, Dagboek Ophovius, blz. 58 noot 3; de Jonghe, Corpus Dominicanorum, blz. 426.

131 Dirck Tonissen of Antoonsen, pachter van een abdijhoeve te Berlicum. Zie Inleiding § 9. A.A.B. Pachtboek van 1634 en pachtceel van 29 dec. 1635.

132 A.A.B. Memorie van ontfanck.

133 aan de pastoor van Heeswijk.

134 Cornelius Moors.

parte Van Breugel et Horenbeeck[135], et etiam Van der Cammen, qui se dixit in festo S. Stephani[136] ad nos venturum.

Eodem hoc die congregationem in domo secretarii habuerunt scabini, editui, rectores mensae S. Spiritus cum burgimagistris et aliquot ex communitate ut consilium ineant quod contra nos faciendum ratione privilegii nostri.

Etiam rediit Petrus, qui avexerat archidiaconum in Gemert, cum salutatione reverendissimi episcopi et domini archidiaconi, referens quod reverendissimus forte nos brevi inviseret.

35. 23 Dec. Sijn hier gecomen den soon van den hoevenaer Loon[137] met Hendrick sijn schoonvader, ende heeft

(*f. 7 r.*) gepacht de hoeve ad 6 annos met drye te scheiden antiquis conditionibus gelijck de oude cedulle metbrengte, ende sijn denselven dage vertrocken.

Eodem die sijn hier geweest Jan Hendrick Willems[138] ende Willem Gerit Coppen, betalende haren pacht van de Haesackers, ende Jan een part van sijn oude reste[139], sprekende van nieu huyre van de voors. Haesackers.

Eodem die verstaen, dat de schepenen van Heeswijck cum aliis congregatis in edibus secretarii varia schemmata et improperia in nos, absentes tamen, jecerunt resolveruntque quod nunquam nostris privilegiis acquiescerent eaque admitterent nisi per sententiam judicis, sicuti nos sustinemus, diffineretur. Vellent prius sibi privilegia vel eorum copiam autenticam exhiberi et dari. Mea memoria hic pono nomina scabinorum aliorumque qui signarunt[140]. Unus edituus, Henricus Jansen Rovers, non comparuit nec signavit dictam conspirationem. Secretarius, qui dux

135 Arnoldus of Aert van Horenbeeck. Hij was 12 febr. 1604 gehuwd met Josina van Broeckhoven. Hun dochter Catharina was 18 juli 1628 getrouwd met Mr. Simon van Breugel. Zie Inleiding § 9. Hij was «stadthouder van onse leenen». Frenken, Dagboek Moors, Bijlage X, blz. 227; Bots, Noordbrab. Stud. nº 2307; Juten, *Tax.* XX, blz. 264; Sassen en Verreyt, *Tax.* VI, blz. 37. Van hem zijn brieven van 6 aug. 1636, 11 aug. 1636 en 21 febr. 1639 bewaard gebleven.

136 Het feest van St. Stephanus valt op 26 december.

137 De hoevenaar van de abdijhoeve te Loon-op-Zand heette Cornelis Corsten sr. Zijn zoon heette ook Cornelis. Zie Inleiding § 9. Wat Cornelis Corsten sr. betreft: A.A.B. Pachtbrief van 1624 met verlenging op 9 febr. 1630, wat Cornelis Corsten jr. betreft: Pachtbrief van 14 juni 1635.

138 A.A.B. Lantmetinge de anno 1629.

139 A.A.B. Memorie van ontfanck.

140 Zie Inleiding § 8.

est et consiliarius omnium ponitur primo loco: Joannes Craenven Heeswicanus; Jan Aertsen Vercuylen[141], preses Schindelensis; Jan Hendrick Rovers[142], pater pastoris et editui Henrici supradicti. Hii tres duces sunt et antesignani totius factionis. Aert Hendricx van Loon, villicus noster; Nicolaes Willemsen van Driel, Schindelensis, villicus noster; Merten Corsten van Goch levir meus; Hendrick Mertensen Berlicomiensis ut puto; Jan Willemssen Bosch, frater nostri licentiati Leonardi[143]. Hii sunt scabini. Burgimagistri sunt: Willebrordt Willemsen, Baculensis, villicus pastoris; Adrianus Willemsen Spirincx. Jurati sunt: Henrick Hendrick Rovers patruus pastoris et Mathijs Delissen. Edituus unus Peter Adriaensen[144]. Rectores Spiritus Sancti: Hendrick Jan Delissen Spirinx, Freyns Roeffen. Ex reliqua communitate necdum mihi constat, qui non fuerunt convocati vel congregati. Unum tamen scio, qui est Adriaen Henrick Rovers patruus etiam pastoris. Omnes hii et alii cum eis congregati signarunt actam quandam, uti superius est dictum, contra nostra privilegia.

Eodem hoc die recepi per Mathiam Gerardi, Berlicomensem, missum a Van der Cammen, duas nostras ampullulas argenteas et duas pelles felium silvestrium.

Eodem vesperi dictum est mihi a pastore, Henricum juratum patruum suum non interfuisse supradictae congregationi habitae in edibus secretarii, sed eundem eodem die fuisse in Geffen, tamen in reditu rogatum a Gerardo Verdussen[145] ut cum eodem vellet ad dictam congregationem ire, sed recusavit.

36. (*zondag*) 24 et 25 Dec. Soli fuimus.

37. 26 Dec. Misi mane in Tongerlo Christianum nostrum rhedarium cum litteris ad reverendum dominum Tongerloensem[146], quibus com-

141 Jan Aertsen Vercuylen, president van de schepenbank van Heeswijk. Hij was pachter van de pastoor van Heeswijk. Zijn pachtceel in A.A.B. map: Pachtcelen Brabant waarin 10 pachtcelen Heeswijk 1626-1638.

142 Hij woonde in de nabijheid van het slotje (zie 4 sept. 1635 en 7 aug. 1636). Van hem staat opgetekend: «die onder hen (de schepenen) redelick het lattijn verstaet» A.A.B. map: Schepenen en regeerders van Heeswijk in conflict met abdij.

143 Frater Leonardus Bosch, norbertijn van Berne. Zie Inleiding § 1. Bots, Noordbrab. Stud. nº 748; Welvaarts, *Postels Biogr. W.*, blz. 36; A.A.B. Brief van abt Moors aan zijn prior Leonardus Bosch van 20 febr. 1630.

144 Peter Adriaensen raakte in conflict met de drossaard. Zie Inleiding § 16. Frenken, Dagboek Moors, blz. 199 noot 126 en blz. 200 noot 150.

145 Frenken, Dagboek Moors, blz. 129 onder 6 sept. 1638 en blz. 142 onder 29 nov. 1638.

146 Theodorus Verbraecken, abt van Tongerlo, Schutjes I, blz. 257-258; *N.N.B.W.* V, 1000; Spilbeeck, Abdij Tongerlo, blz. 465-477; Spilbeeck, Necrologium, blz. 121.

mendavi cognatum nostrum[147], et alias ad Wynantem ejusdem argumenti, et simul ut videat an professus sit frater eius[148] an non. Dedi ei pro viatico 3 florenos.
(*f. 7 v.*) Ivitque hoc die in Geldrop cum litteris invitatoriis ad sororem episcopi, Annam.

Eodem die mane misi Marcellum nostrum juvenem in Berlickem ad Van der Cammen, ut socius ejus sit in itinere et accessu ad nos.

Eodem die in prandio adfuerunt nobis unus minorita pater Voxius[149] qui concionatus est pro termino et Van der Cammen, qui hic mansit.

Memoria. Mactavimus ante festum Martini[150] duos porcos a nobis pastos. Item 20 decembris tres alios receptos a villis nostris. Item parvam bestiam ante festum Omnium Sanctorum receptam a Breugelio nostro, 235 vel circiter librarum vel ponde in pondero[151].

Dictus pater retulit nobis, fratrem Augustinum[152] pastorem in Boxtel continuandum in pastoratu, sed nondum certi quid esse de eo statutum per capittulum[153].

38. 27 Dec. Venit pater prior cruciferorum ex Schijndel cum socio laico Jungers[154] et pransus est nobiscum. Jungers apud generum suum Huybert Bosch. Vesperi uterque cenavit nobiscum et pernoctavit. Similiter et Van der Cammen.

Eodem die solemnisatus et subsignatus est contractus locationis villae in qua habitat Cornelius Danielis[155].

Eodem fuit Petrus famulus et cognatus noster in Nuylant pro emendis nociis et novellis quercubus, heesteren, et retulit se bonas sed valde juvenes et spissas invenisse.

Eodem die venit Joannes Henrici villicus ex Gaal, petens copiam attestationis allatae per suum filium Henricum, in qua dicitur quod

147 Joannes Rombouts (frater Gerlacus), norbertijn van Tongerlo. Geprofest 8 dec. 1634, gestorven 1 aug. 1656. Zie Inleiding § 2.

148 Het is niet duidelijk of hier bedoeld wordt de broer van Christianus of van Wynants. In het eerste geval — en dit is het meest waarschijnlijke — moeten we besluiten, dat Christianus eigenlijk Christianus Petri Rombouts heet. Dit geldt dan ook voor zijn broer Petrus Petri. Dit verklaart tevens hoe de familierelatie van de beide knechten met de abt is. Zie Inleiding § 2.

149 Voxius of Foxius, minderbroeder. Zie Inleiding § 6.

150 Het feest van de H. Martinus, bisschop van Tours, valt op 11 november.

151 Een ponder = een bepaald soort weeginstrument.

152 Frater Augustinus Janssen, norbertijn van Berne. Zie Inleiding § 1.

153 Het kapittel van de kerk van Boxtel.

154 Arnoldus of Aert Jungers, lekebroeder van de kruisheren te Schijndel. Zie Inleiding § 5. Schutjes IV, blz. 434.

155 Cornelius Daniels of Denen. A.A.B. Pachtceel van Cornelis Daniels.

villicus discedens ex villa teneatur ad solutionem exactionum et onerum. Et data est ei per Van der Cammen exscripta.

39. 28 Dec. Een brief aen Andries op Groot Gaal door Van der Cammen gescreven ten einde hij hier soude comen op morgen om te spreken van de huyre, of hij die wilde overgegeven ende gehouden door Jan Henricx.

Eodem die pransi sunt nobiscum pater prior et Van der Cammen, et post prandium solemnizatus est contractus locationis villae Nicolai Petersen int Bernhese. Et signatus per eundem et patrem priorem et Van der Cammen als poorters.

Eodem venit Mathijs Mertensen cum uxore et asportarunt summam pecuniae et fecerunt novum contractum locationis villae quam colet. Et conscribendus est dictus contractus.

Eodem recepi litteras a cognato jam professo in Tongerloensi abbatia, quibus significat se professum in festo Conceptionis dominae virginis[156], et petit summulam aliquam qua emat libros necessarios ad studia.

Eodem fuit Petrus cognatus in Schijndel, querens novellas quercus vel heesteren int Nonnebosch[157]. Invenit meliores quam die precedenti in Nuylant. Sed nihil certi de pretio attulit, quia villicus[158] non erat domi.

40. 29 Dec. Ante prandium venit villicus noster Adrianus Gerardi Coppen[159] cum 25 florenis loquens de nova conductione[160]. Sed propter obstinationem suam, quod non voluerit pro semel addere 6 vel 7 florenos, dimissus est. Supervenit circa prandium pastor in Berlickem, fr. Joachimus, qui nobiscum, et prior cruciferorum et fr. Arnoldus Tuelinck, qui venerat pro conductu prioris, et Van der Cammen pransi sunt.

(*f. 8 r.*) Discessit prior eodem die. Similiter et pastor Berlicomensis et fr. Joachimus. Dedi pastori Berlicomensi in mandatis ut dominica sequenti per forestarium[161] exponeret villam Adriani Gerit Coppen elocationi publice sive in toto sive in partibus.

Eodem die misi fratrem Griensven in Schijndel pro conducenda ancilla vaccaria.

41. 30 Dec. Misi Van der Cammen cum fratre Cornelio in Groot

156 Het feest van de Onbevlekte Ontvangenis van Maria valt op 8 december.

157 Perceelsnaam.

158 Anthonius Henrici Vuchts. Zie 22 jan. 1635 in dit Memoriaal.

159 Pachter van de abdijhoeve aan 't Braakven te Berlicum. Zie Inleiding § 9.

160 A.A.B. Memorie van ontfanck.

161 De vorster van Berlicum heette Wouter Joosten. A.A.B. map: pachtcelen Brabant waarin 19 pachtcelen van Berlicum; Frenken, Dagboek Moors, blz, 209 noot 410.

Gael ut juridice per forestarium et testes peteret ab Andrea villico[162], num renuntiaret contractui locationis, sicuti ante octiduum hic existens insinuare videbatur. Quod si non, ut exigeret ab eodem vadem, si vero ita, ut eo casu publice curaret dominica die poni locationi. Ivit cum carruca et Petro cognato auriga.

Eodem die dedi minoritis eleemosynam trium sextariorum siliginis in termino circumeuntibus.

Eodem die rediit Adrianus Geritsen Coppen et fecit novam locationem villae suae pro antiquo pretio.

Venit insuper Adreas villicus de Gaal et promisit se soluturum similiter et eadem daturum primo quoque tempore. Associatus fuit a filio[163] et Henrico villico in Moenle[164], qui omnes affirmarunt se Van der Cammen et fratrem Griensven non vidisse in via. Eodem die pransi sumus soli.

Vesperi redierunt Van der Cammen et fr. Cornelius ex Gaal et attulerunt scedulam, qua ex parte nostra renuntiarunt contractui locationis preteritae in absentia Andreae villici, qui nos intendit villam continuari. Idcirco hoc non servandum quod per illos factum fuit.

42. (*Zondag*) 31 Dec. Fuit fr. Griensven in Geffen ad exequias aviae suae Hees Gijsberts.

Eodem ivit Petrus cognatus noster in Berlickem cum carruca, allaturus filias Van der Cammen, quae tres numero circa prandium. Et asportarunt litteras ad pastorem Berlicomensem a Focquestar[165] scriptas, quibus insinuat se cum Hamelio[166] venturum prima Januarii 1635 circa prandium in Berlickem ad pastorem predictum. Manseruntque dictae filiae cum patre hic. Vesperi scripsit Van der Cammen pastori in Berlickem ut eundem Focquestar cum Hamelio pro secunda die Januarii invitet nomine nostro, si ita judicet expedire.

Hoc die conduxit soror ancillam vaccariam Schindelensem cognatam

162 Andries Jansen.

163 Joannes Jansen.

164 Henricus of Hein Peters.

165 Gerard Focquestar, Staats rentmeester der domeinen van de Grafelijkheid van Holland over stad en Land van Heusden. Frenken, Dagboek Moors, blz. 193 noot 1, blz. 199 noot 148 en Bijlage II A en B, blz. 213-214; A.A.B. map brieven. In de brief van 3 april 1623 noemt hij Anthonis Loeff zijn «couzijn».

166 Gijsbert Hamel,· ontvanger van de gemene middelen over de Meierij van 's-Hertogenbosch. Zijn vrouw heette Christina Bruyninx en zijn zoon Gerard. Na de dood van Gijsbert zette de weduwe zijn werk voort. Bokhoven, *Brab. Leeuw* VIII, blz. 7, 8 en 47; Sasse v. Ysselt, Voorname huizen II, blz. 31 en III, blz. 351.

Laurentii Goertsen pro 30 florenis[167]. Cui dedit arrham quatuor scellingorum. Ventura est in festo S. Petri ad Cathedram.
(*f. 8 v.*)

b. 1635

1. 1 Jan. Missus est juvenis noster cum predictis litteris ad pastorem in Berlickem mane post primum sacrum.

Mane dedi sorori pro omnibus famulis et famulabus partes pecuniae, dandam singulis unam pro novo anno[168].

In prandio fui cum Van der Cammen et filiabus. Circa vesperum venerunt receptores Hamel et Focquestart et pernoctarunt apud nos. Post caenam dixit Focquestar, se missum a Camera Computus Hollandiae, ut requireret a nobis, quatenus Bredae cautionem factam per quendam civem ratione bestiarum captarum in De Dussen[169], dissolverem et cautionarium liberarem. Ad quod respondi, pastorem in Berlickem suo leviro Wermont[170] scripturum, ut negotium hoc nostro nomine peragat sine ulteriore obligatione nostra. Insuper dedit nobis binas litteras; unas scriptas ad nos a domino graphiario Statuum Generalium[171] petens per eas, ut bona nostra Autheusdensia vellem ipsi dare ad formam, alteras a domino de Duvenvoorde quibus idem negotium nobis in favorem domini Mussii commendat. Ad quas respondi me et per litteras et verbo presente eisdem satisfacturum.

2. 2 Jan. Pransi sunt receptores nobiscum. Sed filiae Van der Cammen ante prandium cum carruca nostra discesserunt.

Post prandium venerunt duo scabini ad Hamelium petentes gratiam pro contributionibus.

Eodem prandio venit fr. Augustinus, pastor in Boxtel, et mansit nobiscum.

Circa vesperum venit fr. Somers cum domino Brugelio ex Bern et fr. Griensven ex exsequiis aviae suae. Reversus est ex Tongerloo Christianus

167 Zie hierboven 29 dec. 1634.

168 A.A.B. Memorie van uuytgheven.

169 A.A.B. Dossier betreffende de diefstal van beesten te Dussen.

170 Mr. Marten Wermont, zwager van Paulus van den Dael, pastoor van Berlicum. Bots, Noordbrab. Stud. nº 5802; Frenken, Dagboek Moors, blz. 206 noot 327; Verreyt en Juten, *Tax.* XIV, blz. 47-48; Hermans, Charters Ravenstein I, blz. 302; A.A.B. Brief van 6 aug. 1636 van Folcoldus van Riel aan Aert v. Horenbeeck.

171 Cornelis Musch, griffier der Staten-Generaal. *N.N.B.W.* I, 1351; Frenken, Dagboek Moors, Bijlage V, blz. 219.

noster portans litteras a reverendissimo episcopo et sorore Anna. Invitant nos ad eosdem invisendum.

Eodem die signavi, ad requisitionem Focquestar, quod litteras et pecunias, anno 1629 nobis jussu Statuum extortas, restituerit.

Vesperi nobiscum dicti omnes cenarunt.

3. 3 Jan. Sumpto jentaculo ex vino Hispanico et adusto[172] discesserunt dicti receptores cum Van der Cammen et pastore in Berlickem.

Eodem discessit fr. Augustinus in Boxtel, cui consensum dedi, permanere in Boxtel pro anno futuro, modo canonici[173] ei tribuant antiquam mercedem.

Eodem mane venit fr. Christianus, laicus cruciferorum, ut compleret casaccum nostrum ante festum Nativitatis Domini. Qui nobiscum et domino Brugelio pransus est et cenavit. Dedi in mandatis dicto Brugelio, ut conveniat cum villico de Loon quoad reparationem, simul de nova locatione peragat. Ego me non . . . ., etiam si ad nos venerint, nisi litteras ab eodem asportatas.

(*f. 9 r.*) Eodem hoc die retulit nobis, audiente Brugelio, scabinos Heeswicanos secunda huius, hoc est heri, convocasse reliquos omnes de communitate, quos ante non vocaverant in edibus secretarii, ut actam a scabinis et juratis aliisque pluribus 22 decembris 1634 a secretario conscriptam et signatam, etiam signarent contra nostra privilegia de non vendenda terra communitatis sine nostro previo consensu. Quam signarunt et magnas in nostram personam et dignitatem aliqui effuderunt debachationes, addentes quod quisque pro se in particulari vellet contribuere 50 florenos, ut sic melius litem intentarent et privilegium nostrum impugnarent ac delerent.

4. 4 Jan. Discessit Brugelius hinc Silvam cum carruca nostra, quam misi pro adferendo vino et aliis necessariis. Dedi eidem tradendos Van der Cammen, qui Silvam ibit pro necessariis culinariis, undecim florenos et decem asses cum memoriali continente specialiter necessaria emenda[174]. Ivit praedictus et carruca circa medium octavae. Retulit nobis dominus Brugelius, Herptenses exigere a bonis Bernensibus preter tertiam partem omnium onerum, quae occurrunt, etiam solutionem pro tertia parte eorum quae pro viis, pontibus et aliis reparationibus pagi exponuntur, a quibus hactenus liberi fuimus. Vesperi rediit Christianus cum vino et aliis necessariis, sed cum esset circa die Loo[175] in Middelro-

172 vinum adustum = brandewijn.
173 De kanunniken van het kapittel van Boxtel.
174 A.A.B. Memorie van uuytgheven.

de prope viam molinariam, obviaverunt illi milites Ordinum circiter 25, qui post minas clanculum abstulerunt ex carruca massam saccari, een broetsuycker[176], et album pannum, pro suffultura emptum, ulnae et quartae partis ulnae. Erant milites ex Willemstat.

5. 5 Jan. Rursum misi Silvam Marcelium juvenem nostrum pro tantum idem panni, amissi per milites, adferendo. Post prandium circa secundam horam cum parte panni rediit, dicens milites Ordinum, tam pedites ac equites, ex Silva exiisse versus Ruremondam (........ vulgaris), iverunt que per dunam Roesmalensem,

Illo eodem die decimatores Berlicomenses ex timore militum exercituum venerunt cum septem currubus siliginis. Hoc die pransi sumus soli. Tantum adfuit fr. laicus Christianus sarciens casacum nostrum.

Eodem die venit Jan Hendricx van Gael rogans, num ipse teneretur ad solutionem onerum et exactionum anni 1633. Quod affirmavi. Quod audiens petiit, num nobis placet, quandoquidem eum liberare non vellem a promisso pro villa dicto anno ante sesqui annum, (an) posset cum nostra bona voluntate et consensu iterum relictam villam colere et inhabitare, ejecto filio suo, quem circa Pentecostes 1634 in locum suum cum consensu nostro surrogarat. Ad quod respondi in presentia Joannis filii Andreae, villici nostri in Groot Gael, quod nos maneremus indifferentes et neutrales, tolerantes in villa alterutrum: hoc est vel Joannem predictum vel Henricum filium, et quod nos Joannem non liberemus, licet cum Henrico filio contenti sumus, sed de solutione facienda Joannes deberet habere curam, etc.

6. 6 Jan. Advenit circa prandium procurator Schindelensium[177] petens a nobis consilium pro villa de Veghel, quam ibi habent elocanda, deplorans quod villicus, qui hodie eam colit, sit refractarius et insolens. Qui pransus est nobiscum et fr. Christianus laicus, qui post prandium simul abierunt in Schijndel. Et dedi procuratori duas scedulas antiquas elocationum villarum nostrarum, una erat de villa Jacob Mertensen in Berlickem[178], et altera erat de villa 't Lanchuys Henrici et Joannis de Goch. Quas dixit se reportaturum. Dedi fratri Christiano duo florenos pro labore suo et consunendo casacco[179].

(*f. 9 v.*) **7.** (*Zondag*) 7 Jan. Pransi sumus soli.

175 Perceelsnaam.
176 Suikerbrood.
177 Antonius van Nieuwenhuysen. Zie Inleiding § 5. Schutjes IV, blz. 433.
178 A.A.B. Pachtceel Jacob Mertensen en Lantmetinge de anno 1629.
179 A.A.B. Memorie van uuytgheven.

Circa secundam vel tertiam horam pomeridianam exivit famulus noster cognatus Christianus ad tabernas. Circa quartam vel sextam venit ebrius in agrum of Strepe[180], et frater eius Petrus volens illum cum cimba[181] introducere, noluit et aufugit et sic de nocte emansit donec circa horam decimam adhuc visus est.

8. 8 Jan. Hodie duos mactavimus porcos. Sed unum remisimus Nicolao villico in Dinter int Bernhese, quia non erat sanus sed laborabat lepra.

Circa prandium venit fr. Joachimus Keizers ex Berlickem cum Hermanno Zomers[182], qui nobiscum pransi sunt. Et calicem benedicendum pro clarissis Silvaeducensibus afferebant, quem benediximus.

Eodem die venerunt duo ex Dynter, unus schabinus nomine Jacobus Wilhelmi Verveerdonck, alter Henrix Bogarts junior, petentes pro familia et hereditate istorum Bogardorum in Loosbroeck[183] habitantium in sua domo, ut concederemus iis exitum bestiarum in communitatem de Dinter et communem usum pro parte nos contingente. Quod dixi concessurum, modo darent libellum supplicem quo tale quid peterent. Quod se facturos exierunt et abierunt.

Eodem die post secundam circa tertiam horam imposui pastori Petro Rovers officium provisoris, cui assignavi pro solatio in eodem officio fratrem Cornelium Griensven, et pro solatio pastoratus fratrem Bartholomeum. Quod eodem vesperi post cenam omnibus presentibus publicavi.

9. 9 Jan. Venit huc forestarius de Schayck[184] cum Henrico villico in Clein Gael et feci eundem forestarium officialem nostrum in mericis et lignis desertis custodiendis. Ad quod dedi ei actam in scripto signatam et sigillatam manu et sigillo nostris. Qui reciproce dedit nobis actam signatam manu sua quod fideliter predictum officium implebit et hoc ad meam revocationem.

Eodem die coximus 6 vasa duplicis cerevisiae. Unum vas habebit pastor in Berlickem.

Dixi in discessu Henrico villico predicto, ut patrem suum, Joannem moneat ad plenam solutionem debitorum et quod facta solutione patrem

180 Naam van perceel bij het slotje, waarin de abt woonde.

181 cimba = bootje.

182 Vader van frater Bartholomeus Sommers. Hij woonde te Berlicum.

183 Dorp, behorend momenteel tot de gemeente Heeswijk-Dinther.

184 Wouter Matheeussen. A.A.B. copie van stuk van 2 jan. 1635 in de map: Abdijgoederen in het Land van Ravestein.

a promisso liberarem et Henricum in villicum acciperem[185], nobisque significaret primo tempore quid dictum ea in re fuerit.

Sub vesperum venit pastor de Berlickem supplicare pro Christiano cognato et famulo nostro, qui discesserat, ut posset in gratiam recipi usque ad terminum anni sui, qui est in festo Petri ad Cathedram. Similiter Marten Corsten, levir meus, oravit pro illo eodem vesperi, et respondi, si redeat, tolerabo eum usque ad Sanctum Petrum. Sed ex nunc et ex tunc non erit mihi cura de illo, nisi se emendet. Pernoctavit apud nos pastor predictus. Et Christanus famulus rediit, cui nihil dixi.

10. 10 Jan. Mane tradidi litteras a domino de Duvenvoorde et Musschio scriptas ad me et per Focquestar nobis porrectas, uti superius facta est mentio[186], Gansio[187] communicandas ad eiusdem consilium super contextum illarum expetendum, pastori in Berlickem, inde et, simul communicatis iis, nobis restitueret.

In prandio ivit pastor in Berlickem cum pastore nostro ad domicellum Ther Herenhaef in Dinter. Ibique manserunt usque ad quartam horam pomeridianam.

(*f. 10 r.*) Eodem die venit circa prandium pater prior cruciferorum cum fratre Paulo socio et mansit pater prior. Frater autem Paulus reversus est eodem die in Schijndel.

Eodem die venit Van der Cammen cum fratre Joachimo et eodem die post prandium reversi sunt in Berlickem. Retulit nobis Van der Cammen cedulam locationis cum nova Adriani Gerit Coppen[188], et cedulam de Haseackers quam secum habebat, sed quia minus quam 54 erat pro locatione conscripta, iterum contulit ut maioraret ad 54 vel ad 52 florenos.

Eodem die ante prandium obtulit nobis Henricus junior Bogarts libellum supplicem nomine matris et communitatis de Dinter, ut eum concederemus viam communem et exitum in mericis et aliis pascuis int Broeck in Dinter[189]. Sed non dedimus apostillam nisi prius predictus

185 Zie hierboven 5 jan. 1635.

186 Zie 1 jan. 1635.

187 Mr. Johan Gans, stadspensionaris van 's-Hertogenbosch en ontvanger van de gemene middelen. Hij woonde in het voormalige Rijke Fraterhuis te 's-Hertogenbosch, dat de abt met zijn convent na de val van de stad had moeten verlaten. A.R.A. De nieuwe Blaffart, f. 148 r. Zijn zoon studeerde in Leiden. Bots Noordbrab. Stud. nº 1529. Sasse v. Ysselt, *Tax.* XLII, blz. 217, 255, 286; Beermann, blz, 200; v. Dijck, Bossche Optim. blz. 321-322; Prims, blz. 71-84; A.A.B. vele brieven. Het Noordbrab. Museum te 's-Hertogenbosch bezit van hem een geschilderd portret.

188 A.A.B. Pachtceel Adrianus Gerit Coppen.

189 Zie hierboven 8 jan. 1635.

pagus de Dinter reficeret ponticellum ante villam nostram quam inhabitat Cornelius Denen in de Heilaren. Et post predictum retulit responsum, quod scabini nomine pagi curarent reparari dictum ponticellum[190].

11. 11 Jan. Ivit pastor in Berlickem cum carruca nostra cum Somers et sorore nostra Silvam; pastor ut communicet litteras Gansio, quas de Duvenvoorde en Muschio accepit, soror ut tradat partem lini decem ulnarum, 10 ellen, pastori donandam Gansio. Ivit cum illis Marcelius juvenis, ut ducat ad nos bovem missam per Brugelium ex Berna cum duabus ovibus[191]. Ivit etiam Van der Cammen Silvam, ut assistat pastori. Dedi etiam pastori et Van der Cammen in mandatis, ut inquirant pro nova ancilla culinaria, quia Margareta ante biduum suum famulatum nobis renuntiavit.

Eodem die venit Petrus Tonen ex Schijndel asportans quatuor pocula vini adusti Francofortensis. Dedi ei sex florenos et debet asportare adhuc duo pocula, et tunc solvam adhuc 24 stuferos[192]. Poculum constat 24 asses. Amisimus etiam pastori in Berlickem vas bonae cerevisiae.

Asportavit molitor Dinterensis undecim pondo anquillarum et sex piscium fluvialium. Et dedi pro pondo septem orttunos[193].

Vesperi reversi sunt fr. Bartholomeus, soror et juvenis adducentes bovem a Brugelio missam cum duabus ovibus, referentes Brugelium asserere unam ovem ex nostris mortuam, similiter quod pastor in Berlickem, Van der Cammen et Brugelius pransi essent apud Gansium, et quod Gansius nobis consuleret, ut de terris nostris in Outheusden, quas Mussius querit ad formam[194], nihil agere in his inconsulto socero suo Van den Wolff. In prandio et cena fuimus soli cum patre priore cruciferorum.

12. 12 Jan. Mane mactavimus bovem. Pransi sumus soli cum patre priore, qui etiam mansit in collatione et pernoctavit apud nos propter aerem pluviosum. Ivit mane provisor ad Theodorum Jan Dirxen, scabinum in Dinter, ut de ponticello bene reformando eundem instrueret. Dixi eidem ut curaret bene claudi omnia sepimenta in villis nostris de Bernhese, quia neminem cognoscimus habere ius viandi per eas.

13. 13 Jan. Circa prandium venit fr. Paulus, ut comitaretur patrem priorem domum. Qui post prandium abierunt.

190 Zie hierboven 21 dec. 1634.
191 A.A.B. Rekening Mr. Arnoud v. Horenbeke betreffende de schapenteelt.
192 A.A.B. Memorie van uuytgheven.
193 A.A.B. Memorie van uuytgheven.
194 Zie hierboven 1 jan. 1635.

In prandio venit Van der Cammen cum equo nostro cum quo iverat Christianus famulus Silvam, portans calceario[195] nostro pellem bovinam.

(*f. 10 v.*) Eodem die asportavit Petrus Tonen duo pocula vini adusti Francofortensis, quae ipsi soluta sunt.

Et asportavit Van der Cammen advisamentum in causa privilegii nostri de non vendenda communitate absque nostro consensu, per dominum Van Herlar conceptum et signatum[196]. Similiter reportavit ad visamentum alias datum de censu nostro in Berlickem.

Circa vesperum venit hic pastor de Dinter cum suo cognato, domino cantore de Hilvarenbeeck[197], qui bibentes haustum vini ad horam ac alteram abierunt circa sextam vespertinam.

Circa predictam horam venit fr. Godefridus laicus predicatorum Silveducensium, asserens quod mane 14 Januarii venturus esset pater aliquis pro concione stationis facienda. Et cenavit fr. predicatorum et Van der Cammen nobiscum et pernoctavit.

14. (*Zondag*) 14 Jan. Concionatus est pro statione pater Antonius[198] predicatorum, qui et nobiscum et Van der Cammen et fr. Godefridus pransi sunt. Et discessit post prandium dictus pater. Mansit hic fr. Godefridus et Van der Cammen.

Eodem die scripsit Van der Cammen binas litteras ad forestarium de Heeswijck, quibus mandatur ex parte nostra, ut particulares illi, qui emerunt partes communitatis a scabinis, relinquant easdem ac iterum faciant eas esse communitatis. Similiter ut nostri villici tres in Bernhese non contribuant in lite ista sustinenda ea de causa ac etiam ut dicant tres villici et etiam Willibrordus Jan Aertsen Vercuylen et Merten Corsten qua qualitate signaverunt actam, ex qua orietur processus.

Circa vesperum venit fr. Augustinus, pastor in Boxtel, conquerens de iniuria sibi illata a quodam apostata de incontinentia et lapsu cum virgine, quod falsum est. A quo petimus de qualitate Antonii, canonici quondam Witfelt[199], qui dixit eum nobis non convenire propter crepitositates etc. Vesperi pernoctarunt Cammius[200] et fr. Augustinus nobiscum post cenam sumptam, similiter et fr. Godefridus.

195 Bedoeld zal zijn calceolario = schoenmaker.
196 A.A.B. Diverse bescheiden betreffende de abdijgoederen II.
197 Nicolaus van Zomeren. Bots. Noordbrab. Stud. n° 4867.
198 Waarschijnlijk Antonius van Rixtel. Schutjes IV, blz. 453.
199 Dorp, behorend momenteel tot de gemeente Heeswijk-Dinther.
200 Van der Cammen.

15. 15 Jan. Mane ivit fr. Augustinus in Vechel inquisiturus, quid sit de calumnia illi illata.

Circa octavam matutinam missus est ex parte nostra forestarius de Heeswijck cum litteris supradictis ad illos, qui partes possident de communitate sine nostro consensu et ob hoc nulliter, ad insinuandum juridice, ut eas relinquant et iterum communes faciant[201]. Similiter ut villicis nostris mandet, ne contribuant in lite sustinenda contra nos etc. Post prandium rediens ad nos restituit litteras cum sua relatione, affirmando quod omnibus nominatis in litteris insinuationem fecerit, qui omnes fere copiam litterarum exquisierunt ac maxime Martinus Corsten, qui eam petiit cum colera. Melchior Goyerts[202] misit litteras suas scabinales, quibus parcilla, quam emerit, in eum est transportata, asserens, quod non querat processum sed restitutionem nummorum. Circa vesperum misi forestarium[203], ut insinuaret de simili causa Wilhelmo Jan de Asten et Anthonio Meussen.

Vesperi cenavimus soli cum fratre Godefrido laico.

16. 16 Jan. Rediit ex Vechel fr. Augustinus, pastor in Boxtel, dicens calumnias de ipsius persona sparsas ibidem esse fabulas. Pransus est nobiscum et mansit in cena et pernoctavit apud nos.

Eodem die dictum est nobis Dynterenses reficere ponticellum ante villam nostram in de Heylaren
(*f. 11 r.*) ex lignis, quae emerunt sumptibus pagi, quo satis conditur nos non teneri ad reparationem istius, presertim cum positus sit in medio communitatis dictae de Heylaren super aquam communem.

Sumpsi vesperi pillulas 5, a doctore Lazaro Marquis Antverpiensi mihi ordinatas.

17. 17 Jan. Discessit hinc fr. Augustinus in Boxtel. Circa prandium venit fr. Joachimus ex Berlickem cum litteris a reverendo domino Antverpiensi[204] ad nos scriptis, in quibus agitur de collegio Romano[205] adaugendo, ad quod multas conditiones proposuit dominus Hanegraef, preses collegii, religiosus Tongerloensis[206]. Pransus est nobiscum dictus

201 A.A.B. Insinuaties door de vorster aan de kopers van grond zonder verlof van de abt.

202 Melchior Goyerts of Godefridi was molenaar.

203 A.A.B. Memorie van uuytgheven.

204 Joannes Chrysostomus van der Sterre, abt van de Sint-Michielsabdij te Antwerpen. Backmund II, blz. 269; Goovaerts II, blz. 287-295; Weyns, *Nat. Biogr. W.* IV. blz. 783; v. Spilbeeck, *Tax.* XIV, blz. 230-232; Bots, Noordbrab. Stüd. nº 4982; v. Dijck, *Brab. Leeuw* XVIII, blz. 51.

205 v. Spilbeeck, Abdij Tongerlo, blz. 448-462.

206 Cornelius Hanegraaf, norbertijn van Tongerlo, preses van het Romeins College van 1629 tot 1636. v. Spilbeeck, Abdij Tongerlo, blz. 456 en Necrologium, blz. 142.

fr. Joachimus et post prandium in discessu dixit se scire juvenem in Berlickem, qui nobis loco Marcellii dimittendi conveniret. Dedi illi in mandatis, ut eum primo tempore adduceret tradendum. Similiter ut Van der Cammen diceret, quod ad dominam de Caudewater[207] accederet eique nuntiaret, ut si pro 30 modiis siliginis 500 florenos vellet dare, tunc eidem tot curaremus tradi. Preterea tradidi eidem fratri tradendam Van der Cammen actam quandam conscriptam, qua faterentur incolae Heeswicani sese contentos, ut negotium differentie inter nos et pagum submitteretur arbitrio proborum virorum, eo fine ut Van der Cammen a pretore Bergaignio, magistro Spirinck et magistro hospitalis Buscoducensis[208] curaret signari.

Post prandium venit Mathijs Rutten[209] villicus cum summa aliqua pecuniae[210], quem acrius objurgavi ob strepiditatem, quam monstravit in signatione actae alicuius ad requisitionem scabinorum contra nos. Qui stupide respondit: «En win ick niet de hoeve, soo en behoef ick niet te betalen», et secundo: «Ick en hebts noch soo niet gemackt of ist saecke begere weder op een hoeff te woonen en salder wel een crijgen», et tertio: «Woon ick nyet op de hoeve, soo en sal evenwel noch al een verblijven weten» et similia multa. Tamen doluit sese talia dixisse et tristis abiit.

Iverat eodem die pastor noster vel provisor in Bernhese cum fratre Bartholomeo, ut videant quomodo arbores aliquot apud villam Mathijs Rutten essent commode dejiciendae.

18. 18 Jan. Recepi litteras a Brugelio eisque alias inclusas a maiore Heusdano, quibus gubernator Heusdensis petit perdices et alia pro instituendo convivio in diem lunae, qua dominus de Brederode ad eum veniet pransurus. Cui eadem hora rescripsi, si posset duo paria alibi invenire et presentare, fieret nobis gratum.

Eodem recepi litteras a pastore in Berlickem, quibus petit indulgentias, si sint date, sibi communicari; et quibus commendat juvenem recipiendum in locum Marcellii. Cui statim etiam rescripsi, quod de indulgentiis nihil intellexissem, et quod de juvene recipiendo cum eodem, quando huc venerit, agam et resolvam.

Eodem die mane iverunt provisor et fr. Griensven in Berchem

207 Helena van Wijlick, abdis der Birgitinessen te Coudewater bij Berlicum. Schutjes V. blz. 597.

208 Thomas van Rooy. Hezenmans, 's-Hertogenbosch, blz. 26; v. Rooij, Oud-archief Groot-Ziekengasthuis III, blz. 92.

209 Mathijs Rutten, hoevenaar van 't Lanchuys. A.A.B. Pachtboek 1634. Zie Inleiding § 9.

210 A.A.B. Memorie van ontfanck.

monitum debitores ad solutionem et simul ut campum nostrum curent publicari elocandum. Simul ter iverunt in Heesch ut moneant etc.
(*f. 11 v.*) Circa prandium et post meridiem venerunt diversi coloni et decimatores nostri solutum sua[211]. Inter ceteros venit quidam Joannes Willems Donck Dungensis, qui pro parte habuit campum nostrum ultra Aa, dictum Den Papencamp[212]. Et quia anni locationis exspiraverant, petebat num rehabere posset campum dictum. Cui respondi quod, sicut ante hoc eidem dixeram, campus esset locatus domicello Beverio. Ad quod respondit sibi per hoc fieri injuriam a me. Et statim dixi, me nec hoc a quoquam in vita audivisse nec velle tolerare. Ob hoc statim in presentia duorum rusticorum qui aderant nomine Matheae Jan Willemsen et Hubert Sebastiano[213], primo Dungensi, altero Berlicomiensi, protestatus sum, quod de calumnia vellem mihi juridice vindicare. Et abierunt.

Circa vesperum venit Mathias Rutten cum filio, cui mandavi, ut cum Arnoldo de Loon et Nicolao Willemsen, villicis nostris, in diem dominicum hic in domo nostra circa secundam postmeridianam comparerent audituri quid illis proponerem de signatione facta per eos contra nos in causa nostri privilegii de non vendenda communitate sine nostro consensu.

Circa vesperum redierunt provisor et Griensven ex Berchem et fr. Godefridus laicus predicatorum qui, completo circuitu hic et in Dinter pro eleemosyna, cenavit nobiscum et pernoctavit.

19. 19 Jan. Convocati sunt omnes scabini ad edes secretarii, ubi mane adsportatae sunt omnes litterae et munimenta pagi ex ecclesia, ut in presentia omnium querant, an aliquid inveniant contra nostra privilegia, quod non liceat eis vendere partes aliquas de communitate sine nostro consensu.

In prandio solus adfuit externus fr. Godefridus predicatorum uti et in cena. Qui etiam hic pernoctavit.

20. 20 Jan. Mane ivit cum litteris et provisore ad Van der Cammen Marcellus juvenis in Berlickem, qui vocatur ad nos. Eodem mane discessit circa nonam horam fr. Godefridus laicus a nobis in Eyndoven.

Circa prandium venit Van der Cammen cum juvene nostro, et pransus

211 A.A.B. Memorie van ontfanck.

212 Perceelsnaam. A.A.B. Pachtboek van 1634. De Papencamp lag gedeeltelijk onder Den Dungen en gedeeltelijk onder Berlicum. Dit perceel moet onderscheiden worden van een ander perceel in Empel, ook Papencamp geheten, dat de abt van de bisschop van 's-Hertogenbosch huurde.

213 Huybert Bastiaensen.

est nobiscum. Post prandium contulimus omnes nostros libros locationum et actorum. Cenavit idem nobiscum et pernoctavit.

21. (*Zondag*) 21 Jan. Pransi sumus cum Van der Cammen. Post prandium venerunt tres nostri villici de Bernhese sub Heeswijck habitantes a nobis vocati[214], et signarunt actam per Van der Cammen conscriptam, quod actam, signatam tam per illos quam alios scabinos et incolas in edibus secretarii 22 decembris, ibi non signarunt in gravamen villarum nostrarum, sed in quo sumptus aliqui faciendi essent, quod ratione villarum nihil contribuerent et hoc cum promissione sub obligatione personarum et bonorum suorum.

(*f. 12 r.*) Eodem vesperi narravit in mensa sub cena, presente Van der Cammen, frater noster Walterus[215], quod in cemiterio post missam egerit, presentibus aliis scabinis, cum Martino Corsten, leviro meo, de negotiis et propositis inter eis habitis in festo S. Antonii[216], et tunc Martinum in contumelias et debachationes in meam et sororis Joannae personas erupisse, vociferando coram aliis in haec verba: «Ick ben soo goet als den abt ende sijn suster van afcompste behalven sijn priesterschap» et alia plura.

22. 22 Jan. Venerunt Jan Henricx van Gaal cum suo leviro Wilhelmo petentes a me, ut liberarem Joannem dictum de molestiis quas habet cum filio suo Henrico, modo habitante et colono villae nostrae in Parvo Gaal. Quibus dixi, quod ego Joannem liberabo a promissione in scedula elocationis facta, et Henricum acciperem, modo ego viderem quod ipse Joannes renuntiaret contractui ante hoc facto et signato, et cum hoc responso abierunt[217].

Eodem mane subsignarunt Jan Aertsen Vercuylen, primus scabinus Heeswicanus, Merten Corsten et Willibrordus Willemsen hoc quod tres villici nostri de Bernhese pridie ante subsignaverunt, videlicet quod ii ratione locationum terrarum, quas colunt et habent a nobis, in processu contra communitatem in apparentia sustinendo nihil contribuent, et hoc per instantiam provisoris et Van der Cammen. Et retulerunt pastor et Van der Cammen se invenisse in edibus Jan Aertsen quinque scabinos, qui unanimiter affirmabant se processum nullum contra nos velle sustinere, sed omnia amice velle arbitrio advocatorum submittere atque

214 Zie 18 jan. 1635.
215 Frater Walterus Meynarts, norbertijn van Berne. Zie Inleiding § 1.
216 De feestdag van de H. Antonius Abt valt op 17 januari.
217 Zie 5 en 9 jan. 1635.

in illum finem tres scabinos in festo Conversionis S. Pauli[218] sequentis ad nos venturos. Tulerunt preterea copiam manu secretarii scriptam pactae, quam scabini cum aliis incolis 22 subsignarunt contra nos, quam custodio[219].

Prandio sumpto abivit Van der Cammen in Berlickem·cum illa commissione, ut nuntiaret dominae de Coudewater quod siliginem mitteremus ad 30 modios prima oportunitate pro 16 florenis cum medio[220]; item ut scriberet Petro Cotel[221], ne psalmonem salsum et steur alio mitteret sed nobis servaret; et ut nobis de ancilla loco Margaretae provideret.

Circa tertiam venit villicus de Nonnenbosch Antonius Henrici Vuchts nuntians, quod tot habere possumus novas et juvenes quercus quot placeret. Ei dixi, quod 300 curarem ferri pro tribus assibus cum medio pro qualibet parte vel quercu.
Vesperi in cena fuimus soli.
(*f. 12 v.*) **23**. 23 Jan. In prandio fuimus soli. Post prandium misit dominus de Loon[222] famulum suum cum litteris ad nos petens a nobis attestationem sibi dari etatis suae. Quod eodem die feci cum signatura et parvo sigillo. Cum aliis litteris ad eundem.

Eodem tempore venit Van Breugel ex Berne et hic pernoctavit cum famulo domini predicti, qui mane discessit. Breugel retulit nobis Herptenses exigere tertiam partem omnium onerum, dictorum «den onraet».
24. 24 Jan. Quesivimus processum, quem sustinuimus contra Hedichuysenos anno 162..: Quem invenimus ac eidem pro defensione dedimus.

Eodem die misimus sex currus siliginis dominae de Couwater, in quibus erant 16 modii, et remisit per pastorem de Berlickem 100 patagones. Famulus Christianus fregit in discessu currum. Domina non dedit aurigis villicis nostris nisi pocula cerevisii, quantum volebant, et nihil amplius.

Circa prandium venit fr. Godefridus, laicus predicatorum, deferens litteras a reverendissimo domino episcopo et patre Ludowico Loumans, predicatore Antverpiense, cum quatuor libellis ab eodem patre in .....

218 Het feest van de Bekering van de H. Apostel Paulus valt op 25 januari.
219 Niet te vinden in het abdijarchief.
220 Zie 17 jan. 1635.
221 Petrus Cotel, wijnhandelaar. Frenken, Dagboek Moors, blz. 201 noot 184.
222 Engelbertus II van Immerselle, heer van Loon-op-Zand en baron van Bokhoven en sinds 1640 graaf van Bokhoven en van het H. Roomse Rijk. de Raadt, Itegem, blz. 81-86; Sasse v. Ysselt, *Tax.* III, blz. 110-116; v.d. Velden. Kosterij van Bokhoven, blz. 172.

editis. Scripsit in eis reverendissimus, se locutum Card. Infanti[223] semel ac ter confessario ejus ord. Augustini, etiam duci Neoburgico, etc. Et discessit fr. laicus in Osch.

Circa vesperum venit pastor in Berlickem, qui hic pernoctavit.

25. 25 Jan. Venit Van der Cammen ut post prandium sit presens in comparitione scabinorum de Heeswijck coram nobis in causa privilegii sepius allegati. Et prandio sumpto cum Brugelio et pastore de Berlickem circa secundam horam pomeridianam quatuor vel quinque scabini de Heeswijck, videlicet Jan Aertsen, Jan Hendricksen, Niclaes Willemsen, Henrick Mertens ende Jan Willemsen, et evocante Van der Cammen dixerunt ei quod, quia in collegio completo non essent, non auderent comparere coram nobis. Et de isto facto frivolo dederunt nobis testimonium pastor predictus, Van der Cammen et Brugelius, qui in finem illum a nobis erant evocati et detenti[224]. Et abierunt scabini.

(*f. 13 r.*) Et predicti tres hic cenarunt et pernoctarunt.

26. 26 Jan. Mane venit Jan Henricx scabinus ad pastorem et Van der Cammen dicens, scabinos paratos esse submissionem in arbitros acceptaturos, per nos oblatam, sed prius se velle consulere cum magistro mensae S. Spiritus et hospitalis in Buscoducis[225] et aliis.

Eadem hora circiter nona discesserunt hinc pastor in Berlickem et Brugelius secumferentes leporem Gansio dandum, et pastor secum tulit advisamenta nostra, quae obtinuimus a diversis jurisperitis, concernentia nostra privilegia, communicanda Gansio et per eum magistro S. Spiritus in Busco; similiter alia acta juridica per forestarium Heeswycanum scabinis ac aliis particularibus insinuata, omnia huc reportanda.

Mansit in prandio Van der Cammen nobiscum. Sumpto prandio discessit. In cena vel collatione soli fuimus.

27. 27 Jan. Mane ivit soror ad Martinum Corsten, levirum nostrum, ostendens ei litteras, quas acceperam 23 huius a fratre nostro magistro Cornelio Teneramunda, quibus scire petit, num Martinus duos lopinos terrae arabilis, sitos in suo agro prope domistadium suum, sibi servaret, prout in divisione bonorum positum est. Et respondit sese velle eos retinere cum aliis lopinis, fratri nostro Cornelio pastori per sortem datis,

223 Don Ferdinand van Oostenrijk, gouverneur-generaal van de Nederlanden. Wagenaar, XI, blz. 194; Houtman-de Smedt, blz. 250-252; Waddington I, blz. 238 en vlg.; A.A.B. 2 sauvegarden in de map: Sauvegarden.

224 A.A.B. Testimonium van pastoor P. van den Dael, Van der Cammen en S. van Breugel.

225 Joris van Bernagie en Thomas van Rooy. Hezenmans, 's-Hertogenbosch, blz. 23 en 26.

pro pretio quo in divisione sunt appretiati; alias istos duos lopinos solos se non petere. Inter alia doluit se scabinum modo esse, et se velle propter 50 imo 100 florenos non esse scabinum in tempore cum exoritur illa difficultas inter nos et communitatem de Heeswijck. Simul conquerens quod ii, qui omnia agunt et turbant eum, culpent .... Joannem Henrici, pastoris patrem. Ad quae soror respondit: «Si tu non agis per te, ergo tace cum alii loquuntur. Sed», etc.

In prandio et cena fuimus soli.

28. (*Zondag*) 28 Jan. Circa nonam venit fr. Godefridus, laicus praedicatorum, ex Os, sed pernoctavit apud Ter Herenhaef in Dinter. Cui dedi in mandatis, ut nostro nomine salutaret reverendissimum dominum episcopum et familiam, et quod indicaret nos non venturos in Geldrop, nisi clementiore habito celo.

Eodem mane venit fr. Joachimus ex Berlickem deferens nobis signaturam Van Bernagie magistri Spiritus Sancti in Busco, qua signat se velle negotium committi in arbitragium virorum bonorum, quod agitur inter nos et communitatem de Heeswijck. Simul nuntians illos de Heeswijck dixisse eidem, quod nos diffidentes.
(*f. 13 v.*) de bono nostro jure queramus modo submissionem cum antea communitati lites comminati fuissemus, simulque quod ii de Heeswijck studebant nostram personam apud eundem denigrare. Cui fratri dedimus in mandatis, ut litteras jam signatas a Bernagie curaret per pastorem de Berlickem et Van der Cammen signari a pretore Bregangie, magistro hospitalis, Van den Gevel[226], et Van Bree.
Exhibuimus, sumpto prandio cum fratre Joachimo et fratre Godefrido predicto, per pastorem et dictum fratrem Joanni Hendricx, scabino, signaturam Van Bernagie, qui sese conabatur excusare, cum sit causa totius tumultus et difficultatis. Circa tertiam discessit fr. Godefridus predictus. Similiter fr. Joachimus in Berlickem et cum eo Marcellus juvenis noster, ut sequenti die vadat Silvam allaturus candelas pro coquina et alia necessaria. Misi etiam pastorem ad secretarium, ut ab eo petat copiam actae signatae per scabinos et eos de communitate contra nos cum omnium signaturis. Qui respondit se petiturum a scabinis, an hoc cum eorum consensu licite posset facere.

29. 29 Jan. Propter intemperiem aeris, validum ventum et nivem Marcellus domum non rediit.

Item hoc die mansit hic neptis nostra Cunera, quae venerat cum alia

226 A.A.B. Brieven van 27 jan. 1632, van 3 juni 1632 en van 14 juni 1633.

puella, nepte videlicet capellani in Esch, quae detulit nobis, apud pastorem de Esch[227] nunc esse ancillam, olim personae de Helvoirt defuncti[228], sed an vellet servire ignorabat.

In prandio fuimus soli, quando pastor noster in medio dixit scabinos ordinasse in burgimagistrum Henrickum Jan Spirinx, rectorem modernum mensae S. Spiritus, in odium et vituperationem vel rectorem vel pastorem, hominem videlicet persurdum, senem et herniis ruptum, in absentia drossardi. Cui mandavimus ne veniret sequenti die ad edes secretarii quo per forestarium vocatus est juridice, nec juramentum prestaret quia obligatus est juramento officii specialis.

Post prandium concepi actam apud me communicandam priusquam insinuandam juridice curarem Van der Cammen, qua peremptorie peto scire num scabini cum suis conjuratis velint sese submittere sententiae proborum virorum vel non. Quod si non, quod protestandum expresse contra eos me non esse culpandum in processu contra eos, etc. Insuper concepi actam qua petere intendo juridice a secretario num vellet nobis dare copiam predictam per pastorem nostrum ab eo petitam vel non.

30. 30 Jan. Mane ivit carruca nostra in Berlickem allatura salmonem et stuer. Cum ea ivit pastor noster usque in Middelrode ad uxorem satrape petiturus ab ea, quis Henricum Spirincx, rectorem mense S. Spiritus, ad officium burgimagistri promovisset et hoc ex ea occasione, quod pridie ante a parente suo intellexisset secretarium fuisse ad illam, qui ex invidia talem promovit quia habuit in estate cum eodem Henrico litem ratione hordei depasti.

(*f. 14 r.*) Eodem die misi litteras Silvamducis a nobis ad fratrem meum Cornelium scriptas et ad fratrem meum Maximilianum[229] Bruxellae habitantem. In prioribus scripsi fratri Cornelio responsum ad suas a me, datas 17 Januarii, acceptas 23 ejusdem, de Martino Corsten, quod is totam portionem patrimonialem paratus esset emere et non partem. Similiter scripsi dictum Martinum in negotio mei privilegii annihilandi supra alios vehementiorem. Scripsi fratri Maximiliano, ut inquireret num Cardinalis Infans Brabantos 300 juvenes acciperet in cohortem suam defensionis, et ut videret, num nepoti nostro Christiano posset impetrare inter eos locum.

Circa prandium venerunt pastor in Berlickem cum fratre Joachimo et

227 Henricus Duppen. Schutjes IV, blz. 615.
228 Reinerus van Enst. Schutjes IV, blz. 146.
229 Mr. Maximiliaan Moors. Zie Inleiding § 2. Bots, Noordbrab. Stud. nº 3677; A.A.B. Brieven van 18 aug. en 8 sept. 1636.

Van der Cammen. Similiter venit pater prior cruciferorum cum fratre Christiano laico, qui omnes nobiscum pransi sunt. Circa primam venerunt ex Ravestein Geraert van den Steen[230] et Ghijsbert Woutersen cum 6 modiis tritici, in quorum locum eisdem dedimus octo modios siliginis.

Circa vesperam iverunt Van der Cammen, pastor in Berlickem et pastor noster ad edes secretarii, ubi omnes scabini congregati erant, et per forestarium curarunt nomine nostro in scripto offerri submissionem quam, si non essent parati acceptare, sicuti non erant, curarunt fieri in scripto protestationem qua nos excusationem pretendimus omnium, quae ex lite contra pagum sustinenda provenierint, non nostra sed illorum culpa. Ibique etiam invenerunt Henricum Spirinx presentem, qui juramentum fecerat pro burgimagistro nobis insciis. Vesperi cenarunt omnes dicti nobiscum etiam ii de Ravestein. Et pernoctarunt.

31. 31 Jan. Sumpto jentaculo discesserunt ii de Ravestein, sed prius, iis presentibus et testibus, subsignavit Henricus, filius Joannis Henrici de Gaal, cedulam locationis.

In prandio fuimus cum patre priore et Van der Cammen, pastore in Berlickem et fratre Joachimo. Post prandium venerunt Jan Aertsen preses et Jan Hendricx promittentes quod curarent, ut sequenti die submissio per nos oblata acceptaretur et fieret. Propter quod manserunt Van der Cammen et pastor in Berlickem. Et fr. Joachimus ivit in Berlickem. In cena fuimus cum iisdem.

Eodem die misimus Marcellum juvenem in Esch pro ancilla culinaria inquirenda[231], sed renuntiatum per pastorem de Esch, eandem quam querebamus resolvisse, quod amplius non serviret.

Etiam eodem die concepimus libellum supplicem ad magistratum Silvaeducensem, casu quo Heeswicani submissionem non acceptent, dictus magistratus ex officio ordinet submissionem.

32. 1 Febr. Mane venit Jan Henricx scabinus nuntians alios circa prandium venturos pro submissione concipienda et signanda.

(*f. 14 v.*) Eodem die circa prandium venit Hendrick Mertens scabinus pastori in Berlickem, quod scabini ante prandium venire non poterant, quia erant occupati adhuc in scribendo. Circa secundam venit Jan Henricx iterato petens loqui pastori in Berlickem, cui per nostrum pastorem nuntiavi, quod pastorem dictum estimarem talem, quod nec dictus Joannes nec alii scabini deberent illum illudere ac deridere.

230 A.A.B. map: De abdijgoederen in het Land van Ravenstein.
231 Zie 29 jan. 1635.

In prandio venit fr. Paulus, conversus cruciferorum, pro conducendo patre priore, qui circa tertiam discesserunt simul in Schijndel.

Circa medium tertiae discesserunt pastor in Berlickem et Van der Cammen, cui in mandatis dedi, ut magistratui Silvaeducensi daret libellum, quo peterem commissarios in causa privilegii contra scabinos Heeswicanos, qui videntur nos et nostra deridere post tot et tantas oblatas praesentationes. Simul dedi in mandatis Van der Cammen, ut inquireret de ancilla culinaria.

Circa medium quartae venit Niclaes Willemsen, scabinus, nuntians quod scabini non possunt hodie venire, quia parati non erant, quem verbis acrioribus excepi.

33. 2 Febr. In prandio et cena fuimus soli.

Circa quintam horam vespertinam venerunt ad edes nostras Jan Aertsen et Jan Hendricxen, scabini, et per pastorem nostrum curarunt nobis tradi litteras, quibus innuunt scabinos et alios de communitate paratos esse ad submissionem acceptandam, sed non prius eam debere concipi quam post sex septimanas. Quibus lectis reddidi pastori easdem eisdem restituendas cum hac responsione in forma: «Dat sij doen tghene haren raet gedraecht. Wij sullen den onsen doen, ende hebben sij nu metten abt gecheck[232], den abt sal met hen oock eens checken», et nihil aliud. Ad quod responderunt sese velle mane redire ad nos et nobiscum sequenti die negotium personaliter communicare, et exeunt.

34. 3 Febr. Circa mediam decimam matutinam venerunt supradicti scabini ad me, absoluto nostro sacro, et inceperunt loqui de submissione acceptanda, et in illum finem protulerunt scriptum, ante per pastorem, ut supra, nobis exhibitum, quibus dedi responsum sicuti vesperi precedenti per pastorem dederam. Et multis interim habitis verbis et sermonibus satis duris et acribus, tandem abierunt cum predicto responso, licet sese humiliarent ac supplicarent pro submissione. Sed respondi esse serius, quia jam libellum magistratui Silvaeducensi offerrendum mandaverim, quem putabam oblatum. Et sic discesserunt. Prandio facto in quo soli fuimus, mandavi pastori, ut iret ad predictum eique diceret, ut is et Jan Aertsen se fortes facerent, quod 5 huius,
(*f. 15 r.*) hoc est feria secunda sequentis septimanae, submissio conciperetur, ea tamen conditione, ut iret aliquis ex parte illorum in Berlickem visum num Van der Cammen vel pastor de Berlickem jam ivisset Silvam pro dicto libello offerendo. Quod si ivisset aliquis, serius esset, si non,

232 checken = voor de gek houden.

revocaret mandatum nostrum datum de libello offerendo. Rediit pastor et cum eo venerunt Jan Aertsen et Jan Henricx, scabini, qui omnia predicta promiserunt facturos. Ideo scripsit pastor ad Van der Cammen, ne eat Silvamducis oblaturus libellum, si hodie per pluviam fuerit impeditus. Missus est Henrick Mertensen cum dictis litteris. Sed reversus circa vespertinam septimam horam nuntiavit, Van der Cammen fuisse Silvae atque libellum obtulisse. Interea duo predicti scabini signarunt actam[233] qua se fortes faciunt, quod feria tertia sequentis septimanae, id est 6 Februarii, submissio et electio commissariorum vel arbitrorum concipietur et solemnizabitur casu quo Silvae adhuc negotium esset integrum. Quam actam ego similiter signavi et promisi simile ex parte nostra.

35. (*Zondag*) 4 Febr. Mane ivit fr. Cornelius Griensven in Berlickem cum litteris a pastore scriptis ad Van der Cammen, quibus eidem nuntiatur, ut scribat Silvam ad Vornium[234], ne libello nostro apostillam subscribat, si factum non fuerit. Similiter ut nobis nuntiet de siligine tradita et tradenda dominae de Coudewater, ac si placet venire cum fratre dicto hodie, etc.

Circa vesperum rediit fr. Cornelius cum Van der Cammen, qui nuntiavit dominam van Coudewater non petere ultra 30 modios siliginis. Adportavit similiter copias privilegiorum nostrorum autentizatas et adhuc quedam alia scripta.

36. 5 Febr. Concepit Van der Cammen formulam submissionis inter nos et scabinos vel rectores de Heeswijck faciendae.

Circa vesperum venerunt tres scabini de Dintere, Dirck Jan Dircxen, Peter Bogarts et Jacob Willemsen, petentes apostillam super libellum supplicem, nobis ex parte Annae, viduae Henrick Bogarts senioris, ante aliquot dies oblatum[235], quo petit sibi dari consensum nostrum, ut frui posset vidua et ejus heredes pascuis et communitatibus de Dintere et exitum ac introitum bestiarum suarum, licet in Loosbroeck sub Hees habitarent. Quem consensum per apostillam gratiose concessimus cum ea clausula, quod debeant litteras nostras sigillatas a nobis levare, etc.

Eodem vesperi emit Mathijs Mertensen, villicus in Noddevelt, a nobis 6 modios siliginis pro 17 florenis singulos, in pattagonibus solvendos.

233 A.A.B. Akte van twee schepenen van Heeswijk van 3 febr. 1635.

234 Mr. Robertus van Voorn. Bots, Noordbrab. Stud. nº 5638;Hezenmans,'s-Hertogenbosch, blz. 23; Beermann, blz. 147; Verreyt, *Tax.* XIX, blz. 162; A.A.B. Brieven van 13 okt. 1631, okt. 1631, 5 maart 1632, 30 juli 1634 en 7 nov. 1635.

235 A.A.B. Libellus Supplex van 5 febr. 1635.

Eodem vesperi recepi per Mathijs Jansen, dictum «den armen Tijs»[236], litteras a Focquestar cum caveola avium.

Eodem vesperi venerunt huc Henricus Thomassen[237] et uxor ex Tongeren, qui hic pernoctarunt cum dicto Mathijs den bode.

37. 6 Febr. Mane, sumpto jentaculo, discessit Hendrick Thomassen cum uxore et parvulo filio in Geffen. Similiter den armen Thijs in Berlickem.

Circa prandium venerunt duae moniales S. Clarae ex Boxtel[238] petentes eleemosynam, quibus dedimus modium hordei, et sumpto prandio nobiscum abierunt cum hordeo in carruca sua.

(*f. 15 v.*) Eodem die permansit hic nostro jussu Van der Cammen, expectans scabinos de Heeswijck vel aliquos deputatos ex eis, qui nobiscum agerent de submissione facienda. Et dictum erat, quod hora secunda pomeridiana venirent. Sed post quartam venerunt secretarius non deputatus, sequentes deputati, sed non per formam debitam: Jan Aertsen Vercuylen, Jan Henrick Rovers, Jan Willemsen Bosch, scabini, Willem Jan Spirincx et Geraert Ariensen Verdussen, ostendentes scedulam conceptam procurationis suae non sufficientis nec debite institutae. Quare eam nec illos acceptavimus nec acceptaturos nos diximus, nisi et ex edituis vel rectoribus mensae S. Spiritus aliquis nominaretur ac deputaretur. Post multa discesserunt cum promissione facta, quod procurationem legitimam ac debitam curarent per secretarium expediri circa octavam matutinam sequentis diei, videlicet 7 Februarii. Et si esset debite expedita, tamen protestati sumus, nos non obligari ad acceptandam nisi vellemus.

38. 7 Febr. Venerunt supradicti deputati et cum eis deputatus Henricus Spirinx heilichgeestmeester. Et venit cum eis secretarius, ostendentes conceptam et debite signatam ac sigillatam procurationem quam acceptavimus. Ac statim ad electionem processum est: illi pro parte sua elegerunt magistrum Joannem Pelgrom[239], licentiatum ac advocatum, nos pro nobis magistrum Robertum Voornium, licentiatum ac advocatum. Et cum interea tempus prandendi advenisset, dictum est, quod instrumentum submissionis post prandium scriberetur ac signaretur. Et abierunt singuli ad propria. Circa secundam pomeridianam venit secreta-

236 Doet vaak boodschappen voor anderen.

237 Schoonbroer van fr. Cornelius van Griensven. Zie 20 maart 1635.

238 Schutjes III, blz. 360.

239 Mr. Joannes Pelgrom. Bots, Noordbrab. Stud. n°4021;Hezenmans,'s-Hertogenbosch, blz. 23.

rius et illi, item Van der Cammen et pastor noster. Quisque unum instrumentum scripsit, me illis prelegente ex copia concepta antea per Van der Cammen. Circa vesperum omnes sex deputati et ego subscripsimus uni instrumento nomina nostra, quod retinuit secretarius[240]. Duo alia signata et sigillata per me et secretarium, quae hic retinui[241]. Operibus peractis circa septimam discesserunt cum bona gratia.

Eodem vesperi venit famulus eques domini de Loon cum litteris ad nos a dicto domino, quibus petit attestationem sibi dari, quod anno septimo vel octavo natus sit cum suppressione etatis certorum annorum, quam dedimus et expedivimus eodem vesperi. Scripsit eam Van der Cammen et nos signavimus ac sigillavimus. Insuper scripsit litteras ad eundem dominum Van der Cammen, quas signavimus. Et mane dimissus est famulus.

(*f. 16 r.*) **39**. 8 Febr. Scripsi ad abbatem Antverpiensem responsum ad litteras ipsius ad me missas in Januario, quo significo me resignare omnem meam voluntatem resolutionum capiendarum super articulos Romanum collegium concernentes, propositos per presidem Hanegravium, in prudentiam et discretionem domini abbatis S. Michaelis vicarii ac reliquorum patrum abbatum Brabantiae. Simul obscuris verbis insinuavi eodem me habere pro manibus difficultatem ex parte Statuum Hollandiae super bonos nostros, sed plane obscure, ita, ut putem illum nihil ex litteris posse intelligere sine alia informatione. Prandio sumpto, in quo soli fuimus cum Van der Cammen, discessit idem in Berlickem cum carruca nostra.

In cena fuimus soli.

40. 9 Febr. Fuimus soli in prandio, et intellexi Martinum, filium Adriaen Goyertsen[242], dixisse matriculario nostro[243], quod sui parentes vel saltem predecessores heredes, a quibus olim parentes ejus emerunt hereditatem in qua modo habitant, petierunt ac impetrarunt consensum ab abbate Bernensi, qui tunc erat, emendi dictam hereditatem ab incolis de Heeswijck, quia pars illa, in qua domistadium ipsius modo est exstructa, est de communitate Heeswicana sumpta ac divendita. Nota

240 A.A.B. «Intendit» van de abt van 8 jan. 1636. Een «Intendit» is de door de rechter opgelegde schriftelijke verdediging van een gepretenderd recht.

241 Deze zijn bewaard gebleven. A.A.B. map: Stukken tegen den Heer van Heeswijk en Dinther.

242 Zie 13 febr. 1635.

243 Mr. Willem Wijnants, koster en onderwijzer van Heeswijk. Frenken, Dagboek Moors, blz. 199 noot 138.

bene: quia confirmat privilegium nostrum quod tam a magistratu impugnatur ac negatur.

Eodem hoc die accessit provisor Martinum predictum et matrem ejus, atque eos de ista re examinavit. Ac uterque eidem confessus est sic se rem habere, promittens attestari quandocumque vellet provisor.

Eodem die fuit Marcellus juvenis missus Silvam pro necessariis culinae, quas circa vesperum adsportavit.

41. 10 Febr. In prandio venit drossardus noster, qui 8 hujus venerat Bruxella, et adsportavit nobis executoriales litteras. Absoluto prandio egimus de tumultu excitato contra nos per scabinos. Et inter alia confessus est, sese in estate cum essemus Antverpiae, quia egebat pecuniis pro domino temporali[244] et communitas tenebatur solvere 300 florenos pro inauguratione in natalitiis anni 1633 facta, nec auderet divendere sine nostro consensu aliquam partem communitatis, tunc dedisse litteras et signaturam, quibus promisit sese omnem difficultatem ex parte nostra induendam in se recipere, ab eaque illos de communitate liberaturum, quod non est dicere nos non habere privilegium, sed quod is facile dispensationem privilegii a nobis acciperet, modo isti facerent requisita.

(*f. 16 v.*) Preterea confessus est, non posse divendi per scabinos et alios partes de communitate Heeswicana sine nostro consensu. Insuper promisit se daturum actam, qua signabit sese contentum, ne post aliquis existens in officio spirituali, hoc est in administratione templi vel mensae Spiritus Sancti, assumetur in publicum pagi officium, hoc est in burgimagistrum, scabinum, etc. Preterèa monui illum, ut daret pro fratre meo Cornelio assignationem solvendorum duorum modiorum siliginis a molitore. Quod etiam promisit facturum.

42. (*Zondag*) 11 Febr. Intellexi per pastorem, quod parens ejus nihil sciat de litteris et signatura, quas drossardus mihi die precedenti dicebat illis scabinis dedisse, sed quod audiverat Dinterensibus dedisse similes. In prandio soli fuimus.

43. 12 Febr. Misi Marcellum juvenem cum lepore, quam acceperam precedenti die per Petrum Adriani edituum ab anna Bogarts, Silvam ad advocatum Van Herlaer[245], cui eum donavi. Eodem mane ivit in

244 Johan 't Serclaes van Tilly, heer van Heeswijk, Dinther en Berlicum. Hij is ingehuldigd te Heeswijk 12 jan. 1634. Hij was gehuwd met Marie Françoise de Montmorency. Juten, *Tax*. V, blz. 166-170; Sasse v. Ysselt, *Tax*. XLVI, blz. 83; Smit, *Brab. Leeuw*, V, blz. 109-110; Spilman, blz. 32.

245 Mr. Godefroy van Herlaar, advocaat te 's-Hertogenbosch. Bots, Noordbrab. Stud. n° 2109; Juten, *Tax*. XXIII, blz. 60; A.A.B. Brief van 3 dec. 1637 en Advies van G. v. Herlaer op de 3 Quaeriturs.

Berlickem provisor noster ad Van der Cammen, ut cum eodem moneat omnes villicos et debitores nostros ad solutionem faciendam.

Circa prandium venit Van der Cammen cum pastore nostro ex Berlickem, et solvit Van der Cammen nomine dominae de Coudewater pro 30 modiis siliginis 495 florenos[246].

44. 13 Febr. Dedit Mechteldis, vidua Arien Willem Goyertsen, attestationem[247], quod vir ejus petierit ab abbate Adriano Vlimen[248] consensum emendi partem de communitate, in qua ejusdem domus constructa est. Similiter Martinus ejus filius attestatus est, similia audivisse facta auctore Daniele Huijbertsen, et ivisse pastorem[249] cum predicto in Bern ad prelatum.

Eodem die accepi litteras a Brugelio cum quitancia redditus soluti capitulo Sancti Joannes Leodiensi[250] per fratrem Joachimum, qui hic pransus est.

Eodem die expedivit Van der Cammen litteras[251] pro Anna, vidua Henrici Bogarts, in pargameno, quibus consensimus isti exitum et communem usum pro bestiis in communitate Dinterensi, et retraxi ad me libellum supplicem, quas litteras eidem vel Henrico, ejus filio, tradidi.

Circa vesperum venit pastor in Nuenen huc, et pernoctavit.

Eodem die presentavit pastor noster scabinis, congregatis in edibus secretarii, litteras[252], quibus continebatur, ut promitterent sese non amplius in scabinos accepturos edituos vel rectores Spiritus Sancti. Sed noluerunt signare, licet drossardus paratus esset signare. Distulerunt tamen usque in proximum diem juridicum.

(*f. 17 r.*) **45.** 14 Febr. Scripsi commendatitias reverendo domino Postulano[253] pro Conrado, filio Lucae van Werdden[254], quatenus, eundem ad habitum recipiat gratis. Van der Cammen eas scripsit, sed ego signavi.

246 A.A.B. Memorie van ontfanck.

247 A.A.B. Attestatie gedaan door Mechteld Martens.

248 Adrianus van Veen, naar zijn geboorteplaats ook Vlimius genoemd, was abt van Berne van 1584 tot 1606. Beelaerts v. Blokl. *Tax.* VII, blz. 196-204.

249 Arnoldus van Vessem, pastoor te Heeswijk. Hij volgde in 1607 Adrianus van Veen als abt van Berne op.

250 A.A.B. Rekening van de 2 amodiateurs van Berne. Zie Inleiding § 9.

251 A.A.B. Instemming van abt Moors met het verzoek van Anna, vidua Henrici Bogarts.

252 A.A.B. Brief van de pastoor van Heeswijk aan de schepenen.

253 Joannes du Chesne, abt van Postel 1627 tot 1636. Backmund II, blz. 326; Welvaarts, Abdij Postel, II, blz. 301-305; en *Postels Biogr. W.*, blz. 65-72.

254 Conradus Werdden, norbertijn van Postel met de kloosternaam Augustinus. Welvaarts, *Postels Biogr. W.*, blz 221.

In prandio fuit nobiscum Van der Cammen et fr. Folcoldus, pastor in Nuenen. Post prandium discessit Van der Cammen, cui tradidi 223 florenos[255], ut Silvae solvat debita nostra.

Circa tertiam venit drossardus eques ex Dinter, qui promisit se daturum litteras, quibus liberos semper declarabit edituos et rectores Spiritus Sancti a servitiis pagi prestandis. Preterea dedit pro fratre meo Cornelio assignationem duorum modiorum siliginis et 14 librarum pagimenti solvendorum per molitorem in Heeswijck. Etiam proposuit mihi, ut difficultas et differentia, exorta inter nos ex una et scabinos pagi ex altera partibus, quae jam submissa est et commissa dominis Voorn et Pelgrom, posset sine arbitris componi, ut sumptus tutentur.

46. 15 Febr. Ante prandium discessit fr. Folcoldus in Nuenen, cui dedi in mandatis, ut reverendissimum nostro nomine salutaret, et procuraret nobis mediam amam vini Renani Colonia advehendum, etc.

In prandio soli fuimus. Similiter et in cena. Sub cena accepi litteras Ultrajectenses a domicello Van Brakel, quibus significat mortem sororis sue Van Drakenborch et nuptias filiae suae cum filio domini Van Spangen. Similiter quod habeat paratos 800 florenos pro me ratione locationis huius anni 1634[256].

47. 16 Febr. Fuimus soli in prandio. Similiter in cena.

48. 17 Febr. Hodie inceptum est novum vas vini. In prandio ut in cena fuimus soli.

49. (*Zondag*) 18 Febr. Recepi litteras a Van der Cammen, quibus scribit se ancillam invenisse. Item mittit syropum ad maturanda et ejicienda flegmata cum libis[257] aliquot medicinalibus.

Item recepi a drossardo copiam, qua communitas Heeswicana supplicavit domino loci, ut ignoscere velit eidem, quod absque ipsius consensu vendiderit particulas terre communitatis de Heeswijck, itemque ut authorizet venditionem factam. Quod instrumentum nobis serviet.

Rescripsi Van der Cammen, quod ancillam inventam conduceret circa 14 Martii locandam.

Insuper petierat drossardus, num posset quercus novellas, heesteren, accipere ex querceto in Nonnenbosch, in quo emi 300. Respondi me debere magnas habere; ideo non posse consentire.

(*f. 17 v.*) **50**. 19 Febr. In prandio fuit nobiscum fr. Joachimus, et in cena soli.

255 A.A.B. Memorie van uuytgheven.

256 Willem Petersen. A.A.B. Memorie van ontfanck onder 27 mei 1636.

257 koekjes.

Eodem die fuit provisor a nobis missus Silvamducis pro ancilla culinaria conducenda, de qua ante fecerat in suis litteris mentionem Van der Cammen. Sed illo die eam non conduxit, sed id reliquit Annae Schefferae viduae, qua antea habebat commissionem istius.

Eodem die remisit arrham acceptam famula vaccaria, quam in Schijndel conduxeramus per Petrum Bogarts.

51. 20 Febr. Fuimus in prandio et per totum diem soli.

52. 21 Febr. In prandio soli fuimus. Quo absoluto misi juvenem Marcellum in Berlickem ad accersendum Van der Cammen, cum quo circa sextam venit et adsportavit tria vasa argentea noviter facta, videlicet: twee commekens ende lampetpotken om aen den autaer te gebruycken.

Circa eandem horam venerunt duo augustiniani Herentallenses hic ex Gemert, portantes salutationes domini commendatoris in Gemert[258]. Et hii omnes hic pernoctarunt.

53. 22 Febr. In prandio nobiscum fuit Van der Cammen. Item pater augustinianus cum socio, qui sumpto prandio discessit cum socio in Vucht.

Circa tertiam venit drossardus et inter cetera insinuavit, se velle mediatorem esse inter nos et scabinos pagi. Circa vel post quintam venerunt ex Dinter uxor[259] illius et soror uxoris, qui simul circa septimam discesserunt. Illo vesperi non fui in cena.

54. 23 Febr. Scripsi commendatitias ad instantiam Van der Cammen pro filio Francisci van Bree, retore, ad abbatem S. Michaelis Antverpiae, ut eum in religiosum recipere velit. Quas litteras tradidi domino drossardo nostro eunti per Antverpiam Bruxellas. Eodem die drossardus noster nobiscum cum Van der Cammen pransus est. Sumpto prandio ivit drossardus in Dinter et Van der Cammen in Berlickem.

Item eodem hoc die dedit drossardus noster actam manu sua conscriptam, nomine suo signatam et sigillo sigillatam, qua promittit libertatem edituis et magistris S. Spiritus Heeswicanis non serviendi communitati in officiis publicis, videlicet in officiis burgimagistri et similium. Quam actam dedi pastori custodiendam[260].

55. 24 Febr. Pransi sumus soli. Circa quintam pomeridianam venerunt editui ad me missi per scabinos, orantes ut salarium 40 florenorum,

258 Ulric van Hoensbroeck, commandeur van de Duitse Orde te Gemert. Schutjes III, blz. 705; Sasse v. Ysselt, Voorname Huizen III blz. 59.

259 Maria Hovelmans. Sasse v. Ysselt, *Tax.* III, blz. 238 en XXXVII, blz. 219-220.

260 Kopie hiervan in A.A.B. map: Heeswijk.

quod quatuor elapsis annis dedi pro custode et ludimagistro conducendo, vellem continuare. Quibus respondi, scabinos nec alios de communitate hoc meritos respectu personae meae ac religiosorum, quos curarent quantum potuerunt denigrare ac suis impertinentiis obscurare. Idcirco hoc non vellem facere, etc.
(*f. 18 r.*) Eodem die discessit cum venia nostra Marcellus juvenis ad parentes, habitaturus Silvae apud fabrum ferrarium addiscendi artem malleatoris gratia[261].
56. (*Zondag*) 25 Febr. Fuimus per totum diem soli. Hoc die venit parvulus juvenis Joannes Lamberti ex Berlickem in meum servitium loco Marcelli, cui dabimus victum et amictum et preter illos nihil amplius. Item ancilla vaccaria.
57. 26 Febr. In prandio venit pastor in Berlickem cum filio Vossii aurifabri[262], qui circa quintam iterum recesserunt in Berlickem. Hoc die curavi ejici quinque arbores magnas ante ostium villae 't Lanchuys.
58. 27 Febr. Recepi mane litteras Berna a Brugelio, quibus scribit necessitatem et pericula in quibus fuerunt propter aquas, sed iterum ab eis liberati sunt.

Circa prandium venerunt fr. Joachimus et dominus Paulus van den Leemputte, qui nobiscum pransi sunt. Petiit a me dominus Van den Leemputte[263] commendatitias ad reverendissimum dominum pro pastoratu in Denenborch per delictum vacante. Quas dedi.

Post prandium venit pastor in Dinter et dedit nobis scedulam duxtionis alicuius campi, quem emerat pastor defunctus in Dinter pro cespitibus ex eo faciendis, ut in registro computus adscriberetur, quem fecerunt dominus Joannes cappellanus de Dinter et domicellus De Herenhaeff. Et omnes discesserunt ad propria.
59. 28 Febr. Recepi litteras a fratre meo Cornelio, quibus scribit se contentum relinquere terras, sibi ex patrimonio competentes, leviro Martino Corsten pro summa 650 florenorum et non minore, vel si non velit sic acceptare, quod curabit divendi publice. Quas litteras communicandas dedi sorori, ut ad Martinum deferret. Quod fecit. Responditque se deliberaturum post aliquot dies.

In prandio soli fuimus uti et vesperi.
60. 1 Martii Villici nostri in Bernhese nostro de mandato tulerunt novas quercus, heesteren, in Nonnenbosch, hic ante portam et in

261 A.A.B. Memorie van uuytgheven.
262 Willem Vos. Cat. Brab. Zilver. Insculpatieplaten n° 46.
263 Paulus, zoon van Henricus van den Leemputte, die nabij Coudewater woonde.

Bernhese plantandas, 270 pro nobis, quas emimus a receptore clarissarum: partem[264] pro tribus assibus et medio. Circa vesperum hora sexta venit huc pater prior cruciferorum, qui hic pernoctavit. Eodem die recepi binas litteras a Brugelio, unas scriptas 22 Februarii, alteras 24 Februarii, quibus scribit periculum in quo fuerunt ex inundatione aquarum et glaciei.

(*f. 18 v.*) **61**. 2 Martii Ante prandium recepi litteras a Brugelio ad pastorem in Berlickem scriptas, missas a dicto pastore per Mathiam, dictum den armen Tijs, quibus significat se tertia Martii huc venturum, ut de itinere Hagensi resolvatur. Ad quas rescripsi pastori, ut curaret aliquos pastillos ex piscibus preparari.

Circa prandium venit fr. Christianus, laicus cruciferorum, ut deducat priorem suum, qui uterque nobiscum pransus est. Et sumpto prandio abierunt.

Hoc die plantari curavi novas quercus 270 vel circiter, tam hic ante portam nostram, quam in Bernhese in arena inter villam Arnoldi de Loon en Nicolai Willemsen[265]. Eo die intensum frigus fuit cum gelu forti.

62. 3 Martii In prandio fuimus soli. Hora secunda misi nostram carrucam cum provisore in Berlickem, ubi exspectare debebat dominos Brugelium et Horenbeeck, qui circa sextam horam vespertinam omnes venerunt. Et absoluta cena numerarunt nobis dicti duo admodiatores nostri 2000 florenos[266]. Et pernoctarunt hic. Mane proposuerunt nobis remissionem et indulgentiam canonis[267] nobis promissi. Quibus respondi, quod pretensionem nobis in scripto darent, et facile aliquid remitterem ratione exercitus in estate in Druenen et Cuyck[268] per mensem et amplius castrametati, et ratione aggerum et sobrii proventus fructus,etc.

63. (*Zondag*) 4 Martii Dedit nobis dominus Horenbeeck litteras transportationis reddituum redemptorum ab Olieslagers[269] nomine Arnoldi van Horenbeeck nobis transportatorum. Et simul dederunt nobis litteras, quibus fateatur Horenbeeck transportum illum quidem pro illo in litteris ac nostro tamen jussu et pecuniis nostris factum, esseque

264 per stuk?
265 Zie Inleiding § 17.
266 A.A.B. Memorie van ontfanck.
267 Het amodiatiebedrag of de pachtsom. v. d. Velden, Patronaatsrecht Bokhoven, blz. 26.
268 Nieuwkuijk.
269 Nicolaas Olieslagers. Frenken, Dagboek Moors, blz. 190 noot 106 en blz. 205 noot 289.

paratum ad nostram requisitionem nobis litteras dictas velle coram scabinos transportare, quas litteras dictas Horenbeeck et Brugelius signarunt.

In prandio fuimus cum illis duobus, pastore in Berlickem et domino Paulo, filio Henrici Van den Leemput. Et postea supervenerunt pater prior cruciferorum cum Degens.

Absoluto prandio discesserunt pater prior cum Degens, et carruca nostra curavi dictos Horenbeeck et Brugel vehi in Berlickem. In discessu illorum dederunt memoriale, in quo omnes pretensiones suas allegarunt et tradiderunt, per pastorem in Berlickem. Eodem vesperi discessit dominus Van Leemputte in Dinter. Van der Cammen et pastor in Berlickem hic pernoctarunt.

Eodem etiam die circa tertiam supervenit drossardus noster, qui se iturum Bruxellam affirmavit, cui (*f. 19 r.*) dura verba dedi ex eo quod audivissem, quod non omnia fierent in communitatibus duorum pagorum de Heeswijck et Dinter uti deberent, et hic ex culpa secretarii, qui omnia perturbaret. Et hoc factum presente pastore in Berlickem et Van der Cammen.

Eodem die dedi litteras ad fratrem meum Maximilianum domino Leemputio predicto perferendas, quibus inclusi alias ad fratrem meum Cornelium Dendremonde habitantem, in quibus scripsi quod Martinus, levir noster, suam hereditatem paratus esset acceptare pro summa 625 florenorum cum oneribus et non ultra.

Pernoctaverunt hic pastor in Berlickem et Van der Cammen.

64. 5 Martii Dedi in mandatis pastori in Berlickem, ut responderent nostro nomine Brugelio et Horenbeeck ad pretensiones suas pro remissione[270], quod omnia additamenta vel additiones, extra principalem summam et redemptionem, ipsis remitterem, quae soluta hoc die non essent. Et simul etiam de halfteult. Et si possent docere, quod damnum acceptum ascenderet ulterius, tunc omnia discreta consideratione judicarem. Et sic restitui scedulam vel memoriale pastori in quo pretensionem suam allegarant.

In prandio fuimus soli cum dictis pastore et Van der Cammen, qui eodem die concepit nostrum «Intendit» contra scabinos de Heeswijck[271]. Et post prandium discessit pastor in Berlickem cum carruca nostra.

270 Zie hierboven 3 maart 1635.
271 A.A.B. «Intendit» van abt Moors tegen de schepenen en regeerders van Heeswijk.

Eodem die ivit fr. Bartholomeus Silvam et propter malam auram ibi pernoctavit. Et reversus 6 Martii vesperi.

Post prandium venit dominus Joannes, capellanus in Dinter, nuntians quod drossardus de Heeswijck cum secretario eundem objurgasset ex causa quod nobis dixerat, se audivisse in Dinter, quod drossardus coram scabinis dixisset, quia ecclesiastici sua jura precise defendunt, ideo nos debemus nostra defendere. Et minabatur sese producturum testes contra dominum Joannem. Et hora vel circiter post venit dominus drossardus ex Dinter asserens sese testes produxisse qui negabant hoc ab eo dictum et tunc tradidit mihi litteras, a secretario nomine scabinorum conscriptas ad eum, in quibus contradictoria posita sunt et mendacia contra nos.

65. 6 Martii Misi per Mathiam[272] in Berlickem litteras a Muschio et Duvenvoorde ad nos scriptas pastori in Berlickem, qui cum Brugelio nostro nomine Hagam proficiscitur contra Focquestar, etc[273].

In prandio fuimus cum Van der Cammen soli. Post prandium venit pastor in Dinter petens quid agendum cum edicto regio de templis aperiendis aut frequentandis[274]. Cui respondi me non posse consulere ut ea aperiantur aut frequententur.

(*f. 19 v.*) **66.** 7 Martii In prandio adfuit Van der Cammen, qui circa quartam cum carruca Jacobi Denen Dinterensis abiit in Berlickem.

67. 8 Martii Fuimus soli per totum diem.

68. 9 Martii Fuimus soli per totum diem.

69. 10 Martii Fuimus soli per diem totum. Circa vesperum misi fratrem Cornelium in Berlickem, ut mane, dominica videlicet tertia quadragesimae, loco pastoris, qui ivit Hagamcomitis nomine nostro, ibi celebret.

70. (*Zondag*) 11 Martii Itidem soli fuimus.

71. 12 Martii Circa prandium venit fr. Arnoldus Lentius[275] ex Littoyen conquerens de pastore suo[276], quod non vellet ei assignatam pensionem solvere, et idcirco atque ob alias rationes se liberaret circa Joannis[277] ab ejus servitio, et, si nostro beneplacito posset fieri, quod pastor in Litta[278] eundem libenter conduceret pro capellano, qui ei daret

272 Mathias Jansen, bijgenaamd «den armen Tijs».

273 A.A.B. Rekening van de reis van 6 maart 1635 naar Den Haag.

274 Beermann, blz. 153.

275 Frater Arnoldus Lentius, norbertijn van Berne, eerste kapelaan, daarna sinds 7 juni 1637 pastoor van Lithoijen. Zie Inleiding § 1.

276 Frater Nicolaus Havens, norbertijn van Berne. Zie Inleiding § 1. Frenken, Dagboek Moors, blz. 195 noot 36 en blz. 229 Bijlage XI.

277 De feestdag van Sint Jan de Doper valt op 24 juni.

278 Henricus Gosuinus Smits. Schutjes IV, blz. 726.

100 pattagones et ultra hos haberet adhuc liberum domicilium et 25 florenos. Ad quod non respondi resolute, etc. Qui hic pernoctavit.

72. 13 Martii Circa prandium venerunt Van der Cammen et fr. Joachimus ex Berlickem cum carruca nostra asportante vas vini Francici et post prandium discesserunt. Similiter pransus est nobiscum fr. Lentius predictus, qui etiam mansit et pernoctavit. Reliquit hic Van der Cammen scripturam, quam «Intendit» dicimus[279], contra Heeswicanos scabinos in causa alias sepedicta, nobis videnda et examinanda. Pernoctavit hic fr. Arnoldus Lentius.

73. 14 Martii Curavi dari Margaretae culinariae ancillae mercedem suam per annum promissam, et expleto hoc die anno integro dimissa est. Hoc die absoluto prandio hinc discessit fr. Lentius mansurus vesperi in Berlickem.

74. 15 Martii Per totum hunc diem soli fuimus. Hoc die accepit pastor a Schuylio[280] litteras, quibus exigit taxam septem florenorum et 10 assium pro interventione, uti dicit, predicantium et ludimagistrorum hereticorum introductorum in Maioriam[281].

75. 16 Martii Discessit hinc Margareta ancilla, et carruca nostra, quam misi in Berlickem, avecta est. In prandio fuimus soli.

Post prandium accepi litteras a domino de Brederode, quibus a nobis petit emere 8 aut 10 magnas arbores. Scriptae erant litterae a Cattenberch[282] et a Brederode signatae.

Eodem die circa septimam vespertinam venit cum carruca nostra Van der Cammen, qui hic pernoctavit, nuntiavitque ancillam culinariam noviter conductam secuturam primo quoque die.

(*f. 20 r.*) **76.** 17 Martii Mane visitavi cum Van der Cammen villas nostras in Bernhese, et in prandio cum eodem soli fuimus.

Circa vesperum venit nova ancilla culinaria, nomine Catharina, Schindelia, filia Joannis Jacobi, quae lucratur 42 florenos annue.

77. (*Zondag*) 18 Martii Circa prandium venerunt pastor in Berlickem et Brugelius ex Hagacomitis[283], et asportarunt litteras a collegio

279 Zie hierboven voetnoot 271.

280 Pieter Schuyl, rentmeester over de geconfisqueerde geestelijke goederen der stad en Meierij van 's-Hertogenbosch. Bots, Noordbrab. Stud. blz. 33; Beermann, blz. 147; Frenken, Dagboek Moors, blz. 215 Bijlage III A en blz. 216 Bijlage III B.

281 Beermann, blz. 147.

282 Dirck van Cattenberch, secretaris van Johan Wolfert Brederode. Sasse v. Ysselt, *Tax.* XLV, blz. 206 en *Tax.* XLVI, blz. 83 en Voorname Huizen I, blz. 398; Spilman, blz. 32.

283 Zie hierboven 6 maart.

Statuum Hollandiae per Van der Wolf scriptas, quibus interdicunt nobis venditionem arborum, donationem lapidum et elocationem bonorum ad formam. Item asportarunt novam sauvegardiam[284] pro nobis, quae constitit 72 florenos et duas copias ejusdem. Qui nobiscum et Van der Cammen pransi sunt. Post prandium recepi litteras a reverendissimo episcopo nostro, quibus invitat me ad se invisendum.

In cena supradicti cenarunt nobiscum et pernoctarunt.

78. 19 Martii Discessit Brugelius. Et Van der Cammen cum fratre Cornelio iverunt in Heesch et Berchem, ut ad solutionem moneant debitores nostros.

In prandio venit fr. Joachimus, qui cum suo pastore hic pransus est, et circa quintam discesserunt simul.

Vesperi in collatione fuimus soli. Qua absoluta venerunt Van der Cammen et Griensven ex Berchem et Hees. Et pernoctavit hic Van der Cammen.

79. 20 Martii Fuimus cum domino Van der Cammen in prandio soli. Qui absoluto prandio discessit in Berlickem.

Sub vesperum accepi litteras a fratre meo Maximiliano, advocato Bruxellis, quibus indicat, reverendum dominum Averbodiensem[285] obiisse ante dies aliquot, petens commendationem pro conregentia domus dictae abbatiae[286].

Eodem vesperi venit pater prior cruciferorum cum Dynthereno socio ex exequiis filiae Aelken Jan Aertsen ex Middelrode, qui nobiscum collationem sumpserunt et pernoctarunt.

80. 21 Martii Mane dictus pater prior cum socio discesserunt hinc, iterum ad exequias. In prandio fuimus soli.

Hoc die nostri religiosi novas plantationes fecerunt pro pomis et pyris. In collatione vesperi fuimus soli. Hac nocte pernoctavit hic Henrick Thomas, gener fratris Cornelii.

81. 22 Martii Mane discedens predictus Henricus petiit a nobis attestationem, quod in ingressu religionis fr. Cornelius transportaverit illi omnia bona sua, sub conditione videlicet, quod, si proles Henrici Gijsberts van den Bogart vellent cum eodem in dictis bonis habere

284 A.A.B. map: Sauvegarden.

285 Mathias Valentijns, abt van Averbode. Backmund II, blz. 274; Lefèvre, Averbode, blz. 4 en vlg.; Blomme, blz. 162; Goovaerts II, blz. 272.

286 Met dit huis moet het refugiehuis van de abdij van Averbode te Brussel zijn bedoeld. Pl. Lefèvre, *L'ancien refuge de l'abbaye d'Averbode à Bruxelles* in: Bulletin de la Société Royale d'Archéologie de Bruxelles, 1936, blz. 61-68.
Mededeling van A. F. Caeyers o. praem., archivaris van de abdij van Averbode.

partem, deberent prius ex suis bonis et sua portione illi dare 600 florenos. Quam dedi sub signatura mea.

(*f. 20 v.*) Eodem die in prandio et collatione fuimus soli.

82. 23 Martii Fuimus soli per totum diem.

83. 24 Martii Fuimus soli in prandio. Hodie misi litteras ad dominum Egidium, camerarium Averbodiensem, quibus commendo illi fratrem meum Maximilianum pro domo istius abbatiae, Bruxellis stante, inhabitanda. Misi litteras Bruxellas ad fratrem.

Vesperi etiam soli fuimus.

84. (*Zondag*) 25 Martii In prandio soli fuimus. Quo absoluto misi per Henricum Thomae van Alphen litteras ad reverendissimum dominum Buscoducensem, quibus me excuso, quod juxta ipsius petitionem eundem non invisem propter malum, quod mihi ex frigore evenit in pede dextro.

Circa vesperum venit Van der Cammen, qui nobiscum cenavit et pernoctavit.

85. 26 Martii Pransi sumus cum Van der Cammen. Similiter vesperi et pernoctavit hic.

86. 27 Martii In prandio et per diem adfuit Van der Cammen. Circa tertiam idem discessit in Berlickem et per diem fuimus soli et vesperi.

87 28 Martii Hoc die missus fuit fr. Cornelius ad villas in Gale, ut villicos moneat ad solvendum sua debita.

Circa prandium venerunt pastor et cappellanus van Berlickem cum domino Van der Graft, qui nobiscum pransi sunt. Et detulit dictus pastor nobis litteras a domino vicario, abbate S. Michaelis, quibus nobis scribit de morte abbatis Averbodiensis. Similiter quod non possit ad commendationem nostram accipere ad habitum filium Van Bree[287]. Tertio, quod requirit a me, ut velim inquirere, num in Heusden sub principe De Portugael[288], apostata, non militet quidam apostata e suo monasterio profugus, nomine Vincentius Bommarts, etc. Circa vesperum predicti omnes abierunt in Berlickem.

88. 29 Martii In prandio et collatione fuimus soli.

Hodie novus contractus initus est a pastore de Heeswijck cum ludimagistro et custode ad quatuor annos.

Hoc die post prandium venit dominus Joannes de Dinter, petens me litteras, quibus declarem drossardum nostrum actionem suam, quam

287 Zie 23 febr. 1635.

288 Roy v. Zuidewijn, *Brab. Leeuw* I, blz. 17; ten Raa en de Bas, blz. 384.

habet super lite vel processu modo inter Jan Petersen den hackelaer et Arnoldum Dinterenses, nobis commisisse ad accordandum et dicendum quid habiturus esset. Quas die sequenti expedivi.

(*f. 21 r.*) **89**. 30 Martii Venerunt pastor in Berlickem, Van der Cammen et Brugelius circa prandium, asportantes litteras a fratre meo Cornelio Teneremunda, nuntiantes itidem mortem confratris nostri Gisberti Distelbergh, pastoris Anholdiensis[289]. Quo nuntio permotus mandavi pastori in Berlickem, ut in presentia nostra litteras ad dominum de Anholt[290] scriberet, quatenus nos de omnibus certiorem faceret. Et curavi, ut mitteretur expressus Mathijs den bode van Berlickem.

Etiam in favorem duorum adolescentium aspirantium ad habitum nostrum, cognati fratris nostri Joachimi et filii Van Bree, scripsi per Van der Cammen, nostra manu signatas, litteras ad pastorem in Tilborch[291] pro loco in abbatia Tongerloensi. Circa vesperum pastor et Brugelius discesserunt, et Van der Cammen pernoctavit hic.

90. 31 Martii Ante prandium novus contractus initus est cum villico nostro Claes Petersen.

Prandio cum Van der Cammen absoluto supervenit Cattenberch cum sculteto de Helvoirt et Lamberto Verschout, equites, et proposuit Cattenberch de arboribus gubernatori vendendis. Cui respondi blande, me post pascha missurum ad gubernatorem tales, qui eidem satisfactionem facerent, et in quo possem servire eidem, libenter facerem, etc. Hausto vino liberaliter propinato discesserunt in Gemert, et Van der Cammen in Berlickem, quia erat vigilia Palmarum.

91. (*Zondag*) 1 Aprilis Fuit dominica Palmarum, in qua per totum diem soli fuimus.

92. 2 Aprilis Fuit celum valde pluviosum. Quo die coximus quinque vasa vel amas bonae cerevisiae, tria pro nobis et unum pro pastore in Berlickem et unum pro Van der Cammen.

Per totum diem fuimus soli.

93. 3 Aprilis Fuimus soli per totum diem.

94. 4 Aprilis Ad idem ut supra.

289 Frater Gisbertus Distelbergh, norbertijn van Berne, pastoor te Anholt, gestorven 20 febr. 1635. Zie Inleiding § 1.

290 Diderich van Bronckhorst, heer van Anholt. Hij was gehuwd met Maria van Immerselle. v. d. Velden, Kosterij Bokhoven, blz. 34; v. d. Hammen, *Tax*. XXI, blz. 202, 244, 248, 249; v. Dijck, Bossche Optim., blz. 313 voetnoot 35 en blz. 318; A.P.B. ms. J. van Beers.

291 Augustinus Wichmans, norbertijn van Tongerlo, pastoor van Tilburg en landdeken van Hilvarenbeek. Schrijver van *Brabantia Mariana*. Schutjes V, blz. 713; Weyns, *Nat. Biogr. W.* V, 1003.

95. 5 Aprilis Fuimus soli per totum diem, quo litteras accepi a fratre meo Maximiliano, quibus petit commendari reverendo domino Antverpiensi Sancti Michaelis pro custodia domus Averbodiensis. Insuper accepi litteras a Van der Cammen ex Berlickem, quibus significat quedam nova ac suam diligentiam in rebus nostris, etc.

96. 6 Aprilis Scripsi litteras ad fratrem meum Maximilianum, quibus significo, quod ad petitionem ipsius scripserim abbati Antverpiensi commendatitias.

Etiam eodem die scripsi dicto abbati litteras, quibus fratrem commendavi pro domo Averbodiensi obtinenda.

Scripsi etiam Van der Cammen, ut receptori Broeckhoven[292] scriberet, me semper paratum ad solvendum, a quo hodie insinuationem accepi.

Fuimus itidem soli per totum diem.

(*f. 21 v.*) **97.** 7 Aprilis Intellexi hesterna die dominum de Batenborg[293] hic transisse, veniens ex Boxtel cum duabus rhedis et alio magno commeatu, qui ab Henrico Rovers de nostra inquirebat habitatione, dicens se nos velle invisere. Sed non fecit, forte quia Veneris Sancta erat dies Parasceves. Sed ivit in Dinter apud dominum Herenhoven.

Hodie fuimus soli in prandio et per totum diem.

98. (*Zondag*) 8 Aprilis Hoc Paschatis die fuimus soli.

99. 9 Aprilis Accepi litteras a domino de Anholt, quibus rescribit pastori in Berlickem, obiisse fratrem nostrum, Gisbertum Petri, 20 Februarii 1635 ex apostemate, bene munitum sacramentis ecclesiasticis, et quod omnia ipsius utensilia sint obserate et munita sigillo civitatis usque ad adventum alicuius ex nostris. Miseram expressum, quia de morte illius intellexeramus per laicum fratrem ex Marienboom[294]. Obiit etiam filia Van der Cammen.

Post prandium venit drossardus, qui Sabbatho Sancto venerat Bruxellis, a quo petii, num arbores ecclesiae in cemiterrio decisae deberent solvere den houtschat, uti forestarius exegerat et hoc ex mandato drossardi. Sed respondit, se non dedisse mandatum hoc, et nos cum ecclesia esse immunes et liberos ab omni tributo tali. Preterea dixi, villicos nostros debere manere liberos ab omni servitio domino temporali prestando, ex privilegio ducis Brabantiae, quod et consensit asserens quod quamdiu ipse maneret in officio, eosdem liberos relicturus.

292 Mr. Arnoldus Broechoven. Bots, Noordbrab. Stud. nº 888; Sasse v. Ysselt, *Tax.* XXXVI, blz. 106; A.A.B. vele brieven van de jaren 1631 en 1632.

293 Johan, graaf van Horne.

294 Klooster bij Kleef van dezelfde orde als Coudewater.

100. 10 Aprilis In prandio magistri fabricae et mensae S. Spiritus cum custode fuerunt invitati a pastore, et ego comedi in cubiculo interiori cum pastore in Berlickem et Van der Cammen, qui duo vesperi nobiscum cenarunt.

101. 11 Aprilis Mane iverunt cum nostra carruca pastores in Berlickem et Heeswijck in Boxtel, ubi omnes pastores districtus Ortensis convocati erant ex parte reverendissimi in causa taxae impositae, quos Van der Cammen comitatus est pro parte sua, ut debitores suos moneat ad solvendum.

Circa nonam venit pater prior et fr. Paulus cruciferorum, et pransi nobiscum abierunt in Schindel.

Vesperi redierunt pastor noster et Van der Cammen cum carruca ex Boxtel. Pastor in Berlickem ivit ex carruca in Dungen.

Hoc die coximus decem vasa communis cerevisiae.

102. 12 Aprilis Circa prandium venit fr. Joachimus ex Berlickem nuntians, quod unus ex Statibus nomine Nobel[295] cum sua uxore venissent Silvamducis, et quod uxor forte desideraret venire huc.

Eodem die misi Van der Cammen ad Jan Aertssen et Jan Henricx, scabinos deputatos pro nostra controversia assequenda, ut iisdem significaret, quod nos ipsis demus terminum preparandi
(*f. 22 r.*) se usque ad finem huius mensis et non ulterius. Qui responderunt, sese nobis infra terminum prescriptum satisfacturos.

Eodem die post prandium venit dominus Joannes de Dinter nuntians, quod ipsius gener esset paratus redhere in Anholt pastorem in Berlickem et Van der Cammen.

Novus contractus eodem initus est cum Nicolao Petersen, villico nostro, et cum Reinero van Meer et Janne Jacobi van de Rijt, in Berchem situato[296].

Post prandium rediit fr. Joachimus in Berlickem et mansit hic Van der Cammen.

103. 13 Aprilis (*Geldrop*) Mane profectus fui in Geldrop cum Van der Cammen et fratre Waltero. In via milites nos invenerunt et extorserunt a nobis 2 florenos et duos asses[297] circa pagum Gerwen. Circa undecimam veni ad episcopum, ubi inveni patrem Basilium[298] capuci-

295 Hendrik Nobel, Statenlid. *N.N. Biogr. W.* I 1384, A.A.B. wordt genoemd in enige brieven.

296 A.A.B. Huurcelen Ravenstein.

297 A.A.B. Memorie van uuytgheven.

298 Basilius van Brugge, kapucijn. Hij was in 1629 gardiaan te ’s-Hertogenbosch. Schutjes IV, blz. 403; Scheffers, blz. 95-99.

num cum uno Gravensi, qui vocabatur Couberche. Sumpto prandio ibidem cum iisdem venit ad me pastor Nuenensis, fr. Folcoldus, qui petiit veniam eundi in Tongerloo et Lovanium. Vesperi peregi cum reverendissimo pro quod veneram et ibidem permansi.

104. 14 Aprilis (*Heeswijk*) Mane lecto sacro venit magister Laurentius[299], receptor episcopi, et computavit mecum de campo conducto in Empel et debet mihi adhuc ex parte reverendissimi 30 florenos. Sumpto jentaculo discessi circa undecimam et circa quintam vespertinam rediens domum narravit mihi pastor noster et soror, dominum de Brederode cum Gansio, comite Frits[300] et aliis multis visitasse castrum Heeswicanum, et post primam huc venisse et sumpsisse prandium suum et circa quartam discessisse.

Discessit Van der Cammen ipso die in Berlickem.

105. (*Zondag*) 15 Aprilis Fui vocatus a drossardo ad prandium, et fuit mecum soror nostra Johanna et pastor. Inveni ibi uxorem domicelli Therenhaeff cum duobus nepotibus suis, et filium consiliarii Van den Velde[301], licentiatum. Quem cum drossardo et uxore et sorore Hovelmans invitavi in sequentem diem. Vesperi domum rediens inveni laicum fratrem Christianum, qui pernoctavit hic et venit, ut novam tunicam estivalem pro me faciat.

106. 16 Aprilis Hoc die ivit pastor noster Silvamducis, ubi Gansium conveniet de salvoconductu impetrando pro conventu predicatorum Antverpiensi, qui pro vicissim impetraret pro Gansio, etc.
(*f. 22 v.*) Circa prandium venerunt domini Bever ex Berlickem et consiliarius Pelgromius ex Erp, qui nobiscum pransi sunt, et sub prandio venerunt filius consiliarii Van de Velde, et uxor drossardi cum sorore sua, qui similiter nobiscum prandium sumpserunt. Fr. Christianus laicus supradictus mansit nobiscum.

Vesperi venerunt pastor in Litthoyen, pastor noster et Van der Cammen et fr. Bartholomeus, qui ante Palmas Bernam iverat. Et omnes pernoctarunt. Pelgrom, Bever et alii discesserunt circa vesperum.

107. 17 Aprilis Hoc die misi Van der Cammen et pastorem nostrum in Ravestein, ut agant cum drossardo, ne villae nostrae in Gaal plus solito graventur exactionibus.

299 Mr. Laurentius Huybrechts. Frenken, Dagboek Moors, blz. 200 noot 161.

300 George Frederik van Nassau. *N.N. Biogr. W.* I 926; ten Raa en de Bas, blz. 210; Cunen, Gesch. Oss, blz. 59.

301 Jan van den Velde, lid van de Raad van Brabant. Bots. Noordbrab. Stud. nº 5303; *N.N. Biogr. W.* IX 1167; Hezenmans, 's-Hertogenbosch, blz. 24; Verreyt en Juten, *Tax.* XIII, blz. 46.

Circa prandium venit pater prior cruciferorum, qui nobiscum et pastor in Littoyen et fr. laicus pransi sunt et cenam sumpserunt et pernoctarunt. Hoc die accepi duo vasa vini Francici et medium vas vini Hispanici a Petro Cotel.

108. 18 Aprilis Hoc die mansit pater prior hic et pernoctavit. Insuper fr. Christianus et pastor in Litthoyen.

Circa vesperum redierunt pastor noster et Van der Cammen ex Ravestein, qui ad nos detulerunt salutationem drossardi cum addictione omnis possibilis auxilii. Circa cenam venit cognatus fratris Cornelii Griensven, sacerdos, qui sicut et supradicti nobiscum cenavit et pernoctavit. Hoc die signavi et sigillavi commissionem[302], quam dedi pastori in Berlichem et Van der Cammen eundi in Anholt et exequendi omnia quae agenda sunt in domo mortuaria fratris Gisberti defuncti.

109. 19 Aprilis Conscripsit libellum supplicem Van der Cammen ad drossardum in Ravestein nomine unius partis communitatis de Schayck, ut extraordinaria et insolita gravamina avertat a villis. Et missus est per Joannem, filium Andreae, villici nostri in Gaal. Item discessit Van der Cammen in Berlickem circa vesperam reversurus cum pastore de Berlickem, ut crastina eunt in Anholt, ut supra.

Circa prandium venit pastor in Berlickem, et ille et pater prior, fr. laicus, pastor in Littoyen et cognatus Griensvenii nobiscum pransi sunt. Post prandium discessit pater prior cum fratre laico, cui pro tunica facienda dedi 30 asses[303]. Sub cena rediit Van der Cammen, qui hic cum aliis pastoribus et cognato Griensvenii pernoctavit.

110. 20 Aprilis Mane profecti sunt pastor in Berlickem et Van der Cammen cum carruca quidem nostra, sed conducto equo et auriga genero domini Joannis in Dinter, versus Anholt, ut ibidem secundum nostrum mandatum de domo mortuaria fratris Gisberti defuncti disponant. Item discessit pastor in Littoyen et ivit Silvamducis. In prandio fuimus soli cum cognato Griensven, qui post prandium discessit in Geffen. Pastor autem noster non fuit in prandio, quia iverat in Berlickem pro sacro oleo adferendo.

(*f. 23 r.*) **111**. 21 Aprilis In prandio fuimus soli. Sic et in cena.

112. (*Zondag*) 22 Aprilis Per totum diem fuimus soli.

113. 23 Aprilis In prandio et cena fuimus soli. Hodie recepi a

302 A.A.B. Procuratie aan de pastoor van Berlicum en Van der Cammen betreffende het sterfhuis van Gisbertus Distelbergh.

303 A.A.B. Memorie van uuytgheven.

Brugelio litteras, quibus petit certior fieri, num ego ad convivium Heusdense cras sim venturus. Cui respondi negative.

Hodie pastor noster fuit missus Silvam, ut emat elssenpootsel. Sed quia non invenit, vacuus rediit. Hodie plantavi quercetum of heestervelt in nostris Strepis. Post prandium invisit nos pastor Dinterensis, qui retulit se a Statibus accepisse continuationem possessionis bonorum pastoralium ad duos annos. Accepi litteras a Braeckelio.

114. 24 Aprilis In prandio fuimus soli. Circa vesperum venit pater prior cruciferorum et pernoctavit hic.

115. 25 Aprilis Pater prior nobiscum pransus est et cenavit ac pernoctavit.

116. 26 Aprilis Missus fuit Silvam pastor noster cum carruca. Et soror et ancilla Angela comitatae sunt. Et attulit decem millia plantarum elsenpootsel.

Eodem die visitavit nos pater procurator carthusianorum Vuechtensium cum canonico Boxtellensi Joanne Riemslach[304], qui nobiscum et cum patre priore et fratre nostro Balthasare[305] pransi sunt. Et circa quartam discesserunt predicti duo. Manserunt hic pater prior et Balthasar. Et circa vesperum venit Lentius ex Littoyen, qui etiam pernoctavit.

Hoc die accepi litteras a magistro Arnoldo Broechovio, quibus petit a me advisamenta super petitione Dreschoor[306], qui petiit sibi dari statum decimarum de Littoyen.

117. 27 Aprilis Rescripsi Broechovio, ne litteras tradat Dreschoor nisi coactus. Et remisi illi a se conceptam deductionem venditionum decimarum de Littoyen.

Circa prandium venit pater procurator cruciferorum, qui cum patre priore suo et fratribus nostris Lentio et Balthasare pransi sunt nobiscum. Et prandio absoluto discessit in Schijndel, et fr. Balthasar in Haren, et mansit Lentius et pernoctavit.

Post quartam pomeridianam venit secretarius de Heeswijck et Mathijs Rutten
(*f. 23 v.*) cum litteris ad Werimontium Bredae commorantem scriptis, quas ad petitionem Mathiae, villici nostri, signavi et clausi, quibus commendo Werimontio, ut velit eum juvare contra milites, qui equum

304 Kanunnik van Boxtel. Schutjes III, blz. 360.

305 Frater Balthasar Jansen, norbertijn van Berne, kapelaan te Haaren (bij Oisterwijk). Zie Inleiding § 1.

306 Johan Dresschoir. v. Heurn, 's-Hertogenbosch, blz. 57; Hezenmans, 's-Hertogenbosch, blz. 24.

ejus abduxerant. Et tunc secretarium acrius monui de pluribus contra nos dictis et factis.

118. 28 Aprilis Lentius discessit in Littoyen. Fuimus postea soli per totum diem. Et hodie absolvimus plantationem querceti vel novarum quercuum, het Heestervelt in de strepen bij Peter-Ariens-lant, ubi circiter decem millia plantatae sunt.

119. (*Zondag*) 29 Aprilis Mane circa decimam horam reversi sunt ex Anholt pastor in Berlickem et Van der Cammen[307], habentes socias, materteram[308] pastoris et filiam sororis Van Capelle. Et fecerunt rapportum sui itineris. Et retulerunt nobis inventarium domus mortuariae[309], in qua pecuniae omnes cum fraude vel ante vel post mortem ablatae sunt. Sumpto prandio omnes discesserunt in Berlickem. Opinio fuit, pecunias fuisse restantiam tantum vel circiter nullum, quae, ut dictum est, vel ante vel post mortem ipsius Gisberti, uti credendo magis est, ablatae sunt. Et pro debitis ipsius credita et mobilia ibidem remanserunt, et nisi relicta fuissent, vel per pastorem modernum vel alium fuissent arrestata, licet credita superarent ipsius debita. Memoria cum nota. Vesperi fuimus soli. Reliquerunt etiam supradicti nostri commissarii Anholdiae mandatum coram scabinis ibidem celebratum, accipiendi omnia credita et solvendi debita pastoris defuncti pastori moderno Anholdiae et Wilhelmo, etc.

120. 30 Aprilis Per totum diem fuimus soli, nec hoc die bene valui.

121. 1 Maii Dedi militibus in castro Heeswicano amam cerevisiae ad duos daleros imperiales in specie[310]. Item adolescentibus Heeswicanis quatuor florenos pro plantato maijo vel arbore ante portam.

Circa prandium venerunt pater prior cruciferorum[311] cum fratre Simone ex S. Agatha, et pastor in Berlickem cum sorore sua, Werimontia et filia et matertera Van Boecholt, qui omnes post prandium discesserunt.

In cena fuimus soli.

122. 2 Maii Fuimus per totum diem soli. Hoc die recepi responsum a Werimontio super litteras nostras uti supra 27 Aprilis ad petitionem Mathiae, villici nostri in 't Lanckhuys, et simul attestationem sui equi, quam milites Bredani secum loco equi abstulerant.

307 A.A.B. Memorie van ontfanck.
308 Van Boecholt, zie 1 mei 1635.
309 A.A.B. Inventaris van de nalatenschap van Gisbertus Distelbergh.
310 A.A.B. Memorie van uuytgheven.
311 Pater Verheijen. In cruce vita, blz. 47.

(*f. 24 r.*) **123.** 3 Maii Circa prandium venit Van der Cammen cum fratre Joachimo ex Berlickem, qui nobiscum pransi sunt et cenarunt. Circa cenam supervenit Brugelius ex Berna, qui et numeravit nobis 1000 florenos[312], nuntians nobis, quod gubernator Heusdensis, comes Wilhelmus de Nassau, petierit per nos à domino Postulano et commendatore Gemertano, quem etiam abbatem nominat, exigendas arbores vel quercus. Cui respondi, me illud non suscipere, ut pro illo talequid exigam. Qui etiam pernoctavit.

124. 4 Maii Tradidi Brugelio duas copias autenticas, per notarium Remboldum Ketelaer autentizatas, unam de libertate telonii in dominio de Heusden[313], aliam qua comes Hollandiae[314] confirmat privilegia nobis per dominum de Heusden[315] et alios nobis concessa. Ante prandium, sumpto jentaculo, cum fratre Joachimo discessit.

Mane summo ivit Van der Cammen et pastor noster Silvam cum carruca nostra tradituri omnia nostra munimenta et litteras submissionis inter nos et communitatem de Heeswijck in manus commissariorum, videlicet Voorn et Pelgrom. Et illo die ac nocte in civitate manserunt, carruca remissa domum. Hoc itidem die soli fuimus. Et vas vini Hispanici inceptum est.

125. 5 Maii Mane circa nonam horam rediit pastor noster ex Silva conferens secum omnia munimenta et litteras nostrorum privilegiorum de dominiis in Heeswijck et Dinther, et simul scripturam, quam «Intendit» vocamus[316], pro nostra parte contra scabinos de Heeswijck. Et retulit commissarios constituisse primum diem comparitionis in feriam sextam post dominicam Cantate, videlicet undecimam diem Maii.

Postea per totum diem fuimus soli.

126. (*Zondag*) 6 Maii Fuimus in prandio soli. Hoc die facta nobis ratione decimae minoris contradictio a nasutulis[317] duobus, Adriano Joost Rovers et Antonio Meussen, qui conati sunt defendere, quod semel tantum per annum ex decima porcellorum possemus habere decimam et non toties quoties sus suos parit catulos. Sed nos consuetudinem et possessionem in contrarium pro nobis allegavimus et decesserunt non bene animati.

312 A.A.B. Memorie van ontfanck.
313 De Fremery, Oorkondenboek van Holland en Zeeland, Suppl. nº 24.
314 Floris V.
315 De Fremery, Oorkondenboek van Holland en Zeeland, Suppl. nº 194.
316 Zie 5 maart 1635 van dit Memoriaal.
317 wijsneuzen?

In prandio soli fuimus. Circa sextam venit Van der Cammen, qui hic pernoctavit et cenavit.

127. 7 Maii Hic in domo transacta est divisio bonorum, relictorum a parentibus nostris, coram scabinis et secretario inter heredes ipsorum, fratres et sorores meos. Et simul contractus venditionum hereditatis fratris mei Cornelii in Martinum Corsten, et hereditatis Maximiliani fratris mei in Joannam, sororem meam, et constitutionis reditus 25 florenorum quem promisit gener meus Martinus predictus, sorori meae Johannae.

In prandio fuimus soli cum Van der Cammen. Similiter et in cena. Circa vesperum contraxi cum Henrico Rovers, Martino Corsten[318] et Adriano Peters de adducendis et advehendis decimis, quas superioribus annis habuit Nicolaus Peterssen in Bernhese.

(*f. 24 v.*) Ante prandium venit ad me drossardus petens testimonium, quod fuerim requisitus adire Principem Auraicum[319] eique commendare libellum supplicem, quem exhibuit drossardus de Cranendonck[320] et scabini de Eindhoven contra Joannem Leijten[321] ibidem schultetum. Quod eidem promisi daturum. Inter alia proposuit mihi concordiam ineundam cum pago de Heeswijck super differentiam quam hactenus pretendo de communitate terrae non vendendae citra nostrum consensum. Cui durioribus verbis in presentia Van der Cammen respondi.

128. 8 Maii Mane per Van der Cammen expedivi contractum advehendarum decimarum de qua supra. Item contractum inter me et servum Johannem[322] initum, quod videlicet ipsi jam dederim 500 florenos mutuo pro servitio faciendo quinque annorum in festo Joannis Baptistae incipiendorum, etc.

Hoc die venit pastor in Bochoven, fr. Norbertus[323]. Et Van der Cammen discessit in Berlickem sumpto prandio.

Venit Jan Hendricxen Rovers loquens et petens dilationem pro die dicto a dominis commissariis Vornio et Pelgrim et tradendis suis contra nos litteris contra privilegium nostrum, quam negavi. Vesperi venit pastor in Bochoven, qui hic pernoctavit.

318 A.A.B. Pachtceel betreffende de tiend in Heeswijk.

319 Frederik Hendrik, Prins van Oranje.

320 Marcellis Hovelmans. Houben, Eindhoven, I, blz. 334 en II, blz. 11; v. Dijck, *Brab. Leeuw* XXI. blz. 33-64.

321 Schout te Eindhoven. Houben, Eindhoven II, blz. 16.

322 Waarschijnlijk te onderscheiden van Johannes Lamberti, zie 25 febr. 1635.

323 Frater Norbertus Vercuylen, norbertijn van Berne, pastoor te Bokhoven. Zie Inleiding § 1.

129. 9 Maii Recepi litteras Teneramunda[324] a fratre magistro Cornelio. Item venit drossardus, qui nobiscum pransus est. Et post prandium venerunt quinque viri deputati ex parte communitatis Heeswicanae, sextus Jan Aertsen absens, et petierunt per drossardum concordiam et pacem inire nobiscum ex parte ejusdem communitatis super differentias per illos motas de nostris privilegiis et juribus, quae hic pretendimus. Et acceptavi concordiam. Sed quia qualificati non erant ad accordandum, referent omnia ad communitatem, et postea, videlicet 16 huius, venient cum procuratorio bene sufficienter qualificati. De hoc dederunt in scripto litteras suas. Postea supervenit sieur Van der Stegen petens loqui drossardo, et circa vesperum venit fr. Folcoldus ex Nunen, deferens salutationem episcopi, addendo quod ante Pentecostes cogitaret nos invisere. Et hic pernoctavit.

130. 10 Maii Discessit pastor in Bochoven, cui mandavi, ut circa festum S. Norberti[325] deferret registrum suum. Ivit cum illo in Berlickem fr. Folcoldus, cui dedi memoriale deferrendum Van der Cammen, quo peto scribi commissariis comparationem differendam usque in aliud tempus.

Scripsi ad fratrem meum Teneremundam. Item Mariae Vranx[326] Antverpiam, ut mitteret quatuor partes lintei cameracensis.

(*f. 25 r.*) Hoc etiam die monitus est villicus noster in Heesch ad solutionem per forestarium, tamquam ab Aula authorizatum ad hoc, per executoriales litteras et summationem ad 12 dies, etc.

131. 11 Maii Mane ivit cum carruca soror nostra Silvamducis ad varia procuranda. Hoc die scripsit Van der Cammen ad commissarios Voornium et Pelgrim, nos et deputatos Heeswicanos non comparituros ante octiduum.

In prandio fuimus soli cum fratre Folcoldo, qui sumpto prandio discessit in Nuenen. Hoc die dedi attestationem ad instantiam scabinorum Eindhoviensium officio postremo defunctorum, quod fuerim requisitus a domino drossardo de Cranendonck Hovelmans, ut libellum, a ipso drossardo et scabinis dictis oblatum domino Principi Auraico anno 1633, ipsi Principi commendarem contra Joannem Leyten. Et data attestationis est 10 Martii.

324 Dendermonde.

325 Het feest van de H. Norbertus werd op 11 juli gevierd ofschoon zijn sterfdatum 6 juni 1134 is.

326 Maria Vranx was een goede relatie zowel van bisschop Ophovius als van abt Moors. Frenken, Dagboek Ophovius, blz. 43 noot 7.

Circa vesperum rediit soror Silva et cum ea venit magistra hospitalis cum socia Joanna van Doorn, quae hic venerunt animi ac recreationis gratia.

132. 12 Maii Hoc die fuimus cum magistra hospitalis et socia soli, quae hic pernoctarunt.

Recepi litteras ad Arnoldo de Horenbeeck, quibus scripsit medium, quo cambium pro fratre Cornelio habere possem Antverpiam usque.

133. (*Zondag*) 13 Maii Hoc die campanae trina vice, videlicet mane a septima usque ad octavam, a duodecima usque primam, a quarta ad quintam pulsatae sunt in tribus hisce pagis propter natalem novi domini temporalis.

Hoc die fuimus cum magistra et socia ejus in prandio soli.

134. 14 Maii In prandio fuimus cum magistra et socia soli. Hodie remansit Christianus, famulus noster, quia pugnavit et lesus est heri. Etiam hodie erecta et posita est parva domuncula, apud horreum nostrum. Post prandium venit drossardus petens signari attestationem, quod villici nostri cum mediis fructubus accipiant et relinquant villas nostras, et quod iste villicus qui deserit villam, teneatur ex consuetudine segetem metere et siccare et tunc per medium dividere. Circa vesperam rediit pastor noster Silva, quem mane miseramus.

(*f. 25 v.*) **135**. 15 Maii In prandio cum magistra et socia fuimus soli. Circa vesperum venit Van der Cammen, qui et pernoctavit.

136. 16 Maii Venit drossardus circa prandium cum quo et Van der Cammen et magistra cum socia pransi sumus. Quo absoluto circa tertiam venerunt sex deputati[327] in causa differentiae nostrae inter communitatem de Heeswijck et nos, offerentes concordiam, casu vellemus eis ignoscere delicta perpetrata in venditionibus retroactis. Quod obtulimus facturi, modo in recognitionem sui erroris darent nobis duas partes de terra communitatis, videlicet de Leemputten, et aliam partem intra villam Arnoldi van Loon en het Lanckhuys. Sed recusarunt et re infecta abierunt. Drossardus et Van der Cammen magnam fecerunt instantiam pro concordia, sed frustra. Imo verba minatoria ex ore Joannis Aertsen Vercuylen audita, videlicet quod prius vellent videre litteras privilegiorum abbatis, vellentque sibi consulere, et quod hactenus haberent possessionem, imo quod abbas olim ab ipsis emerit cum censu unam segam, etc.

Circa septimam discessit drossardus. Et Van der Cammen mansit ac pernoctavit cum magistra.

327 A.A.B. Procuratie gegeven op 14 mei 1635 aan zes personen.

137. 17 Maii In prandio fuimus cum Van der Cammen et magistra et socia. Quo absoluto intellexi deputatos supradictos comparituros in diem sequentem coram commissariis Silvaeducis.

138. 18 Maii Misi pastorem nostrum cum Van der Cammen Silvamducis, partim ut numerent Horenbeecio nongentos florenos et 45 pro cambio fratri meo Cornelio Teneramundam mittendo vel jam misso, quod et fecerunt, partim ad comparendum coram commissariis a nobis et pago hinc inde electis. Coram quibus comparuerunt nostri et tres de pago, videlicet Jan Henricx Rovers, Willem Jan Delissen et Jan Willem Bosch, cum procuratore Afforden[328], sed separatim, scilicet illi soli et nostri posteri, qui tamen advocari curarunt Affordium petentes ab illo procuratorium. Qui respondit se nullum habere nisi verbo. Et sic nihil faciendo discesserunt.

139. 19 Maii In prandio soli fuimus cum magistra et ejus socia Johanna van Doorn. At circa tertiam vel semiquartam venit hic domina De Petersem cum tribus prolibus, Isabella, Fernando et Maximiliano, 8 equis. Et hic pernoctavit et mane audito sacro discessit hinc in Postulam.

(*f. 26 r.*) **140**. (*Zondag*) 20 Maii In prandio fuerunt nobiscum magistra cum socia, pater prior cum domino Eyndhouts[329] cruciferi, fr. Joachimus ex Berlickem et Van der Cammen, qui quatuor postremi vesperi ad propria redierunt. In cena soli fuimus cum magistra, etc.

141. 21 Maii Misi fratrem Bartholomeum in Velp pro lapidea tabula adferenda[330]. Qui vesperi non rediit. Misi fratrem Walterum cum fratre Joachimo Keisers in Berne pro recreatione. Circa prandium venerunt pastores in Berlickem et Dungen[331] et petiit Dungensis a nobis commendationem ad reverendissimum dominum episcopum pro solutione 30 florenorum impetrata ad sustentationem propriam. Circa quartam venerunt sex deputati Heeswicani ad pastorem in Berlickem requirentes ipsius intercessionem pro concordia inter nos et illos facienda. Sed nihil actum est. Discesserunt hinc circa septimam.

142. 22 Maii Misi Bernam per villicos nostros 30 oves pascendas[332]. Eodem die scripsi litteras ad fratres meos dominos Cornelium et Maximilianum iisdem significando, quod divisio bonorum domus mortuariae parentum nostrorum sit absoluta.

328 Mr. Johan van Afforden. Sasse v. Ysselt, Voorname Huizen II, blz. 260.

329 Judocus Eyndhouts, kruisheer te Schijndel. Zie Inleiding § 5. Schutjes IV, blz. 433.

330 A.A.B. Memorie van uuytgheven onder 8 mei 1635.

331 Henricus Joannes van Boxtel, pastoor van Den Dungen. Bots, Noordbrab. Stud. n° 673; Schutjes III, blz, 513.

332 A.A.B. Rekening van Mr. Arnoud v. Horenbeke f. 10.

Eodem die convenerunt sex deputati ex communitate de Heeswijck in causa nostri privilegii et adduxerunt pastorem de Berlickem et Van der Cammen, qui nobiscum pransi sunt.

Post prandium subsecutus est drossardus et illi protulerunt circa septimam horam procuratorias litteras suae commissionis ad accordandum. Quas remisi, quia erant captiosae et valde iniquae. Voluique aliqua in iis deleri, quod postero die factum est.

Hoc die venit nos invisere reverendissimus dominus episcopus Silvaeducensis cum pastore in Geldorp[333] et suo secretario, patre Maximiliano[334], qui hic pernoctarunt. Similiter magistra cum socia. At pastor in Berlickem, drossardus et Van der Cammen circa vesperam discesserunt.

143. 23 Maii Redierunt pastor, drossardus et Van der Cammen tamquam intercessores pro rusticis in causa concordiae ineundae circa (*f. 26 v.*) decimam horam. Et subsecuti sunt rustici deputati cum debitis litteris procurationis suae. Et cum tribus supradictis adhibuerunt exoratorem reverendissimum dominum episcopum et tandem circa vesperam huius diei lis et omnis differentia assopita est certis hinc inde conditionibus stipulatis et positis.

In prandio fuerunt nobiscum reverendissimus dominus, pastor in Geldorp, pater Maximilianus, pastor in Berlickem et Van der Cammen cum magistra et socia. Circa septimam rediit fr. Walterus ex Berne deferens nobis litteras a Brugelio. 22 huius dimisi juvenem Berlickomiensem[335] propter inobedientiam.

144. 24 Maii Discessit hinc reverendissimus dominus in Gemert. Van der Cammen mansit, ut conscribat instrumentum transactionis hesterno die initae et celebratae inter nos et pagum de Heeswijck. Quod conscriptum detulit cum pastore ad drossardum et aliquos ex deputatis legendum post prandium, in quo prandio soli cum Van der Cammen et magistra cum socia fuimus. Sed drossardus non erat domi. Ideo res dilata est usque in diem sequentem. Vesperi fuimus cum Van der Cammen et magistra soli.

145. 25 Maii Circa prandium venit drossardus hic, et prandio absoluto venerunt deputati sex, quibus conditiones transactionis prelectae sunt. Sed Jan Aertsen petiit copiam communitati prelegendam. Quam negavi propter rationes et longam scripturam. Sed obtuli, ut toti

333 Henricus de Bije, lid van de Duitse Orde. Schutjes III, blz. 677.

334 Maximilianus Martini, predikheer. Frenken, Dagboek Ophovius, blz. 94 noot 6 en blz. 265 onder 9 dec. 1631.

335 Joannes Lamberti, zie hierboven 25 febr. 1635.

communitati prelegeretur hic in edibus feria secunda Pentecostes, quae erit 28 Maii, post prandium congregatae. Quod acceptarunt. Interea venit domicellus Joannes Ter Herenhaeff[336], ut conveniret drossardum, qui simul cum Van der Cammen circa semiseptimam discesserunt ad propria.

146. 26 Maii Mane cum carruca nostra discessit magistra hospitalis cum socia Silvam. Ivit cum illis fr. Bartholomeus, quem misi Bernam pro officio divino ibidem celebrando his Pentecostalibus.

In prandio soli fuimus. Similiter et vesperi.

Hodie coximus septem vasa cerevisiae, et imposita sunt caveae novae.

(*f. 27 r.*) **147**. (*Zondag*) Den 27 Mei wesende Sinxtendach. Fuimus soli per totum diem. Hoc die in templo habita est prima supplicatio devota inter Fraternitatem Rosarii[337], et circumlata imago S. Virginis cum novo vexillo post missam.

In prandio fuimus soli. Similiter et in cena.

148. 28 Maii In prandio adfuerunt pater prior cruciferorum cum procuratore, drossardus noster et Van der Cammen, qui omnes circa vesperam discesserunt.

Circa quartam venerunt deputati sex de Heeswijck in causa nostri privilegii, et revocarunt conditiones antea concessas, ex quo omnia anteacta irrita sunt. Hoc die accepi litteras a Gansio, quibus me invitat in crastino ad prandium cum pastore in Berlickem.

149. 29 Maii Ivi Silvam cum pastore in Berlickem et pransus sum apud Gansium cum Van der Wolf et uxore, cum filio Van der Wolf, pretore Gaudano, et capitaneo Van Soutelant[338], qui juniorem filiam Van der Wolf jampridem duxit in uxorem. Adfuerunt commissarius Ruys[339], preses Leon[340] et pensionarius Joris cum uxoribus, etiam Brugelius noster. Vesperi redii domum circa octavam horam.

150. 30 Maii Fuimus soli per totum diem.

151. 31 Maii Misimus currum nostrum Silvam ad advehendas uxores

336 Schout te Kessel. Zie Inleiding § 3. Frenken, Dagboek Ophovius, blz. 94 noot 4.

337 v. d. Velden, *M.G.Tr.* XXIV, blz. 198.

338 Commandant van 't fort Sint-Andries, schoonzoon van Van der Wolf. Frenken. Dagboek Moors. blz. 180 onder 16 sept. en blz. 181 onder 17 sept.

339 Johan Ruys. v. Heurn, 's-Hertogenbosch, blz. 457; Beermann, blz. 117; Hezemans, 's-Hertogenbosch, blz. 24; Sasse v. Ysselt, Voorname Huizen I, blz. 156; v. Dijck, Bossche Optim. blz. 321.

340 Waarschijnlijk is hier bedoeld Mr. Laureyns Janszn. de Leeuw. Bots, Noordbrab. Stud. n° 3130.

Van der Wolf, Gansii, sororem Gansii, pretoris Gaudani et capitanei Soutelant. Et ivit cum eo pastor noster propter particularia.

Pransi sunt nobiscum pastor in Berlickem, Brugelius, uxores Van der Wolff, Gansii, pretoris Gaudani, capitanei Soutelant et soror Gansii. Vesperi redierunt Silvam cum curru nostro.

Quibus absentibus venerunt scabini de Heeswijck cum communitate precipua iterum loquentes de concordia. Quibus statui diem comparendi, videlicet secundam Junii.

152. 1 Junii Fuimus soli per totum diem. Hodie scripsi ad instantiam vidue Petri Joannes van Lieshout, custodis olim in Dinter, commendatitias ad fratrem meum, Bruxellae morantem, quatenus promovere velit filium ejus burgimagistro Bruxellensi pro famulo.

(*f. 27 v.*) **153**. 2 Junii Mane venerunt pastor in Berlickem et Van der Cammen vocati a deputatis sex de Heeswijck, qui articulos concessos pro concordia ineunda revocatos defendunt, instigati a secretario et forte drossardo. Sicque infecta re videtur esse apparentia, quod per commissarios res erit facienda et determinanda. Post prandium predicti discesserunt in Berlickem.

Hoc die contraxit cognatus noster[341] sponsalia cum Hillegonde Petri van Berckel Schindelensi.

154. (*Zondag*) 3 Junii Per totum diem soli fuimus.

155. 4 Junii In prandio adfuerunt pastor in Dungen et fr. Joachimus Keysers, quibus discedentibus post prandium supervenit Theodoricus van der Stegen, petens commendatitias ad dominum Floreffiensem[342] pro pretoratu Lieshoutano. Quas dedi.

156. 5 Junii In prandio fuimus soli. Post prandium venit drossardus iturus Bruxellas nobis valedictum.

157. 6 Junii Fuimus soli per totum diem, quo Teneramunda accepi a fratre litteras, quibus significat se cambium accepisse.

158. 7 Junii Fuit festum Venerabilis Sacramenti. Fuimus soli. Hoc die celebrarunt fratres de gilda vel de scutterije van Heeswijck convivium absque pastore vel capellano.

159. 8 Junii Mane ivit pastor Silvamducis coram commissariis in causa nostri privilegii, quia hactenus simularunt se velle amicaliter negotium componere, sed nihil putarunt quam nos audire et post tergum ridere.

341 Christianus Petri, zie 19 juni 1635.

342 Joannes Roberti, abt van Floreffe van 1607 tot 1639. Backmund II, blz. 378; Barbier I, blz. 315-351; Goovaerts II, blz. 101-102.

Hoc itidem mane venerunt villici nostri hora quinta ad nos missi ab aliis scabinis petentes, ut in merica post prandium comparere vellem, ut communi consilio fiet resistentia contra arenam, quae perdit communitatem. Quibus respondi, me non esse subjectum ordinationibus et mandatis scabinorum, et quod illi suum sequerentur consilium.

Hoc die venit currus reverendissimi domini episcopi cum quatuor equis allaturus plaustrum feni, quod eidem concessimus. Venerunt cum eo duo famuli, Wilhelmus et Albertus[343].

160. 9 Junii Summo mane venit nuntius ab episcopo praedicto cum litteris, quibus invitat nos, ut ad dominum comitem Boxmeranum[344] simul accedamus. Quod excusavi eodem instanti per litteras, quia eundum mihi erat Bernam.

(*f. 28 r.*) Circa prandium venerunt pastor in Berlickem et filius Vossii aurifici, qui circa quintam Van der Cammen, qui pridie venerat cum pastore nostro et hic pernoctaverat, redierunt domum.

Hoc die curavi per Van der Cammen excopiari chartas duas communitatis Dinterensis.

Hesterna die pastor noster cum Van der Cammen tradiderunt commissariis Voorn et Pelgrim nostrum «Intendit» contra communitatem vel incolas de Heeswijck[345]. Nota bene.

161. (*Zondag*) 10 Junii In prandio adfuerunt pater prior cum socio Arnoldo Jungers et fr. Joachimus ex Berlickem, qui omnes post prandium ad propria redierunt.

Circa vesperam advenerunt et pernoctarunt pastor in Berlickem, domisellus Brakel et Van der Cammen. Proposuit Van Brakel de molendino aquario juxta Coninxbeempden[346] ponendo et remissione pro rusticis facienda.

162. 11 Junii (*Berne*) Mane profectus sum cum dictis Van Brakel et pastoribus nostris in Berlickem et Heeswijck per Silvamducis, ubi Brakel numeravit domisello domino Absaloons[347] nomine nostro 800 florenos

343 Hij is 6 juli bij de bisschop in dienst getreden. Frenken, Dagboek Ophovius, blz. 228 onder 6 juli.

344 Albert van den Berg, heer van Boxmeer, Haps en Half Sambeek. Sasse v. Ysselt, *Tax.* VI, blz. 89-98; Schutjes III, blz. 323-324. Zijn zoon Fredericus Franciscus studeerde in Keulen. Bots, Noordbrab. Stud. nº 385.

345 Zie hierboven noot 271.

346 Perceelsnaam, A.R.A. De nieuwe Blaffart f. 156 r.

347 Jhr. Willem Absaloons. Bots, Noordbrab. Stud. nº 32; Sasse v. Ysselt, Voorname Huizen I, blz. 299; Sassen en Verreyt, *Tax.* VI. blz. 195; Verreyt, *Tax.* XIV, blz 37 noot 2.

in defaecationem conductionis, Bernam. Et Silvae inveni dominum Brugelium cum curru suo, qui nos comitatus est. Et venimus prospere cum pastore de Berlickem Bernam circa prandium. Subsecutus est eques dominus canonicus Broechoven[348], et mansi illa die.

163. 12 Junii Mansi in Berna et misi mane pastorem de Berlickem et Brugelium in Heusden ad Focquestar, cui per eosdem donavi partem linei cameracensis. Venit ex Waelwijck pastor[349] et ex Bockhoven pastor circa prandium. Adduxerunt pastor de Berlickem et Brugelius uxorem et filiam seniorem domini Ipelarii[350], qui post prandium subsecutus est. Et circa septimam horam discesserunt predicti in Heusden cum curru. Mansit Bernae illa nocte nobiscum pastor de Waelwijck.

164. 13 Junii (*Loon op Zand*) Mane venit Bernam Focquestar salutatum nos et egit nobis gratias et nobiscum discessit Berna in Heusden. Et nos ivimus in Waelwijck, ubi pransi sumus apud pastorem. Vocatus fuit pater monialium[351]. Prandio absoluto discessimus et ivimus in Loon. Dedi famulis Bernensibus 4 florenos et 5 asses[352]. Dedi pastori in Waelwijck in subsidium alendae familiae 24 florenos; ancillae illius 27 asses. In eleemosynam 6 asses.

165. 14 Junii Mansi in Loon. Mane visitavi villam nostram et inveni utcumque reparatam. Sicque tradidi illam novo villico, filio senioris[353], in presentia castellani de Loon[354] et Brugelii. Post prandium ambulavimus cum domino et domina de Loon[355] et simul invisimus pastorem[356] ibidem. Hodie nuntiavi pastori in Haren nos cras ad eum venturos circa prandium.

348 Nicolaus Broechoven, broer van Arnoldus. Kanunnik van 's-Hertogenbosch. Bots, Noordbrab. Stud. n° 902; Schutjes IV, blz. 279; Sasse v. Ysselt, *Tax.* XXXVI, blz. 97-110.

349 Frater Rudolphus Seegers, norbertijn van Berne, pastoor te Waalwijk. Werd 28 okt. 1636 pastoor van Bokhoven. Zie Inleiding § 1. Bots, Noordbrab. Stud. n° 4692.

350 Jhr. Mr. Johan van Ypelaer. Bots, Noordbrab. Stud. n° 2458; Beelaerts v. Blokl. en Juten, *Tax.* XIV, blz. 78. Hij pachtte abdijgrond onder Genderen. A.A.B. Pachtceel van Jhr. Johan van Ypelaer. Hij had drie dochters, Wilhelmina, Adriana en Maria en een zoon Sebastianus die in Leuven studeerde. Bots, Noordbrab. Stud. n° 2460.

351 Joannes Monincx. Bots, Noordbrab. Stud. n° 3643; Schutjes V, blz. 884; ms. Marius van Loon, Geschiedenis van het klooster Nazareth.

352 A.A.B. Memorie van uuytgheven.

353 A.A.B. Pachtceel van Cornelis Cornelissen.

354 Jhr. Mathias Cannart. v. d. Hammen, *Tax.* XIX, blz. 298 en 305 en *Tax.* XXXIV, blz. 91 en 281; Sasse v. Ysselt, Voorname Huizen I, blz. 299.

355 Engelbertus II van Immerselle en Helena de Montmorency.

356 Benedictus van Kessel, pastoor van Loon-op-Zand. Bots, Noordbrab. Stud. n° 2666; Prims, *Tax.* XXXIX, blz. 71.

(*f. 28 v.*) **166**. 15 Junii (*Heeswijk*) Hoc die discessi ex Loon mane circa nonam, et ivi in Haren, ubi apud pastorem pransus sum. Dedi famulis in Loon sex florenos et 11 asses. Similiter ancillae pastoris in Haren[357] dedi 25 asses. Pransus est nobiscum damisellus Vladderacken[358] op den Emer[359] et Cannart. Vesperi domum rediens inveni fratrem Leonardum hic, qui venerat duobus diebus ante, qui hic cum pastore in Berlickem et Brugelio pernoctavit.

167. 16 Junii Discesserunt hinc cum carruca nostra dictus pastor et Brugelius. In prandio fuimus soli cum fratre Leonardo. Vesperi venit domina De Petersem cum sua familia et 9 vel 10 equis et suo secretario, quae hic pernoctavit.

Hoc die domumcula apud portam tecta est[360].

168. (*Zondag*) 17 Junii Sumpto jentaculo vel prandio discessit domina De Petersem versus Ravestein, itura in Batenborch ad exequias matris suae, quae obierat. Circa vesperam venit religiosus Postulanus Van den Ancker[361], qui antea cum fratre Leonardo venerat.

169. 18 Junii Fr. Leonardus cum Van den Ancker iverunt ad Sanctam Agatham, ubi fratrem[362] habet idem Van den Ancker. Circa prandium venit Van der Cammen[363], qui hic pernoctavit. Circa quintam vespertinam venit nos invisum animi gratia drossardus, et cum eodem dominus Typoets[364], sacerdos, filia consiliarii Joannis van Tulden[365], et filia Theodorici van den Water[366], soror uxoris drossardi et vidua Joannis de Leuw. Et post subsecuti sunt filius consiliarii Van den Velde et filius magistri Gerardi van Horenbeeck[367], qui omnes post horam aut alteram discesserunt in Mildelrode.

357 Frater Antonius Cuypers, norbertijn van Berne, pastoor van Haaren (bij Oisterwijk). Zie Inleiding § 1. Schutjes IV, blz. 10.

358 Jhr. Karel van Vladeracken, heer van de Nemelaer. Frenken, Dagboek Moors, blz. 197 noot 95; Verreyt en Juten, *Tax*. XIII, blz. 136.

359 Emer is een andere naam voor Nemelaer.

360 Zie hierboven 14 mei 1635.

361 Frater Joannes van den Ancker, norbertijn van Postel. Zijn kloosternaam was Jeronimus. Zie Inleiding § 7. Welvaarts, *Postels Biogr. W*., blz. 11.

362 Albert van den Ancker. Hezenmans, 's-Hertogenbosch, blz. 145.

363 A.A.B. Memorie van ontfanck.

364 Mr. Godefridus Typoets. Bots, Noordbrab. Stud. nº 5187; Frenken, Dagboek Moors, blz. 84 onder 9 nov.

365 Joannes van Tulden. Bots. Noordbrab. Stud. nº 5228; Verreyt en Juten, *Tax*. XIII, blz. 45; O, *Tax*. IV, blz. 59,

366 Bots, Noordbrab. Stud. nº 5754.

367 Bots, Noordbrab. Stud. nº 2312.

170. 19 Junii Summo mane discesserunt hinc Silvam fr. Bartholomeus et Van der Cammen. Hoc die concessi nostros duos equos Laurentio Godefridi pro vehendo ligna Silvamducis. Hoc die contraxit Christianus, noster cognatus, matrimomium cum Hildegonde[368], filia Petri van Berckel, Schindelensi, hic in sacello nostro.

Circa prandium advenit ex Boxtel fr. Augustinus, qui nobiscum pransus est et pernoctavit hic. Circa vesperam rediit Silvaducis fr. Bartholomeus cum curru nostro, pleno asseribus vulgo delen.

171. 20 Junii Sumpsi potionem, quam vomitorium vocant, ex qua purgatus est stomachus meus. Circa prandium venit pater prior cruciferorum, qui cum fratre Augustino nobiscum pransus est.

Circa vesperam redierunt fr. Leonardus et Van den Ancker ex Sancta Agatha, adducentes filiam advocati Blommarts[369], Graviensis. Et discesserunt fr. Augustinus et pater prior in Schijndel cum carruca Lamberti Simonsen. Alii hic pernoctarunt.

Eodem die sub cena accepi litteras[370] a Brakelio scriptas, uti suspicor 11 huius, quibus significat se transegisse cum vidua Vercuylen de locatione terrarum nostrarum inter Mosam et Wahalam[371], utquod nos nunc reliqua nostra scripta, quae apud dictam viduam conservantur, libere exigere ab eadem possimus, etc.

(*f. 29 r.*) **172**. 21 Junii Circa prandium venerunt huc invisum Van den Ancker, religiosum Postulanum, mater ejus, duae sorores et neptis, uxor Donckers[372], scribae in Xenodochio, cum filia Waelwicana Van Heyst nuncupata. Quae omnes discesserunt post prandium sicut et fr. Leonardus et Van den Ancker, religiosus Postulanus. Depost venit Donckers, maritus neptis Van den Ancker, eques, qui sumpto haustu discessit. Depost venit damisellus Daniel Ter Herenhaeff[373], petens num episcopus esset brevi venturus ad has partes. Ad quod respondi, me nihil horum intellexisse.

Eodem momento miserunt Schindelenses cum carruca pauperem claudam feminam Gallam ad hunc pagum, quam ante portam deposuerunt. Sed curavi statim equum cum carruca aurigae arrestari. Homine dimisso mansit hic equus usque in sequentem diem.

368 Zie 2 juni 1635.
369 Waarschijnlijk Arnoldus Bloemarts. Bots, Noordbrab. Stud. n° 565
370 A.A.B. Overeenkomst tussen Zweder van Brakel en Anna Buys, weduwe Vercuylen.
371 A.A.B. Pachtboek 1634.
372 Johannes Donckers. Frenken, Dagboek Moors, blz. 115 onder 5 juni 1638.
373 Zoon van Johannes Ter Herenhaeff. Zie Inleiding § 3.

173. 22 Junii Mane rectores Spiritus Sancti huius pagi remiserunt cum eodem equo et auriga dictam feminam in Schindel. In prandio fuimus soli.

Hodie coximus communem cerevisiam, videlicet 7 amas.

174. 23 Junii In prandio fuimus soli. Sub nonam vespertinam venit Brugelius ex Berna significans, Herptenses executionem fecisse propter solutionem onerum extraordinariorum, quae particulariter solvimus, sed equum quem tulerant remisisse. Idem asportavit litteras a fratre meo Maximiliano, quibus scribit miseriam qua per Hollandos pressi sunt.

175. (*Zondag*) 24.Junii In prandio adfuerunt Van der Cammen et Van Breugel. Et Breugel sub prandio discessit Bernam cum commissione eundi Hagam contra Herptenses. Permansit hic et pernoctavit Van der Cammen.

176. 25 Junii Fui cum curru in Berlickem. Ibique apud pastorem cum domino Tipotio et domino de Milhese pransus sum et celebravi missam in edibus Zomerii. Misi interea currum Silvamducis cum domino Van der Cammen, fratre Bartholomeo et sorore, ut necessaria emerent[374]. Vesperi cum iisdem domum reversus inveni pastorem nostrum reversum Antverpia, quo eundum miseram ante 13 aut 14 dies.

177. 26 Junii Mane discessit Van der Cammen in Berlickem ab uxore[375] vocatus. In prandio fuimus soli. Circa tertiam pomeridianam venit huc pastor Schindeliensis[376] cum vasis consecrandis tam pro reservatione sanctissimae Eucharistiae quam pro oleo infirmorum, qui circa septimam discessit, cum nostra carruca. Vesperi non cenavi.

178. 27 Junii Fuimus per totum diem soli. Circa septimam vespertinam accepi litteras ab Arnoldo Horenbeeck, quibus scribit Bernae Brugelium decumbere ex melancolia aliqua.

(*f. 29 v.*) **179.** 28 Junii Misi pastorem nostrum Silvamducis, ut causam nostram contra scabinos de Heeswijck apud commissarios urgeat.

Similiter misi fratrem Cornelium in Hees, ut villicum moneat ad solvendum. Circa quintam venit huc Van der Cammen et pernoctavit. Venit post collationem ex Silva pastor noster asserens adhuc nihil actum in causa nostra.

374 A. A. B. Memorie van uuytgheven.

375 Maria van Veghel.

376 Andreas Jacobi van den Bogaert. Schutjes V, blz. 642; Bots, Noordbrab. Stud. n° 628. Was rector van het altaar van O. L. Vr. in Heeswijk sinds 15 juli 1591. A.A.B. ms. G. v. d. Elsen, Geschiedenis van Heeswijk en Dinther, blz. 326, 329 em 405.

180. 29 Junii Circa prandium venerunt duo fratres Van den Steen, unus secretarius de Herpen[377], alter burgemeester in Ravestein, qui nobiscum et cum Van der Cammen pransi sunt, dicentes quod in sextum diem Julii habebitur justitia vel dies juridica a commissariis ducis Neoburgici. Item detulerunt salutationes a drossardo Ravesteinensi. Et post prandium iterum discesserunt.

Vesperi fuimus soli.

181. 30 Junii Hoc die nostro cum consensu avexit hinc Christianus cognatus antiquum fenum cum carrucis sex. In prandio fuimus cum Van der Cammen soli, qui post prandium discessit in Berlickem.

Accepi litteras ab Arnoldo Horenbeeck, quibus scribit Breugelium adhuc infirmari, et quod Herptenses cogitant ire Hagam contra nos quoad impositiones vel gravamina nova. Similiter et a pastore in Berlickem, quibus scribit de eadem materia. Et hoc per expressum famulum Bernensem.

182. (*Zondag*) 1 Julii Rescripsi Horenbeeckio me scripturum Hagam. Similiter pastori in Berlickem.

In prandio adfuit unus patrum predicatorum ex Endhoven, qui pro termino concionatus fuit.

183. 2 Julii Petiit receptor domus S. Spiritus Buscoducensis, nomine De Bitter[378], licentiam viandi per campos a nobis conductos[379] a reverendissimo domino int Empels-velt, pro feno avehendo, quod eidem pro parte nostra concessimus pro hac vice.

In prandio fuimus soli. Ita et in cena. Sed post prandium advenit Cornelius Loeffs, procurator ex Gravia, qui indicavit nobis, litem nostrum inter nos et Theodorum Coenen pendentem, feria sexta proxime sequenti diffiniendum per commissarios ducis Neoburgici.

184. 3 Julii Ante prandium conscripsimus litteras ad Van der Wolff, Gansium et Theodorum Bruynseels[380] pro defensione nostra contra Herptenses, quia egrotabat Breugelius.

In prandio fuimus soli cum pastore in Berlickem, qui litteras predictas scriptas et nos eas signavimus. Christianus noster tulit adhuc 3 carrucas feni.

Hodie pastorem nostrum misimus Silvam propter causam contra Heeswicanos accelerandum.

377 Henricus Andriessen van den Steen. Hermans, Charters Ravenstein II, blz. 7.

378 Herman de Bitter. Hermans, Historische Studiën, blz. 26.

379 A.A.B. Pachtbrief, waarin bisschop Ophovius de zogenaamde Abtscampen aan abt Moors voor zes jaar verpacht.

380 A.A.B. Brieven van 23 okt. 1632, 24 dec. 1632, 28 jan. 1633, 7 nov. 1637.

Post prandium venit ad nos drossardus, qui solvit sorori canonem reditus sui ad numum decimum quintum vel circiter. Pastor in Berlickem vesperi discessit.

(*f. 30 r.*) **185**. 4 Julii Mane ivi in Berlickem cum pastore nostro et sorore pro decimis elocandis. Celebravi missam apud Zomers. Pransus sum apud Van der Cammen cum Beverio. Vesperi domum redii cum Van der Cammen, qui hic pernoctavit.

186. 5 Julii In prandio cum Van der Cammen adfuerunt pater prior cruciferorum et Degens. Et adsportavit Degens velum aurigiatum pro missa celebranda, cui dedi quinque libras Flandricas pro eodem. Absoluto prandio profecti sunt pastor noster et Van der Cammen in Ravestein, quos vexit Cornelius Denen cum suo equo et nostra carruca, in causa processus contra Dirck Jan Coenen, quem putavimus diffinitive terminandum. Discesserunt circa vesperam pater prior et Degens.

Hoc die misi fratrem Bartholomeum Silvamducis ad advocatum Van Herlaer in negotio contra Heeswicanos tangente nostra privilegia.

187. 6 Julii Per diem totum soli fuimus. Vesperi post nonam reversi sunt ex Ravestein pastor noster et Van der Cammen, referentes, quod sententia pronuntianda in causa inter nos et Dirck Jan Coenen sit dilata et extensa usque in 27 Julii, et asportationem citationis juridicae in dictum diem comparendi[381].

188. 7 Julii Discessit Van der Cammen ante prandium in Berlickem. Circa duodecimam venerunt huc dominus Huenen, consiliarius Silvaeducensis, Van der Leemputte, Henricus et uxor ejus, cum carruca. Qui prandio absoluto hinc discesserunt. Villicus de Hees inquisivit de litteris nostris pro terra arabili aen een stegen bij het Ven, an nostre littere dicant terminos vicinorum, quas uti habemus ostendimus.

Circa vesperam sumpsi pillulas pro purgatione.

189. (*Zondag*) 8 Julii Circa prandium venerunt cum carruca nostra tres seniores filiae Van der Cammen associatae a filio De Weerimont, auditoris, et Vossii, cum fratre Joachimo. Et pernoctarunt hic.

Recepi litteras ab Horenbeeckio Arnoldo, quibus scribit statum infirmorum suorum, et quod Breugelio scriptum sit, quod si velit decimam novalem in terris Gestelii[382], quod deberet venire et dare 12 florenos. Ad quod rescripsit, hoc insinuandum Van der Cammen. Circa vesperam venerunt huc secretarius de Berlickem et Adrianus Gerit

381 A.A.B. Dirck-Jan-Coenen-Kwestie in het Land van Ravenstein.

382 Sint-Michielsgestel.

Coppen, qui nuntiaverunt de decimis, quod permansissent in antiquo termino, excepto die Heufthiende[383] fuisset aucta, ac captivo villico nostro arrideret advehenda, et abierunt.

190. 9 Julii Pransi sunt nobiscum filiae et adolescentes predicti cum fratre Joachimo, sed omnes religiosi iverunt piscatum.

Recepi hodie Haga quae contra Herptenses missa erant et quod ad nostrum libellum rescripserant. Quae rescriptio nobis debet exhiberi.
(*f. 30 v.*) Vesperi cenarunt omnes predicti nobiscum et hic pernoctarunt.

191. 10 Julii Mane circa octavam discesserunt omnes cum carruca nostra, quae circa secundam horam reversa est.

In prandio fuimus soli.

Circa collationem venerunt ad festivitatem S. Patris Norberti confratres pastores de Berlickem, Haren, Bochoven et Nuenen et fr. Balthasar, qui omnes hic pernoctarunt.

192. 11 Julii Mane venit cum carruca pastor de Lithoyen et capellanus ejus. Similiter pastor in Waelwijck, pastor in Boxtel et fr. Joachimus cum auditore Werimontio. Celebrato officio divino et traditis registris ac inventariis suis[384] discesserunt pastor in Littoyen cum fratre Bartholomeo post prandium. Ita pastor in Waelwijck, pastor in Boxtel, pastor in Berlickem et fr. Joachimus cum Werimontio, quos etiam pastor noster comitatus est sequenti die iturus Silvam in causa nostri privilegii contra Heeswicanos. Reliqui vesperi manserunt et pernoctarunt.

Hoc die inceptum est vas vini duarum amarum.

193. 12 Julii Mane discesserunt pastores in Haren et in Bochoven et capellanus de Haren. In prandio fuimus cum pastore in Nuenen, qui eo absoluto discessit, et fratre Arnoldo Lentio.

Circa vesperam advenit fr. Godefridus laicus predicatorum, qui hic cenavit et pernoctavit.

Post cenam reversus est pastor noster Silvaducis adferens cedulam a commissariis conscriptam quod Heeswicani debeant tradere suum «Intendit», sicuti nos fecimus.

194. 13 Julii In prandio fuimus cum fratre Arnoldo Lentio, qui postea ivit in Litthoyen, et cum fratre Godefrido laico predicatorum. Fr. Walterus iverat mane in Berlickem vocatus ab amicis suis.

383 Tiendblok. Zie Inleiding § 9.

384 Aldus was voorgeschreven door het Provinciaal Kapittel van 1620. De inventaris moest volgens een voorgeschreven formulier worden opgemaakt. A.A.B. map: Parochialia; Steynen, blz. 31.

In cena vel collatione fuimus soli cum fratre Godefrido laico, qui supra.

195. 14 Julii Mane venit huc secretarius de Berlickem nuntians statum decimarum.

In prandio fuimus soli cum fratre Godefrido laico, qui post prandium discessit.

Circa tertiam venit tabellio Heusdensis, qui juridice nobis communicavit rescriptionem Herptensium quam contra nostrum libellum Ordinibus Hollandiae exhibitum rescripserant. Cui copiam cum aliis litteris ad materiam illam spectantibus dedi Brugelio tradendam. Interim supervenit fr. Leonardus ex Postula, nuntians monasterium Postulanum a cesarianis militibus spoliatum, quodque omnes abfugissent[385].

Vesperi reversus est ex Littoyen fr. Bartholomeus. Venit huc neptis fratris Walteri, quae hic pernoctavit. Similiter fr. Leonardus.

(*f. 31 r.*) **196**. (*Zondag*) 15 Julii In prandio adfuit pater prior cruciferorum cum procuratore, similiter fr. Leonardus et neptis fratris Walteri, quae absoluto prandio, uti pater prior cum procuratore, discessit. Vesperi cum fratre Leonardo fuimus soli.

197. 16 Julii Circa prandium advenerunt in prandio Van der Cammen, jhr. Bever ende den secretaris van Berlickem[386], qui nobiscum pransi sunt. Et prandio absoluto venerunt decimatores Berlicomenses pro decimis jam elocatis accipiendis et pro earumdem solutione in presentia supradictorum trium fidem suam dederunt et scedulam elocationis signarunt datis pecuniis stipulatis[387]. Qui omnes circa vesperam discessunt.

Sub cena misit huc reverendissimus cursorem pro taxa a pastoribus exigenda ratione expensarum in Tilborch factarum ab Ordinibus Patriae[388]. Quem remisimus in Berlickem, dicentes quod pastor in Berlickem similem cursorem et ob eandem causam jam ante emisisset.

Circa nonam misit huc Breugelius ex Berna famulum cum litteris ad nos, pastorem in Berlickem et advocatum De Jonge[389] in causa contra Herptenses.

198. 17 Julii Misi pastorem nostrum cum iisdem litteris ad pastorem

385 Wagenaar, blz. 205.

386 Thomas Jegers. A.A.B. ms. G. v. d. Elsen, Berlicum, blz. 123. Hij was ook schoolmeester en koster.

387 A.A.B. Memorie van uuytgheven en ontfanck.

388 Beermann, blz. 53 voetnoot 2.

389 Dirk de Jonge. Frenken, Dagboek Ophovius, blz. 68 voetnoot 1.

in Berlickem, ut is scribat ad Van der Wolf pro termino trium septimanarum. Et reversus est famulus Bernam cum nostro pastore. In prandio soli fuimus cum fratre Leonardo. Circa tertiam venit huc dominus Joannes Wolfs ex Schindel cum domino Jacobo, capellano Schindelensi[390], dicens se Lovanio venire per Tongerloo, ubi cognatum nostrum, Joannem Rombouts, locutus est, a quo detulit salutationem.

Vesperi pastor noster rediit Silva nuntians pastorem Berlicomensem scripsisse ad Van der Wolf.

199. 18 Julii Venit huc pater prior cruciferorum ex Schindel cum fratre Christiano laico, qui nobiscum pransi sunt et postea discesserunt.

Hodie coximus 7 amas cerevisiae.

Vesperi cenavimus soli cum fratre Leonardo.

200. 19 Julii Mane cum carruca abierunt Silvam fr. Leonardus et pastor noster, similiter soror nostra et contulerunt quedam monilia ac mobilia Silvae deponenda propter metum militum, qui cum exercitu prope sunt, etc.

In prandio soli fuimus. Circa cenam rediit carruca nostra et cum ea redierunt fr. Leonardus et pastor noster. Remansit soror nostra Silvae. Asportavit pastor noster computum decimarum Littoyensium per Arnoldum de Broeckhoven administratarum; similiter actam a commissariis, quod Heeswicani infra tres septimanas debeant tradere suum «Intendit» contra nos, sub pena van versteck.

201. 20 Julii Post prandium venerunt huc duo Postulenses religiosi Van den Ancker et Werden, fugientes propter militem cesarianum[391], qui hic pernoctarunt. Similiter hic pernoctavit sacerdos cognatus fratris Cornelii. Post prandium adfuit drossardus requirens a me, ut causam inter ipsum et pagum Berlicomensem susciperem componendam. Idem solvit pro fratre nostro Cornelio 46 florenos et 17 asses.

(*f. 31 v.*) **202**. 21 Julii Iterum cum carruca ivit pastor noster Silvam cum sarcina et litteris aliquot depositurus eadem.

Accepi litteras ab abbate Parcensi[392].

In prandio adfuerunt minoritae patres Van den Dael[393] et Egmaers, qui discesserunt circa tertiam.

390 Jacobus Westerhovius. Bots, Noordbrab. Stud. nº 5813.

391 Beermann, blz. 160.

392 Joannes Maes, abt van Park van 1634 tot 1647. Backmund II, blz. 322; Weyns, *Nat. Biogr. W.* III, blz. 552.

393 Franciscus van den Dael, broer van Paulus van den Dael. Frenken, Dagboek Moors, blz. 195 noot 32.

203. (*Zondag*) 22 Julii Celebravit fr. Bartholomeus in Dinter pro pastore infirmante, et fr. Cornelius in Berlickem pro fratre Joachimo profecto in Velp. Heri rediit cum pastore nostro Silva soror nostra. Duo religiosi Postulani iverant Silvam, ibique manserunt apud parentes.

In prandio fuimus soli cum fratre Leonardo, quo fere absoluto venit pater prior cruciferorum cum fratre Christiano laico ex Litthoyen, qui circa quartam discesserunt. In cena fuimus soli.

204. 23 Julii Venit Van der Cammen et Marcellus juvenis cum eo, qui ante habitaverat nobiscum. Sumpsi eum de novo, ut famuletur nobis. Lucratur 24 florenos. In prandio adfuit Van der Cammen, fr. Leonardus et soror. Reliqui religiosi iverant piscatum. Circa sextam discessit Van der Cammen evocatus[394] per litteras. In cena soli fuimus.

205. 24 Julii Accepi litteras ex Haga a Theodoro Bruynseels cum apostilla super libellum exhibitum contra Herptenses, quas remisi Bernam ad Brugelium adjunctis nostris litteris ad eundem Breugelium, quibus significo illi, quod cum duobus plaustris feni ex Berna mittendis habebimus patientiam pro hoc anno.

Intellexi hodie, pastorem in Osch[395] ex captivitate, quam 16 mensibus Silvae sustinuit, esse liberatum gratis.

In prandio soli fuimus. Quo absoluto venerunt cum curru ex Silva filia consiliarii Van Dilden, filia Van den Water et duae filiae Ipelaer, Wilhelmina et Adriana, associatae cum filio Van den Velde, consiliarii, et duobus nepotibus domiselli Herenhovii ex Kessel, qui omnes circa quartam iverunt in Dinter ad domisellum predictum. Et circa vesperam reversi ad nos hic pernoctarunt exceptis duobus nepotibus Herenhovii, qui iverunt in Dinter.

206. 25 Julii Omnes predicti cum nepotibus Herenhovii hic pransi iverunt Silvam. Et postea venit pater prior cruciferorum, qui hic pernoctavit. Cena facta advenit Van der Cammen, qui etiam hic pernoctavit.

207. 26 Julii Absoluto prandio profecti sunt cum carruca nostra in Ravestein Van der Cammen et pastor noster, ut sententiam audiant ac ferant in causa nostra contra Dirck Jan Coenen sequenti die pronuntiandam. Deinde venit ad nos pastor in Dinter agens gratias pro officio

394 A.A.B. Memorie van uuytgheven en ontvanck.

395 Mathias Septius, pastoor van Oss van 1623 tot 1649. Schutjes V, blz. 448; Frenken, Dagboek Ophovius, blz. 228 onder 7 juli 1631; Beermann, blz. 137-138, 149, 155; Cunen, Gesch. Oss, blz. 161, 143; Cunen, *Tax*. XXXV, blz. 212; *N.N. Biogr. W*. IX 1016.

divino tempore suae egritudinis in templo Dinterensi celebrato. Supervenit Theodorus van der Stegen, petens pro pretoratu Lieshoutano litteras ad abbatem Floreffiensem.

(*f. 32 r.*) **208**. 27 Julii Mane scripsi litteras ad dominum Floreffiensem ad petitionem Theodori van de Stegen ut supra, quas eidem tradidi. Hoc die per totum diem fuimus soli. Post decimam reversi sunt ex Ravesteyn pastor noster et Van der Cammen, et venit cum iis fr. Joachimus, qui fuerat in Velp, etc.

209. 28 Julii Van der Cammen et pastor fecerunt rapportum de causa appellationis inter nos et Dirck Jan Coenen ventilata, videlicet quod contra nos sit lata sententia appellationis, quodque propter negligentiam nostram ac temporis lapsum infra decenduum appellationem non institueremus, uti juris et honoris est, quod Vlemincx[396] neglexit et nos decepit. Sed remissi sumus ad judices de Velp qui primam tulerunt sententiam. Patientia.

In prandio adfuerunt Van der Cammen et fr. Joachimus de Berlickem. Quo absoluto discesserunt. Vesperi soli fuimus.

210. (*Zondag*) 29 Julii Hoc die curavi publicari in Heeswijck et in Berlickem, ut nullus grana sua invehat ante solis ortum vel post occasum, nisi prius decimam dederit decimatori, sub pena 50 florenorum. Et hoc in utroque loco predicto bis in die, scilicet in prima et summa missa.

In prandio et cena fuimus. Post prandium recipio litteras a pastore in Berlickem, quibus scribit munitionem Scenckenschans[397] a militibus regiis Geldrensibus interceptam per duas naves, in quibus sese occultaverant.

211. 30 Julii Scripsi binas litteras, unas abbati Sancti Michaelis Antverpiae, quibus peto ipsius commendationem ad Averbodiensem[398] pro fratre meo advocato, ut inhabitare posset domum Averbodiensem Bruxellae, alteras abbati Parcensi congratulatorias pro dignitate adepta. Utrasque dedi nepoti fratris Cornelii Griensven sacerdoti deferendas, qui Lovanium ibat.

Hodie venit novus famulus ad famulatum, qui usque ad festum Petrum ad Vincula lucratur 18 florenos.

396 Griffier van de financiën te Brussel. A.A.B. Brief van Max. Moors aan abt Moors van 8 sept. 1636.

397 Wagenaar, blz. 205; Waddington I, blz. 272; Poelhekke, Gelderland, blz. 194. Zie Inleiding § 12.

398 Nicolaus Ambrosii, abt van Averbode van 1635 tot 1647. Backmund II, blz. 274; Goovaerts I, blz. 20 en IV, blz. 8; Lefèvre, Averbode, I, blz. 11; Blomme, blz. 180.

Circa prandium advenerunt duo religiosi Postulani, fr. Nicolaus[399] et alter ex Poppel[400], qui nobiscum pransi et cenati hic pernoctarunt.

Circa cenam venit pastor in Bochoven, qui hic pernoctavit. Accepi litteras Bruxella a fratre meo Maximiliano, quibus petit commendari domino Averbodiensi pro domo Bruxellensi.

212. 31 Julii Mane discessit pastor de Bochoven. Similiter fr. Leonardus cum duobus Postulanis iverunt invisum pastorem in Berlickem vesperi reversuri.

Misi Marcellum juvenem Silvamducis pro pisce et aliis necessariis adferendis.

In prandio adfuit pater prior cruciferorum, qui iterum discessit. Similiter adfuit Henricus van den Leemputte, qui sollicitabat pro bonis de Mersbergen[401].

Vesperi redierunt ex Berlickem fratres Leonardus et duo Postulani, qui hic pernoctarunt.

(*f. 32 v.*) **213**. 1 Aug. Hoc die scripsi novo abbati Everbodiensi, quem salutavi et cui commendavi fratrem meum Maximilianum pro domo Bruxellensi, ad quem litteras misi Bruxellas, ut abbati daret vel mitteret.

Hodie ivit Silvamducis pastor noster et Marcellus juvenis. Sed non intravit pastor propter metum Hollandorum.

In prandio solus fui cum drossardo et fratre Leonardo et sorore. Reliqui iverant piscatum. In cena adfuerunt reliqui tam Postulani duo quam nostri religiosi.

214. 2 Aug. Mane per famulum Petrum Petri misit pastor noster litteras ad magistrum Arnoldum Broechoven, significans, ut decimas in Littoyen exponeret venales.

Emi tres psalmones pondo pro duobus assibus et quandrante, et curavi salsari vel sale condiri.

Circa prandium advenerunt pastor et cappellanus de Berlickem, qui cum Postulanis et fratre Leonardo nobiscum pransi sunt et postea tam Postulani duo quam pastor et capellanus discesserunt. Circa quintam venit Theodorus Verstegen et attulit nobis diarium Lovaniensis obsidionis[402] ab archidiacono missum.

399 Frater Nicolaus Rijssens, norbertijn van Postel, voormalig novice van Berne. Welvaarts, *Postels Biogr. W.*, blz. 187.

400 Frater Rumoldus van der Loocke, norbertijn van Postel. Welvaarts, *Postels Biogr. W.*, blz. 156.

401 v. d. Velden, *M. G. Tr.* XXIX, blz. 119.

402 Wagenaar, blz. 204. Zie Inleiding § 12.

215. 3 Aug. Circa prandium advenerunt duo alii Postulani religiosi, videlicet unus Dens[403] et alter Eelkens[404] cum patre Eelkens et presbytero domino Van Emmerick[405], Silvaeducensibus. Prandio absoluto Eelkens, parens et filius, iverunt in Berlickem, alii, Dens et Ab Emmerick, hic cenati pernoctarunt.

216. 4 Aug. Domini Ab Emerick et Dens hic permanserunt tota die et circa cenam reversus est Eelkens. Qui omnes hic sequenti nocte pernoctarunt. Similiter fr. Leonardus, lector.

217. (*Zondag*) 5 Aug. Pransi hic sunt omnes supradicti et cenarunt ac pernoctarunt. Circa tertiam venit domisellus Herenhovius cum uxore et nepte nos invisum, qui circa septimam discesserunt in Dinter. Interea accepi litteras ab Horenbeeckio, quibus scribit de Herptensibus, de ovibus vendendis et de feno mittendo, etc.

218. 6 Aug. Misi fratrem Bartholomeum Bernam, ut de ovibus disponat. Misi etiam pastorem nostrum in Berlickem, ut videat an intrare posset civitatem Silvamducensem. Fratres duo Postulani supradicti cum sacerdote Van Emmerick sumpto jentaculo discesserunt.

In prandio fuimus soli cum fratre Leonardo, sub quo accepi leporem dono ac liberalitate Annae Bogarts.

In cena adfuit filius Van den Ancker, religiosus ex Postel, qui nuntiavit pastorem nostrum mansurum in Berlickem, ut mane intraret in civitatem Silvamducensem, quia licentiam impetraverat intrandi. Etiam circa cenam venit drossardus nobis valedictum iturus Bruxellam. Sub cena venit pastor in Nuenen, qui etiam hic pernoctavit.

Hodie coximus 7 amas cerevisiae.

219. 7 Aug. Mane misi Marcellum juvenem cum lepore Silvam ad pastorem nostrum, ut eundem donaret bono amico. Qui reversus non fuit hoc die, sed pernoctavit in Berlickem, et sequenti die mane circa octavam rediit. In prandio adfuerunt pater prior cruciferorum, fr. Leonardus, fr. Folcoldus, fr. Van den Ancker. Prandio absoluto discessit pater prior. Vesperi venit Werdenus, (*f. 33 r.*) filius Lucae van Werden, qui omnes hic cenarunt et pernoctarunt. Lepus Gansio donatus.

220. 8 Aug. Mane rediit pastor noster, qui ab Herlario advocato

403 Frater Gulielmus Dens, norbertijn van Postel. Zijn kloosternaam was Franciscus. Welvaarts, *Postels Biogr. W.*, blz. 84.

404 Frater Marcellus Eelkens, norbertijn van Postel. Zijn kloosternaam was Benedictus. Welvaarts, *Postels Biogr. W.*, blz. 91.

405 Frenken, Dagboek Ophovius, blz. 296; v. d. Elsen, *Tax.* IV, blz. 268.

litteras duas scriptas ad requisitionem scabinorum de Heeswijck nobis tradidit, quibus suadet concordiam.

Mane discesserunt Postellam fr. Leonardus, fr. Van den Ancker et Werdenus, et cum eis ivit fr. Folcoldus, pastor in Nuenen.

In prandio et cena nullus adfuit. Circa vesperam rediit fr. Bartholomeus ex Berna.

Drossardus avexit carrucam nostram, quam commodatu a nobis pro diebus aliquot accepit iturus cum ea Antverpiam.

221. 9 Aug. Hodie iterum ivit pastor noster Silvam, quia juridica dies in causą contra Heeswicanos habetur coram dominis commissariis Voornio et Pelgromio.

In prandio soli fuimus. Sub quo advenerunt duo plaustra feni ex Berna, sed valde parva. Nota. Discessit fr. Bartholomeus in Bernam cum currubus, quibus advectum fenum fuit, juxta petitionem monsieur Horenbeeck per litteras ad nos cum aurigis missas. Rescripsi eidem cum eodem fratre, quod fenum accepimus, etc. Circa collationem rediit pastor Silva.

222. 10 Aug. Per diem soli fuimus. Misi pastorem ad villicum nostrum Mathiam Mertensen in de Hegge[406], ut moneat eum quatenus sepiat terras nostras, ne vicini conquerantur de iniuria, quae fieri posset a bestiis ejus, uti hodie vicini nobis conquesti sunt.

223. 11 Aug. Per diem soli fuimus nec aliquid notatu dignum occurrit.

224. (*Zondag*) 12 Aug. Mane post primam missam missus est famulus Gisbertus[407] in Herpen cum litteris, a pastore scriptis ad secretarium ibidem, quibus petitur, ut omnia scripta in processu contra Dirck Jan Coenen leventur ac nobis tradantur.

Per diem soli fuimus. Nona huius salutavi Gelinckhuysen per pastorem de Berlickem et Heeswijck cum dosyna cultris cum eburneis capulis[408] 8 florenorum.

225. 13 Aug. In prandio adfuerunt fr. Joachimus et Van der Cammen, qui circa vesperam redierunt ad propria. Vesperi non cenavi cum aliis.

226. 14 Aug. Per diem soli fuimus. Circa quintam venit dominus Joannes, capellanus in Dinther, et petiit litteras scabinales in nostra custodia depositas de bonis defuncti pastoris in Dinther, quas eidem

406 Perceelsnaam. A.A.B. Lantmetinge 1629 f. 4 v.
407 A.A.B. Memorie van uuytgheven, okt. 1636.
408 een dozijn tafelmessen met ivoren heften.

dedi, novem numero, de campo, dicto den Geweerbeempt[409], Steenhoven et petia terrae arabilis, quas referet ad nos.

227. 15 Aug. Post prandium recepi litteras ab abbate Sancti Michaelis, quibus scribit sese negotium fratris mei abbati Averbodiensi commendasse, sed parum spei affulgere. Venerunt etiam duo fratres domicelli Herenhovii, filii Joannes, et reportarunt libellos, quos concesseram patruo eorum Brunoni. Circa sectam abierunt.

(*f. 33 v.*) **228.** 16 Aug. Ivit pastor noster cum carruca nostra Silvam.

Circa prandium advenerunt pater prior cruciferorum et Eyndhouts. Similiter pastor de Berlickem patri priori quitans reditum suum 20 florenorum annue[410]. Prandio absoluto discesserunt pater prior et socius. Mansit hic et pernoctavit pastor in Berlickem.

Vesperi absoluta cena rediit pastor noster Silva et cum eo fr. Bartholomeus ex Berna adducens duas oves pingues. Venit cum eis uxor Francisci Nieuwenhoff[411] cum prole, quae hic pernoctavit. Fr. Bartholomeus asportavit litteras ad Horenbeeck ad nos, quibus gratias agit pro concesso fratre predicto. Pastor noster adsportavit scripturam ab Heeswicanis contra nos traditam, quam «Intendit» vocant[412]. Similiter novum velum calicis.

229. 17 Aug. In prandio adfuit pastor in Berlickem, qui postea discessit. Post prandium venit pastor in Dinter referens terras pastorales vel pastori legatas a predecessore divenditas 800 florenis et supra.

Vesperi cenavit nobiscum uxor Nieuwenhoffii, quae etiam hic pernoctavit.

230. 18 Aug. Discessit sumpto jentaculo uxor Nieuwenhoffii Silvamducis. In prandio adfuit pater prior cruciferorum, cui iterum in quitationem reditus suprascripti numeravi 150 florenos[413], et post prandium discessit. Vesperi advenit fr. Henricus Timmermans, religiosus Averbodiensis, pastor in Hechtel, qui hic cenavit et pernoctavit.

Etiam accepi litteras a Gansio, ,quibus significat se post reditum Neomagio, quo jam tendebat, se nos invisum.

231. (*Zondag*) 19 Aug. Misi in Herpen famulum nostrum Gisbertum ad secretarium[414] cum copiis sententiarum latarum in causa contra

409 A.R.A. De nieuwe Blaffart f. 91 r.

410 A.A.B. Memorie van uuytgheven.

411 Franciscus Nieuwenhof (of Nijehof), graanhandelaar te 's-Hertogenbosch. Zijn vrouw heette Heylwig. Frenken, Dagboek Moors, blz. 195 noot 38.

412 A.A.B. «Intendit» van de regeerders van Heeswijk tegen abt Moors.

413 A.A.B. Memorie van uuytgheven.

414 Henricus van den Steen.

Dirck Jan Coenen una cum libello, quo petimus nobis omnia scripta in causa dicta in jure et processu tradita nobis subministrari.

In prandio soli fuimus. Pastor nominatus in Hechtel fuit apud parentes et amicos.

Post prandium venit pater prior cruciferorum pro ultima somma 100 florenorum[415] quae ei debebatur adhuc ratione quitationis reditus supra memorati, et addidi reditum currentem simul 28 florenorum. Et discessit cum fratre Christiano laico in Schijndel.

Pastor in Hechtelt hic pernoctavit.

232. 20 Aug. Hodie fuimus soli in prandio, nam pastor in Hechtel iverat in Schijndel. Vesperi nobiscum cenavit et pernoctavit.

233. 21 Aug. In prandio et per diem soli fuimus. Vesperi sub cena venit fr. Leonardus ex Postula, qui nobiscum cenavit et pernoctavit. Item pastor in Hechtel hic pernoctavit.

234. 22 Aug. Mane discessit hinc pastor in Hechtel. Nostri religiosi iverunt piscatum. Eodem die venerunt huc Van der Cammen, (*f. 34 r.*) pastor in Berlickem et capellanus ejus, qui duo postremi pransi hinc discesserunt. Et mansit hic Van der Cammen. Sub prandio recepi litteras a secretario in Herpen per affinem meum Joannem van Herne, qui huc venit cum uxore et duabus prolibus et pernoctavit.

235. 23 Aug. Iverunt Silvamducis pastor noster in causa nostra contra Heeswicanos, et fr. Leonardus in causa propria. Et fr. Bartholomeus Zomers a me missus est Bernam.

Hoc die fecit Van der Cammen suorum receptorum et expositorum pro anno 1634 Joannis usque ad annum 1635 ejusdem festi computum.

Pransi fuimus cum Van der Cammen et aliis nostris ordinariis. Van der Cammen hic pernoctavit.

Vesperi rediens pastor noster ex Silva adsportavit 12 caseos, omnes a pastore in Litthoyen missos, et litteras a fratre meo Maximiliano, quibus scribit confirmationem privilegii nostri non posse fieri nisi habito advisamento domini temporalis de Heeswijck. Insuper significat mortem sororis suae uxoris. Asportavit pastor insuper copiam contractus initi inter Brakelium et viduam Vercuylen[416]. Pernoctavit hic Jan van Herne ut supra.

236. 24 Aug. In prandio adfuit Van der Cammen, qui postea discessit. Heri litteras ab Arnoldo Broechovio accepi, quibus petit advisamentum nostrum, quid de decimis Littoyensibus faciendum, quandoquidem

415 A.A.B. Memorie van uuytgheven.

416 Zie 20 juni 1635.

secretarius dicti pagi offerat in una massa 600 florenos. Ad quod respondi, ut eidem addiceret cum certo vade vel sponsore ponendo. Additae erant litterae secretarii de Osch[417], qui scribebat collisionem inter rusticos factam, ne quis in particulari decimas conduceret sub poena capitis.

237. 25 Aug. Per totum diem soli fuimus, nec aliquid occurrit notatu dignum.

238. (*Zondag*) 26 Aug. Itidem soli in prandio fuimus, at in cena supervenit pater Franciscus van Dael minorita cum socio laico, qui nobiscum cenarunt et tunc recesserunt in Dinter ad Herenhovium. Ibi reliquerant patrem provincialem Thuringiae, ibant ad castra Cardinalis.

239. 27 Aug. In prandio adfuerunt pater prior cruciferorum, pastor in Berlickem, Van der Cammen, fr. Lentius et fr. Petrus crucifer, qui tamen non fuit in mensa universa. Post prandium discesserunt pastor in Berlickem, Van der Cammen et frater Petrus crucifer[418]. Mansit hic pater prior et fr. Lentius, qui hic pernoctarunt. Venerunt hodie ex Berna fratres Leonardus et Bartholomeus.

(*f. 34 v.*) **240.** 28 Aug. Pater prior cruciferorum nobiscum pransus abiit in Schijndel. Hoc die vendidimus aliquibus lupulum pro 5 florenis modios singulos. Fuimus per diem soli.

241. 29 Aug. Mane missus est Marcellus juvenis Silvam pro necessariis tam domus nostrae quam fratris Leonardi, qui parat abitum in Postel.

Venit Van der Cammen, cum quo concensimus computum 23 huius factam et signavimus.

In prandio adfuit fr. Christianus laicus crucifer et tulit plantas eindyviae.

Circa tertiam post prandium venerunt pastor in Dinter et domicellus Ter Herenhaef conquerentes, quod dominus Joannes Schenkens non omnes libros, relictos ecclesiae a defuncto pastore, tradiderit. Quibus tradidi inventarium librorum cum novo a domino Joanne predicto confecto et ab eodem mihi hodie ante prandium porrecto, ut conferent cum libris. Simul requisivit domicellus predictus, ut, quando terrae pastorales ei divenditae tradentur solenniter «per vestrum» ut dicunt, dignaremur addesse. Quod addixi me facturum, modo diem aut alterum diem presignificet.

417 Joannes van Berchem, secretaris van Oss van 1619 tot 1651. Byleveld, *Tax.* XXX, blz. 136; Cunen, Gesch. Oss, blz. 117.

418 Petrus Verlocht van Gestel, kruisheer uit Schijndel. Zie Inleiding § 5.

Hodie misit drossardus hic medium saccum vel duos sestertias....a-juyn.

242 30 Aug. Mane discessit fr. Leonardus cum carruca in Endoven et ivit cum eo Griensven, qui rogavit, ut sororem invisere posset. Ivit itidem pastor noster Silvam in causa contra Heeswicanos[419]. Discessit etiam fr. Lentius in Litthoyen.

Hodie coximus 7 amas cerevisiae.

In prandio adfuerunt capellanus in Berlickem, Van der Cammen et soror Werimont, auditoris. Circa vesperam transivit hic procurator cruciferorum, qui hausto sumpto abiit. Vesperi in cena adfuit tantum Van der Cammen, qui hic pernoctavit.

Pastor noster Silva rediens asportavit certam memoriam cum aliis munimentis et copiis concernentibus decimas Littoyenses, quas nobis videndas misit Broechovius Arnoldus, ut iis visis remitterem nostrum advisamentum, an sic tradi possent receptori De Freyn[420], qui eas exegit.

243. 31 Aug. Fuimus cum Van der Cammen soli, qui excopiavit predictam memoriam et copias adjunctas. Post prandium vocatus fuit Van der Cammen a drossardo nostro decumbente. Circa quintam reversus hic pernoctavit. Vesperi scripsit pastor in Berlickem litteras ad nos, quibus significat Heeswicanos iterum offerre pacem et in illum finem tradidisse memoriam eorum articulorum, quos illi offerre et prestare parati essent. Quibus lectis reddidi eos nostro pastori. Eodem hoc die conscripsi articulos juxta quos pacem oblatam acceptare paratus sum. Quibus lectis Joannes Henrici respondit, Heeswicanos illos articulos non secuturos, et reddidit.

(*f. 35 r.*) **244**. 1 Sept. Mane profecti sunt cum carruca nostra pastor noster et Van der Cammen in Nistelrode, et iverunt cum eis Joannes van Hernen et uxor cum prolibus, qui hic fuerunt 8 aut 10 diebus. Pastor et Van der Cammen iverunt inspecturi, quomodo villicus noster in Moenle egerit cum campo nostro in Nistelrode sito; simul contra ejus improbitatem informationem capturi de omnibus actis juxta certum memoriale, quod eis tradidi et conscripsi. Post prandium circa quartam iidem reversi sunt ac depositionem in scripto attulerunt a scabinis pagi de Nistelrode signatam. Circa quintam Van der Cammen discessit in Berlickem.

Hoc die remissi Arnoldo Broechovio memoriale cum munimentis

419 A.A.B. Antwoord van de abt en de abdij op de «Intendit» van 16 aug. 1635.

420 Andries de Freyn (of de Fresne), ontvanger der gemene middelen. Beermann, blz. 10, 196; Hezenmans, 's-Hertogenbosch, blz. 26; Sasse v. Ysselt, Voorname Huizen I, blz. 272; v. Dijck, Bossche Optim. blz. 321-322.

tangens decimas Littoyenses cum nostris litteris, quibus ei scripsi, quod tradi possent receptori de Loefio.

245. (*Zondag*) 2 Sept. Per totum diem soli fuimus, nec aliquid occurrit notatu dignum.

246. 3 Sept. Mane emisi fratrem Cornelium cum Gisberto famulo in Moenle, ut exploret, num villicus cespites nostras distrahat ac divendat incolis de Berchem. Insuper scripsit pastor noster litteras Henrico van den Steen, secretario in Herpen, quibus petit nobis significari, num per territorium Ravesteinense omnes terrae arabiles et pascuales mensurentur.

Hodie ivit fr. Bartholomeus in propria causa Silvam, qui vesperi reversus est.

Circa prandium advenerunt pastor in Berlickem et Van der Cammen advecti carruca presidis pagi, qui pransi nobiscum ceperunt iterum, rogati a sex viris vel commissariis, agere de concordia et pace componenda inter nos et illos, quantum ad divenditam communitatem attinet. At hoc die non totaliter peractum predicti duo hic pernoctarunt.

247. 4 Sept. Mane circa decimam convenerunt iterum sex deputati in edibus Joannes Henrici Rovers e regione portae nostrae cum pastore de Berlickem et Van der Cammen et positis hincinde conditionibus tandem firmiter concordia inter nos et illos de Heeswijck inita pro nostra intentione satis eque cum conservatione nostrorum privilegiorum, quae agnoscunt bona et post hoc agnoscent nec illis contravenient, uti in instrumento solemni scribetur[421]. Post prandium discesserunt pastor in Berlickem et Van der Cammen cum nostra carruca et equo Joannis Aertsen Vercuylen.

248. 5 Sept. Post prandium accepi a Breugelio per famulum suum litteras cum duabus copiis, quibus significat Herptenses missuros per tabellionem Heusdensem in causa contributionis exactae a nobis, den onraet genoempt, cum quo communicarent novam apostillam, impetratam a Statibus Hollandiae. Ad quas rescripsi Breugelio, me advigilaturum, ut omnia communicanda exacte et precise notarem, et quod hactenus non venisset. Dimisso famulo extra portam egresso, venit tabellio predictus, quem ut vidi, revocavi famulum jussique illum expectare. Visis omnibus quae ex parte Herptensium communicanda haberet, scripsi statim pastori, ut cum iis litteris communicatis proficisceretur Bernam et postea Hagam, ut negotium ex parte nostra

421 Frenken, Dagboek Moors, blz. 201 noot 180; A.A.B. Akkoord tussen Abdij en regeerders van Heeswijk. Zie Bijlage II.

(*f. 35 v.*) non negligeretur. Et curavi ab eodem tabellione nobis dari testimonium, quod in alia insinuatione vel communicatione rescriptionis Herptensium nihil aliud nobis communicasset nec habuisset ab eisdem nobis communicandum quam rescriptionem nudam et illum in margine ab ipsa rescriptione separatum, quod testimonium ego quidem conscripsi, sed ipse sua manu subsignavit. Et sic utrumque dimisi vesperi circa quintam ad pastorem in Berlickem.

249. 6 Sept. Mane ivit fr. Zomers propter sua particularia Silvam, ibique pernoctavit.

Circa prandium invisit nos pater prior cruciferorum cum Eynthoutio, qui post prandium discesserunt. Circa sextam venit ex castris regiis pater Franciscus van den Dael minorita cum duobus sociis laicis, qui hic pernoctarunt.

250. 7 Sept. Mane dictus pater cum sociis discesserunt hinc in Boxtel, et soror mea cum carruca ivit Silvamducis propter necessaria domus emenda[422]. Vesperi rediens carruca cum sorore et fratre Zomers advexit is duas oves ex Berna. Iverat cum pastore de Berlickem in Bern, qui postea iturus est Hagam propter processum contra Herptenses[423].

Per diem soli fuimus. Vesperi ivit pastor noster in Berlickem, ut sequenti die ibidem divinum officium peragat cum concione propter absentiam pastoris.

251. 8 Sept. Venit huc capitaneus Tuyl[424] commendator Silvaeducensis, commissarius Ruys, capitaneus Van den Brande[425], capitaneus Abraham, Anglus, cum uno luitenantio, qui hic pransi sunt cum suis famulis. Aderant in comitatu ducenti circiter vel 300 pedites, qui partim iverunt in Dinter et partim hic manserunt ante portam. Dinterenses non volebant cerevisiam cum pane huc mittere et propterea missi sunt eo. Tertia pars mansit ante castrum cum capitaneo Eetvelt, qui ex castro levabat suos milites, et milites Tuylii castro impositi sunt. Eetvelt petiit a nobis potionem cerevisiae mitti quam misimus. Circa quintam bene poti discesserunt Silvam versus.

Circa sextam rediit pastor noster cum Van der Cammen, qui hic pernoctavit, qui salutarant drossardum narrantes ei concordiam initam

422 A.A.B. Memorie van uuytgheven.

423 A.A.B. Rekening van de reis van 8 sept. naar Den Haag.

424 Jhr. Hendrik van Tuyll van Bulckenstein, ondercommandant van 's-Hertogenbosch. v. Heurn, blz. 456; Hezenmans, 's-Hertogenbosch, blz. 56; Sasse v. Ysselt, Voorname Huizen III, blz. 192; ten Raa en de Bas, blz. 230 en 238.

425 Waarschijnlijk Cornelius van den Brande. ten Raa en de Bas, blz. 317.

inter nos et scabinos de pago. Propter quod ostendebat se laetum. Inceptum vas vini duarum amarum.

Eodem hoc die ante prandium misit huc receptor Suerius[426] summationem pro solutione canonis facienda, qui necdum ante 17 huius mensis cesserat.

252. (*Zondag*) 9 Sept. In prandio adfuit Van der Cammen. Post prandium venit custos pagi, qui cum Van der Cammen scripsit in pergameno concordiae instrumentum[427] inter nos et pagum conceptum super nostris privilegiis. Et cenarunt hic.

253. 10 Sept. Circa nonam reversus idem custos absolvit predictum instrumentum. In prandio fuimus cum Van der Cammen soli. Circa cenam venerunt huc procurator cruciferorum et fr. Theodorus[428] ex Schindel, qui hic pernoctarunt, petentes a nobis litteras ad pastorem in Littoyen monitorias, ne fratrem Petrum in Lith commorantem a sacro celebrando impediret. Quas dedi.

(*f. 36 r.*) **254**. 11 Sept. Mane sumpto jentaculo discesserunt in Littoyen predicti cruciferi. Circa decimam venerunt sex deputati et sigillarunt instrumentum concordiae, similiter et nos et nobiscum domicelli Ter Herenhaeff et Van der Cammen, quo facto sex deputati discesserunt, manentibus hic in prandio predictis domicellis. Circa quintam discessit Van der Cammen in Berlickem et alter postea in Dinter. Vesperi non cenavi.

255. 12 Sept. Soli fuimus nec aliquid occurrit notatu dignum.

256. 13 Sept. Circa prandium advenerunt fr. Joachimus, Van der Cammen et Hermannus Zomers, et prandio absoluto discesserunt fr. Joachimus et Zomers et mansit hic Van der Cammen.

Circa vesperam advenerunt supprior et lector Averbodienses[429] cum uno patre minoritarum ex Boxtel, qui hic cum Van der Cammen omnes pernoctarunt.

426 Jacob Suerius. Frenken, *Tax*. XXXVI, blz. 252.

427 Zie hierboven voetnoot 421.

428 Theodorus van Alem, kruisheer van Schijndel. Zie Inleiding § 5.

429 Deze supprior van Averbode heette Nicolaus Lenarts. Hij was geboren te Macharen op 29 febr. 1604, deed zijn intrede in de abdij van Averbode in 1623 en werd pastoor van Zutendaal in 1637. Hij stierf 5 maart 1653. J. Grauwels, *Een oud register van Zutendaal* (*1654*) in: *Limburg*, XLIV, blz. 274-275.
Zijn reisgezel, lector van Averbode, heette Martinus Puteanus. Hij was geboren te St. Truiden in 1609, deed zijn intrede in de abdij van Averbode in 1628 en werd na zijn priesterwijding in 1634 lector S. T. tot 1640. In 1644 werd hij pastoor in Venlo en daarna in 1653 proost van Keyserbosch. Hij stierf 1 mei 1681.
Mededelingen van A. F. Caeyers o. praem., archivaris van de abdij van Averbode.

257. 14 Sept. Mane profecti sunt omnes predicti in Os et Macharen, quia supprior erat Macherensis sicut minorita. Iverunt eodem die noster provisor et Van der Cammen in Os et Berchem cum carruca nostra ad captandam informationem contra villicum in Moenle de venditis ericetis et cespitibus.

Dominus Petrus Veraelsfort, pastor in Beerse[430], hodie invisit nos. Hodie rediit pastor in Berlickem Hagacomitis[431] adferens apostillam secundum nostram intentionem contra Herptenses. Circa quintam redierunt pastor noster et Van der Cammen ex Osch, informatione accepta de cespitibus divenditis a villico in Moenle. Et in Berchem secretarius a quibusdam sese informabit de eodem, uti promisit. Van der Cammen cum pastore in Berlickem et fratre Joachimo, qui venerat circa prandium cum pastore suo rediit domum.

258. 15 Sept. Nihil occurrit.

259. (*Zondag*) 16 Sept. Transivit hic fr. Cornelius laicus minorita[432], qui audito sacro et sumpto jentaculo ivit in Gennep. Hodie pro lupulo colligendo habuit hic quidam pater minorita concionem et in prandio nobiscum fuit.

Ante prandium misi fratrem nostrum Griensven Eyndoviam, ubi decumbit fr. Leonardus, lector Postellensis, ut eum invisat, ac simul pertranseat in Geldorp videatque, num reverendissimus ibi sit eumque salutet.

Circa quartam post prandium venit drossardus, qui litteras concordiae inter nos et scabinos ac incolas pagi initae sigillavit. Et circa sextam discessit.

260. 17 Sept. Misi Silvam fratrem Bartholomeum et sororem nostram cum carruca, ut diversa peragant ac quedam senesaad nos advehant. Tradidi Bartholomeo memoriam vel extractum ex litteris Affoirden ad Brugelium per pastorem in Berlickem mittendum.

In prandio adfuerunt pater prior cruciferorum cum Tulingo[433] et Van der Cammen. Discessit postea prior cum socio. Mansit et pernoctavit hic Van der Cammen. Redierunt vesperi fr. Zomers et soror Silva et fr. Cornelius ex Geldorp, nuntians fratrem Leonardum iterum concessisse Postellum sanum. Et a reverendissimo attulit salutationem et duos albos pileos.

430 Petrus Veraelsfort, pastoor in Oostelbeers. Bots, Noordbrab. Stud. nº 5349.
431 A.A.B. Rekening van de reis van 8 sept. 1635 naar Den Haag.
432 Cornelius van der Straten.
433 Tulingo = Tuelinck.

(*f. 36 v.*) **261**. 18 Sept. Nostri religiosi iverunt piscatum. In prandio fuimus cum Van der Cammen et sorore et Griensvennio soli. Post prandium venit pastor in Dinter nuntians, quod terrae divenditae pro parte pastoratus transportarentur 20 huius, modo possemus esse presentes. Quod dixi futurum. Vesperi fuimus cum Van der Cammen, qui hic pernoctavit.

262. 19 Sept. Mane iverunt pastor noster et Van der Cammen Silvam ob varia cum carruca pro vino adferendo, et ivit cum eis ancilla nostra culinaria ob propria.

In prandio venit ad nos receptor Suerius cum uxore, sorore et filio suo in reda, qui sumpto prandio abiit in Erp cum equis Dinterensibus. Advenerunt etiam pastor in Berlickem et capellanus ejus, qui circa vesperum cum drossardo nostro, qui hic ex Dinter pertransiit, discesserunt.

Postea venerunt ex Macharen suprior et lector, religiosi Averbodienses, cum uno franciscano, qui hic pernoctarunt.

Redierunt ex Silva pastor noster et Van der Cammen cum vino et litteris reliquis, quas adhuc retinuerat vidua Vercuylen, cum declaratione sub sua signatura, quod juramentum alias prestitum in traditione istarum litterarum compleverit. Pernoctavit hic Van der Cammen. Sumpserat secum pecunias, 87 florenos 3 asses, pro Suerio et duas quitancias pro reditu matris accipiendo. Item pecunias pro receptore Van der Leenen[434] ad sex annos 14 stuferos annue.

263. 20 Sept. Mane discesserunt predicti religiosi Averbodienses et pater minorita.

In prandio adfuerunt drossardus et Van der Cammen, qui etiam hic pernoctavit.

Post prandium ivimus cum pastore nostro et Van der Cammen in Dinter ad domicellum Ter Herenhaeff, ibique transportum terrarum pastoralium factum est nobis presentibus. Vesperi non sumpsi collationem.

264. 21 Sept. In prandio adfuerunt drossardus et Van der Cammen. Quo absoluto ivimus lustratum arenam in merica[435] cum predictis et pastore nostro, cum quatuor scabinis, Joanne Aertsen, Joanne Rovers, Arnoldo van Loon et Nicolao Wilhelmi et uno jurato. Redientes domum invenimus pastorem de Berlickem cum filio Van der Cammen, qui apud nos pernoctarunt.

434 Johan van der Leenen. Frenken, Dagboek Moors, blz. 202 noot 219.

435 Zie Inleiding § 17. Strijd tegen het stuifzand.

265. 22 Sept. (*Geldrop*) Mane discessimus cum curru versus Antverpiam. Comites adsumpsi pastorem de Berlickem en fratrem Zomers. Et veni circa prandium in Geldorp ad reverendissimum. Ibique inveni reverendum dominum Postulanum cum quinque ex suis jam ordinatis. Prandio sumpto dimisit dictus prelatus suos cum carruca, et mansit mecum profecturus. Mansi illo die cum reverendissimo.

266. (*Zondag*) 23 Sept. Mansi apud reverendissimum. Similiter dictus prelatus. In prandio adfuerunt quatuor ex Eindoven convivae: Stappart[436], vidua Taterbeec[437] cum filia Judith et marito apotecario[438].

(*f. 37 r.*) **267**. 24 Sept. (*Postel*) Discessimus ex Geldorp in Postel, ubi pernoctavi una nocte. In via habui socium dominum abbatem Postellensem. Postero die discessi, dedi famulis duos pattacones.

268. 25 Sept. (*Tongerlo*) Discessi Postella circa nonam sumpto jentaculo. Et ivit nobiscum dominus pastor Arendonckanus[439] cum carruca domini Postellensis. Et inter Rethi et Geel milites Heusdenses nos adorsi coegerunt nos adeo, quod debuimus eis dare dalerum imperialem.

In Postella dedi famulis 5 florenos. Discessimus. Vesperi veni in Tongerloo, ibique pernoctavi. Et numeravi ratione incorporationis nepotis nostri Joannis Rombouts domino priori 69 florenos monetae Brabantiae[440].

269. 26 Sept. (*Park*) Discessi ex Tongerloo sumpto jentaculo circa decimam. Et dedi famulis 5 florenos et duos asses. Et veni in Parcam[441] circa vesperam. Ibique inveni eximium dominum Fromontium[442], qui ibi nobiscum cenavit. Proposui de novitiis, item de decimis, etc., qui petiit deliberationem, et postea respondebit scripto.

270. 27 Sept. (*Grimbergen*) Mane sumpto jentaculo discessimus per Lovaniam uti veneramus versus Grimbergam[443]. In plateis obviavit

436 Johan Stappart, rentmeester van de Prins van Oranje. Frenken, Dagboek Ophovius, blz. 171 onder 25 dec. 1630; Houben, Eindhoven II, blz. 11.

437 Ida v. d. Broek. Swane, *Brab. Leeuw*, XII, blz. 146-147. Frenken, Dagboek Ophovius, passim.

438 Mr. Hendrick Gillis. Frenken, Dagboek Ophovius, blz. 162 voetnoot 4.

439 Cornelius van Boesdonk, norbertijn van Postel, pastoor van Arendonk van 1633 tot 1636, daarna abt van Postel van 1636 tot 1650. Bots, Noordbrab. Stud. nº 625; Frenken, Dagboek Moors, blz. 201 noot 174; Backmund II, blz. 326; Welvaarts, Abdij Postel II, blz. 305-308.

440 A.A.B. Memorie van uuytgheven.

441 De norbertijnenabdij van Park bij Leuven.

442 Jan Frumentius. Verrees, Necrologium Park, blz. 100 onder 27 aug.

443 De norbertijnenabdij van Grimbergen.

nobis eximius dominus Ab Angelis[444], quem salutavimus. Item transeundo ecclesiam Sancti Jacobi salutavimus decanum[445] ejusdem ecclesiae et Sancti Joannis Silveducensis.

In Parco dedi 5 florenos et 9 asses famulis. Circa vesperam vel sextam horam venimus Grimbergam, ibique pernoctavimus. Et dimisimus conductorem, cui dedimus 25 asses. In via transivimus per Steinockerzele et salutavimus dominum Walravum Colen[446] et sororem.

271. 28 Sept. (*Dendermonde*) Mane sumpto jentaculo discessimus ex Grimberga. Et dedi famulis 5 florenos et conductori 25 asses, qui duxit nos usque Lubbeecke[447]. Et in via descendimus in Merchtem ex curru, et bibimus in edibus pastoris ibidem, tunc absentis. Et circa tertiam veni Teneramundam et hospitati sumus apud fratrem meum. Et equos misimus in diversorium et currum posuimus in beginagio.

272. 29 Sept. (*Antwerpen*) Mane discessimus Teneramunda. Et dedi ancillae 4 florenos et 5 asses, Josynae 25 asses in diversorio, et pro reparatione ephippii 9 florenos, et conductori 25 asses. In via van wechgelt 12 asses. Ante Antverpiam voor bruggelt 29 asses[448]. Et venimus circa quintam Antverpiam. Et divertimus apud Mariam Vranx. Equi missi in diversorium Aureae Portae.

273. (*Zondag*) 30 Sept. Celebravimus in Sancto Michaele[449] et pransi sumus in domo hospitii nostri. Similiter et cenavimus. Sub vesperam advenit frater meus, vocatus per litteras Bruxella.

274. 1 Oct. Mane numeravi fratri predicto 50 florenos[450], qui pransus est in domo hospitii nostri. Et nos pransi sumus in Sancto Michaele, ubi invenimus fratrem abbatis militem, et Diepenbeeck[451].

(*f. 37 v.*) Circa vesperum venientes ad hospitium nostrum invenimus et fratrem nostrum Cornelium, qui cum Maximiliano vesperi cenavit

444 Guilielmus ab Angelis (Van Engelen). Bots, Noordbrab. Stud. n° 143; *N.N. Biogr. W.* V, 577 en vgl.; Ceyssens, *Nat. Biogr. W.* III, 42; Roy v. Zuidewijn, *Brab. Leeuw*, IV, blz. 190.

445 Joannes Hermans. Schutjes IV, blz. 278; Frenken, Dagboek Ophovius, passim.

446 Priester. Was in 1613 rector van het O.L.Vr. en het St. Catharina-altaar in de kerk te Berlicum. A.A.B. ms. G. v. c. Elsen, Documenta pro historia de Berlicum et Middelrode.

447 Lebbeke bij Dendermonde.

448 A.A.B. Memorie van uuytgheven.

449 De norbertijner Sint-Michielsabdij te Antwerpen.

450 A.A.B. Memorie van uuytgheven.

451 Waarschijnlijk Godefridus van Diepenbeek, kanunnik van de kathedraal te Antwerpen. Bots, Noordbrab. Stud. n° 1120.

nobiscum et domina Van der Delft[452] cum duabus filiabus et filio, qui venerant 30 Septembris.

275. 2 Oct. Pransi sumus in domo hospitii cum duobus fratribus meis, patre provinciali predicatorum Bocquet[453] et suppriore, item domina Van der Delft, Chaerles cum uxore et Van der Laar[454]. Item vesperi iidem cenarunt nobiscum excepto Charles et provinciali. Emi scribamum 50 florenos[455].

276. 3 Oct. (*Arendonk*) Discessimus Antverpia. Prius solvi Mariae Vranx 60 florenos pro expensis et ancillae sex florenos cum octo assibus. Item aurigae vel redano abbatis Sancti Michaelis 38 asses. In prandio fuimus in Mol. Ibique pro havena et cerevisia et aliis solvit pastor in Arendonc 3 florenos. Militibus dedi in Weinighem 36 asses. Vesperi venimus in Arendonck, ibique pernoctavimus apud pastorem.

277. 4 Oct. (*Geldrop*) Mane discessimus inde et dedi ancillae pattaconem. Venimus in Postel, ibique jentavimus et dedi 6 asses portario[456]. Vesperi venimus in Geldorp. Ibique pernoctavimus.

278. 5 Oct. (*Heeswijk*) Circa prandium vel primam horam discessimus et venimus domum. Et inveni sororem fugisse ob metum militum in Berlickem. Et dedi famulis 5 florenos.

279. 6 Oct. Discessit cum carruca nostra pastor in Berlickem et rediit soror cum Van der Cammen, qui sumpto prandio regressus est in Berlickem, cui mandavi, ut protestaretur publice dominica die de violentia nobis facta a Berlicomensibus dejiciendo quercum in villa Mathiae Martens.

Hodie accepi litteras a Brakelio scriptas ad pastorem in Berlickem cum specificatione creditorum de bonis in Maes et Waal, una cum specificatione onerum adhuc solvendorum[457]. Insuper litteras accepi concordiae inter eundem Brakelium et viduam Vercuylen initae. Hodie etiam traditae sunt nobis litterae alias scriptae a fratre meo Maximiliano.

Venerunt Jan Aertsen et Jan Henricx scabini petentes quercum pro facienda arbore pensili[458] contra milites. Quibus unam addixi.

452 Zij komt enige malen voor in het Dagboek van Ophovius. Zij woonde, naar het schijnt, te Lier.

453 Joannes Boucquet, provinciaal van de predikheren. de Jonghe, Corpus Dominicanorum, blz. 229; Meyer, blz. 102; Frenken, Dagboek Ophovius, blz. 42 voetnoot 6.

454 Een goede relatie van Maria Vranx. Frenken, Dagboek Ophovius, passim.

455 A.A.B. Memorie van uuytgheven. Abt Moors kocht in Antwerpen een ebbenhouten schrijfbureautje.

456 A.A.B. Memorie van uuytgheven.

457 A.A.B. Brief van Zweder van Brakel aan de pastoor van Berlicum van 6 sept. 1635.

458 Afsluitboom.

280. (*Zondag*) 7 Oct. Nihil occurrit et fuimus soli. Post tertiam salutavit nos pastor in Dinther.

281. 8 Oct. Advenit pater prior cruciferorum cum fratre Theodoro, qui sumpto prandio discesserunt in Schijndel. Circa tertiam salutavit me domicellus Ter Herenhaeff et nepos ejus Daniel cum pastore in Dinter. Vesperi non cenavi. Mane tacite aufugit juvenis noster Marcellus. Causam ignoramus.

282. 9 Oct. Advenerunt pastor in Berlickem et Arnoldus Horenbeeck, qui hic pransi discesserunt in Berlickem. Circa vesperum venit huc pater prior predictus solus et hic pernoctavit.

283. 10 Oct. Discessit pater prior in Schijndel mane circa octavam. Per diem fuimus soli.

284. 11 Oct. Mane cum carruca profectus pastor noster Silvam pro aliquibus necessariis. Advenit huc fr. Cornelius laicus minoritarum ex castris regiis, qui nobis statum castrorum indicavit. Postea advenerunt duo alii minoritae ex terra Cliviensi, qui hic jentarunt, cum unus prius celebrasset. Et ibant Silvam.
(*f. 38 r.*) In prandio adfuerunt fr. Joachimus et Van der Cammen, qui postea abierunt. Interea fuit in pago nostro et Dinter magna turbatio propter militum castrensium excursiones, qui duodecim domos succenderunt in Nistelrode et venerunt usque in Bernhese.

Vesperi pastor domum rediit narrans, quod Kelstius[459] valde inique eum jurgiis tractavit et quod voluerit decimam novalem in Middelrode in villa archidiaconi pro dominiis regis arripere.

285. 12 Oct. Venerunt huc mane drossardus, pastor in Osch cum pastore in Heel prope Ruremondam, qui postremus hic pransus est. Et convenerunt plures alii ex Heeswijck, Dinter et Berlickem in causa frumenti vehendi ad castra regia, uti mandatum erat. Et resolutum fuit, quod hic siliginem emerent. Et emerunt a nobis, modum 18 florenis, et abierunt omnes. Postea dicitur pastor in Os incidisse in manus militum regiorum, qui eundem spoliarunt omnibus vestibus uti et socium, et equum cum carruca secum sumpserunt.

Post prandium venerunt domicelli Ter Herenhaef et Daly ex Roda[460]. Et supervenit drossardus. Post prandium aderat pastor in Berlickem. Circa vesperum discesserunt. Sed drossardus addixit, se cum pastore

459 Gerardus Kelstius. Drie zonen van hem studeerden in Leuven. Bots, Noordbrab. Stud. nº 2640, 2641 en 2642.

460 Jhr. Jacobus d'Alley of d'Ailly uit Sint-Oedenrode. Heesters, W., Rademaker, C.S.M., blz. 161 en 217.

predicto iturum ad castra pro sauvegardia impetranda. Et inter multa fuit monitus drossardus, ut justitiam exactius administraret. Pernoctavit hic pastor in Berlickem. Milites hodie fuerunt in Bernehese, sed parum damni fecerunt. Exasserunt novem domos in Monickvinckel.

286. 13 Oct. Sumpto jentaculo abierunt ad castra pastor in Berlickem et drossardus cum carruca nostra[461]. Joannes Arnoldi preses cum suo equo illos vexit.

Venerunt duo ex Berlickem, Jochim Geritsen et Goeyart Nelissen, et mensurarunt pro quota sua decem maldros siliginis. Sed postea auditum fuit pro deliberatione siliginis supersedendum usque ad novum mandatum.

In prandio fuimus soli. Scripsi litteras capitaneo Tuyl, ut sauvegardiam nobis concedere velit pro tribus militibus ex castris regiis adducendis per pastorem et satrapam. Similiter scripsi Gansio, ut illud Tuylio commendare velit. Dedi utrasque deferendas fratri Bartholomeo, qui hodie ivit, ut cras celebret in Berlickem.

Circa sextam vespertinam venit huc pastor in Osch cum socio rustico, qui hic pernoctarunt, cras ituri ad castra.

287. (*Zondag*) 14 Oct. Mane discessit pastor in Osch cum socio, celebrato prius sacro, quia dominica erat, versus Gemert. Per diem fuimus soli.

288. 15 Oct. Exspectavi dominum temporalem de Loon, uti litteris suis indicaverat se venturum, sed non venit, et fuimus soli per diem. Reversus fr. Bartholomeus Silva nuntiavit Tuylium daturum salvumconductum pro tribus militibus regiis adducendis per pastorem de Berlickem et drossardum ex castris ad defendendos tres hos pagos. Preterea nihil occurit, preterquam quod milites dicuntur incendisse quatuor domus in Uden.

(*f. 38 v.*) **289.** 16 Oct. Hodie nihil occurrit. Et in prandio soli. Circa cenam advenit secretarius domini De Petersem cum equo et famulo, qui hic pernoctavit et mane sumpto jentaculo discessit. Item venit unus ex castris regiis cum litteris a pastore de Berlickem, quibus scribit expeditionem sauvegardiae impediri propter absentiam domini audientiarii.

290. 17 Oct. In prandio adfuit procurator cruciferorum, qui etiam hic pernoctavit. Sub cena advenerunt pastores in Osch et Berlickem, drossardus et Jan Aertsen ex castris, cum sauvegardia ab Isolano. A Principe Cardinali submittetur. Drossardus ivit domum. Reliqui hic pernoctarunt.

461 A.A.B. Memorie van uuytgheven.

291. 18 Oct. Mane discessit Pastor in Osch cum socio suo post jentaculum sumptum.

Item accepi litteras a Breugelio et pinguem bestiam cum sedecim saccis pomorum, quae currubus nostris ex Gestel Sancti Michaelis adveximus.

In prandio fuimus soli cum pastore in Berlickem et procuratore cruciferorum, qui postea discesserunt ad propria.

Circa tertiam venit domicellus Herenhovius cum uno minorita et nepote suo Daniele, qui presentavit nobis juvenem, quem acceptavi, ut serviat. Discesserunt predicti circa sextam. Interea advenit Van der Cammen cum fratre Bartholomeo, qui celebraverat mane in Berlickem ob absentiam pastoris. Pernoctavit hic Van der Cammen.

292. 19 Oct. Mactavimus bestiam ex Berna missam. In prandio fuimus soli cum Van der Cammen, qui postea abiit in Berlickem.

293. 20 Oct. Pro Berlicomensi pago, pro Roosmalensi et Nistelrodensi tradidi siliginem, singulos modios pro 18 florenis: pro Berlickem quinque modios et duos sesterios, pro Roosmalen sex modios, pro Nistelrode quinque modios. Sponsores pro solutione sunt pastor Ossensis, Anthonius Anthonii Ossensis et Jan Aertsen Vercuylen. Discesserunt hinc cum dicto frumento versus castra regia circa undecimam horam.

In prandio adfuit fr. Joachimus cum nepote suo ex Berlickem, qui sumpto prandio redivit ad sua.

Sub vesperum salutavit nos drossardus transeundo.

294. (*Zondag*) 21 Oct. Mane scripsi litteras ad pastorem de Berlickem communicandas domino de Loon in causa secretarii nostri, qui male servit.

In prandio soli fuimus. Postea misi fratrem Walterum in Berlickem cum litteris supradictis, ut in absentia pastoris et capellani deserviat ecclesiae ibidem.

Hodie accepi salvumconductum excellentissimi Principis Cardinalis Infantis Hispaniarum[462] ex castris pro nobis et tribus pagis in quatuor distinctis litteris sigillatis ab eodem. Advenit alius juvenis Andreas mihi ab Herenhovio commendatus.

295. 22 Oct. Scripsi litteras ad Mariam Vranx de nostro felici reditu et alias ad fratrem meum Cornelium de eodem argumento et simul de uno Schindelensi, qui libenter sciret, quid solvisset pro pastoratu Sancti Petri, cui debebat annue 35 asses, quia Schuyl ab eodem exigit forte plus justo.

462 A.A.B. Sauvegarde van 14 okt. 1635 verleend door de Kardinaal-Infant.

In prandio adfuit pater prior cruciferorum, quem postea secutus est fr. Arnoldus Tuelinck, et discesserunt post prandium.

(*f. 39 r.*) **296**. 23 Oct. Mactavimus duos porcos. Preterea nihil hodie occurrit et fuimus soli in prandio et in cena.

297. 24 Oct. In prandio soli fuimus cum sorore et pastore. Tamen reliqui iverunt piscatum. Circa quartam advenit Van der Cammen, qui hic pernoctavit et attulit duos caseos.

298. 25 Oct. Ivit pastor cum carruca Silvam pro necessariis domus nostrae comparandis.

Iverunt alii religiosi cum famulis duobus piscatum in Middelrode. Circa vesperam venit huc ex Hollandia pater magister Capello[463], prior dominicanorum Antverpiensium, qui hic cum famulo et Van der Cammen pernoctavit. Rediit etiam ex Berlickem fr. Walterus et pastor noster Silva.

Scripsit Van der Cammen ad episcopum Antverpiensem[464], quas signavi, pro loco in seminario suo obtinendo in favorem nepotis fratris Joachimi.

299. 26 Oct. Abiit sumpto jentaculo pater Capello, quem comitatus est cum carruca nostra fr. Griensven. Circa prandium advenerunt pastor in Berlickem et fr. Joachimus, qui sumpto prandio cum Van der Cammen iverunt ad propria. Retulit pastor predictus dominum et dominam de Loon requirere a me, quatenus ex sacro fonte susciperem unam ex illorum prolibus, quod negare vix potui; licet statuta contrarientur, annui ex certis et gravibus causis.

Curavi mitti Brakelio copiam impetratae sauvegardiae a Cardinali Infante ad defensionem bonorum nostrorum Maeswalensium, uti predictus Brakelius petierat scripto per predictum Capello misso.

300. 27 Oct. In prandio adfuerunt ex castris regiis venientes pastor in Osch et jonker Van den Pol[465]. Et post prandium advenerunt adhuc schultetus de Geffen et preses noster, alique ex Os, Dinter et Heeswijck, quibus omnibus propinavi haustum vini. Supervenit etiam unus scabinus Wilhelmus Jan Dircxsen ex Berlickem, qui omnes consultarunt hic, quomodo carrucas pro quota Maeslandie petitas a regiis castris mitterent. Insuper solverunt nobis pro quinque modiis siliginis ex parte

463 Marius Ambrosius Capello. Werd later bisschop van Antwerpen. de Jonghe, Corpus Dominicanorum, blz. 241; Meyer, blz. 102; Bogaerts, *Nat. Biogr. W.* IV 135-142.

464 Gaspar Nemius, bisschop van Antwerpen. *N.N. Biogr. W.* VIII 1205 en IX 711; Rogier, Geschiedenis van het Katholicisme V, blz. 935.

465 Jhr. Van den Pol, heer van Hedel. Frenken, Dagboek Moors, blz. 210 noot 454.

Nistelrodiensium traditis 90 florenos monetae currentis. Illis absentibus venit domicellus Daniel Herenhaeff, nepos Brunonis, petens a nobis nova nuntia, quae non habebamus.

Circa quartam rediit ex Geldrop fr. Griensven cum carruca nostra et fecit salutationes reverendissimi domini.

301. (*Zondag*) 28 Oct. Mane transivit hic domicellus Van den Pol ex Osch cum carrucis ad castra. Et accepit decem ducatones ex sacco hic pridie relicto in presentia Joannis Vercuylen.

In prandio adfuerunt, a nobis vocati, domicellus Bruno Ter Herenhaeff, uxor, neptis et nepos Daniel cum uno minorita, qui post sextam discesserunt. Vesperi non cenavi.

302. 29 Oct. Fuimus tota die soli nec aliquid occurrit.

(*f. 39 v.*) **303**. 30 Oct. Mane rediit famula culinaria ex Schindel, quo dominica die, hoc est 28 Octobris, iverat post prandium.

Circa prandium advenerunt pastor in Berlickem, Brugelius cum uxore, sorore et duabus prolibus et curru. Item pater prior cruciferorum cum Eynthoutio, qui post prandium redierunt in Schijndel. Pranserunt hic et pernoctarunt alii supradicti. Retulit pastor in Berlickem receptorem De Fresne decimatorem nostrum in den Middelblock[466] sub Berlickem imminasse propter decimam novalem in duobus bonariis terrae Henrici Franssen van Gestel. In qua terra a 45 annis nostri semper decimam levaverunt, nisi quod jam a capta civitate Silvaeducensi Kelstius et Beverst, qui antea regio receptori inservierant, per vim exegerunt. Iverat ad componendum predictum negotium Van der Cammen Silvam evocatus ab archidiacono.

304. 31 Oct. Mane in crepusculo diei discessit pastor in Berlickem. In prandio manserunt et in collatione et de nocte Brugelius cum uxore et aliis suis.

305. 1 Nov. Mane venit huc dominus Everardus[467], beneficiatus in Oosterwijck, qui multos curat peste infectos, judicans pastorem nostrum, fratrem Rovers, eadem lue infectum, idcirco illum cepit suo more tractare et dedit illi purgationem, qua videtur liberatus a peste, licet non totaliter, nisi temporis longitudine convalescat.

Discesserunt post prandium Brugelius et uxor, etc. et iverunt in Berlickem.

306. 2 Nov. Misi mane fratrem Bartholomeum in Berlickem, ut per Van der Cammen vel pastorem ibidem procuret nobis omnia remedia et

466 Tiendblok. A.A.B. Pachtboek van 1634.

467 Everardus Henricx. Schutjes V, blz. 393.

antidota contra pestem. Simulque ut apud magistram xenodochii agat, ut ex ipsius monialibus velit mittere unam, quae conservet et ministret pastori peste laboranti. Rediens fr. predictus dixit Van der Cammen abivisse ante suum adventum in eundem finem, et subsecuti eum pastor in Berlickem et fr. Joachimus, quibus sub dio locutus sum, et obtulit mihi ad tempus domum pastoralem ad latitandum pro peste, quam acceptavi et dixi me crastina die, Deo propitio, venturum. Et abierunt. Circa septimam horam misit huc Van der Cammen antidota et remedia contra pestem per Middelrodanum.

307. 3 Nov. (*Berlicum*) Hoc die tradidi fratri Waltero 107 florenos cum decem assibus, quos a me requisiverunt scabini mutandos in alia moneta.

Circa undecimam discessit a nobis dominus Everardus in Helvoirt ad alios peste laborantes cum promissione sese in diem quintam huius reversurum cum illa assertione, quod noster pastor sit ab igne pestilentiali liberatus.

Post prandium discessi cum famulo uno in Berlickem (*f. 40 r.*) et habui socium in via pastorem de Berlickem. Venique ad edes ipsius, quas ipse cum socio suo capellano reliquit et ivit ad Zomerium. Famula ipsius Anthonia manet apud nos, ut inserviat. Venit ipso vesperi Van der Cammen et salutavit me sub dio in aere. Ibique pernoctavi.

308. (*Zondag*) 4 Nov. Celebravi in edibus pastoralibus missam et pransus sum solus. Circa tertiam salutarunt nos pastor, capellanus, Van der Leemputte et Somers. Interea advenit fr. Bartholomeus ex Heeswijck cum famulo Gisberto nuntiantes omnia adhuc ibidem esse in bono statu, pastoremque utcumque valere, et abierunt circa medium quintae.

Circa quintam advenit Van der Cammen adducens in carruca magistram xenodochii ex Silva, quae mansit nobiscum in Berlickem.

Vesperi sumpsi pillulas quinque secundum ordinationem medici. De nocte parum sudavi.

309. 5 Nov. Mane advenit famulus Gisbertus cum equo nuntians pastorem in Heeswijck pejus valere et maxime in pede, in quo videbatur pestis defluxisse et misi illum cum equo in Oisterwijck, ut adduceret dominum Everardum, quia vesperi precedenti nuntiaverat dominus Ens, pastor in Helvoirt, predictum dominum non venturum, nisi expressus ad eum equus mitteretur.

Ivit etiam Van der Cammen iterum Silvam, ut adducat aliquam, quae pastori Heeswicano posset inservire.

Circa decimam in edibus pastoralibus celebravi. Post prandium inviserunt me pastor, cappellanus et Zomerius. Item drossardus.

Circa sextam vespertinam transivit hic dominus Everardus cum nostro equo et ivitum Heeswijck, ibique manet, ut custodiat et serviat pastori peste infecto. Aderat ei famulus Gisbertus.

310. 6 Nov. Venit huc pastor in Bochoven, qui apud pastorem in edibus Zomerii pransus est. Item advenerunt pater prior cruciferorum et fr. Tuelinck, qui pransi sunt apud Van der Cammen. Postea advenit fr. Bartholomeus nuntians omnia adhuc prospere agi in Heeswijck, qui sub tilia pransus est. Post tertiam ambulavimus cum pastore et capellano. Hodie accepi litteras Teneramunda a domino canonico Calendries[468], quibus scribit domum fratris mei Cornelii peste visitatam et ancillam Isabellam in vigilia Simonis et Judae[469] obiisse, ex ea ipsum tempestive domo egressum ac in begginagio morari sanum.

311. 7 Nov. Hodie rescripsit ad Calendries pastor in Berlickem et statum domus nostrae declaravit. Item scripsit Mariae Vranx Antverpiae, ut sex pixides theriacae Venetianae mittere velit.

Item venit famula nostra Angela cum juvene Andrea, quae nuntiavit omnia prospere agi in Heeswijck. Item ambulavimus post prandium. Sub vesperum transivit hic pastor Dinterensis cum uno minorita, qui salutarunt nos.

(*f. 40 v.*) **312**. 8 Nov. Venerunt ad me fr. Walterus et soror nostra Johanna, qui nobiscum pransi abierunt in Heeswijck. Hodie ivit Silvam et circa vesperas rediit magistra xenodochii cum Van der Cammen.

313. 9 Nov. Fuit hic fr. Griensven, qui nuntiavit omnes adhuc in Heeswijck sanos. Post prandium ambulavimus opt Beecvelt[470] cum pastore et fratre Joachimo. Et occurrit nobis Beverius, qui comitatus est nos usque ad portam pastoralem.

Interea accepit Van der Cammen ab Herlaer litteras, quibus scribit quam impertinenter et cum qua violentia Gerardus Kelst et alter Joannes Franschois[471] cum Dresschoir extorqueant a nobis pro decima novali in villa Henrici Fransen, sita in Middelrode, solutionem et penam, quod illam decimam nostram invehi curavimus, cum a 45 annis illam quiete et pacifice possidemus.

314. 10 Nov. Ivit Van der Cammen propter causam predictam

468 Joannes Calendries uit Dendermonde. Sasse v. Ysselt, Voorname Huizen I, blz. 242.
469 Het feest van de apostelen Simon en Judas valt op 28 oktober.
470 Perceelsnaam. A.A.B. Lantmetinge de anno 1629 f. 4 v. en Pachtboek van 1634.
471 Zijn naam komt voor in A.A.B., Brief van 7 nov. 1635.

Silvamducis, uti Van Herlaer petierat, ut consulant simul quid in ea agendum erit. Composuitque difficultatem dando sex patagones secretario Dresschoir. Et ibidem pernoctavit.

Circa prandium advenit soror nostra Johanna cum carruca advehens carnes et cerevisiam absynthiatam. Et fecit hic coram pastore testamentum suum testibus domino canonico Broechoven et fratre Joachimo. Et rediit in Heeswijck.

315. (*Zondag*) 11 Nov. Salutavit nos fr. Degens. Item advenit noster juvenis Andreas, adsportans attestationem de terra novali supratacta. Et abiit nuntians omnia in Heeswijck adhuc sana. Post prandium ambulavimus cum pastore, fratre Joachimo et Van der Cammen.

316. 12 Nov. Sub vesperum venerunt in Berlickem procurator Sanctae Agathae et fr. Nicolaus, qui narrabant sese intellexisse, quod noster juvenis in Heeswijck ceperit laborare peste. Eodem vesperi adductus est ex Berna pinguis bos.

317. 13 Nov. Mane curavi bovem duci in Heeswijck. In prandio adfuit canonicus Broechoven, absente magistra xenodochii, quae iverat Silvam et circa tertiam rediit.

Interea advenerunt fr. Walterus et Petrus Petri famulus nuntiantes etiam Griensven male valere, utrumque autem potionem sumpsisse. Et abierunt.

318. 14 Nov. Circa undecimam venit Petrus Petri famulus nuntians, et Griensven et juvenem bene valere, sed manere in cubiculo propter pluviosum celum.

Hodie item mactarunt bovem nostri famuli et fr. Bartholomeus, uti Petrus retulit.

319. 15 Nov. Venit Petrus nuntians omnia adhuc prospera esse in Heeswijck.

320. 16 Nov. Venit idem cum carruca nostra qua avexit magistram xenodochii in Heeswijck, ut invisat egrotos nostros eosque visitet. Eodem mane redierunt in domum pastoralem pastor et capellanus, qui hactenus fuerunt hospitati apud Hermannum Zomers.

(*f. 41 r.*) Eodem die in prandio adfuit idem Zomers.

321. 17 Nov. Post prandium venit expressus nuntius ex Tongerlo cum litteris vicarii, quibus petit, ut omnes huius circariae abbates subsignent litteras monitorias ad conventum Premonstratensem[472] scrip-

472 De Norbertijnenabdij van Prémontré gelegen op de plaats, waar Norbertus zijn eerste stichting begon, niet ver van Laon in het departement Aisne.

tas, quatenus eligant generalem aptum et non procedant cum passione aut affectu[473]. Quas signavi et remisi cum eodem nuntio, cui dedi quatuor scellingos. Item dedi Petro nostro cognato duos scellingos ad emendum prumas[474]. Qui revexit magistram xenodochii Silvam.

Postea visitavi canonicum Broechoven et domum ejus perlustravi.

322. (*Zondag*) 18 Nov. Pransus est nobiscum Zomerus Hermannus cum uxore.

323. 19 Nov. Celebravi in edibus Zomerii. Ante prandium advenerunt dominus pastor in Dungen, pater Van den Dael, soror pastoris cum filio Arnoldo, qui nobiscum pransi sunt. Item dominus Joachimus Middelrodanus. Circa prandium advenit dominus Melchior[475], pastor in Druenen, petens a me attestationem, quod Cuyckenses et incolae de Onsenoort, tempore quo ego habitarem in Druenen, solent frequentare ecclesiam parochialem de Druenen et nullum alium pastorem habuisse quam ipsum pastorem de Druenen. Quam dedi. Et prandio absoluto discessit. Interea pertransiit hic pastor in Bochoven, qui ibat in Dinter. Item adfuit fr. Walterus nuntians omnes in Heeswijck sanos et peste laborantes convalescere.

Vesperi cenarunt nobiscum pater Van Dael, soror et filius predicti, sed pater et Arnoldus iverunt ad edes Van der Cammen dormitum.

324. 20 Nov. Mane predicti discesserunt in Velp. Et pastor in Berlickem cum Van der Cammen iverunt in Helvoirt pro certo negotio procurando nomine nostro apud dominum temporalem[476] ibidem. In prandio et cena soli fuimus.

325. 21 Nov. In prandio adfuit nobis Zomerius. Circa vesperum reversus est Van der Cammen et mansit pastor Silvaeducis. Retulit Van der Cammen sese pernoctasse in Bern, ac dominum temporalem de Helvoirt in negotio proposito negative resolvisse. Fuit is nobiscum in cena.

326. 22 Nov. In prandio adfuerunt pastor in Dungen, Van der Cammen et soror nostra, quae venerat cum carruca nostra. Post prandium venerunt pater Van Dael, soror pastoris et filius sororis ex Velp. Discessit cum carruca soror nostra et cum ea duae moniales

473 Barbier, I, blz. 345.

474 A.A.B. Memorie van uuytgheven.

475 Melchior van de Waterfort, norbertijn van Tongerlo, pastoor van Drunen. Schutjes III, blz. 490 en V, blz. 185-186; v. Spilbeeck, Necrologium, blz. 190.

476 Jan Bloijman, heer van Helvoirt. Schutjes IV, blz. 143.

xenodochii. Venit pastor Silva cum nostra carruca. In cena adfuerunt tres predicti et filius Van der Cammen.

Scripsit frater noster Cornelius Teneramunda se bene valere.

327. 23 Nov. Discesserunt pater Van Dael, soror et filius Bredam. Dedi in mandatis patri praedicto, ut nobis sauvegardiam impetraret perpetuam. In prandio fuimus soli. Post prandium ambulavimus. Circa vesperum venit Van der Cammen, cui dedi in mandatis, ut nobis emat piscium provisionem. Vesperi fuimus soli.

(*f. 41 v.*) **328**. 24 Nov. Mane ivit fr. Joachimus in Heeswijck, cui dedi mandatum, ut adveheret tres partes unius ovis et caponem et aliqua vestimenta, qui circa prandium cum fratre Zomers advenit nuntians, omnia adhuc bona et prospera in Heeswijck. Post prandium discessit fr. Zomers. Postea advenit Van der Cammen cum vase halecum, vase asellorum salsorum et trecentis libris salpae.

329. (*Zondag*) 25 Nov. Misi mane juvenem in Heeswijck, ut nuntiet nostris provisionem hic esse in Berlickem et eo eandem ferant 26 lunae die. In prandio adfuerunt Bever, Van der Cammen en uxor. Propositum Beverio fuit de emptione domus suae, quam modo inhabitat, etc. Vesperi non cenavi.

330. 26 Nov. Mane avexit ex Berlickem Petrus famulus provisionem piscium supra mentionatorum. In prandio adfuerunt pater prior cruciferorum, Tuelinck et Zomers Hermannus. Post prandium venit Van der Cammen atque omnes discesserunt.

331. 27 Nov. Ante prandium transivit hic pater Maximilianus in Geldorp et salutavit nos. In prandio adfuerunt pastor in Dungen et Van der Cammen.

332. 28 Nov. Mane perlustravi domum et hortum Beverii. In prandio fuimus apud Van der Cammen. Ibique post prandium venit fr. Walterus omnia nuntians prospere esse in Heeswijck. Vesperi non cenavi.

333. 29 Nov. Mane advenit Horenbeeck ex Bern nuntians Bruegelium pessime valere. Qui pransus est nobiscum et vesperi collationem sumpsit hic. Cui mandavi, ut emeret psalmonem infumatum.

334. 30 Nov. Mane discessit Horenbeeck post primum sacrum. Item misi pastorem in Berlickem et Van der Cammen in Heeswijck, ut moneant villicos nostros solutionem debitorum suorum accelerandam. In prandio fui solus cum fratre Joachimo. Post prandium venit Zomers nos invisum. Vesperi reversi sunt pastor et Van der Cammen ex Heeswijck nuntiantes omnes bene valere et villicos soluturos.

335. 1 Dec. Misi fratrem Joachimum in Heeswijck, ut adferret argentea nostra pro celebranda missa. Circa prandium venit fr. Augustinus ex Boxtel, petens nostrum consensum manendi ibidem. Item nuntians pastori, ut in Oirschot compareat tertia huius. Mansit hic et pernoctavit.

336. (*Zondag*) 2 Dec. Sumpto prandio discessit pastor cum fratre Augustino in Boxtel. Sub prandio venit hic pastor in Dinter cum lepore petens commendationem pro pastoratu Zomerensi, quam non dedi, quia putabam ex Postulanis religiosis esse unum deputatum ad dictum pastoratum. Circa tertiam venerunt huc Bever et Van der Schout[477] et postea Van der Cammen, qui haustu bibito discesserunt. Vesperi in cena fui cum fratre Joachimo solus.

(*f. 42 r.*) **337**. 3 Dec. Misi leporem Gansio, qui scripsit sibi eum gratum et quod Schuyl desisteret cum executione respectu pastorum in Berlickem et Heeswijck. Circa undecimam ivit Silvamducis fr. Bartholomeus. In prandio advenit cum carruca pastor in Littoyen veniens ex Boxtel et ivit Silvam. Item durante prandio advenit doctor Silvester[478] cum filio, qui omnes simul discesserunt. Circa vesperam venit fr. Balthasar ex Haren nuntians pastorem habuisse etiam minas executionis a Schuylio. Et hic pernoctavit.

338. 4 Dec. Mane discessit fr. Balthasar. In prandio adfuit fr. Walterus nuntians omnes in Heeswijck bene valere, simul dicens dominum Sebastianum conditionem oblatam acceptaturum, sub tamen conditione quod haberet domum. Insuper adfuit dominus Joachimus ex Middelrode. Circa tertiam advenit fr. Bartholomeus Silva quo pridie iverat et transiens ivit in Heeswijck. Vesperi fuimus soli cum fratre Joachimo.

339. 5 Dec. Hic pro memoria. Quod exposui pro instrumento cupreo in quo coquitur pastillus decem florenos. Et tres florenos dedi Petro famulo pro filis bombaceis ad candelas faciendas et aliis emendis eundo Silvam. Item tabellario ex Tongerloo venienti quatuor scellingos. Et florenum tabellario Bruxellensi pro teriaca adsportata Antverpia[479].

In prandio soli fuimus cum fratre Joachimo. Circa quintam vespertinam rediit pastor in Berlickem deferens salutationes episcopi, quem cum aliis capitulariis convenerat super negotium taxae pro predicantibus.

477 Huybert van der Schout, drossaard van Erp en Veghel. Sasse v. Ysselt, *Tax.* XXI, blz. 132.

478 Silvester Lintermans, geneesheer te 's-Hertogenbosch. Bots, Noordbrab. Stud. nº 3244; Juten, *Tax.* XXI, 59-60; Sasse v. Ysselt, Voorname Huizen II, blz. 406.

479 A.A.B. Memorie van uuytgheven.

Interea circa secundam venit tabellio Heusdensis et detulit ad nos libellum ab Herptensibus contra nos oblatum et apostillatum ab Ordinibus Hollandiae cum multis aliis scriptis et chartis, quae omnia cum eodem tabellione remisi Bernam ad Brugelium.

340. 6 Dec. Ante prandium in templo locutus est nobis drossardus veniens Bruxella, qui dedit nobis litteras a fratre nostro Maximiliano scriptas. Veniens domum vel in edes pastorales inveni sororem nostram, quae attulit nobis librum culinarium a me petitum. Adderat monialis xenodochii Van Doorn. Quae nuntiarunt, pastorem nostrum Heeswicanum hodie iterum in sacello nostro celebrasse et Griensven esse extra periculum. Quae nobiscum pranse sunt et redierunt in Heeswijck. Sub prandio advenerunt duo laici ex Markenwater[480], quae attulerunt litteras a fratre nostro Cornelio Teneramunda. Post prandium advenit villica nostra cum filio suo int Lanchuys petens novam conductionem, cui mandavi redire circa feriam tertiam sequentem. Post illam venit Nicolaus Willems villicus non petens conductionem novam, sed dicens, si non posset minori pretio habitare, quod vellet discedere. Cui respondi, quod in isto casu ego curarem publicari villam, quam colit, esse venalem vel conductibilem et abiit.

341. 7 Dec. Post prandium misi litteras in Schijndel, Rosmalen, Vechel, Uden, Nistelrode, Heeswijck et Dinter, quibus publicavi villam Nicolai Wilhelmi et villam Nicolai Petri venales circa Pentecosten. Eodem accepi litteras a pastore in Dinter, quibus petit commendatitias ad dominum Postulanum pro Somerensi pastoratu.

(*f. 42 v.*) Dedi ancillae pastoris pro honorario in festo Nicolai pistoletum Italicum 4 florenorum.

Item recepi ab Horenbeeck ex Bern salmonem fumatum. Constat 5 florenis et 13 assibus, uti scribit.

342. 8 Dec. Scripsi ad dominum Postulanum commendatitias in favorem pastoris in Dinter pro deservitura pastoratus Somerensis. In prandio adfuit nobis Hermannus Zomers. Circa tertiam invisit nos drossardus.

343. (*Zondag*) 9 Dec. Curavi hic in Berlickem publicari villas duas in Bernhese posse conduci. Et significatum mihi fuit Nicolaum Wilhelmi penitere de sua resignatione villae ac nuntiasse se de novo illam conducturum.

Hodie venit ad nos Van der Cammen, qui heri erat cum suo genero

480 Coudewater. Spilman, blz. 79-86.

reversus ex exequiis Gemertanis. Qui in prandio pransus est nobiscum. Post prandium salutavit nos dominus de Milhese et Bever.

Interea supervenerunt matertera et nepos ac neptis pastoris, uxor Leemputii prope Coudewater.

Vesperi accepit pastor litteras Berna ab Horenbeeck scriptas, cum incluso libello ab Herptensibus contra nos dato Ordinibus Hollandiae, item pridie a me ad illum misso, quibus scribit illud negotium non pertinere ad admodiatores, sed ad me, et propterea relinquere nobis totius negotii directionem et plura alia. Ad quae rescripsi eodem vesperi, quod ipsorum sit solvere omnia onera et etiam processum dirigere suis expensis mutuato nomine nostro, et in casu quod hoc non cogitarent facere, me resolutum nec velle expensas solvere, nec me immiscere. Quia si ego hic istum debeo sustinere in favorem illorum processum, sequeretur, quod postea omnes articuli ac conditiones in scedula elocationis contentae facile controverterentur. Nihilominus omnem operam, favorem et auxilium sive per me sive per meos obtuli. Et cum dictis litteris remisi libellum predictum.

344. 10 Dec. Mane discessit hinc Bernam fr. Joachimus, qui litteras dictas secum contulit. Et alias ad Gansium per pastorem scriptas, cum quibus missum est memoriale omnium reddituum per nos solutorum ex edibus et monasterii fratrensium[481].

In prandio fuimus soli. Nec aliud illo die occurrit.

345. 11 Dec. Mane advenit hic in Berlickem fr. Balthasar ex Heeswijck, ubi pridie venerat, nuntians equum esse emptum circiter 30 florenis. Hodie remisit Horenbeec Berna libellum supplicem, ab Herptensibus contra nos Ordinibus Hollandiae presentatum, cum humanissimis litteris, quibus se de prioribus satis asperis excusat et petens, ut Hagam scribamus advocato et Van der Wolf pro iterativa ordinatione, qua Herptensibus ordinetur, ut tradant libros burgimagistrorum. Quod fecimus sequenti die, et misimus ad Theodorum Bruynseels, ut is negotium dirigat. Vesperi advenit pastor in Nuenen Silva, quo mane iverat, et hic pernoctaverat. Et iterum hic pernoctavit.

(*f. 43 r.*) **346**. 12 Dec. Mane scripsi utrique fratri nostro litteras, quas misi Silvam per Van der Cammen. Item sumpsi purgationem ex pulvere, vocato gutta gambi, 12 grana, qui fuit nimis fortis vino. Me tribus diebus

481 Het Rijke Fraterhuis te 's-Hertogenbosch.

continuis purgavi et secunda die pessime valui. In prandio adfuit dominus de Nuenen[482] et pastor ejusdem, qui etiam hic pernoctavit.

347. 13 Dec. Male valui. Et venit huc fr. Bartholomeus nuntians omnia bene agi ac prospere in Heeswijck.

Hoc die discessit pastor in Nuenen.

348. 14 Dec. Melius valui. In prandio soli fuimus. Advenit huc Theodorus Anthonii villicus cum uxore pro nova conductione villae facienda, sed non convenimus.

Post prandium advenit Van der Cammen et uxor Joannis Henrici villici pro nova ibidem conductione villae, sed distuli conductionem in diem sequentem.

349. 15 Dec. Mane advenerunt Jan Henrick Willemsen villicus cum uxore pro conductione facienda, sed tunc obtuli eidem villam in Bernhese, quam colit Nicolaus Petri, cum tribus partibus decimae in Heeswijck. Et dixit se iturum visum illam.

Circa prandium venerunt duae moniales xenodochii, quae hactenus fuerunt in Heeswijck et redierunt Silvam cum carruca, cum qua venerat etiam soror nostra Johanna. In prandio etiam adfuit Van der Cammen. Post prandium venit vidua Mathiae Rutten, villica ex Lankhuys, cum Henrico Joannis Rovers pro nova conductione[483], cum qua conveniam, sicuti 12 huius conveni cum Nicolao Willemsen.

350. (*Zondag*) 16 Dec. Hodie missi in Schijndel, Roosmalen, Hees, Nistelrode, Uden, Vechel, Dinter, Heeswijck et curavi, ibidem sicut hic in Berlickem, publicari villas tres, unam in Bernhese et duas in Berlickem, esse elocandas. Item scripsit Van der Cammen Henrico van der Steen, notario in Herpen, quatenus suum nobis consilium perficeret, quomodo melius villa nostra in Clein Gaal et in Moenle possent elocari.

Hoc item die venit tympanista Silvaeducensis nomine aliorum pro strena futuri anni, cui dedi duas mattas[484].

In prandio adfuit pater Foxius minorita, qui venerat pro statione ac pernoctaverat hic. Et prandio absoluto discessit in Boxtel. Postea venit nos invisum Zomerius. In cena soli fuimus.

351. 17 Dec. Misi mane Joannem famulum nostrum cum carruca villici pastoris in Heeswijck pro advehendo vase bonae cerevisiae. Et

482 Jhr. Floris van Berckel van Eyck. Frenken, Dagboek Ophovius, blz. 122 noot 6 en blz. 152 noot 2.

483 A.A.B. Pachtceel van 't Lanchuys.

484 A.A.B. Memorie van uuytgheven.

accepit ex edibus Van der Cammen cistulam cum supellectile vel sarcina sororis nostrae, alias apud eundem depositum propter milites.

Accepi heri litteras a fratre Folcoldo, pastore in Nuenen, quibus scribit reverendissimum dominum ordinaturum magistrum Joannem Calendries, modo justum, sufficientem sibique subjectum titulum habeat. Et quod me invitet ad se invisendum.

(*f. 43 v.*) Circa prandium advenerunt hic tres villici ex Gaal et Moenle. Duo sunt mihi locuti: tertius ex Groot Gaal Andreas[485] non est mihi visum. Duo locuti sunt de nova conductione, tertius voluit contractui conductionis renuntiare, sed de utroque nihil actum.

Supervenit cum rheda sua domicellus Herenhovius ex Dinter cum sociis, patre priore cruciferorum et fratre Gustavo laico[486], qui hic pransi circa quartam discesserunt.

Advenit circa tertiam fr. Balthasar cum uno parvo equo, quem nobis emit in Boxtel 45 florenis, qui cum eodem equo discessit cum rheda predicta in Heeswijck.

352. 18 Dec. Mane misit mihi Van der Cammen 50 florenos per pastorem in Berlickem. Rediit fr. Balthasar ex Heeswijck et cum eodem fr. Augustinus, qui simul in Heeswijck pernoctarant et hic pransi sunt. Et numeravi iis 45 florenos pro equo predicto. Item numeravit fr. Augustinus mihi 5 florenos et 5 asses, quos solvit receptor Boxtelensis. Et abierunt. Eodem die rediit fr. Joachimus ex Berna nuntians Brugelium fataliter decumbere. Circa tertiam venit Joannes Henrick Willemsen villicus et fecit novam conductionem. Item venit domicellus Bever nos invisum.

353. 19 Dec. Circa prandium venit fr. Bartholomeus ex Heeswijck nuntians omnia ibidem prospere agi, cui mandavi, ut sequenti die currus mitteretur pro supellectile revehenda in Heeswijck ex edibus Van der Cammen.

Item solvi fabro cupreario pro uno instrumento, in quo conquuntur pastilli[487], et pro duobus instrumentis calefactoriis, vulgo chaufoiren, undecim florenos.

354. 20 Dec. Mane venit fr. Walterus cum curru et recepit supellectilem. Circa prandium venit Van der Cammen, cui numeravi 20 florenos acceptos per me a Joanne Henrici ratione locationis agrorum die

485 Andries Jansen.

486 Gustavus, lekebroeder van de kruisheren te Schijndel. Zie Inleiding § 5.

487 ronde pasteivorm. A.A.B. Memorie van uuytgheven.

Haseackers dictorum. Et numeravi eidem 5 florenos et 5 asses a receptore Boxtelensi missos. Qui in prandio adfuit. Circa quartam venit domicellus Pels cum Beverio nos invisum.

355. 21 Dec. Scripsit pastor in Berlickem litteras Brakelio, quibus monetur ad solvendum de hoc anno et precedentibus.

Item scripsit damosellae Mariae Vranx, ut moneat camerarium domini Sancti Michaelis Laurentium Coliet, quatenus pedum novum curet cito fieri, sicuti ante eidem scriptum fuit per pastorem in Berlickem. In prandio fuimus soli. Item in collatione.

356. 22 Dec. (*Heeswijk*) Mane venit villica ex Beecvelt[488] et solvit 100 florenos. Item pro porco 22 florenos[489]. Item butyrum. In prandio adfuit Van der Cammen, cui dedi ex pecuniis supradictis 57 florenos et aliquot asses[490]. Post prandium venit currus cum pastore Heeswicano, cum quo ivi in Heeswijck. Comitatus est Van der Cammen.

(*f. 44 r.*) Dedi ancillae pastoris Berlicomensis 7 florenos et octo asses pro honorario[491]. Domum rediens inveni omnia salva. Pernoctavit hic Van der Cammen.

357. (*Zondag*) 23 Dec. Scripsit Petro Wispyn[492], civi Leodiensi, ut circa festum Purificationis[493] solvat reditum capitulo Sancti Joannis. In prandio adfuit Van der Cammen et postea discessit. Accepi litteras a pastore in Berlickem.

358. 24 Dec. In prandio et per totum diem soli fuimus. Vesperi accepi litteras per pauperem Mathiam ex Haga missas a Theodoro Bruynseels et etiam ab advocato De Jonge, quibus scribitur, Herptenses nihil apud Ordines Hollandiae posse contra nos agere nobis inauditis. Quas litteras remisi ad pastorem in Berlickem mittendas Bernam ad Horenbeeckium vel Breugelium.

359. 25 Dec. Fuit festum Nativitatis Dominicae et soli fuimus.

360. 26 Dec. Mane misi carrucam in Berlickem, qua in prandio advenit Van der Cammen, qui post prandium scripsit litteras in Herpen ad Henricum van der Steen, quibus petitur ipsius consilium in elocandis villis et quomodo ad solutionem respectu Andreae in Groot Gaal

488 Heesken, weduwe van Jacob Martens.

489 A.A.B. Rekeningen. Secundus computus f. 3 v.; Memorie van ontfanck.

490 A.A.B. Memorie van uuytgheven.

491 A.A.B. Memorie van uuytgheven.

492 Pierre Wispyn. Frenken, Dagboek Moors, blz. 199 noot 127. A.A.B. Brieven van 5 febr. 1636, 9 febr. 1636 en 26 jan. 1638.

493 Het feest van Purificatie of Maria Lichtmis (men spreekt nu van Opdracht van de Heer in de tempel) valt op 2 februari.

perveniendum. Item de tritico emendo. Scripsit etiam molitori in Nistelrode, ut siliginem hic depositam avehat. Item hic pernoctavit.

361. 27 Dec. Mane famulus Ghisbertus cum predictis litteris missus est in Herpen. Qui vesperi rediit. Interea advenit Adrianus, filius Johannis Henrici ex Schayck, petens villam Groot Gaal conducere. Cui dixi ac statui diem in eum finem comparendi secundam Januarii 1636. Scripsitque cum eodem Van der Cammen, qui hic pransus est, litteras ad Henricum van der Steen, ut juridice petat ab Andrea villico moderno in Groot Gaal, num conductioni renuntiet, etc[494].

Hoc die pransus est nobiscum pater Dobbelens dominicanus[495], qui hic pro statione concionatus est. Qui etiam hic pernoctavit et litteras[496] a Braeckelio scriptas de butyro adsportavit ex Berlickem.

362. 28 Dec. Mane discessit predictus pater in Dinter. Circa prandium advenit pauper Mathias ex Berlickem cum litteris a pastore conscriptis, quibus petit, num supersedendum cum sauvegardia Bruxellae impetranda.

In prandio adfuit Van der Cammen. Hoc die misi fratrem Bartholomeum cum carruca Silvam, ut advehat duas oves ex Berna missas, et duo vascula smigmatis vel seepen. Cum eodem vesperi advenit pastor in Berlickem, vocatus a scabinis Heeswicanis, qui hic pernoctavit. Hodie elocavi villam, quam colit Dirck Tonissen, Joanni Peter Alberts[497].

363. 29 Dec. In prandio adfuerunt Van der Cammen et pastor in Berlickem, qui postea discesserunt. Et dedi Van der Cammen scribendas scedulas locationum de villa Joannis Henrici Willemsen et Dirck Tonissen.

Vesperi recepi litteras a fratre meo Teneramunda, quibus scribit nobis legatos ab ancilla sua Isabella quinquaginta florenos recipiendos a drossardo in Bochoven[498].

364. (*f. 44 v.*) (*Zondag*) 30 Dec. Fuimus soli in prandio. Item et in cena.

365. 31 Dec. Circa prandium advenerunt fr. Joachimus ex Berlickem et Hermannus Zomers cum filio suo seniore, quem presentavit nobis pro religioso futuro, ac in illum finem dedit mihi litteras commendatitias a

494 A.A.B. Brief en notariële akte van Henrick Andriessen van den Steen.

495 Reynerus Dobbelens, predikheer. Schutjes IV, blz. 448; v. d. Elsen, *Tax.* IV, blz. 126; de Jonghe, Corpus Dominicanorum, blz. 309; Meyer, blz. 94.

496 A.A.B. Brief van Zweder van Brakel van 8 dec. 1635.

497 A.A.B. Pachtceel van Joannes Peter Albert.

498 Cornelis Stooters van Enckefort. Bots, Noordbrab. Stud. nº 5004.

pastore Berlicomensi scriptas. Item advenit pater prior cruciferorum cum fratre Paulo, qui omnes post prandium discesserunt. Vesperi fuimus soli.

c. 1636

1. 1 Jan. Per totum diem soli fuimus. Circa tertiam pomeridianam venit huc forestarius de Berlickem missus a drossardo cum duabus actis, quas mihi misit legendas. Una continebat, quod omnibus interdiceretur cantare novum annum, item circuitus in Ephiphania et obtruncatio anserum, etc. Et erat subsignata a scabinis pro duobus ultimis punctis et a drossardo quoad tria. Altera erat nuda a nemine signata, continens protestationem de nullitate publicationis factae, et revocationem ac expressis verbis permissionem faciendi omnibus quae vellent. Et erat utraque scripta manu drossardi. Quibus lectis indignatus reddidi forestario et ostendi mihi displicere talem revocationem[499].

2. 2 Jan. Mane misi carrucam in Berlickem ad accersendum Van der Cammen et etiam pastorem, si esset integrum. Circa prandium venerunt Van der Cammen et pastor in Berlickem et fr. Joachimus et sumpto prandio fr. Joachimus solus rediit in Berlickem. Et circa cenam venit filius Van der Cammen, qui cum patre et pastore hic pernoctavit. Pastor predictus de impertinentia, quam drossardus fecit publicando actam superius mentionatam, videlicet qua consentit, quod pueris licitum sit circuire in festum Trium Regum, conquestus est. Cui suasi, ut deponeret querelas apud reverendissimum. Et in eum finem dedi illi litteras ad eundem reverendissimum.

3. 3 Jan. Summo mane cum filio Van der Cammen pastor predictus cum nostra carruca in Geldorp profectus est, et accepit litteras monitorias ad drossardum, ut publicationem inepte factam revocet sabbatho vel in vigilia Epiphaniae. Hoc die signavit scedulam locationis villae in qua habitat Dirck Tonissen, Joannes Petri Alberts[500]. Item hodie misit mihi drossardus utramque actam supradictam publicatam, qui die praecedenti eam per Bartholomeum Zomers petieram.

4. 4 Jan. Circa prandium rediit pastor in Berlickem ex Geldrop cum filio Van der Cammen, qui in itinere habuerunt socium dominum archidiaconum usque in Middelrode. Sumpto prandio discesserunt

499 A.A.B. ms. G. v. d. Elsen, *Geschiedenis van de Heeren van Heeswijk en Dinther*, blz. 100.

500 A.A.B. Memorie van ontfanck.

(*f. 45 r.*) pastor predictus, Van der Cammen et filius, et proposuerat pastor, litteras episcopi in presentia Van der Cammen et filii drossardo tradere. Qui etiam multas salutes ex domo episcopi ad nos retulit. Et simul indicavit invigilandum nobis esse pro conservatione nostra in induciis[501], quae videntur tractari. Hodie elocavi villas de Gaal duobus fratribus Henrico et Adriano Joannis Henrici. Item scripsi litteras Henrico van der Steen[502], ne villae predictae in festo Trium Regum publicentur elocandae. Simul ut velit inspicere de lignis secandis, ut non secentur ante sextum annum, et ne terrae pascuales arentur. Insuper ut census et alia onera ex villa, quam modo Andries Jansen colit, solvantur, antequam villam circa Pentecostem dimittat.

5. 5 Jan. In prandio soli fuimus. Hoc die fr. Cornelius cepit inter alios conversari mundatus a peste. Hoc etiam die scripsit pastor Berlicomiensis, fratrem Augustinum, pastorem in Boxtel, et sororem suam peste infectos, sub custodia ac servitio domini Everardi, qui nostris adstitit. Item scripsit litteras episcopi drossardo per alium missas. Item magnam affulgere spem pacis vel treugarum[503]. Circa quintam vespertinam advenit ex Loon cum litteris domini temporalis de Loon primarius ejus minister, mensae prefectus, cum equo, quibus litteris nos invitat ad baptismum suarum prolium in diem 13 Januarii, cui respondi non scripto sed verbo, me venturum cum Dei gratia. Et cenavit nobiscum simul fr. Godefridus, laicus predicatorum, qui venit pro colligenda eleemosyna stationis. Uterque hic pernoctavit.

6. (*Zondag*) 6 Jan. Mane summo discessit officialis domini de Loon ante lucem. In prandio tantum adfuit fr. Godefridus, laicus predicatorum. Post prandium venit pastor in Dinther petens commendatitias ad dominum Postulanum pro pastoratu Zomerensi, quas dedi. In cena soli fuimus cum fratre Godefrido predicto.

7. 7 Jan. Circa prandium venerunt huc duo laici discalciati Lovanienses orantes pro eleemosyna, quam dedi: 25 florenos et 14 asses[504]. Et nobiscum pransi discesserunt in Rodam Sanctae Odae. Unus erat Hagensis Everardus de S. Anna de Bruyn. Alter Ignatius de Jesu, filius Wilhelmi Petri, den rijcken boer van Deijl. Supervenit pater prior cruciferorum, qui etiam nobiscum pransus est et cenavit ac pernoctavit. Misi fratrem Bartholomeum mane in Berlickem, qui vesperi cum pastore

501 bestand, wapenstilstand.
502 A.A.B. Brief aan Henricus van de Steen van 12 jan. 1636.
503 wapenstilstand.
504 A.A.B. Memorie van uuytgheven.

de Berlickem rediit. In cena etiam adfuit fr. Godefridus laicus, et uterque etiam hic cenavit. Circa cenam advenit famulus ex Berna cum litteris ab Horenbeeck, quibus nuntiat Simonem van Breugel hesterna die, videlicet 6 Januarii, mortuum. Cuius anima requiescat in pace.

(*f. 45 v.*) **8**. 8 Jan. Mane discesserunt pater prior, fr. Godefridus laicus et nuntius, qui venerat Berna, cui dedit pastor in Berlickem litteras consolatorias ad Horenbeeck.

In prandio preter pastorem in Berlickem adfuerunt nobis domicelli Bruno Herehovius et filius Van der Cammen, qui omnes vesperi discesserunt.

9. 9 Jan. Fuimus soli in prandio, quo absoluto venerunt huc pastor in Osch et junior Anthonius[505], frater schulteti de Osch[506], qui solverunt hic emptam siliginem undecim modios et duos sextarios pro villis de Berlickem et Roosmalen 202 florenos et 10 asses, et sumpto cibo redierunt in Osch.

10. 10 Jan. In prandio soli fuimus et ante prandium. Post prandium advenit Van der Cammen, qui hic cenavit et pernoctavit. Item recepi hodie litteras ad Horenbeeck Berna, quibus indicat sibi gratum fore, si ad sepulturam Brugelii venire vellem, quae fiet in Ulenborch[507] Silvaeducis. Insuper scribit pastor in Berlickem se eo iturum. Scribit item Horenbeeck, psalmonem ende stuer pro nobis esse Silvae in den Wyntmolenberch.

11. 11 Jan. Ante prandium adfuit mihi Jan Aertsen indicans, quod capitaneo Tuyl proposuissent hii tres pagi donare velle leporem et petasionem ratione quod permisisset, a nobis requisitus, milites regios, qui nos contra exercitum et ejus impetum conservassent.

In prandio adfuit preter Van der Cammen fr. Godefridus, laicus predicator.

Misi hodie juvenem nostrum in Schijndel ad cruciferos cum litteris Van der Cammen, quibus petitur, ut celebrent dominica futura in Berlickem primum sacrum. Fr. Godefridus hic pernoctavit.

12. 12 Jan. *Loon op Zand*. Profectus sum in Loon cum pastore in Berlickem et fratre Waltero. In prandio declinavi in Haren et sumpsi prandium apud pastorem, et circa tertiam veni in Loon. Ibidemque non inveni externos.

505 Anthonius van Coeverden.

506 Dominicus van Coeverden, schout van Oss en kwartierschout van Maasland. Beermann, blz. 95; Cunen, Gesch. Oss, blz. 116.

507 Klooster op den Uilenborg, Schutjes IV, blz. 491.

13. (*Zondag*) 13 Jan. Adhibitae sunt per pastorem in Berlickem ceremoniae ecclesiae duabus prolibus generosi domini, seniori filio jam annos duos cum sex mensibus nato, et filiae[508] jam in Decembri 1635 natae, quibus astiti cum damisella de Loon[509], filia domini Theodori de Immerselle[510]. Mansique ibi.
14. 14 Jan. Mansi per totum diem ibidem, et invenit me ibi pater prior cruciferorum ex Schindel, qui cum fratre Degens ibi pernoctarunt, et petierunt commendatitias per nos ad dominum de Huckelum[511], quas dedit.
15. 15 Jan. Solvit villicus senior 150 florenos et tres asses[512] et dedit pastor in Berlickem quitantiam. Mansi hoc die in Loon, sicut et prior.
16. 16 Jan. (*Heeswijk*) Discessi ex Loon in Heeswijck et pater prior mecum. Descendit ex curru in Gestel fr. Degens, qui ivit in Schijndel. Descendit item ex curru pastor in Berlickem in Dungen, et ivit domum. Prior pernoctavit nobiscum in Heeswijck[513]. In prandio fuimus in Haren, ibique invitaverat pastor in Haren domisellum Vladeracken op den Emer.
(*f. 46 r.*) **17**. 17 Jan. Circa prandium venit fr. Joachimus cum Herman Zomers, qui post prandium discesserunt. Venit fr. Arnoldus Jungers ad priorem, qui cum eodem nobiscum pernoctarunt. Recepi litteras ab Henrico van den Steen ex Herpen, quas tradidi pastori nostro.
18. 18 Jan. Manserunt hic pater prior et fr. Jungers propter aeris intemperiem tam in prandio quam cena, ac etiam pernoctarunt.
19. 19 Jan. Mane discesserunt pater prior et Jungers. In prandio soli fuimus. Accepi litteras a decano Boxtellensi[514], quibus petit a me pro peste ibi infectis ad petitionem domini Everardi theriacam, cui misi tecam unam cum litteris responsivis.

Vesperi accepi litteras a pastore in Berlickem, quibus scribit, quod nomine meo dederit strenam Gansio, videlicet partem panni linei 66

508 Theodorus van Immerselle en Isabelle Marie van Immerselle.
509 Marie Philiberte van Immerselle, dochter van Theodorus van Immerselle en Marie van Renesse.
510 Theodorus van Immerselle. Gestorven 13 april 1610. v. d. Hammen, *Tax*. XXI, blz. 199; de Raadt, Itegem, blz. 85.
511 Thomas van Thiennes, heer van Heukelum, leenman van de abdij. Frenken, Dagboek Moors, blz. 203 noot 226; v. d. Hammen, *Tax*. XXXIV, blz. 70.
512 A.A.B. Memorie van ontfanck.
513 A.A.B. Memorie van uuytgheven.
514 Wilhelmus van Beurden, kapitteldeken van Boxtel. Schutjes III, blz. 360; v. d. Velden, Kosterij Bokhoven, blz. 45.

florenorum, etc. Item misit eidem copiam insinuationis Herptensibus per Horenbeeck factae. Eodem die recepi per expressum Tongerloo[515] missum litteras ab Antverpiensi abbate ad omnes abbates huius circariae scriptas, et simul litteras quas Niniviensis abbas[516] ad predictum scripsit, cum litteris prioris Premonstratensis[517] et religiosorum istius monasterii scriptis ad omnes huius circariae abbates, quibus omnibus dolent statum ordinis propter mortem generalis[518] et ambitionem cardinalis Richelieu ac aliorum etiam abbatum ordinis, qui querunt generalatum ordinis[519].

20. (*Zondag*) 20 Jan. Mane misi famulum Gisbertum ad conducendam ancillam vaccariam in Roosmalen. Et remisi nuntium, qui venerat cum dictis litteris ex Tongerlo.

21. 21 Jan. Nihil occurrit notatu dignum. Uxor Francisci van Nieuhoff fuit hic a 20 huius usque ad 24 inclusive.

22. 22 Jan. Curavi cum carruca advehi pastorem in Berlickem et Van der Cammen. Mandavi in prandio, ut scriberet Brakelio pro butyro adsportando. Et Van der Cammen dedi litteras missas Tongerloo supra mentionatas destinandas Antverpiam, quibus meas ad abbatem Sancti Michaelis adiunxi. Simulque dedi illi pecunias pro feni campo ab episcopo conducto in Empel solvendas leviro magistri Laurentii Huybrechts, receptoris episcopi, commoranti Silvaeducis. Et discesserunt in Berlickem.

23. 23 Jan. Venerunt fr. Joachimus Kijsers et filius Van der Cammen cum litteris ab advocato de Jong Hagaecomitis scriptis de negotio Herptensi, quas cum eisdem post prandium remisi ad Horenbeeck.

Hodie cum capitositate discessit famulus Johannes Massart. Hodie misi fratrem Cornelium Griensven Endhoviam pro perdicibus comparandis[520].

24. 24 Jan. In prandio adfuit Van der Cammen nuntians drossardum sese preparare, ut solvat circa medium Martii 5000 florenos, quos eidem a triennio commodavi. Simul quod sese multum purgaret de publicatione in festo Circumcisionis facta. Post prandium idem discessit in Berlickem. (*f. 46 v.*) Mandavi item Van der Cammen, ut scriberet Horenbeeck de

515 A.A.B. Memorie van uuytgheven.
516 Joannes David, abt van de norbertijnenabdij van Ninove van 1613 tot 1636. Backmund II, blz. 317.
517 Adrianus Gosset. Goovaerts I, blz, 322.
518 Petrus Gosset, generaal-abt van de orde van Prémontré. Gestorven 12 aug. 1635. Backmund II, blz. 523 en 529; Goovaerts I, blz. 322-323.
519 Zie Inleiding § 7.
520 A.A.B. Memorie van uuytgheven.

negotio Herptensi, quatenus exigeret libros ex quibus burgimagistri exigunt suas collectas. Hoc die reversus est fr. Griensven cum tribus paribus perdicum, et attulit a reverendissimo nostro salutationes.

25. 25 Jan. Misi in Roosmalen famulum Gisbertum pro ancilla vaccaria conducenda[521], et conduxit sororem suam, cui pro arrha dedi 25 asses. Eidem dedi deferendas perdices pastori in Berlickem, ut mittat Hagam.

In prandio soli fuimus, uti et in cena. Hoc die non ita bene valui ut et precedenti die.

26. 26 Jan. Fuimus soli, nec aliquid occurrit notatu dignum.

27. (*Zondag*) 27 Jan. In prandio fuimus soli. Circa tertiam venit domicellus Bruno ter Herenhaeff invitans me et sororem nostram ad prandium in 29 sequentis diei. Circa quintam abiit.

28. 28 Jan. In prandio soli fuimus. Postea venit dominus Jacobus Westerhovius, capellanus in Schijndel, ostendens nobis copiam litterarum a pastore in Veghel[522] scriptarum ad reverendissimum dominum, quae erant plenae iniuriis et accusationibus contra ipsum dominum Jacobum et etiam aliquae erant tangentes fratrem nostrum Augustinum. Et petiit licentiam a me, ut dictus frater posset citari coram vicariatu ad dandum testimonium veritatis in dicta causa. Quam eidem concessi. Et abiit in Veghel.

29. 29 Jan. Pransus sum cum sorore apud Herenhovium in Dinter. Similiter et pastor in Berlickem et Van der Cammen cum uxore, qui omnes vesperi cenarunt et pernoctarunt apud nos.

30. 30 Jan. Circa prandium venerunt fr. Joachimus capellanus in Berlichem et filius Van der Cammen, qui cum aliis predictis omnes, excepto Van der Cammen patre, sumpto prandio iverunt cum carruca nostra in Berlickem. Hodie elocavi villam cum decima, quam habuit Nicolaus Petri, Johanni Henrick Willemsen. Item hodie signavit scedulam suam locationis villae vidua int Lanckhuys. Iterum Van der Cammen pernoctavit nobiscum. In cena accepi Leodio litteras a Pierre Wespin et a fratre meo Cornelio Teneramunda.

31. 31 Jan. Hodie signavit scedulam locationis Nicolaes Willemsen van Driel[523]. In prandio advenerunt cum curru pastor in Berlickem et Horenbeeck ex Berna, qui sumpto prandio communicarunt nobis scripta

521 Zie 20 jan. 1636.
522 Joannes Haubraken. Schutjes V, blz. 786.
523 A.A.B. Pachtceel Claes Willemsen.

contra Herptenses. Et cum Van der Cammen discesserunt. In cena soli fuimus.

32. 1 Febr. Hodie coximus decem amas cerevisiae et respondi fratri meo Cornelio Teneramundae ad suas postremas. Et per diem soli fuimus.

33. 2 Febr. Hodie nihil notatu dignum occurrit et fuimus soli.

34. (*Zondag*) 3 Febr. Venit uxor Johannis Henrici Willemsen villici et renuntiat contractui per maritum inito de villa Dinterensi, quam colit Nicolaus Petri, quam conduxerat.

(*f. 47 r.*) **35.** 4 Febr. Elocavi villam Moenle Henrico Michaelis[524] reservatis duobus campis in Berchem de Meer ende Geer. Item elocavi de novo villam, quam conduxerat in Dinter Jan Henrick Willemsen et per uxorem curaverat renuntiari, Goosuino Danielis Dinterensi. Item hodie accepi vas vini Francici Andegavensis a Petro Cotel, quod constat, uti scribit, 38 florenis.

36. 5 Febr. Venerunt cum carruca nostra pastor in Berlickem et Van der Cammen, qui pransi nobiscum redierunt in Berlickem. Dedi pastori profecturo Hagamcomitis litteras ad Van der Wolf contra Herptenses. Item litteras executoriales renovandas. Vesperi advenit doctor medicus Lintermans ad pastorem nostrum Rovers thifo laborantem, et pernoctavit hic[525].

Hodie item soror nostra ivit cum pastore et Van der Cammen in Berlickem, cras itura Silvam pro necessariis domesticis[526].

37. 6 Febr. Hodie visitavit predictus doctor filium Petri Bogarts laesum graviter, et reversus post prandium ivit cum carruca nostra in Berlickem iturus sequenti die Silvam. Venit cum illo pastor in Dinter.

38. 7 Febr. Mane venerunt huc duae moniales, una Thenensis, altera ex monasterio Sanctae Gertrudis Silvaeducis, pro eleemosyna pro Thenensibus combustis[527], quibus dedi 12 florenos et 10 asses[528]. In prandio et per diem soli fuimus. Sed supervenit domicellus Herenhoven, filius domicelli Joannes Herenhovii, qui nomine patrui sui Brunonis donavit nobis 16 quercus vel heesteren. Eodem vesperi accepi per famulum Horenbeeck litteras ab eodem de ovibus Nicolai Petri, et litteras drossardi de Bochoven de testamento Isabellae, ancillae fratris mei Cornelii[529], Teneramundae mortuae.

524 A.A.B. map: De abdijgoederen in het land van Ravenstein.
525 A.A.B. Memorie van uuytgheven.
526 A.A.B. Memorie van uuytgheven.
527 Wagenaar, blz. 202; Rogier, Opstellen, blz. 755-756.
528 A.A.B. Memorie van uuytgheven.
529 Zie 6 nov. en 29 dec. 1635.

39. 8 Febr. Mane rescripsi Horenbeeckio. Et venit ad me filius[530] Egidii de Weer[531] Oisterwijcanus cum litteris domini de Loon, quibus petitur, ut eidem De Weer nostram operam et assistentiam in elocandis bonis domini nostri temporalis de Heeswijck velimus prestare, quam addiximus.

Vesperi venerunt pater Montis Molaris[532] Silvaeducensis, Van der Cammen et soror nostra, quae iverat Silvam quinta huius, et hic pernoctarunt.

40. 9 Febr. Uterque predictus hic mansit. Et misi famulum in Berchem et Os, ut curet publicari duos campos fenales esse elocandos. Misi fratrem Bartholomeum in Berlickem ad celebrandum loco pastoris absentis, qui iverat Hagam cum Horenbeeck.

41. (*Zondag*) 10 Febr. Circa prandium reversus est fr. Bartholomeus ex Berlickem cum duobus excalciatis carmelitis, procuratore videlicet Antverpiensi et Van den Velde Gravensi, qui pransi hic cum patre van den Wintmolenberch et Van der Cammen iverunt cum carruca nostra in Vechel. Pater et Van der Cammen hic pernoctarunt. Venit Jan Jacops, villicus domini temporalis, et solvit sorori 30 florenos nomine drossardi ratione campi den Aabeempt.

(*f. 47 v.*) **42**. 11 Febr. In prandio adfuerunt duo predicti, pater van den Wintmolenberch et Van der Cammen. Similiter et vesperi. Et pernoctarunt.

Invisit nos domicellus Ter Herenhaef Bruno, qui dedit nobis scedulam memorialem, in qua annotavit omnes mulctas criminales, quas habuit drossardus a Dinterensibus.

43. 12 Febr. Discesserunt pater et Van der Cammen cum nostra carruca in Berlickem. In prandio soli fuimus. Post prandium misi domicello Ter Herenhaef strumilum, asellum, maurem salsum et aliquot haleces per fratrem Bartholomeum. Heri emi a Nicolao Petri villico 52 oves in solutionem.

44. 13 Febr. Nihil occurrit. Scripsi litteras reverendissimo domino, quibus unum commendavi ad sacros suscipiendos ordines.

45. 14 Febr. Emi duas pleitas cespitum Bakelensium[533] pro 69

530 Adrianus de Weer.

531 Egidius de Weer, rentmeester van de heer van Heeswijk, Dinther en Berlicum. Zie Inleiding § 8.

532 Joannes van der Meulen, pater bij de reguliere kanunnikessen op de Wintmolenberg Bots, Noordbrab. Stud. nº 3540.

533 twee schuiten Bakelse turf.

florenis et aliquot assibus. Preterea nihil aliud occurrit, nisi quod circa cenam advenit magister Joannes Calendries cum laico brigittino Teneramunda ferens litteras a fratre meo Cornelio, quibus idem commendatur, ut ei conferrem aliquod beneficium super quod ordinari posset. Et contuli eidem vesperi beneficium Sancti Nicolai et Omnium Sanctorum in Outheusden cum litteris patentibus, et scripsi reverendissimo domino nostro, ut eum instituere velit ac in quatuor temporibus ordinare in subdiaconum. Qui hic pernoctavit.

46. 15 Febr. Summo mane idem Calendries cum socio ivit in Geldorp, ductore Petro Aertsen ante portam nostram.

Circa prandium venerunt pastor in Berlickem cum fratre Joachimo et retulit se tantum Bernae fuisse. Item advenit Van der Cammen cum sua ancilla asportante medicamenta pro provisore nostro Rovers, qui omnes absoluto prandio discesserunt in Berlickem.

Postea supervenit pastor in Dinter petens tertio litteras ad dominum Postulanum pro pastoratu Zomerensi. Quas ei daturum me dixi.

47. 16 Febr. Elocavi duobus Berchemensibus duos campos fenales, de Geer et Meer nuncupatos[534]. Quique eorum est trium et medium jugerum terrae. Et ex illa occasione in prandio nobiscum comedit Jan Aertsen Vercuylen, huius pagi primus scabinus.

48. (*Zondag*) 17 Febr. Circa prandium rediit magister Joannes Calendries ex Geldorp cum litteris reverendissimi domini ad me, quibus scribit se eidem Calendries ordinem subdiaconatus dedisse ad meam commendationem. Qui supradictus Calendries cum socio nobiscum pransus rediit in Cauwater.

(*f. 48 r.*) Postea supervenit pastor in Dinther petens litteras commendatitias ad dominum Postulanum pro Zomerensi pastoratu, quas eidem dedi. Similiter venit Henricus Costen, vulgo Vonck nuncupatus, qui petiit consilium, quid agere debeat cum Wilhelmina nepte nostra, an Teneramundae apud fratrem meum elocanda ad tempus, ut videatur ad quem statum inclinabitur, etc.

49. 18 Febr. In prandio et per diem soli fuimus. Circa vesperam venit pater prior cruciferorum cum socio fratre Paulo, qui hic pernoctarunt. Molitor de Heeswijck petiit etiam hodie, sese commendari commissario domini temporalis, qui venit ut bona domini temporalis pro omnibus elocet, quatenus posset continuari.

50. 19 Febr. Cum priore et socio soli fuimus per diem. Et circa

534 A.A.B. Huurceel betreffende de Geer en de Meer onder Berchem gelegen.

tertiam discessit in Schijndel socius. Prior hic pernoctavit. Circa sextam vespertinam advenit De Weer, commissarius domini temporalis cum uno edituo Osterwicano, qui hic etiam pernoctarunt.

51. 20 Febr. Mane discessit dictus De Weer cum socio et ivit lustratum molam. Circa prandium venit fr. Christianus laicus, ut deducat priorem. Qui sumpto prandio discesserunt. Interea rediit fr. Bartholomeus, quem mane miseram, ut iret Silvamducis, nisi aquae et glacies eum impedirent. Quae impedierunt. Et asportavit litteras a pastore in Berlickem et a Brakel[535], quibus Brakel scribit butyrum et caseum non posse ex Mazenwael mitti propter mandatum Principum et Ordinum utrumque, quo precipitur, ne victualia transportentur de loco in locum.

52. 21 Febr. Soli fuimus, nec aliquid occurrit.

53. 22 Febr. Post prandium venit pastor Dinterensis portans litteras a fratre Leonardo Postella, quibus significat, quod parvos carpiones poterimus habere.

Item adfuit molitor et Jan Jacopsen petentes commendari receptori domini temporalis pro continuatione locationis.

54. 23 Febr. Misi fratrem Bartholomeum in Berlickem, ut dicat pastori butyrum a Maes en Wael exsportandum posse redimi pondo pro 6 assibus et caseus pro quatuor. Circa prandium cum dicto Bartholomeo adfuerunt pastor in Berlickem et Van der Cammen, qui postea redierunt domum. Et sumpsit secum Van der Cammen scedullam elocationis terrae de Berchem, die Rijt dictae, ut novam scribat pro terris de Meer et Geer dictis.

55. (*Zondag*) 24 Febr. Mane accepi litteras Hagecomitis a Wolfio, quibus indicat veniendum Hagam contra Herptenses. Quas statim misi in Berlickem ad pastorem, qui eas misit Bernam ad Horenbeeck. Et post prandium venit idem pastor cum filio Van der Cammen huc et pernoctarunt. Similiter laicus discalciatus Lovaniensis.

(*f. 48 v.*) Eodem die, quo supra, mane circa decimam administravi sacrosanctum sacramentum in viaticum fratri Petro Rovers provisori, simul et extremam unctionem, qui sequenti die in festo Sancti Mathiae apostoli in anno bissextili circa medium noctis inter diem 25 et 26 Februarii placide in Domino obdormivit, tabe confectus.

56. 25 Febr. Mansit hic pastor in Berlickem et Van der Cammen et hic pernoctarunt. Vesperi advenerunt et pernoctarunt Egidius de Weir et

535 A.A.B. Brief van Zweder van Brakel van 29 jan. 1636.

filius ejus, ut sequenti die publice possent elocare bona omnia domini temporalis de Heeswijck.

57. 26 Febr. In prandio adfuerunt pastor et Van der Cammen, qui postea discesserunt in Berlickem. Item supervenit dominus Joannes Calendries et hic mansit usque in 28 Februarii. Vesperi ad collationem redierunt De Weir supradictus et filius. Item venit Horenbeeck ex Berna et hic pernoctarunt.

58. 27 Febr. Omnes supradicti mane discesserunt, Horenbeec iturus cum pastore de Berlickem Hagamcomitis contra Herptenses[536]. Adfuit a 24 Februarii usque in hodiernum diem fr. Lentius, qui post prandium discessit in Littoyen. Venit circa prandium, evocatus per litteras pastoris de Berlickem nostro jussu, fr. Folcoldus qui hic mansit et pernoctavit.

Circa vesperam advenit pater prior cruciferorum ex Schijndel cum Eynthouts, ut sequenti die intersit exequiis fratris nostri Petri Rovers.

59. 28 Febr. Sepelivimus fratrem Rovers defunctum in choro sanctissimae Deiparae in ecclesia de Heeswijck. Curavi pro consanguiniis et vicinis, qui ad exequias celebrandas venerunt, prandium fieri in edibus fratris defuncti Henrici Rovers editui. Alii, sacerdotes et honestiores ut domicellus Ter Herenhaef cum nepote et Van der Cammen, manserunt nobiscum in prandio et aliqui in collatione uti Herenhovius, pater prior, pastor in Dinter, pastor in Nuenen et Van der Cammen. Pater prior et Van der Cammen hic pernoctarunt.

60. 29 Febr., quia bissextilis annus.

Hoc die manserunt hic pater prior et Van der Cammen et hic pernoctarunt. Hodie accepi litteras a Brakel, quibus scribit de pecuniis et butyro pro conductione Maeswalensi solvendis. Ad quas eidem per Van der Cammen respondi, ut pastori Berlicomensi solveret, qui iverat Hagam et forte venturus Ultrajectum.

Accepi litteras a Nieuhoff Francisco.

61. 1 Martii Mane discessit prior cruciferorum. Eynthouts ante iverat in Dinter auditurus confessiones.

Post prandium venit Choosuinus Denen et signavit scedulam elocationis villae conductae[537], in qua habitat Nicolaus Petri. Et postea discessit in Berlickem Van der Cammen et cum eo fr. Cornelius Griensven celebraturus sequenti die, quae erat dominica, ibidem.

Postea venit huc molitor in den Reeck pro Henrico van den Steen

536 A.A.B. Rekening van de reis van 28 febr. 1636 naar Den Haag.
537 A.A.B. Pachtceel Goossen Denen.

petens litteras ad dominum Everardum in Oisterwijck, quatenus vellet venire ad dictum Henricum peste infectum. Quas dedi.

(*f. 49 r.*) **62**. (*Zondag*) 2 Martii Hoc die omnes fere incolae Heesvicani celebrarunt suum Pascha, sicut et vicini pagi fecerunt ob edictum[538] hoc die publicatum Ordinum Unitarum Provinciarum de claudendis templis ac inhibendo officio missae et aliis ecclesiae Romanae exercitiis.

In prandio reversus fuit fr. Griensven ex Berlickem, qui nuntiavit, omnes fere mutatos scabinos in Berlickem et unos factos esse factioni drossardi addictos. In prandio adfuit fr. Everardus, laicus Lovaniensis conventus discalciatorum, qui hic in pago circumiturus est pro eleemosyna.

Vesperi post octavam horam advenerunt fr. Augustinus, pastor in Boxtel, et dominus Everardus cum molitore van den Reeck, qui hic pernoctarunt.

63. 3 Martii Mane discessit dominus Everardus cum molitore in den Reeck ad Henricum van den Steen peste infectum, manente hic fratre Augustino per totum diem, qui solus in prandio et cena adfuit.

64. 4 Martii Sumpto prandio discessit in Boxtel pastor predictus[539]. Venit hic pro consilio pastor in Dinter de pecuniis mensae Sancti Spiritus exponendis ad annuum reditum. Vesperi soli fuimus.

65. 5 Martii Mane circa decimam venit ex Herpen dominus Everardus in carruca villici nostri Henrici de Clein Gaal, nuntians Henricum van den Steen peste extinctum. Mansit hic in prandio et venit Van der Cammen. Uterque hic pernoctavit.

Dedi litteras Henrico villico predicto ad forestarium de Schayck, quibus mando, ut inhibeat Henrico Petro villico in Moenle, ne cespites, mericam et ligna avehat vel deponat querelas apud scultetum Ravesteinensem.

Post prandium venit cum equo fr. Balthasar ex Haren, qui etiam hic pernoctavit.

Vesperi advenerunt ex Oisterwijck Egidius de Weer cum filio Adriano et hic pernoctarunt.

Hodie venit nuntius missus a Suuerio, qui se schultetum scribit Maeslandiae, cum litteris[540], quibus mandatur, ut infra quatriduum pastor de Heeswijc cum suo capellano Silvaeducis compareat et juramen-

538 Plakkaat van 2 febr. 1636. Beermann, blz. 55 en 155; Frenken, Dagboek Moors, Bijlage V, blz. 218-219.

539 A.A.B. Memorie van uuytgheven.

540 Beermann, blz. 57.

tum fidelitatis Provinciis Unitis in manus dicti praetoris prestet. Idem factum retulit fr. Bartholomeum reversus Buscoducis in Berlickem.

66. 6 Martii Mane discesserunt ad sua Van der Cammen, fr. Balthasar et dominus Everardus, cui equum concessi.

In prandio adfuerunt magister Joannes Calendries et fr. Josephus[541] laicus in Coudewater venientes ex Geldorp et asportarunt litteras a reverendissimo domino, quibus scribit se dimissoriales dedisse Calendries, et nobis sumpto prandio idem tale dixit.

Vesperi redierunt ad nos et hic pernoctarunt Egidius de Weer et filius ejus, cui filio dedi memoriale omnium mulctarum, quas drossardus habuit spatio 8 annorum in Dinter, ab iis tantum, qui peccaverunt criminaliter, et hic prout scire potuimus, etc.

(*f. 49 v.*) **67.** 7 Martii Mane discesserunt hinc dicti de Weer in Oisterwijck, uti dicebant. Per totum diem soli fuimus, nec aliquid occurrit notatu dignum.

68. 8 Martii Ivit in Berlickem fr. Griensven pro sacro faciendo, si possibile et licitum fuerit sine violatione edicti Hollandici. In prandio adfuit cappellanus in Vechel, Van den Bogart[542], cognatus fratris Griensven, qui postea discessit.

69. (*Zondag*) 9 Martii Advenit mane Griensven ex Berlickem nuntians pastorem de Berlickem ex Haga advenisse et venturum in prandio hic, uti factum est. Aderant fr. Joachimus et Van der Cammen. Qui venerunt ut mandato accepto iterum profecturi Hagam, ibidem aliquid manendi. Dedi fratri Joachimo mandatum accedendi drossardum ac dicendi, ut pecunias, nobis ex parte ipsius debitas, nobis numeret, non Broechovio. Similiter mandavi illi, ut scribat Horenbeeckio, quatenus oves emptas a Nicolae Petri abducat[543]. Et discesserunt omnes. Nota: Vide signum simile in pagina sequenti.

Hodie circa undecimam misi fratrem Cornelium cum equo in Venloon[544] pro cespitibus vendendis cum mandato, ne sine expresso mandato villicus ibidem cespites fodiat ac arefaciat.

70. 10 Martii Circa prandium advenit pater prior cruciferorum ex Schijndel cum fratre Toelinck, qui hic pernoctavit, et fr. Toelinck reversus est in Schindel.

Post prandium pertransiit hic dominus Jacobus, capellanus in Schijn-

541 Josephus, lekebroeder bij de birgitinessen in Coudewater. Schutjes V, blz. 602.

542 Van de Bogart staat bij Schutjes niet als kapelaan vermeld.

543 Zie 12 febr. 1636.

544 Venloon = Loon-op-Zand.

del, et petiit a nobis altare portatile sibi concedi. Quod addixi, modo inveniatur. Et ivit in Os altera die reversurus.

Circa quintam vespertinam venit huc Horenbeeck ex Berna, qui hic pernoctavit, sequenti die abducturus oves emptas a Nicolao Petri, villico nostro in Bernhese.

71. 11 Martii Mane Horenbeeck discessit. In prandio mansit pater prior et pernoctavit. Circa prandium venerunt fr. Joachimus, capellanus in Berlickem, et junior Van der Cammen, qui nuntiarunt, quod fuerunt in domo drossardi, absentis in Eyndhoven, et dixerunt uxori, ut pecunias nobis debitas nulli numeret quam nobis. Et post prandium discesserunt.

Circa duodecimam rediit ex Venloon fr. Cornelius referens cespites paratos, sed non posse vendi satis condigno pretio. Detulit simul salutationem a domino de Loon.

Item post prandium accepi litteras ab Ottone van Lieshout[545], quibus pastor Heeswicanus summatur et monetur ad solutionem taxae suae pro predicantibus in Maioria ponendis.

Circa quintam vespertinam pertransit iterum dominus Jacobus cappellanus veniens ex Os et assumpsit secum altaris portatilis lapidem, quem ei commodavimus.

Circa eandem horam advenit hic dominus Simon, rector in Domo Apostolica[546] prope Helmondam, cum Joanne quondam famulo nostro, qui cum mala gratia ante discesserat[547], et oravit pro eodem, ut iterum in famulum reciperetur. Quod feci post multas ejusdem preces.

(*f. 50 r.*) **72.** 12 Martii Mane discessit hinc dominus Simon et Joannes Massaert cum eo, sequenti die ad nos rediturus.

In prandio adfuit dominus prior. Quo absoluto venit fr. Christianus laicus, ut eidem socius esset in Schijndel, quo simul abierunt.

Mane discessit pastor in Boxtel, qui pridie circa vesperam venerat et nobis aperuit, se intellexisse ab Anthonio de Roy canonico[548], dominum Everardum non bene contentum cum honorario eidem a nobis dato.

Item misi mane fratrem Bartholomeum cum nummis in Berlickem, ut nomine pastoris taxa, imposita a Reep pro Schuylio, per juniorem Van der Cammen in absentia patris solveretur. Qui circa prandium rediit.

In prandio nobiscum solus adfuit pater prior supradictus et postea

545 A.A.B. Brief van 21 april 1632.

546 Het door kardinaal Willem van Enckevoirt te Mierlo-Hout gestichte gasthuis, Apostelhuis genaamd. Spilmann, blz 55; Schutjes V, blz. 99.

547 Zie 23 jan. 1636.

548 Schutjes III, blz. 349; Frenken, Dagboek Ophovius, blz. 111 voetnoot 7.

venit circa secundam horam fr. Christianus laicus, cum quo rediit pater prior ad propria. In cena soli fuimus.

73. 13 Martii Mane rediit Joannes Massaert famulus ad famulatum. Et soli fuimus hoc die, nec aliquid notabile occurrit.

74. 14 Martii Mane circa 8 horam venit huc uxor satrapae cum nummis, quos a nobis commodato acceperat satrapas[549] a triennio, et restituit eosdem. Et abiit humaniter.

Per totum diem soli fuimus. Tantum ad horulam nobiscum fecit pastor in Dinther de diversis fabulatus.

75. 15 Martii Nota: Nona Martii dedit nobis Van der Cammen litteras a Swerio[550], qui se scribit scultetum Maeslandiae, quibus requirit et mandat, ut infra biduum cum meis religiosis veniam Silvamducis, ac prestem juramentum Ordinibus Confederatarum Provinciarum, fidelitatis videlicet ut nominant. Hoc die 15 Martii nihil occurrit et soli fuimus.

76. (*Zondag*) 16 Martii Fuit Palmarum. Misi Griensven in Berlickem, ut videat, an tuto posset celebrare. In prandio soli fuimus. Hodie in templo de Heeswijck pro communitate celebratum non fuit. Conscripti sunt scabini de Heeswijck et satrapas ad prestandum juramentum fidelitatis Ordinibus Confederatis.

77. 17 Martii Nihil occurrit hodie et fuimus soli.

78. 18 Martii Ad idem.

79. 19 Martii Mane accepi litteras a pastore in Berlickem Hagacomitis, quibus significat omnia, quae petivimus, impetrata pro voto[551]. Item alias accepi a Maria Vranx Antverpia, quibus scribit pedum confectum.

Circa prandium venerunt pastor in Berlickem, Van der Cammen et Dominicus van den Dael, frater pastoris de Berlickem, et asportarunt apostillam Hagae, qua declaratur, nos non teneri ad juramentum supradictum. Et circa quartam discesserunt.

Post collationem advenit Horenbeeck, qui nobis reliquit assignationem 300 florenorum cum duobus et 15 assibus, ut eos accipiemus a communitate de Heeswijck.

Item venit hic dominus Petrus Veraelsfort, pastor in Beers, sed non pernoctavit.

80. 20 Martii Mane Horenbeeck discessit. Hodie coximus sex amas bonae cerevisiae et fuimus soli. Est dies Cenae Domini.

(*f. 50 v.*) **81**. 21 Martii Sub officio divino advenerunt et manserunt in

549 A.A.B. ms. G. v. d. Elsen, *Geschiedenis van de Heeren van Heeswijk en Dinther.*

550 Joris Suerius.

551 Frenken, Dagboek Moors, Bijlage V, blz. 218-219.

prandio pater prior cruciferorum cum fratre Toelinck et Van der Cammen cum filio. Post prandium omnes discesserunt.

82. 22, (*Zondag*) 23, 24 Martii Nihil occurrit et fuimus soli, ita et sequenti die Paschatis et feria secunda, quae fuit 24 huius.

Post prandium ivimus ambulatum in Dinter ad domicellum Herenhovium cum fratre Bartholomeo et sorore.

83. 25 Martii (*Geldrop*) Mane post sacrum ivimus in Geldorp cum fratre Waltero et sorore et feliciter eo pervenimus circa secundam horam pomeridianam invenientes reverendissimum episcopum cum familia in bono statu sanitatis[552]. Ibique pernoctavimus.

84. 26 Martii (*Heeswijk*) Reverendissimus cum suo secretario et sacellano profectus est summo mane Antverpiam versus et nos circa undecimam repetivimus ad propria et venimus post tertiam domum feliciter, nisi quod intra Veghel et Schijndel per vim et celeritatem equorum evasimus e manibus militum, qui nos insequebantur equis suis usque in Dinter. Hoc die domum rediens accepi litteras ex Berchem, quibus Claes Denen indicat, se renuntiare contractui conductionis pratorum nostrorum ibidem sitorum.

85. 27 Martii Mane venerunt duo alii ex Berchem pro pratis istis conducendis, sed nihil actum est. Dictumque nos missuros nostros sequenti die, qui juridice omnia agant.

Sacrum oleum per nos ex Geldorp allatum missum est hodie in Berlickem, ut Silvamducis mittatur.

In prandio soli fuimus. Quo absoluto transivit hic commandator de Gemert tendens Silvam et ulterius versus Cuylenborgam, qui nos salutavit.

86. 28 Martii Circa decimam venit Van der Cammen, qui circa primam sumpto prandio cum fratre Cornelio et cum carruca nostra iverunt in Osch et Berchem et postea in Scayck pro diversis curandis.

Hodie coximus decem aamas communis cerevisiae.

87. 29 Martii Circa secundam pomeridianam transivit per pagum veniens Silva commendator de Gemert, qui suum misit cubicularium ad me cum salutatione.

Vesperi reversi sunt Van der Cammen et fr. Cornelius ex Herpen et Berchem peractis negotiis a nobis mandatis[553]. Et pernoctavit hic Van der Cammen.

552 A.A.B. Memorie van uuytgheven.

553 A.A.B. Een memorie van 29 maart 1636; Schrijven van Geris Janssen, vorster der vrijheyt van Oss.

88. (*Zondag*) 30 Martii Sumpto prandio discessit Van der Cammen in Berlickem cum paupere Mathia, qui ad illum litteras detulit et ad nos ab advocato Broechovio pro cedula locationis terrarum in Litthoyen habenda, quam illi per Van der Cammen misi.

89. 31 Martii Misi fratrem Bartholomeum Silvamducis pro lapidibus et calce emendis, nec hoc die reversus est.

Hodie Goosen Peters ex Berchem solus conduxit campos nostros in Berchem, sed sponsorem constituit Nicolaum Willemsen Block, habitantem in Dinter.

In prandio adfuerunt pastor in Berlickem et fr. Joachimus sacellanus ejus, qui post prandium redierunt domum. Tradidi pastori statum redditus nostri, quem quatenus nobis solvere debet dominus canonicus Boxtelensis, ut solutionem urgeat.

(*f. 51 r.*) **90.** 1 Aprilis Celebratum hodie est festum Annuntiationis Dominicae, quia incidit in diem Parasceves.

Post prandium venerunt ad nos litterae ex Scayck, quibus nomine communitatis et scabinorum ibidem nobis indicatur, quod noluit me elocasse villam de Moenle Henrico Michaelis propter suam insufficientiam in solvendo contributiones, quod propterea alia nostra bona gravare intendunt. Ad quas nihil respondi.

Vesperi venit huc pater prior ex Schijndel et pernoctavit. Venit Van der Cammen et pernoctavit. Venit fr. Bartholomeus, qui pridie iverat Silvamducis, asserens se emisse lapides et calcem pro nobis.

91. 2 Aprilis Mane ivit cum equo in Osch fr. Cornelius, ut forestario ibidem indicet, quod campi vel prata in Berchem sunt elocata. Similiter juridice insinuavit cuidam invasori bona nostra, ut litteras suas videret.

Circa prandium venerunt huc pater van den Wyntmolenberch cum sua noverca et fr. Joachimus, qui nobiscum pransi abierunt in Nistelroy, sed fr. Joachimus ivit in Berlickem. Item venit fr. Paulus conversus ad conducendum patrem priorem, qui simul abierunt in Schijndel.

Postea supervenerunt ambulationis ergo domicelli Ter Herenhaeff et Daly cum duobus minoritis, qui circa sextam abierunt.

Mansit hic et pernoctavit Van der Cammen. Reversus est Griensven ex Osch.

92. 3 Aprilis Mane misi cum carruca nostra aliquos nummos Silvam[554] et iverunt cum iis fr. Bartholomeus, Van der Cammen et soror nostra.

554 A.A.B. Memorie van uuytgheven.

Circa prandium advenit fr. Tuelinck ex Schijndel cum salvia et pransus abiit.

Circa cenam redierunt Silvaducis fr. Zomers, Van der Cammen et soror.

Post cenam venit pastor in Nuenen cum duobus leporibus. Item accepi litteras cum scedulis locationis villae de Loon et 120 florenis cum 10 assibus ab Horenbeeck[555], quos receperat ejus filia a villico de Loon.

93. 4 Aprilis Mane cum leporibus misi fratrem Zomers et juvenem Silvamducis, mittendos ut curarent Hagamcomitis ad graphiarium Muschium[556].

Exercitus regius dicitur hac nocte fuisse in Boxtel et Liemde ac aliis pagis vicinis; quod hic rusticis magnum dedisset timorem, ideoque cum suis reculis huc fugierunt.

Mansit hic tota die et per noctem fr. Folcoldus. Vesperi rediens fr. Zomers cum juvene nuntiavit, lapides et calcem emptos non posse huc vehi propter defectum aquae.

94. 5 Aprilis Transivit per Veghel exercitus regius versus Gennep.

Rediit pastor in Nuenen ad suos post prandium. In prandio advenerunt pastor in Berlickem cum capellano. Van der Cammen iverat pridie domum cum duos rusticos ex Hees, qui fuerant citati, ut litteras suas viderent, quibus pretendebant invadere partem terrae ex villa nostra ibidem[557], prius expedivisset.

(*f. 51 v.*) Vesperi post cenam advenit novus receptor De Weer et hic pernoctavit cum nocte sequenti.

95. (*Zondag*) 6 Aprilis Fuerunt hic equites Ruremondani circiter 60, et manserunt quatuor circiter horis.

In prandio fuerunt hic invitati magistri templi et mensae Sancti Spiritus cum aliis.

Circa prandium advenerunt pater prior cruciferorum cum fratre Degens et Van der Cammen, qui nobiscum pransi abierunt in Schindel.

Post prandium invisit nos domicellus Herenhovius, et pernoctavit hic Van der Cammen cum De Weer.

96 7 Aprilis Mane sumpto jentaculo discessit circa undecimam receptor De Weer. Post prandium discessit Van der Cammen. Circa quintam advenerunt huc pastor in Bochoven et fr. Balthazar ex Haren et hic pernoctarunt.

555 A.A.B. Memorie van ontfanck.

556 A.A.B. Memorie van uuytgheven.

557 Zie 2 april.

97. 8 Aprilis Mane discessit hinc in Haren fr. Balthazar, cui mandavi, ut nobis provideret de juvenibus carpionibus.

In prandio adfuerunt nobis dominus canonicus Broechoven et dominus pastor in Dungen. Prior venit, ut pecunias fratri suo debitas vellem numerare undecima hujus, quod addixi; alter venit pro voto implendo cum prolibus aliorum ad Sanctum Gregorium pro tussi.

Nostri religiosi iverunt piscatum in de Meer.

98. 9 Aprilis Circa prandium advenit pater prior cum Eynhouts, qui post prandium redierunt in Schijndel.

Advenerunt pastor in Berlickem et Van der Cammen per me vocati, quos instruxi de pecuniis Broechovio numerandis. Et post prandium abierunt ituri sequenti die Silvamducis.

99. 10 Aprilis Mane misi fratrem Zomers Silvam ad aperiendam cistam, in qua pecunia predicta custoditur. Cui dedi 600 florenos in pattaconibus in Silvamducis deferendos, quibus totaliter solveretur Broechovio[558]. Sub prandio advenit dominus archidiaconus Van Gestel, qui nobiscum pransus proposuit mihi de remissione debiti villici sui, quod debet ratione decimationis van den Middelblock; simul de nova conductione dictae decimae de Middelblock. Et abiit circa quintam in Middelrode. Hoc vesperi fr. Zomers non rediit, sed mansit in Berlickem.

100. 11 Aprilis Mane summo, etiam circa nonam et post prandium circa mediam quartae venit ad me filia ex d'Lanchuys, nupta cum Godefrido, vehementer quaerens consilium pro captivo marito suo, ablato a Bredanis innocenter detento in Berchem. Cui consului, ut attestationem suae innocentiae de facto, quo culpatur, a scabinis acciperet.

Item curavi scribi ob eandem causam domino Werimontio, auditori Bredano, per pastorem, casu quo milites in suum presidium, quod Bredae tenetur, revocantur.

Circa prandium rediit Zomers et cum eo Van der Cammen, qui post prandium rediit ad sua. Eadem hora rediit filius villicae int Lanchuys, qui aufugit et resiliit e manibus militum Bredanorum, cum tribus diebus et noctibus fuisset captivus ab illis detentus.

(*f. 52 r.*) **101.** 12 Aprilis Nihil occurrit et soli fuimus.

102. (*Zondag*) 13 Aprilis Ante prandium venit dominus archidiaconus, qui hic pransus est, et conduxit decimam den Middelblock[559].

558 A.A.B. Memorie van uuytgheven.
559 A.A.B. Memorie van ontfanck.

Post prandium discessit. Circa sextam venerunt Van der Cammen et Horenbeeck, qui hic pernoctarunt. Attulit Horenbeeck litteras van den Heemraet territorii Heusdani, quibus nos invitant ad convivium in diem 21 Aprilis.

Hic vesperi venerunt milites, Bredani supradicti int Lanchuys, ut iterum Godefridum filium caperent, qui sese absconderat. Interea tumultuatum est in pago et Dinter, ita ut omnes rustici cum armis venientes caperent milites omnes, quos ipsa nocte in diversorio custodierunt et mane cum consilio satrapae et scabinorum eosdem dimiserunt.

103. 14 Aprilis Summo mane discesserunt Van der Cammen et fr. Cornelius Griensven in Schayck ob varia ibi peraganda[560].

Circa decimam discessit Horenbeeck. Per diem solus fui.

104. 15 Aprilis Circa prandium advenit pastor in Berlickem cum suo capellano, et statim etiam advenerunt duo fratres de Weir, unus capellanus de Helvoirt[561] et alter receptor bonorum domini temporalis. Qui duo postremi hic pernoctarunt. Sed pastor in Berlickem ivit Bredam in causa militum supra mentionatorum cum Joanne Aertsen preside et Godefrido. Fr. Joachimus rediit in Berlickem.

Vesperi post cenam redierunt ex Ravestein[562] Van der Cammen et Griensven et hic pernoctavit.

105. 16 Aprilis Mane nostri iverunt piscatum. Hodie scripsit scedulam Van der Cammen duplicem de elocatione decimae facta domino archidiacono, quam signavi.

Circa decimam venerunt pater prior et procurator cruciferorum ex Schijndel, ut loquantur Van der Cammen. Et hic pransi sunt cum Van der Cammen et utroque De Weir. Qui omnes post prandium discesserunt ad propria, excepto patre priore, qui hic mansit et pernoctavit.

106. 17 Aprilis Mane accepi litteras Teneramunda a fratre, quibus inclusit alias, quas misi in Husselinge per nostrum juvenem, qui vesperi non rediit, sed sequenti die circa prandium, quia fuerat missus a sorore nostra in Batenborch. Pastor Dinterensis reversus ex Lovanio detulit diversas salutationes.

In prandio advenit procurator cruciferorum, ut patri priori sit socius. Qui pransi discesserunt.

107. 18 Aprilis In prandio soli fuimus. Scripsi hodie litteras ad

560 A.A.B. map: De abdijgoederen in het Land van Ravenstein.

561 Godefridus de Weer. Bots, Noordbrab. Stud. n° 5763.

562 A.A.B. Memorie van Ontfanck.

fratrem Teneramundae, et domino de Gaudriaen[563] commendatitias pro filia Van der Cammen.

108. 19 Aprilis Misi fratrem Bartholomeum Silvamducis, ut plene cum Van der Cammen numeret Arnoldo Broechovio scilicet 4500 libras[564].

(*f. 52 v.*) Qui vesperi reversus asportavit litteras a matre conventus Molinaris Montis[565]. Hac nocte precedenti hic pernoctavit pater Maximilianus, secretarius episcopi, qui venit, ut valediceret nobis, quia deserit episcopum, et fit vicarius Lyrae.

In prandio adfuit pastor in Berlickem rediens Breda, ubi Godefridum filium int Langhuys a molestiis militum liberavit.

Circa quartam transivit hic commendator in Gemert cum patre Maximiliano, qui iverat Silvamducis mane. Hic sumpserunt haustum vini et lustrarunt hortum et circa quintam abierunt.

109. (*Zondag*) 20 Aprilis Nihil occurrit et soli fuimus. Litteras ad matrem Montis Molinaris remisi in Berlickem ad Van der Cammen eidem matri deferendas.

110. 21 Aprilis Nihil occurrit et soli fuimus.

111. 22 Aprilis Nihil occurrit et soli fuimus.

112. 23 Aprilis Mane advenit Van der Cammen, qui nobiscum pransus est, et adsportavit litteras distinctas quatuor de reditibus emptis ab Arnoldo Broechoven super decimas de Littoyen. Et hic pernoctavit.

Circa vesperam advenit pater prior cruciferorum et cum eo Gastius, sed pernoctavit hic prior et fr. Gastius rediit in Schijndel.

113. 24 Aprilis Mane nostri iverunt piscatum. In prandio adfuerunt pater prior et Gastius, qui rediit circa prandium et Van der Cammen, qui tres post prandium redierunt ad sua. Et ivit cum Van der Cammen fr. Griensven, ut sequenti die in Berlickem celebraret.

Hodie computavimus cum duobus villicis, Nicolao Petri et Arnoldo van Loon, qui omnium debitorum suorum dederunt nobis obligationes signatas respective ab iisdem et testibus patre priore et Van der Cammen.

114. 25 Aprilis Mane misi juvenem nostrum in Nuenen ad fratrem Folcoldum cum litteris, quibus monetur, ut emat nobis semen gruminis, dicti claversaet. Et in eundem finem missus est etiam juvenis ad

563 Diederik van Schagen, heer van Goudriaan. Frenken, Dagboek Moors, blz. 205 noot 286; v. d. Hurk, Abdij Berne in haar parochies, blz. 19.

564 A.A.B. Memorie van uuytgheven.

565 Nicolaä van Ravesteijn, priorin van het convent op de Windmolenberg, Bethanië. Schutjes IV, blz. 503.

Henricum van Alphen, levirum fratris Griensven. Interea advenit huc fr. Folcoldus cum secretario de Nuenen, qui hic pransi sunt et pernoctarunt. Et mandavi fratri Folcoldo, ut de semine isto nobis provideret et episcopum salutet.

Post prandium advenerunt huc animi gratia domini pastores de Hilvarenbeeck[566] et Dinter et domisellus Herenhoven cum uxore et nepte, qui circa vesperam discesserunt.

115. 26 Aprilis Mane sumpto jentaculo discessit fr. Folcoldus cum secretario predicto. In prandio et per diem fuimus soli.

116. (*Zondag*) 27 Aprilis In prandio soli fuimus. Circa quartam invisit nos dominus commendator de Gemert cum duobus equis et suis quinque famulis et hic pernoctavit.

117. 28 Aprilis Mane summo discessit commendator predictus Silvamducis profecturus in Hollandiam. Hodie advecti sunt ex Berlickem fasces per conductores decimarum. Post prandium venit pastor in Dinter et subsignavit attestationem, conceptam et signatam a fratre Rovers, tangentem servitia pagorum domino prestanda.

(*f. 53 r.*) **118**. 29 Aprilis Mutavit hodie drossardus sine consilio pastoris scabinos, deponens aptiores et sustituens minus aptos.

Hodie Theodorus Antonii, villicus in Berlickem, aduxit huc tres arbores contra voluntatem nostram ab eodem excisas. In prandio fuimus soli.

Vesperi circa septimam venit huc pater prior cruciferorum et hic pernoctavit.

119. 30 Aprilis Mane misi fratrem Bartholomeum Silvamducis pro quibusdam necessariis. Et simul eidem mandavi, ut sequenti die, quae erit Ascensionis Dominicae festum, celebret in Berlickem. In prandio adfuit pater prior et postea discessit in Schindel.

120. 1 Maii Circa prandium rediit fr. Bartholomeus ex Berlickem, ubi celebraverat et pernoctaverat. Et venit cum eo Van der Cammen, qui hic mansit et pernoctavit. Dedi militibus in castro pro Maio 5 florenos et adolescentibus Heeswicanis 4 florenos cum 5 assibus[567].

121. 2 Maii Hodie elocavi decimam raparum in Heeswijck Adrie Hendrixen pro decimo vase et stramine, Henrico Rovers, Henrico Mertensen et Adriano Petri. Et fecimus scedulam.

In prandio cum Van der Cammen fuimus soli. Qui circa quartam cum Griensven ivit in Berlickem, ubi Griensven pernoctabit cras celebraturus.

566 Gisbertus van Grinsven. Schutjes IV, blz. 602.
567 A.A.B. Memorie van uuytgheven.

122. 3 Maii Postea advenit pastor in Dinter nos invisum. Circa sextam advenit receptor domini temporalis De Weir cum salutatione ad nos a domino predicto[568].

Item advenit neptis nostra Cunera ex Esch[569]. Item soror fratris Cornelii cum filio ex Tongeren. Et omnes hic pernoctarunt. Accepi litteras a pastore de Nuenen, quibus scribit reverendissimum episcopum huc venturum 5 Mai.

123. (*Zondag*) 4 Maii Curavit hic nomine domini temporalis publicari dictus receptor, quod incolae de Heeswijck et Dinter amplius non debeant servire drossardo in colendis agris ejus et aliis servitiis, quae illis dictus drossardus hactenus nimis severe imposuit[570]. In prandio et cena mansit De Weir in Dinter apud Herenhovium. In prandio advenit cum nostra carruca advectus pastor in Berlickem, qui venerat cum Horenbeekio Hagacomitis per Ultrajectum[571], et fecit rapportum suorum actorum, tradiditque nobis actam conventionis initae inter nos et Brakel ratione bonorum Maeswaelensium, et remissionis factae, etc[572].

Vesperi cenavit nobiscum uxor Francisci Nieuhof.

124. 5 Maii Mane sumpto jentaculo discessit hinc receptor De Weer. Circa undecimam advenit huc reverendissimus noster cum domino Wichmans pastore in Tilborch, sorore Anna, cappellano et magistro Laurentio et quinque equis. Sumpto prandio, discesserunt soror Anna et magister Laurentius. Vesperi reliqui nobiscum pransi sunt et pernoctarunt.

Hodie per Van der Cammen et Griensven cum duobus scabinis visitatae sunt edes villae nostrae, in qua habitat Dirck Tonissen, et copiam visitationis adsportavit nobis Griensven[573].

(*f. 53 v.*) **125.** 6 Maii In prandio adfuerunt reverendissimus, preter socios itineris pastorem in Tilborch et cappellanum, reverendus dominus archidiaconus, pastor in Berlickem et pater prior cruciferorum cum Arnoldo socio coco, qui omnes post prandium discesserunt. Vesperi in cena reverendissimus solus cum duobus supradictis adfuit et pernoctavit.

126. 7 Maii In prandio cum reverendissimo soli fuimus et cum pastore supradicto. Heri coximus 10 amas communis cerevisiae. Heri item nostri iverunt piscatum et copiam piscium ceperunt. Absoluto

568 A.A.B. Brief van de graaf van Tilly van 26 april 1636 aan De Weer.

569 Zie 29 jan. 1635.

570 A.A.B. map: Proces Tilly; ms. G. v. d. Elsen, *De geschiedenis van Dinther*, blz. 448.

571 A.A.B. Rekening van de reis van 23 april 1636 naar Den Haag.

572 A.A.B. Afrekening van Zweder van Brakel.

573 A.A.B. Diverse bescheiden betreffende de abdijgoederen II.

prandio ivimus in Berlickem apud pastorem, ubi mansimus ad duas horas. Ibique salutarunt nos Van der Cammen et uxor et filius et filliae. Ibique venit pastor in Boxtel cum quibusdam suis subditis, qui negotium habebant ad reverendissimum. Interea advenerunt Silvaducis soror reverendissimi, magister Laurentius et fr. Bartholomeus, quem mane Silvamducis miseram. Et simul omnes vesperi reversi sumus in Heeswijck. Ibi invenimus fratrem Cornelium ex Ravesteinensi terra reversum, qui retulit nobis, villicos male reparasse edes suas, quas jam relinquent.

Item accepi litteras a fratre meo Cornelio, quibus scribit de nepte nostra Wilhelmina[574].

127. 8 Maii Mane venerunt quatuor Heeswicani ad reverendissimum, Wilhelmus Spierincx, Merten Corsten, Henrick Mertensen et Jan Bosch. Qui postea venientes ad me proposuerunt de arena in merica juxta Bernhese resistenda et simul de ludimagistro solvendo postulantes, solutionem illam a nobis fieri. Quod negavi. Et inter alia durius illis increpavi. Et querelas deposui de secretario, quod non expediat acta et instrumenta partibus etiam decies monitus. Et nisi illi remedium adhibeant, dixi me querelas depositurum apud dominum temporalem. Illi promiserunt sese eundem secretarium908 monituros.

Postea advenit villicus noster in Noddevelt, et significavit, drossardum cum aliis scabinis de Berlickem laborare, quomodo decimae nostrae per Hamelium graverentur. Circa prandium advenit dominus archidiaconus ex Middelrode, qui cum reverendissimo et aliis suis sociis nobiscum pransus est. Prandio fere absoluto transivit hic ac apud nos declinavit commendator de Gemert veniens cum novis equis ex Hollandia, qui, postquam horam aut alteram hic mansisset, discessit. Circa vesperam discessit archidiaconus. Reverendissimus cum suo consortio hic pernoctavit.

128. 9 Maii Summo mane reverendissimus discessit hinc per Schindel in Tilborch, ibique permansurus apud pastorem in festo Pentecostes. Famulus noster Petrus Joannis eundem conduxit per aquas in Schindel. Misi alium famulum Gisbertum cum carruca in Berlickem, ut advehat pastorem et Van der Cammen. Van der Cammen advenit circa prandium, nuntians pastorem ivisse Silvamducis; sed vesperi adhuc venturum, si carruca iterum mitteretur. Quam circa quartam remisi in Berlickem, cum qua venit cum jam incubuissem. Hic pernoctavit et Van der Cammen.

574 Zie 17 febr. 1636.

(*f. 54 r.*) **129**. 10 Maii Summo mane capto consilio de resistendo conatibus drossardi et scabinorum de Berlickem, quibus utuntur pro decimis nostris gravandis, discesserunt pastor et Van der Cammen ad villam, quam hodie deserit Dirck Tonissen.

Post illorum absentiam accepi litteras a secretario de Berlickem, quibus nobis significat conspirationem, quam drossardus molitur cum scabinis de Berlickem in decimis gravandis. Quas litteras remisi ad pastorem de Berlickem et Van der Cammen existentes in dicta villa.

Hodie post prandium, in quo soli fuimus, accepi per Wilhelmum Spierincx nomine scabinorum de Heeswijck obligationem ab iisdem signatam 147 florenorum, quam sommam solvent uti ibi pro vidua Mathijs Rutten villicae nostrae int Lanchuys.

130. (*Zondag*) 11 Maii, quae fuit Pentecostes.

Soli fuimus per integrum diem, nisi quod pastor de Dinter post prandium adfuit nobis petens, qua hora minoritae possent feria tertia habere pro statione concionem. Interea venit rumor, in pago prope ecclesiam tres domos infectas peste.

131. 12 Maii Venit hic Van der Cammen cum duabus filiabus et filio in carruca nostra et nobiscum pransi sunt et hic pernoctarunt. In prandio accepi litteras a domino de Bergeyck[575], receptore Statuum Brabantiae, quibus moneor, ut cum eodem de debitis precariis curem computari. Interea pestis hic aliquos tollit et serpit in quatuor vel quinque domibus.

132. 13 Maii Evocavi dominum pastorem de Helvoirt ob certam necessitatem, qua nos affligunt Berlicomenses de decimis gravandis. Qui nobiscum et cognatulus ejus et pastor in Berlickem et Van der Cammen cum suis filiabus pransi sunt. Et pastor in Helvoirt cum suo cognatulo discessit sicut et pastor in Berlickem cum Van der Cammen, permanentibus hic filiabus et filio.

133. 14 Maii In prandio advenit pater Foxius minorita pro eleemosina butyri, et pransus est nobiscum una cum filio et filiabus Van der Cammen. Hodie Antverpia accepi plantas van artisjocken. Hodie venit ex Os dominus Everardus, qui ibi, uti et hic, peste infectos adstitit et statim ubi hic infirmos visitavit, ivit in Schindel pro assistentia ibidem infectis prestanda.

Scripsi litteras ad dominum de Bergeyck, receptorem Statuum Brabantiae, quibus peto, ut computum omnium debitorum meorum transmittat, et statim detractis detrahendis curabo omnia solvi.

575 Gerard van Broekhoven. Schutjes III, blz. 232; Frenken, Dagboek Ophovius, blz. 289; Beermann, blz. 196.

134. 15 Maii Circa prandium advenerunt pastor in Berlickem et cappellanus et Van der Cammen, qui cum filio Van der Cammen et filiabus sumpto prandio in nostra carruca discesserunt omnes in Berlickem. Pastor et Van der Cammen retulerunt nobis, quod adfuerunt Hamelio et quod humaniter eos responderit, se fore favorabilem in negotio de decimis gravandis.

135. 16 Maii Profectus sum mane cum pastore de Waelwijck, qui pridie advenerat, Silvamducis[576]. Venientes in Berlickem assumpsi pastorem et Van der Cammen in curru. Venientes Silvam salutavi Gansium, qui nos ad prandium vocavit. Interea ivimus ad Hamelium, qui videbatur inclinatus ad decimas gravandas. Tamen distulit negotium ad octo dies. In prandio ivimus ad Gansium et vesperi venimus in Heeswijck, ubi (*f. 54 v.*) invenimus culinariam nostram ancillam peste infectam.

136. 17 Maii (*Berlicum*) Sumpto prandio et invento hic, quod peste laboraret ancilla, migravi in Berlickem solus cum famulo, associatus a pastore de Berlickem, qui pridie nobiscum iverat in Heeswijck.

137. (*Zondag*) 18 Maii In prandio adfuit Van der Cammen in edibus pastoralibus. Hodie locutus est nobis novus villicus Joannes Petri et conquestus nobis est, quod edes villae sint valde destructae. Vesperi soli fuimus.

138. 19 Maii Mane transiit hic fr. Griensven eundo Silvam nuntians omnia in Heeswijck adhuc salva, et quod soror culinariae ancillae judicaret illam peste infectam. Quae soror a nobis pridie evocata e Silva venerat et ivit cum carruca villici pastoris de Berlickem in Heeswijck ministratura sorori suae infirmae. Circa quintam rediit fr. Griensven et Van der Cammen cum Mechtelde sorore fratris Bartholomei, quae cum dicto fratre Griensven ivit in Heeswijck apud sororem nostram mansura ad tempus in hac infectione.

Hoc vesperi venit dominus Everardus ex Oisterwijck et visitavit culinariam nostram, sed serius. Statim post obiit.

139. 20 Maii Mane transiit hic Silvam dictus dominus Everardus circa vesperam reversurus in Heeswijck, ut nostros adsistat, qui nobis mortem ancillae annuntiavit. Vesperi reversus non fuit dominus Everardus. Isto die hic in prandio et cena soli fuimus.

140. 21 Maii Scripsi utrique fratri tam Teneramundae quam Bruxellae habitanti statum nostrum. Et misi fratri Cornelio cambium 150 florenorum solvendum a Martino Horenbeeck[577].

576 A.A.B. Memorie van uuytgheven.

577 Martinus Horenbeeck. Frenken, Dagboek Ophovius, passim; Juten. *Tax*. XX, blz. 265; v. Miert, *Tax*. XXX, blz. 93.

Hoc die misi fratrem Joachimum Silvam pro antidotis contra pestem, quae vesperi adtulit.

141. 22 Maii Ipso Venerabilis Sacramenti. In prandio advenerunt Focquestar, Van Lith et drossardus de Meuwen[578], qui hic pransi iverunt in Middelrode apud drossardum nostrum, ubi pernoctarunt. Putabant hic invenire patrem Van den Dael minoritam, qui hoc die non venit.

Vesperi sub cena advenit fr. Folcoldus, qui hic pernoctavit.

Venerunt litterae ab advocato Tipoets, quibus significat statum decimarum gravandarum et alium, quem antea drossardus tentavit. Item litterae ab Egidio de Weer ex Oisterwijck nuntiantes adventum agentis[579] domini de Tilly.

142. 23 Maii Mane advenit pater Van den Dael cum socio ex Boxtel, qui hic pransus pernoctavit. Item advenit pater prior cum fratre Paulo ex Schindel, qui hic pransi discesserunt. Post prandium reversi sunt ex Middelrode Focquestar. Van Lith et drossardus de Meuwen, qui hic paululum morati et locuti cum patre Van Dael discesserunt Silvam. Fr. Folcoldus discessit.

Van der Cammen veniens ex Heeswijck nuntiavit omnes ibidem nostros sanos.

(*f. 55 r.*) Hoc etiam die ante prandium pertransiit hic magister Laurentius, receptor reverendissimi domini, qui petiit de statu nostro, et ante prandium discessit.

143. 24 Maii Primo mane discessit hinc pater Van den Dael cum socio suo. In prandio nullus adfuit. Quo finito venit Van der Cammen conferens procuratorium a nobis signandum et sigillandum, quo litem prosequendam et finiendam committimus pastori in Berlickem et Arnoldo Horenbeeck contra Herptenses[580].

Supervenit novus villicus Joannes Petri cum equo et discessimus cum eodem in carruca pastoris in villam cum pastore et Van der Cammen et eandem lustravimus. Et invenimus domum, in qua pinsitur panis, et clibanum raptum et renovandum. Domum reversi venit hic laicus dominicanus ad pastorem, qui videbatur petere stationem.

578 Hubrecht van Hedichuysen. Bokhoven, *Brab. Leeuw* VII, blz. 120.

579 Nicolaas van Zeune. Frenken, Dagboek Moors, blz. 207 noot 343. Zie Inleiding § 8.

580 A.A.B. Procuratie aan de pastoor van Berlicum en Arnoud v. Horenbeek om het proces met Herpt af te wikkelen.

144. (*Zondag*) 25 Maii Concionem habuit pro statione pater Foxius minorita, qui nobiscum pransus rediit in Boxtel cum patre Francisco[581], qui in Roosmalen fuerat concionatus.

Hodie secretarius Berlicomensis retulit pastori, quod scabini de decimis gravandis non sese miscere vellent sed relinquerent hoc Hamelio.

Sub prandio venit Martinus Corsten ex Heeswijck, missus a scabinis ad nos, pro consilio contra arenam quae perdit et invadit nostra bona et communitatem dicti pagi.

Venerunt hic burgimagistri de Heeswijck petentes dilationem solutionis, quam assignavit Broechovius receptor faciendam Horenbeekio. Pastor addixit illis commendationem.

Circa vesperam venit hic pastor in Dungen querens patrem Van Dael. Non inveniens rediit in Dungen.

Van der Cammen nobiscum cenavit. Postea venit fr. Cornelius laicus, qui hic dormivit sequenti die collecturus eleemosinam butyri.

145. 26 Maii Mane discessit pastor in Berlickem Silvam iturus in Berne et forte Hagamcomitis contra Herptenses, qui agit cum Hamelio de decimis gravandis. Hoc die circa vesperam rescripsit dictus pastor, se cum Hamelio convenisse intercessione Gansii hac conditione, quod summam 100 pattagonum dabimus jam, et tunc ad annum cessabit.

In prandio adfuerunt pater Van Dael cum socio, qui postea iverunt in Dinter. Adfuit uxor Egens ex Bommel, a qua conduxi filium in secretarium meum, modo posset libertatem a rege impetrare ruri habitandi. Quae discessit cum curru quo venerat. Adfuit et Van der Cammen.

In cena adfuerunt fr. Balthasar ex Haren, qui hic pernoctavit, et Van der Cammen, et postea venit Hermannus Zomers Silva, qui litteras a pastore de Berlickem adsportavit. Balthasar monstravit nobis ancillam culinariam, quae modo habitat in Meuwen.

146. 27 Maii In prandio adfuerunt Van der Cammen et Balthasar, qui postea discessit in Haren cum illa commissione, ut inquirat de praedicta ancilla. Postea pertransiit hic fr. Cornelius minorita. Circa quartam accepi litteras a domino de Loon, quibus significat se cras cum principissa de Robeque[582] venturum circa prandium in Middelrode et cenam in Heeswijck. Sed rescripsi nos peste infectos in Heeswijck. In cena adfuit Van der Cammen.

(*f. 55 v.*) **147**. 28 Maii Mane ivit fr. Joachimus Silvam, ut videat, an

581 Waarschijnlijk Franciscus Wellemans. Frenken, Dagboek Ophovius, blz. 295.
582 Prinses de Montmorency. v. d. Hammen, *Tax*. XXI, blz. 201 en 249.

aliqua necessaria posset exportare. In illum finem comitata est ancilla Van der Cammen[583].

Sub prandio transiit hic dominus de Loon cum dicta principissa in duabus rhedis et pransi sunt apud drossardum in Middelrode.

In prandio adfuit Van der Cammen et venit postea procurator Van der Lee[584], qui pransus abiit. Interea venit pastor in Bochoven, querens loqui fratri Joachimo. Sed non inveniens comedit in horto, quia infectus erat peste et abiit.

Circa vesperam advenit fr. Joachimus cum carruca villici pastoris et aduxit quaedam necessaria pro culina.

Circa cenam advenit neptis nostra Maria ex Batenborch cum Joost Lam[585], qui proposuit mihi remissionem restantium, sed remisi illum ad Brakelium.

In cena adfuit Van der Cammen, et neptis nostra hic dormivit cum sua filiola. Adfuit etiam hodie ante prandium fr. Griensven, qui nuntiavit in Heeswijck omnia salva adhuc.

148. 29 Maii Mane ivit fr. Joachimus in Bochoven ad pastorem.

Misi litteras in Heeswijck cum paupere Mathia, et dans partes recentis psalmonis, et curavi scribi de non occidendo vitulo, quia habemus hic agnum. Qui reversus nuntiavit omnes in Heeswijck sanos.

Mane discessit neptis nostra. In prandio adfuit Van der Cammen uti et in cena. Etiam pransus est nobiscum fr. Cornelius van der Straten minorita, qui postea abiit.

Circa cenam rediit fr. Joachimus ex Bochoven et nuntiavit, pastorem bene valere, insuper Joannem Backerum[586] nobis procuraturum unum caseum, sal, etc., item proximo comeatu.

149. 30 Maii Advenit sub prandio, in quo aderat Van der Cammen, pater in Couwater cum fratre Josepho laico veniens ex Geldorp. Detulit salutationem reverendissimi domini ad nos. Qui pransi abierunt.

Accepi litteras a pastore de Berlickem Berna, quibus significat, se cum Horenbeeckio profectum Hagamcomitis contra Herptenses[587]. Misit insuper cum iisdem litteris Horenbeeckius duas assignationes 150 flore-

583 A.A.B. Memorie van uuytgheven.

584 Mr. Jan van der Lee, notaris te 's-Hertogenbosch. Hij wordt genoemd bij Henricus van der Lee, Bots, Noordbrab. Stud. nº 3099.

585 Voormalige pachter van abdijgoederen tussen Maas en Waal onder Altforst. A.A.B. Memorie van de pachtinge van de goeden van Bern, gelegen tussen Maese ende Wael.

586 Joannes Backer, koopman te 's-Hertogenbosch. Sasse v. Ysselt, Voorname Huizen I, blz. 217.

587 A.A.B. Rekening van de reis van 29 mei naar Den Haag.

norum solvendas ab Heeswicano et Berlickomio pago, singuli 150, in manus nostras. Quarum unam dedi Van der Cammen burgimagistro vel scabinis ostendendam; alteram Heesvicanis postea ostendet.

150. 31 Maii Mane ivit Van der Cammen Silvamducis ad Hamelium conveniendum, ut ad reditum pastoris in Berlickem expectet cum solutione pro decimis. Cui et alia varia exequenda mandavi.

In prandio adfuit secretarius de Berlickem. Post venit Griensven nuntians se fuisse in Gaal et ibi omnia procurasse, quae erant facienda in reparatione edium; item in Heeswijck omnes adhuc sanos. Cui dedi assignationem 150 florenorum a Broechovio missam ad Horenbeeck ostendendam rectoribus Heesvicanis, ac solutionem eorum procurandam.

Vesperi circa cenam advenit procurator cruciferorum pro prima missa sequenti die celebranda. Advenit pater Antonius predicator, sed non hic dormivit, pro statione servanda. Venit uterque Van der Cammen ex Silva nuntians omnia se procurasse, quae mandaveram.

151. (*Zondag*) 1 Junii In prandio adfuerunt pastor in Dungen, procurator cruciferorum et Van der Cammen. Et sub prandio pertransiit et locutus est nobis quidam civis ex Gravia, dicens advenisse carrucam cum vino pro nobis. Uti factum est, et exonerata est in edibus (*f. 56 r.*) Van der Cammen. Subsecutae sunt duae feminae, ut videant num bene et prospere carruca advenisset, videlicet soror fratris Joachimi et filia Joannis de Backer mercatoris, quae cum carruca redierunt ad civitatem.

Discessit etiam procurator et pastor in Dungen, cui dedi litteras commendatitias pro pastoratu Ravesteinensi vel Deneburgensi ad Gerardum van den Steen.

Advenerunt huc Andreas van Uden[588], qui fuerat villicus in Groot Gaal et Emerentiana, uxor Joannis Henricx, petentes dilationem solutionis restantiarum. Sed Andreas nihil obtinuit.

152. 2 Junii Mane transiit hic magister Laurentius, receptor reverendissimi domini, et detulit litteras a reverendissimo domino ad nos, quibus nos consolatur in peste, et abiit. Item advenit procurator Van der Lee cum lagena vini, qui abiit statim. In prandio solus fui cum fratre Joachimo.

Circa quintam advenit receptor De Weer, qui attulit salutes a domino comite de Tilly et uxore. Qui etiam hic pernoctavit.

588 Andreas Jansen van Uden. A.A.B. Pachtboek van 1634; Huurceel van Andries Jansen van Uden van 4 dec. 1623.

Postea advenit pater in Wintmolenberch et frater pastoris Dominicus, capitaneus reformatus, qui hic etiam cenarunt. Sed pater ivit dormitum apud Van der Cammen.

Circa nonam advenit procurator Van der Lee, qui videns domum occupatam ivit ad diversorium.

153. 3 Junii Summo mane vocatus adfuit Anthonis Adriani Tijssen, qui dicitur reus cum aliis homicidii perpetrati in Paschate[589]. Qui examinatus a receptore De Weer discessit.

Advenit pater prior cruciferorum ex Schindel cum priore de Brugge, domino Teyck, qui hic pransi discesserunt. Advenerunt insuper vocati soror nostra et Griensven ex Heeswijck, qui nuntiarunt omnia salva, tamen cum timore de culinaria nostra secundaria, quod inciperet infirmari. Qui carruca redierunt in Heeswijck cum quibusdam necessariis. Postea advenerunt pastor in Loon et Donckers, qui Bredae habitat. Qui sumpto haustu discesserunt. Pater in Wintmolenberch mansit hic et frater pastoris, Dominicus van Dale. Receptor De Weer pernoctavit etiam hic, sed iverat de die in Dinter et Schindel.

154. 4 Junii Mane sumpto jentaculo discessit hinc receptor De Weer per Silvam in Osterwijck, cui dedi in mandatis, ut dominum Everardum, qui peste infectos sanat, in Heeswijck mittat ad nostros visitandos, quia incipiunt timere et dubitare.

In prandio fuimus cum patre in Wintmolenberch, Van der Cammen et fratre pastoris Dominico. Circa quintam discessit predictus pater Silvam. In cena adfuerunt Van der Cammen et Van den Dael Dominicus, qui hic pernoctavit.

155. 5 Junii Venit ad me pastor in Dungen et pransus est nobiscum uti et Van der Cammen. Discessit hinc Dominicus van den Dale et cum eo pater prior cruciferorum de Bruggen, qui venerat mane ex Schindel. In prandio accepi litteras a fratre meo Maximiliano, quibus petit commendatitias pro certo officio obtinendo in Camera Telonii Bruxellae, quas dedi postridie ad Cancellariam Brabantiae et senatores Tulden et Van den Velde, similiter ad utrumque Van der Cammen, quas tradidi Henrico van den Leemputte, qui proficiscitur Bruxellas pro Roosmalensibus et Berlicomensibus. Transivit hic dominus Everardus veniens ex Heeswijck et narravit nostros omnes in Heeswijck sanos.

(*f. 56 v.*) Venit etiam huc circa quartam dominus pastor in Dinter, qui

589 A.A.B. Brief van de graaf van Tilly van 26 april 1636 aan De Weer.

detulit salutationem a domicello Herenhoven et postea abiit sumpto haustu. Cenavit nobiscum Van der Cammen.

156. 6 Junii Accepi litteras a Brakelio, quibus significat de ancilla culinaria adhuc nihil actum. Venit cum carruca nostra circa prandium soror nostra et fr. Griensven, qui pransi nobiscum et Henricus van den Leemputte abierunt domum, et tulerunt secum reliqua asportata necessaria ex Silva. Intellexi sororem pastoris in Bochoven peste extinctam; insuper sororem pastoris in Boxtel iterum peste infirmari.

157. 7 Junii Circa prandium rediit pastor in Berlickem Hagacomitis, ubi fuerat contra Herptenses, sed in causa adhuc nihil actum, sed dilata usque ad diem 19 huius. Fuimus in prandio soli. Item et in cena. Post prandium adsportata est caro vitulina ex Heeswijck. Et Griensven venit cum illa nuntians omnia in domo salva. Pertransierunt hic quatuor minoritae venientes ex Boxtel nuntiantes sororem pastoris convalescere.

158. (*Zondag*) 8 Junii In prandio visitavit nos domicellus Herenhoeffen cum uxore, nepte et priore cruciferorum. Item adfuit pastor in Dungen, Henricus van den Leemputte et Hermannus Zomers. Post prandium advenerunt duae filiae et filius Van der Cammen.

In cena soli fuimus.

159. 9 Junii Mane ivit a nobis missus fr. Joachimus Silvam, ut adducet juvenem quendam conducendum in famulum, eo quod noster discesserit Coloniam. Sed reversus circa prandium non invenit quem querebat. In prandio adfuit secretarius de Berlickem. In cena soli fuimus. Accepi litteras a fratre meo Cornelio Teneramunda per dominum canonicum Broechoven, qui eas attulit Silva.

160. 10 Junii Adfuerunt in prandio patres Foxius et Leonardus minoritae ex Boxtel. Post prandium discesserunt. Venerunt litterae ab Horenbeeck ad scabinos de Heeswijck, quibus monentur ad solutionem duarum assignationum 452 florenorum et 15 assium, quas misi eisdem per fratrem Griensven, qui circa sextam huc venerat et nuntiaverat omnia prospera in domo nostra Heesvicana. Vesperi rediit Van der Cammen ex Gemert, ubi aliquot diebus fuerat in negotiis Beverii et aliorum.

161. 11 Junii Misi litteras Silvam deferendas, unam fratri meo Cornelio Teneramundam et alteras Antverpiam ad Mariam Vranx, cui scribo de mittenda theriaca Venetiana et quatuor partes telae cameracenae.

In prandio et cena adfuit Van der Cammen. Post prandium advenit pastor in Bochoven, qui sumpto haustu discessit in Bochoven.

162. 12 Junii Ivit Van der Cammen Silvam pro ancilla culinaria querenda et ut solvat Petro Cotel nomine nostro restantiam, quam debemus, et alia necessaria procuret. In prandio et cena soli fuimus. Visitavi villam 't Beecvelt.

Vesperi rediens Van der Cammen dedit apparentiam de conducenda Margarita.

163. 13 Junii Elocavi duas partes decimarum de Haffert et Varthiende Petro Gerardi, villico pastoris in Berlickem. Advenit circa prandium vidua Van Breugel ex Berna nuntians patrem suum non bene dispositum ad proficiscendum Hagam, et requirens, ut pastor solus velit proficisci. Quod acceptavi. Quae et Van der Cammen nobiscum pransi discesserunt. Vesperi soli fuimus.

(*f. 57 r.*) **164**. 14 Junii Mane discessit pastor Bernam, iturus postea Hagam[590]. Venerunt Marten Corsten et Geraert Dobbelsteen[591], ut loquantur Horenbeeck de solutione duarum assignationum differenda. Postea venerunt Jan Aertsen Vercuylen et Godefridus filius int Lanchuys pro solvendo quod debebant Werimontio, sed non invenientes pastorem secutus est Godefridus Silvam pastorem. Jan Aertsen rediit in Heeswijck.

In prandio tantum adfuit Van der Cammen. Vesperi venit fr. Degens crucifer crastina die celebraturus primum sacrum, qui cum Van der Cammen cenavit hic et pernoctavit.

Pertransiit hic pastor in Dinter veniens Silva cum fratre suo, qui sumpto haustu discessit.

165. (*Zondag*) 15 Junii Mane post primum sacrum discessit fr. Degens in Lith. Circa decimam advenit advocatus Voorn cum uxore sua et filia, qui nobiscum pransi sunt, et pastor in Dungen et Van der Cammen. Postea sub prandio advenit advocatus Broechoven, qui etiam nobiscum pransus est. Circa quartam omnes predicti discesserunt. Supervenit domicellus Bever, qui me salutavit et haustu vini bibito circa septimam discessit. Venit etiam famulus noster Petrus Petri ex Heeswijck cum equo, quo sequenti die Van der Cammen ivit in villas de Gaal. Qui equus apud Beverum nocte mansit discedente famulo. Invitavit me pastor in Dungen circa quartam feriam sequentem ad prandium. Sed excusavi me.

166. 16 Junii Summo mane discessit cum equo Van der Cammen. Hodie accepi litteras a praepositis Fraternitatis B. Mariae, quibus vocor

590 A.A.B. Rekening van de reis van 15 juni 1636 naar Den Haag.

591 Frenken, Dagboek Moors, blz. 189 onder 23 nov. 1639.

ad commune convivium ipso festo Sancti Joannis Baptistae[592] celebrandum.

Circa prandium advenit pater prior cruciferorum portans parvum poculum plenum aertbesie et post venit fr. Teulinck. Deinde venerunt pater Basilius capucinus, secretarius Scheers et alius licentiatus ex Gravia, qui omnes pransi nobiscum discesserunt. Vesperi post cenam rediit Dominicus van den Dael et hic pernoctavit.

167. 17 Junii Circa prandium advenit pastor in Dinter, qui hic cum Van der Cammen, Dominico van den Dael et sorore nostra pransus est, et postea discessit cum sorore nostra in eadem carruca. Circa tertiam advenit pastor in Dungen et postea domicellus Bever, qui conduxit decimam de Beecvelt invehendam. Circa cenam advenit fr. Degens ex Lith, qui hic cenavit et pernoctavit uti et Van den Dael.

Hodie nuntiatum mihi est rusticos aliquos in Hees sequenti die ad nos visitandos, qui terram nostram prope villam nostram ibidem sitam occuparunt, querentes componere.

168. 18 Junii Mane discessit fr. Degens. Circa octavam advenit pater van den Wintmolenberch, qui, nobiscum pransus et Van der Cammen et Dominicus van den Dale, postea rediit Silvam. Vesperi soli fuimus cum postremis duobus.

169. 19 Junii Mane scripsi requisitas litteras ad advocatum Van Herlaer, quatenus viduae Adriani Jansen[593] assistere velit in concordia ineunda homicidii sui filii.

Venit fr. Griensven cum quodam juvene de Nistelrode, qui se offert pro famulatu. Quem conduxit et ante prandium abiit. In prandio soli fuimus cum Dominico van den Dale. Post prandium advenit fr. Folcoldus ex pastoratu Nuenensi evocatus et apud nos permansurus. Qui cum pastore in Bochoven ivit in Heeswijck.

(*f. 57 v.*) Eodem die venerunt hic duae sorores ex Bilsen petentes eleemosynam ob combustum earum monasterium[594].

In cena soli fuimus cum Van den Dale. Postea venerunt Silvaducis pater Basilius capucinus et secretarius Scheers Gravensis, qui in horto cum fratre Joachimo biberunt haustum vini. Iveram ego cubitum propter dolores paralysis et iverunt dormitum apud canonicum Broechoven.

170. 20 Junii Mane rediit fr. Folcoldus adsportans paucos pisces ex Heeswijck, qui sumpto nobiscum prandio et Van der Cammen et Van

592 Het feest van de H. Johannes de Doper valt op 24 juni.

593 Elisabeth.

594 A.A.B. Memorie van uuytgheven.

den Dael, ivit in Heeswijck. Post prandium venit pastor in Bochoven ex Dinter, qui sumpto prandio abiit in Bochoven. Vesperi soli fuimus cum Van den Dael. Hodie conscripsi ordinationem in domo nostra Heeswicana a religiosis observandam, quam sequenti die misi.

171. 21 Junii Hodie non potui propter paralysim celebrare.

In prandio adfuit Van der Cammen et Van den Dael. Post prandium advenerunt soror nostra et fr. Bartholomeus cum carruca et dedi sorori ordinationem certam a nobis conscriptam tradendam religiosis nostris, qui sunt in Heeswijck. In illorum discessu advenerunt Bever et junior Van der Cammen, qui sumpto haustu discesserunt. In cena adfuit preter Van den Dael pater Foxius minorita sequenti die in Cathoven stationem servaturus.

172. (*Zondag*) 22 Junii Accepi litteras ab Horenbeeck, quibus significat suum ex Haga reditum et nos invitat ad veniendum Bernam. Quibus respondi, me podagra impediri et aliis. Circa prandium advenerunt ex Cathoven soror nostra, Folcoldus et Bartholomeus, qui cum Van der Cammen et uxore ejus nobiscum pransi sunt. Postea advenerunt moniales ex Bilsen repetentes pecunias hic depositas, quae cum nostra carruca et sorore aliisque iverunt in Heeswijck.

Etiam advenit cum uxore sua Henricus van den Leemput, qui sumpto haustu discessit. In cena adfuit pater Foxius et Van den Dael.

173. 23 Junii Mane venit soror itura Silvam cum carruca, quam Van der Cammen comitatus est pro necessariis domus nostrae in Heeswijck[595]. In prandio adfuerunt pater Foxius, qui postea discessit in Cuyck et junior Van der Cammen. Circa quartam adest Bever gratia visitationis, qui circa septimam discessit. Circa sextam rediit soror ex Silva, quae attulit nobis vasculum vini et alia necessaria pro Heeswijckana domo nostra et statim discessit. Recepi litteras a pastore de Berlickem Haga.

174. 24 Junii Misi hodie ad receptorem domini de Tilly in Oisterwijck litteras, quibus eum ad me invito, per Andream Adriani, juvenem Middelrodanum.

Hodie retulit nobis secretarius in Berlickem, quod drossardus annuntiavit in scripto ex ore forestarii, Anthonium Adriani molestentem fuisse hic apud nos. Hodie venit fr. Cornelius, qui hic summam missam celebravit, pransus est et abiit. In prandio adfuerunt uxor Van der Cammen et tres filiae. Vesperi fuimus soli.

595 A.A.B. Memorie van uuytgheven.

(*f. 58 r.*) **175**. 25 Junii Mane advenit fr. Folcoldus nuntians in Heeswijck omnia felicia. In prandio adfuit cum eodem fratre Van der Cammen. In cena soli cum fratre Folcoldo, qui hic mansit propter tunc optatam pluviam. Fr. Joachimus iverat ante prandium Silvam in comitatu suae sororis et mansit ibi propter pluviam.

176. 26 Junii Mane advenit receptor De Weer, qui nobiscum et fratre Joachimo Silva reverso pransus est. Fr. Folcoldus ante prandium rediit in Heeswijc.

A prandio ivit receptor in Middelrode visitaturus molendinum aquarum cum scabinis et secretario. In cena adfuit receptor et hic pernoctavit. Adfuit et Van der Cammen rediens ex Hees, qui mane cum fratre Griensven iverat propter certam petiam terrae, dictam de Rosberch, quam alii rustici intendebant incorporare, defendendam.

Retulit mihi receptor De Weer, drossardum nostrum ad dominum de Tilly scripsisse 7 Maii elapso, quod falsi illi accusatores (designando nostram personam, pastorem in Berlickem et forte domicellum Ter Herenhaeff), qui multa falsa de eo scribunt, audiendi nec credendi sunt, quia omnia, quae intendunt facere, tantum tendunt ad proprium commodum cum detrimento domini temporalis[596].

177. 27 Junii Mane interpellavit et oravit receptorem de Weer Elizabeth, vidua Adriani Jansen, quatenus pro occiso suo filio a quatuor adolescentibus, quibus videtur drossardus favere propter lucrum proprium, saltem juvari per dominum temporalem possit, ut pro amissione ista temporalem accipiat compensationem.

Ivit postea receptor predictus in Middelrode et in Heeswijc et Dinther propter sua particularia negotia.

In prandio adfuit Van der Cammen, et postea circa primam advenit Bever, qui post varia discessit circa septimam.Circa medium nonae rediit ex Middelrode et ex Dinter receptor De Weer, qui hic pernoctavit.

178. 28 Junii Mane discessit Van der Weer, qui pollicitus est se scripturum domino temporali in favorem viduae Elizabethae Adriani et Anthonii, qui unus est ex quatuor occisoribus filii Elizabethae[597]. Postea supervenit Bever, qui hic etiam in prandio mansit. Post prandium advenit fr. Folcoldus cum carruca et advexit aliquas carnes agninas et columbas pro pransione, qui etiam retulit, Mariam sororem ancillae

596 De laatste zes regels van 26 juni in het ms. staan tussen twee lange strepen. De bedoeling hiervan is niet duidelijk. Misschien vindt abt Moors dit kwaadsprekerij.

597 Zie 3 juni 1636.

nostrae culinariae peste extinctae iterum abiisse domum, quia tempus mundationis expiraverat. Qui sicut et Bever discessit.

In collatione vespertina adfuerunt Horenbeeck et Van der Cammen. Sed Horenbeeck pernoctavit apud canonicum Broechoven.

179. (*Zondag*) 29 Junii Mane Horenbeeck discessit, cui mandavi, ut reditus in terra Heusdensi et census parvos accipiat. In prandio adfuit Griensven, qui hic celebravit summam missam.

Adfuit pastor in Bochoven, qui fugit, ne capietur ab Heusdensibus et hic celebravit et uterque post prandium discessit. Adfuit et Van der Cammen tam in prandio quam cena.

(*f. 58 v.*) **180**. 30 Junii Mane pertransiit hic fr. Bartholomeus. Ivit Silvam.

Hodie scripsi litteras ad fratrem meum Maximilianum, quibus commendo filium Van der Cammen euntem Bruxellas. Et quedam tango de Hedichuysen. Mane hic transierunt receptor De Weer et procurator Van der Lee, qui nos salutarunt. In prandio soli fuimus. Et in cena adfuit filius Van der Cammen, quem monui, ut expectationi parentum satisfaceret. Valedixit nobis petens benedictionem nostram sequenti die iturus Bruxellas ad praxim juridicam.

181. 1 Julii Fuimus soli per diem. Salutavit nos Joannes Aertsen Vercuylen cum uxore. In collatione adfuit Van der Cammen veniens Silva, qui adsportavit quitantiam solutionis factae Joanni Backer pro vino, sale et aliis necessariis allatis.

182. 2 Julii Pransi sumus apud Van der Cammen cum sorore nostra, receptore De Weer et Bever cum uxore et sorore sua Bruyninx. Vesperi soli cenavimus, manentibus apud Van der Cammen receptore et sorore, quae etiam ibidem pernoctavit, sed receptor hic dormivit.

183. 3 Julii (*Heeswijk*) Mane discessit hinc in Middelrode receptor De Weer, et Van der Cammen ivit cum carruca in Hees cum fratre Cornelio, ut ibidem palos figant in terra nostra, quam alii rustici putarunt nobis eripere.

Hoc die reversus sum in Heeswijc[598] ex fuga sex septimanarum cum quatuor diebus propter pestem, quae domum nostram invaserat in festo Pentecostes elapso. In via nos comitatus est fr. Joachimus, pastore adhuc Hagae existente. In prandio nullus adfuit nisi fr. Joachimus et alii religiosi ordinarii. Inveni in Heeswijck omnia salva. Vesperi soli fuimus.

184. 4 Julii Per totum diem soli fuimus, nec aliquid occurrit.

598 A.A.B. Memorie van uuytgheven.

185. 5 Julii Circa prandium advenit pastor in Dinter de suis rebus communicaturus, quia intendebat relinquere pastoratum, quem misi ad reverendissimum. Advenit item procurator cruciferorum ex Schindel, petens vinum pro celebratione missae. Cui dedi quod petiit. Uterque hic pransus est.

In cena soli fuimus.

186. (*Zondag*) 6 Julii Per totum diem soli fuimus, nec aliquid occurrit.

187. 7 Julii Accepi litteras Berna ad Horenbeeck, quibus significat pastorem in Waelwijck a militibus Gertrudanis captum et Hagamcomitis abductum, quia celebravit in domo pastorali sacrum. Item significat, Anthonium van der Stappen[599] in Waelwijck obiisse. Eodem die accepi litteras a pastore in Berlickem, quibus idem scribit et simul reditum suum esse incertum. Hoc die soli fuimus. Hoc item die asportarunt editui de Heeswijck et rectores Spiritus Sancti cum quatuor currubus supellectilem fratris Folcoldi ex Nuenen.

188. 8 Julii In prandio soli fuimus. Quo absoluto venit pastor in Dinter cum litteris a reverendissimo, quibus a me petit, ut cum decano Orthensi[600] difficultatem, quam predictus pastor habet cum sua communitate, componam. Circa vesperam advenit receptor De Weer, qui nobiscum cenavit. Postea advenit ex Berna missus expressus famulus ab Horenbeeck, qui portabat litteras Horenbeeck ad pastorem in Berlickem, et alias ad nos. Et respondi Horenbeeckio. Similiter scripsi pastori in Berlickem Hagam et inclusi ad illum scriptas litteras ab Horenbeeck.

(*f. 59 r.*) **189**. 9 Julii Mane misi pastorem Folcoldum ad archidiaconum pro institutione in pastoratu de Heeswijck cum litteris presentationis et privatis ad ipsum archidiaconum. Et ivit cum eo fr. Bartholomeus Silvam in propria causa. Item juvenis discessit cum eis Bernam.

In prandio soli fuimus. Vesperi redierunt fratres Folcoldus et Bartholomeus, et adsportarunt litteras institutionis dictae et alias ab ipso archidiacono ad me.

190. 10 Julii Iverunt nostri piscatum apud molendinum Middelrodanum.

Venit circa prandium cum equo nostro parvo, quem cum Griensven mane miseram ad habendum Van der Cammen, qui adhuc Silvae erat, fr. Joachimus, qui nobiscum pransus circa quintam discessit. Vesperi sine

599 Hij huurde op 4 febr. 1632 voor 5 jaar 5 morgen land onder Bern.

600 Paulus van den Dael, pastoor van Berlicum.

collatione ivi dormitum. Nostri in piscatione nihil vel admodum parum ceperunt.

191. 11 Julii In festo S. Norberti nullus religiosorum comparuit excepto fratre Joachimo, capellano in Berlickem, qui nobiscum pransus est et discessit. Etiam pransus est nobiscum Van der Cammen, qui scripsit litteras sculteto de Ravestein, ut discernat ac judicet, quas exactiones villici nostri in Gaal et Moenle debeant persolvere[601]. Etiam hic pransi sunt Robbertus de Bever et Van der Scout, pretor in Erp et Vechel, qui omnes cum carruca circa quintam discesserunt.

192. 12 Julii Misi Silvam pro vino et aliis necessariis ferendis carrucam nostram cum fratre Bartholomeo.

Accepi hodie pinguem ovem per Joannem Peter Alberts, etc.

In prandio soli fuimus. Ita et in cena.

193. (*Zondag*) 13 Julii Mane ivit Griensven in Berlickem celebratum propter absentiam pastoris. Quem cum Petro famulo nostro post missam misi Bernam ad probandum equum ibi venalem.

In prandio adfuit pater prior ex Schindel et fr. Toelinck, qui postea abierunt. Circa cenam advenit fr. Balthasar ex Haren, qui hic pernoctavit.

194. 14 Julii Adfuit mihi Martinus Corsten, missus a preside Wilhelmo Spirinx, et, quia drossardus, existens Bruxellis, petiit copiam transactionis sive concordiae inter nos et illos de Heeswijck anno superiore initae per litteras ad uxorem suam scriptas, uti retulit secretarius, rogavit a me consilium et consensum, an dictam copiam mittere possent. Cui respondi, quod licite possent, sed prius peterent videre litteras, per quas copia exigitur.

Tradidit hodie suum registrum fr. Balthasar. In prandio cum eodem fratre fuimus. Circa cenam reversus est Berna fr. Griensven et cum eo famulus noster, qui de omnibus fecit rapportum.

195. 15 Julii Mane venit fr. Christianus laicus cruciferorum ex Schindel ad sarciendum, quia sartor est. Scripsi hodie ad fratrem nostrum Maximilianum, ut referat, quid per drossardum Bruxellae agatur. In prandio adfuit fr. Balthasar et fr. Christianus laicus. Circa sextam advenit Van der Cammen, postea pastor in Haren, qui omnes hic pernoctarunt. Accepi a pastore in Berlickem litteras Haga, quibus significat, se nihil adhuc egisse in causa contra Herptenses, et reditum suum incertum.

601 A.A.B. map: De abdijgoederen in het Land van Ravenstein.

196. 16 Julii In prandio omnes supradicti adfuerunt. Ante prandium Van der Cammen et Griensven iverunt in Dinter et coram scabinis Willem Corsten et Gerit Goertsen prelegerunt obligationes incolae Petri, olim villici nostri, de debitis suis Paulo Kelders. Post prandium abierunt pastor in Haren et fr. Balthasar et Van der Cammen. Postea advenerunt pastor in Dinter et receptor De Weer, qui sumpto haustu abierunt. (*f. 59 v.*) Hoc die scripsi etiam pastori in Berlickem adhuc Hagae existenti per dominum Van der Sterren[602]. Adfuit nobis Elisabetha vidua Adriani Jansen[603] ex Berlickem petens litteras commendatitias ad dominum comitem de Tilly, dominum in Heeswijck, quas curavi scribi per receptorem De Weer nomine nostro. Et abiit.
197. 17 Julii Misi fratrem Bartholomeum cum carruca Silvam pro vino et aliis necessariis domus advehendis. Vesperi reversus non attulit vinum, sed alia necessaria[604]. Circa undecimam horam advenerunt huc pastor beginagii Silvaeducensis, dominus Berckenbosch[605], et domicellus Carolus van Os[606], qui pransi nobiscum discesserunt in Dungen venientes ex Dinter ab Herenhovio. Etiam in prandio ad venit Horenbeeck ex Berna et cum eo villicus unus Bernensis cum equo venali, quem emi 26 libris Flandricis, modo probet equum liberum esse, nec subjectum licentiis[607], alias debebit reassumere. Circa vesperum uterque abiit in Berlickem, equo hic relicto. Venit Van der Cammen, qui hic pernoctavit.
198. 18 Julii In prandio soli fuimus cum Van der Cammen et Christiano, laico crucifero sartore. Etiam hodie nuntiavi Paulo Kelders, ut messem Nicolai Petri inveheret absque nostro prejudicio, quia peste laborat. Post prandium Van der Cammen discessit in Berlickem. Postea advenit Pauwels Kelders offerens concordiam de restantiis Nicolai Petri, quia duxit filiam villicae uxoris Nicolai in coniugem.Depost venerunt domini pastores in Hees[608] et Nistelrode[609] querentes loqui Van der Cammen de officio divino faciendo. In quem finem reliquerunt hic 20 florenos sculteto dandos, et sumpto haustu discesserunt. Vesperi soli fuimus.

602 Mogelijk is hier bedoeld de vicaris-generaal van het bisdom, Pallas van der Sterren. Schutjes III, blz. 21; *N.N. N.N. Biogr. W.* IX 1074.
603 Abt Moors schrijft hier bij vergissing Adriani Petri. Zie 27 juni 1636.
604 A.A.B. Memorie van uuytgheven.
605 Henricus van Berckenbosch. Schutjes IV, blz. 369; Bots, Noordbrab. Stud. n° 440.
606 Sasse v. Ysselt, *Tax.* XXI, blz. 309.
607 Beermann, blz. 195.
608 Rumoldus Cuypers. Schutjes IV, blz. 80; A.A.B. Brief van Rumoldus Cuypers.
609 Wilhelmus Tuyffhuysen. Schutjes V, blz. 199.

199. 19 Julii Misi mane[610] equum, ut Van der Cammen cum eo huc veniat pro concordia ineunda ex parte Nicolai Petri, qui circa decimam adfuit. Prandio facto, in quo cum eodem soli fuimus, venerunt ex Dinther domicellus Herenhoven, Theodorus Jansen Dircxen, Paulus Aertsen van Goch et Hubertus Petri. Et post preces et alia remisi Nicolao 45 florenos ex omnibus restantiis, et promisit Paulus praedictus et Hubertus, frater Nicolai, sese solvituros 196 florenos: in promptis 50, in festo Bavonis[611] 50, in Nativitate Domini 50, et reliquam sommam in festo Paschatis anni 1637. Et confectum est inde instrumentum. Vesperi non cenavi. Abiit Van der Cammen in Berlickem.
200. (*Zondag*) 20 Julii Per diem soli fuimus. Discessit post prandium fr. Christianus, laicus sartor, in Schindel.
201. 21 Julii Mane misi carrucam cum fratre Bartholomeo Silvam pro vino (quia 17 nihil attulerat) et aliis ferendis et contulit vinum Francicum et adustum[612] et libertatem equi unius, et licentiam pro tritico ex Bern huc advehendo. In prandio adfuit pater prior et fr. Arnoldus Jungers, qui circa quintam discesserunt. Vesperi soli fuimus.
202. 22 Julii Mane misi fratrem Cornelium cum uno equo Eyndhoviam divendendo. Scripsi litteras ad Mariam Vranx, quibus peto scire[613] quantum illi debeam et quomodo se habeat reverendissimus noster, qui dicitur Antverpiam propter pestem fugisse.

In prandio advenit receptor De Weer, qui hic pransus est et pernoctavit. Post prandium advenit pastor in Dinter, qui circa septimam discessit. Postea venerunt Van der Cammen et notarius Petrus de Louw, qui in Dinter pransi erant et hic pernoctarunt. Ego hodie non cenavi.
203. 23 Julii Mane discessit Van der Cammen cum De Louwe[614], cui dedi litteras destinandas Antverpiam ad Mariam Vrancx.

Accepi hodie Berna quinque modios tritici, quos tuli in Empel cum duobus currubus, quibus adfuit fr. Bartholomeus, et misi 14 oves pascandas et impinguendas Bernam, quas Horenbeeck posuit in suis currubus.
(*f. 60 r.*) **204**. 24 Julii Hodie recepi litteras ex Batenborch, quod filia sororis nostrae Annae senior, Maria nomine, cum marito Joanne van Hernen et parvula sua filia obierunt peste, videlicet parvula filia 18 huius,

610 Er staat heel duidelijk manu. Dit lijkt evenwel een vergissing.
611 Het feest van de H. Bavo valt op 1 oktober.
612 A.A.B. Memorie van uuytgheven.
613 ik verlang te weten.
614 Petrus de Louw, notaris. Sasse v. Ysselt, Voorname Huizen III, blz, 13 en 148-149.

mater 19 et parens 21, manente unico filio, tredecim circiter annorum, superstite, quem abduxit avus in Hernen.

In prandio soli fuimus. Iverunt nostri post prandium piscatum cum parvis tantum retibus. Parum ceperunt.

Rediit fr. Cornelius ex Endhoven cum equo non divendito, nuntians Boesdonck nominatum abbatem Postellensem.

205. 25 Julii In prandio soli fuimus et per totum diem.

206. 26 Julii Recepi litteras Bruxellis a fratre meo Maximiliano, quibus scribit, drossardum nos accusasse apud dominum temporalem, quod querimus minuere jurisdictionem temporalem: quod pastor in Berlickem composuisset de drossardo libellum famosum super ipsius stirpe ac progenie et actionibus, et alia plura mendacia. In prandio soli fuimus. Vesperi intellexi pastorem in Berlickem reversum ex Haga.

207. (*Zondag*) 27 Julii Mane misi carrucam in Berlickem pro pastore advehendo. Misit ad me pastor in Haren generem suum propter decimas, quas gravare intendunt rustici. Circa decimam advenit pastor in Berlickem, qui de suis actionibus Hagaecomitis factis fecit rapportum, et in causa contra Herptenses adhuc nihil determinatum. Et alia de decimis suggessit, quomodo possent liberari a contributionibus.

In prandio cum eo soli fuimus. Quo absoluto advenit socrus Eelkens gratias nobis agens pro commendatione filio suo facta, ut habitum possit in S. Agatha recipere. Et simul uterque cum carruca nostra discessit.

Circa cenam advenit fr. Christianus ad sarciendum. Vesperi non cenavi.

208. 28 Julii Mane misi fratres Folcoldum et Cornelium cum duobus equis Eyndhoviam; quia sequenti die forum publicum et annuum ibidem feriatur, ut divendantur equi.

Scripsi hodie litteras ad Van Zeune, regentem comitis de Tilly et ad fratrem meum Maximilianum. Misi etiam ad Van Zeune copiam transactionis inter nos et Heesvicanos anno superiore initae. Similiter copiam transactionis inter abbatem Boetzelaer[615] et Dinterenses initae anno 1550[616], ut ex iis videat, quomodo hoc agatur, et quod falsae sunt accusationes ab Hedickhuysen ipso de nobis factae.

Circa prandium advenit pater prior ex Schindel cum socio Joanne Aertsen[617], qui sumpto prandio discesserunt. Postea advenit pastor in

615 Otto van Boetzelaar, abt van Berne van 1549 tot 1552. des Tombe, blz. 173-178.
616 Akkoord van 15 sept. 1550. A.A.B. afd. I. IV F.
617 Kruisheer uit Schijndel. Schutjes IV, blz. 433-434. Zie Inleiding § 5.

Hechtel, qui hic dormivit. Misi hodie predictas litteras per Walterum in Berlickem, sequenti die per pastorem de Berlickem tabellario tradendas.
209. 29 Julii Summo mane discessit hinc pastor in Hechtel. Venit huc Van der Cammen cum litteris a reverendissimo domino nostro Antverpia et Mariae Vranx. Qui hic nobiscum pransus et cenavit et pernoctavit. Discessit hinc fr. Christianus.
210. 30 Julii Mane adfuit receptor De Weer et circa prandium advenerunt pastor in Berlickem et fr. Joachimus, qui nobiscum pransi sunt, et circa vesperam discesserunt De Weer et fr. Joachimus. Mansit hic pastor.

Circa cenam reversi sunt fratres Folcoldus et Griensven cum equis, quia vendi non poterant, etc.
211. 31 Julii Summo mane ivit Griensven cum equo in Berlickem portans litteras de lapidibus et calce pridie emptis per fratrem Bartholomeum, quem tum miseram pro hoc Silvamducis ad emendos lapides. Qui reversus est ante prandium, et post prandium pastor in Berlickem discessit in Berlickem cum carruca et socio fratre Folcoldo et bara bursa pecuniae, etc.
(*f. 60 v.*) Folcoldus rediens ex Berlickem asportavit litteras a filia Van der Cammen, quae scribit, dominum de Gaudriaan suadere, quod pastor in Berlickem statim revertatur Hagam, quare petiit nostrum super advisamentum.
212. 1 Aug. Summo mane misi juvenem cum litteris ad pastorem, quibus consulo, ut Hagam statim proficiscatur, sed prius pertranseat per Bern et loquatur Horenbeeck.

In prandio soli fuimus. Sic et in cena vel collatione.
213. 2 Aug. Misi fratrem Bartholomeum Silvamducis, ut lapides, calcem, asseres et revelaers firmiter emat, et curet, ut huc proxima commoditate mittantur.

Circa prandium advenerunt domicelli Robertus de Bever et Van der Cammen, qui indicarunt nobis, Berlicomenses intendere novam mensurationem terrarum et camporum in prejudicium nostrum. Qui nobiscum pransi circa sextam discesserunt. Etiam nuntiavit Van der Cammen, pastorem in Berlickem die precedenti iterum ivisse Hagamcomitis.

Hoc vesperi capitulariter prefeci fratrem Folcoldum aliis religiosis ut sine titulo[618] prioris officio fungatur.
214. (*Zondag*) 3 Aug. Mane ivit Griensven in Berlickem celebra-

618 Leonardus had namelijk nog steeds de titel van prior van het convent.

tum sacrum propter absentiam pastoris. Item ivit Petrus, famulus noster nepos, cum Nicolao Wilhelmi, villico in Empel,ad videndum statum camporum, in quibus fenum crescit. Scripsi ad Mariam Vranx et misi illi 166 florenos cum 18 assibus, quos eidem debebam. Interea etiam nuntiatum nobis est, Berlicomenses multum murmurare, quod decimae non contribuant; authores murmuris precipuos: Jan Goyert Albers, Willem Jansen, villicum drossardi, et Goosen Lambert Goyertsen, tres scabinos fautores drossardi, et Petrum Rutgers burgimagistrum, qui voluerunt hodie publicari quandam scedulam ab Hamelio emissam ad omnes decimatores, ut solvant de decimis tributum, tamquam ad illos pertineret, ut sic melius communitatem pagi ad tumultum excitarent. Sed alii scabini noluerunt, publicationem fieri. Vesperi soli fuimus.

215. 4 Aug. Accepi lapides 10.000, et plures venient. Misi fratrem Bartholomeum Silvamducis, ut procuret solutionem fieri Mariae Vranx per Wolsac[619], et dedi illi pro solutione facienda 166 florenos et 18 asses, et preterea pecunias pro labore aurigae 34 asses, quas omnes tradidit Francisco Nijehoff[620].

Curavi scribi ad pastorem in Berlickem, qui Hagae est, ut provideret remedium contra rusticos Berlicomenses in negotio contributionis decimarum.

In prandio et cena soli fuimus. Fui hodie multum exercitatus podagra et maxime chiragra in manu dextera, ita ut impossibile fuit, litteras hodie scribere.

216. 5 Aug. In prandio soli fuimus. Post prandium venit pastor in Dinther, quem subsecutus est Jacob Corsten edituus, et intercessione nostra hoc actum est, ut pastor cedet cubiculo, quod habet in templo pro servitio accepti sacerdotis, qui locum ejus hoc presente anno deservit pastoratui, modo eidem pastori ex parte pagi provideatur usque ad festum Sancti Joannis cubiculum apud Petrum Bogarts suis pagi expensis. Circa sextam discesserunt. In cena soli fuimus.

(*f. 61 r.*) **217**. 6 Aug. Circa decimam advenerunt fr. Joachimus et Van der Cammen, qui nobiscum pransi iterum discesserunt in Berlickem. Resolutum est inter tres pagos, quod sculteto de Busco donabunt 75 florenos pro conniventia exercitii. Hoc die castra Hollandica venerunt in Maeslandiam in pagos in aggere et juxta situatos.

In cena soli fuimus.

619 Een voerman. Pakjes werden met hem meegegeven. A.A.B. Memorie van uuytgheven.

620 A.A.B. Memorie van uuytgheven.

218. 7 Aug. Mane venit cursor Hamelii, Peter Henricx, missus a vidua Hamelii cum litteris, quibus inthimamur[621], ut infra triduum contributiones persolvamus de decimis tam Berlicomensibus quam Heesvicanis.

In prandio soli fuimus. Circa quartam intellexi per Joannem Rovers, vicinum, Petrum Henricx supradictum conquestum de nobis, quod non tractaverimus eundem, et nihil voluit quam semel bibere.

Pertransiit hic ante portam cum suo secretario Hedickhuysen, qui predictum Petrum Henricx convenit in diversorio, ita ut patet[622], eundem drossardum existentem authorem et instigatorem esse istius nobis factae de decimis inthimationis, quia recenter venit Bruxellis, ubi audientiam apud dominum temporalem de Heeswijck vix vel non potuit obtinere.

In cena soli fuimus.

219. 8 Aug. Summo mane misi pastorem in Berlickem ad Van der Cammen et ulterius utrumque in Silvamducis, ut per Gansium vel alios agerent cum vidua Hamelii, quatenus sub cautione vel sponsore constituendo terminum det prorogationis de non solvendo tam cito.

Pransi sunt nobiscum pater prior et fr. Degens, qui circa quartam discesserunt.

Venit hic molitor Nistelrodanus, Petrus, cum ove, quam nobis donavit, quia anno superiori hic frumentum suum tempore trouwatorum[623] reposuerat. Et simul de molendini contributione, qua gravatur, conquestus est. Eidem diximus, quod debeat talia significare domino molendini.

Vesperi circa sextam rediit fr. Folcoldus et cum eo venit Heylwigis, uxor Francisci Niehoff, quae hic mansit, et asportarunt 50 pondo recentis psalmonis saliendi. Dixit item fr. Folcoldus, viduam Hamelii exercitionem solutionis suspensuram et eandem primo per secretarium Lus[624] insinuandam Van der Cammen.

Drossardus hodie petiit et accepit copiam contractus inter nos et rectores communitatis Heesvicanae initi anno superiore. Et multum jactitat de actis suis apud dominum temporalem contra nos, quasi nos dependeremus a domino.

621 wij worden aangemaand.
622 Moors heeft dit of een ander woord bij vergissing weggelaten.
623 vagebonden.
624 Pieter Lus, ontvanger van de convooien en licenten in 's-Hertogenbosch. Sasse v. Ysselt, Voorname Huizen I, blz. 207; A.R.A. De nieuwe Blaffart f. 95 v.

220. 9 Aug. In prandio sola adfuit nobis uxor Nijhoff, quae etiam mansit vesperi et pernoctavit.

221. (*Zondag*) 10 Aug. Hac nocte abducti hinc sunt Silvamducis ex commissione Hamelii vel ejus contraleur tres villici ex Bernhese, et Mathias Mertensen, villicus in Noddevelt, et decimator pastoris in Berlickem, ratione decimarum, quia volunt absolute decimas debere contributionem dare. Statim post officium divinum circa octavam horam submisi fratrem Folcoldum, ut cum Van der Cammen tendant Silvam et, si possent, eos sub cautione liberent. Sed hodie reversi non sunt, at dimiserunt filius Hamelii et alius Mathiam Mertensen, villicum in Berlickem, ut captivitatem predictam nobis significaret sub conditione, quod sequenti die deberet redire Silvam sub pena 4000 florenorum. Circa prandium venit ad nos receptor De Weer cum fratre, qui nobiscum pransi discesserunt. Etiam filiae Van der Cammen, quae hic pernoctarunt.

(*f. 61 v.*) **222**. 11 Aug. Mane venit villicus ex Noddevelt, qui omnia predicta nobis narravit et iterum juxta verbum suum rediit Silvam. Etiam venit villicus alius, Jan Petersen, pro ligno avehendo, ut fornacem renovet. Etiam heri venerunt duo decimatores ex Berlickem, Jan de Bitter et Adriaen Gerit Coppen, qui omnia predicta nobis narrarunt et primi ex Berlickem significarunt. Preter fidem datam a filio Hamelii supranarrata facta sunt, nam 8 huius, quando in illum finem miseram Van der Cammen, promiserat quod, antequam fieret executio, adhuc semel tempestive presignificaret. Sed, etc. Sub prandio, in quo aderant filiae Van der Cammen, venit Nicolaus Wilhelmi, villicus in Bernhese, unus ex captivis, nuntians omnes sub cautione liberatos, deferens contractum concordiae in illum finem factae, et litteras a pastore Heesvicano, qui scribit se misisse expressum Hagamcomitis cum litteris ad pastorem in Berlickem, qui executionem illi significat. Vesperi rediit dictus pastor cum fratre Bartholomeo, quem mane miseram Silvam, ut ad Horenbeeck pecunias acciperet, uti fecit. Et portavit ad nos litteras pastoris in Berlickem, quibus scribit nos liberos a Statibus declaratos ob omni contributione decimarum; etiam litteras a domino de Loon, quibus erant aliae inclusae ad nos a domino de Tilly; item litteras alias Haga ad me scriptas ab uno Engelberto Slotts de vendendis bonis inter Mosam et Waalam. Et adhuc litterae ab Horenbeeck. Filiae Van der Cammen hic pernoctarunt.

223. 12 Aug. Mane venit huc receptor De Weer, querens quid litterae domini de Tilly continerent. Hodie scripsi fratri meo, ut transmitteret litteras, quibus nobis significaret, quid Hedickhuysen contra nos Bruxellae egisset.

Circa prandium advenerunt Van der Cammen et fr. Joachimus, qui cum filiabus Van der Cammen post prandium cum carruca nostra discesserunt.

Vesperi soli fuimus.

224. 13 Aug. Circa prandium venit pater prior cum fratre Paulo converso, qui circa quintam discesserunt. Interea adfuit pastor in Dinter, qui cum nostris in fossis nostris,piscatus fuit, sed parum ceperunt.

225. 14 Aug. In prandio soli fuimus. Postea locuti sunt nobis de rebus externis Henricus Rovers, edituus, et Joannes Aertsen Vercuylen. Ab uno eorum intellexi, rumorem spargi, quod ad instantiam drossardi tres scabini, videlicet Wilhelmus Spierinx, Joannes Bos et Wilhelmus Nicolai van Dorn, sigillassent attestationem, quod drossardus nihil unquam indebite exegit a particularibus personis quoad servitia, quae domino temporali a communitate debentur, aliis scabinis insciis.

Pastor noster Heesvicanus a nobis summo mane missus Silvamducis in causa executionis factae dominica elapsa. Vesperi mansit propter pluviam in Berlickem. Venit etiam tum pastor de Berlickem, qui eidem assertat, Status Generales ordinasse et declarasse nos liberos a contributione decimarum, sed actam nondum signatam, sed signandam et mittendam statim ad nos. Venit cum eodem magister Laurentius Silvaducis, et in prandio commederunt cum Cattenberch, Cannart et Vilmar, contrecolleur van Hamel.

(*f. 62 r.*) **226**. 15 Aug. Mane summo rediit pastor domum, et misi carrucam in Berlickem, ut pastorem post prandium advehat vesperi hic mansurum. Qui hic pernoctavit.

227. 16 Aug. Misi pastorem de Heeswijck Silvamducis, ut significet et explicet Schuylio, in Heeswijck non esse cappelaniam fundatam, sed tantum aliquot beneficia, et simul inquirat num acta libertatis Haga missa sit, ut a executione ulteriori liberi simus. Qui vesperi rediens narravit, nondum Silvam missam esse actam predictam. In prandio adfuit tantum pastor in Berlickem, qui cum carruca discessit circa tertiam. Sed venerunt huc duo moniales ex Ulenborch[625], quae petierunt hospitium, una neptis senioris nostri, altera soror molitoris. Quae hic pernoctarunt.

228. (*Zondag*) 17 Aug. Circa prandium misi fratrem Bartholo-

625 Schutjes IV, blz. 495.

meum in Berlickem, ut cum pastore de Berlickem ulterius vadat Silvam et pastori auxilio sit, si indigeat. In prandio soli fuimus. Postea venit domicellus Ter Herenhaef et mansit hic usque ad octavam. Non cenavi cum aliis, sed duo moniales supra memoratae hic cenarunt et pernoctarunt.

229. 18 Aug. Mane profectus est provisor cum caballo seniore in Endhoven, ut eundem vendat, si justo ac condigno pretio vendi posset. Circa prandium advenit Van der Cammen, qui post prandium discessit in Berlickem. Moniales supradictae post prandium discesserunt in Schindel, sed hic pransae non sunt. Postea advenit dominus Petrus Veraelsfort, pastor in Oostelbeers, qui sumpto haustu discessit et valedixit.

Post cenam rediit fr. Bartholomeus, qui Bernae fuit, et dixit pastorem Berlicomensem cras discessurum iterum Hagam, propterea quia necdum acta libertatis de decimis non gravandis mittitur et nos hic urgemur ad solutionem. Etiam advenit pastor in Bochoven, qui hic pernoctavit, et conquestus est, quod drossardus de Bochoven illi velit impedire elocationem decimarum conventui vel pastoratui competentiarum. Etiam retulit fr. Bartholomeus, quod litterae venerint Hagacomitis ab uno Engelberto Slots iterum de vendendis bonis nostris inter Mosam et Waalam. Item narravit, drossardum de Heeswijck mirabiliter stomachatum in Meuwen coram pastoribus Ens et Draeck[626] et aliis, in nos et pastorem de Berlickem, et inter ceteras blasphemias dixisse illum, quod ego de domino temporali viliter locutus essem et dixissem: «Ick crijch den schijt van den heer», quod est merum mendacium sicuti cetera quae spargit.

230. 19 Aug. Pastor in Bochoven mane discessit. In prandio soli fuimus et in cena . Post cenam rediit provisor cum equo quem non vendidit.

231. 20 Aug. Soli fuimus in prandio. Accepi litteras ab Horenbeeck, qui petit commissionem nomine nostro comparendi in omnibus congregationibus, in quibus fient impositiones super terris territorii Heusdensis et earum computubus, quam misi. Respondit ei Folcoldus ad suas litteras. Vesperi sero accepi litteras a pastore de Berlickem, quibus significat, Nordingen[627] advenisse cum acta libertatis de contributionibus decimarum, et petit currum, ut huc veniant.

(*f. 62 v.*) **232**. 21 Aug. Mane ivit pastor noster cum curru Silvamducis

626 Reinerus Draeck, pastoor van Oisterwijk. Schutjes V., blz. 389.Frenken, Dagboek Moors, blz. 210 noot 459 en Dagboek Ophovius, blz. 159.

627 Dirk van Nordingen, katholiek advocaat te 's-Gravenhage. Frenken, Dagboek Moors, blz. 195 noot 29, blz. 210 noot 445 en blz. 226.

et comitatus est Fockerstarium cum filia, uxorem Nordingii cum filia et pedissequa, quos omnes reliquit cum curru in Berlickem, qui ibi prandebunt et vesperi huc venient. Pastor noster precessit, ut venit domum circa primam horam absoluto prandio. Vesperi advenit currus cum predictis et filio advocati De Jonge, qui hic pernoctarunt.

233. 22 Aug. Sumpto prandio discesserunt versus Eynthoviam pastor in Berlickem cum uxore Nordingii, filio De Jonge et pedissequa cum carruca nostra[628]. Pastor noster in Heeswijck eos comitatus est. Fockerstar cum filia sua et filia Nordingii redierunt cum alia nostra carruca Silvamducis. Mansit et pernoctavit hic Van der Cammen. Fuit item hic in prandio receptor De Weer. Sub prandio recepi litteras[629] Bruxella a fratre et Van Zeune, agente domini nostri de Tilly, quas tradidi receptori De Weer reddendas 25 vel 26 huius.

234. 23 Aug. Fuimus in prandio soli cum Van der Cammen. Et circa primam prandio absoluto advenit domina de Hoydonck[630] cum domicella Van Eyck[631], filia domini de Blaerthem[632] et suo receptore, petentes consilium de contributione decimarum. Et rediit receptor de Hoydonck cum Van der Cammen in carruca nostra Silvamducis. Etiam abiit ipsa domina de Hoydonck. Et rediit noster pastor ex Eyndhoven in ipso egressu dominae predictae.

Accepi litteras a domino Anthonio de Roy, canonico de Boxtel, quibus indicat, pastorem suum fratrem Augustinum peste laborantem agonizare sine spe magna longioris vitae. Item scribit Van der Cammen, Werimontium petere, ut solvantur in redemptionem capitanei Jaecques Petit, captivi Silvaeducis, 600 libras, quas defalcabit in solutione sui reditus.

235. (*Zondag*) 24 Aug. Intellexi, drossardum inhibuisse, ne fiat in Dynter officium divinum, et quod in illum finem quesierit secretarium de Heeswijck, ut per eundem idem faciat, quem non invenit. Curavi publicatione facta repeti 300 florenos, nobis assignatos ab Horenbeeck, a rectoribus pagi Heesvicani; item restitutionem 92 et 10 stuferorum solutorum causa decimarum; item restitutionem nummorum expositorum in executione facta 10 huius. Similiter in Berlickem et 300 florenos,

628 A.A.B. Memorie van uuytgheven.

629 A.A.B. Brief van Max. Moors aan abt Moors van 18 aug. 1636.

630 Agnes van Pollaert, priorin van Hooidonk. Schutjes V, blz. 164; Frenken, Dagboek Ophovius, blz. 152 voetnoot 2; Ouwerling, *Tax.* XI, blz. 26-28.

631 Heilwich van Eyck. Schutjes V, blz. 163, laatste regel.

632 Jhr. Goyart van Eyck. Frenken, Dagboek Moors, blz. 196 noot 54; Sasse v. Ysselt, *Tax.* XXI, blz. 134.

quos debet communitas de Berlickem pro expensis olim factis in processu Bruxellis perdito. In prandio soli fuimus. Quo absoluto advenit Horenbeeck declarans, quod Herptenses post sententiam pro se obtentam gravant bona nostra fere duplo plus solito, et quod abduxerunt equum pro solutione accipienda, et plura alia. Advenit circa vesperam pater prior, qui hic pernoctavit. Discessit Horenbeeck. Scripsi litteras Fockestarrio, quibus eidem commendo negotium contra Herptenses.

236. 25 Aug. Mane discessit pastor noster Silvamducis nec rediit illa die. Ante prandium advenit domicellus Ter Herenhaeff, qui quaedam communicavit drossardi officium tangentia. Et pransus hic est cum patre priore et fratre Tuelinck. Circa tertiam pater prior discessit, et Herenhaeff circa septimam. Interea intellexi a forestario Dinterensi[633] nomine drossardi citatos duos nostros villicos Dinterenses ad laborandum sequenti die, quod tamen illi per dominum inhibitum est. Hodie drossardus profectus, ut quidam opinantur, iterum Bruxellas vel Hagam, ut contra nos aliquid machinetur.

(*f. 63 r.*) **237**. 26 Aug. Hodie soli in prandio fuimus, sed eo absoluto advenit pater Degens ex Berlickem nuntians Principem Auraicum iterum discessurum ex castris versus Buren.

Hodie etiam Petrus Bogarts quedam deposuit contra drossardum.

238. 27 Aug. Post prandium advenit huc domicellus Ter Herenhaeff cum uxore et nepte propter pestem, quae inferiorem ejus domum occupavit, in qua habitat colonus, et hic manent.

239. 28 Aug. Mane recipio litteras a Gansio, quibus scribit dominum De Brederode cum uxore et aliis, etiam Gansio, venturum circa prandium nos invisum. Quem dum exspecto usque ad primam, mittit aliquot equites nuntiantes eundem non venturum, quia litteras a Principe acceperat in merica, quibus revocatur, et quia lantgravius Hassiae[634] Silvamducis venerat.

Fuit hic in prandio preter Herenhovium fr. Joachimus ex Berlickem.

Circa vesperum advenit nepos domicelli Herenhovii Segewoldus, qui hic pernoctavit. Misi vesperi cum fratre Joachimo fratrem Bartholomeum, ut sequenti die Silvam eat.

240. 29 Aug. Mane advenit Van der Cammen, qui pransus abiit. Asportavit nobis litteras redditus, quitati a Werimontio. Fr. Bartholo-

633 In 1626 was Dirieck Jacob Lambertsen vorster in Dinther. A.A.B. map: Stukken tegen den Heer van Heeswijk en Dinther. In 1637 was Peter Joosten vorster. A.A.B. stuk van 10 nov. 1637 in de map: Diverse bescheiden betreffende de Abdijgoederen I.

634 Wilhelm V.

meus non rediit ex civitate Silvaducensi. Hodie intellexi ex De Weer, quod drossardus contra ordinationem ipsius De Weer, mandaverit forestario Dinterensi, ut citaret nostros villicos ad laborandum cum equis et carrucis pro domino, cum tamen De Weer alios nominaverit, quos citare non vult, nisi nostri prius laboraverint. Discessit hinc De Weer cum Van Dale sumpto haustu cerevisiae.

241. 30 Aug. Mane hic rumor sparsus est, castra Principis ivisse ante Bredam. Sed postea aliter, scilicet quod tantum aliquot turmae equitum eo tendant.

Sub prandio advenit Antverpia Petrus noster famulus cum carruca, qua vecti sunt pastor in Berlickem et uxor Nordingii, qui nuntiavit, illos salvos ibidem advenisse, licet cum molestiis militum. Uti et pastor scribit. In prandio cum Herenhovio et uxore et nepte soli fuimus.

Hodie intellexi, drossardum non agnoscere rectorem mensae Sancti Spiritus in Dinter noviter a pastore constitutum, nisi in manus ejus prestet juramentum, et quod pastor non sit qualificatus rectores Sancti Spiritus constituere, etc. Nota bene.

242. (*Zondag*) 31 Aug. Mane celebravit hic pastor in Dinter. Et circa prandium advenit cum sua carruca domicellus Robertus de Bever cum uxore, qui hic cum Herenhovio, uxore et nepte pransus est. Et abiit circa sextam. Post prandium invisit nos Bosshuysen[635], qui circa sextam abiit. In cena fuimus cum Herenhovio et uxore, etc.

(*f. 63 v.*) **243**. 1 Sept. Per diem cum Herenhovio soli fuimus. Post prandium venerunt hic duo cruciferi, pater Degens et Joannes Arnoldi, quaerentes Van der Cammen, quem non invenientes sumpto haustu discesserunt.

Circa caenam advenit fr. Leonardus Postula cum carruca, et adduxit uxorem Vlemnicx, graphiam finantiarum Bruxellis[636], quae hic cum eodem et aliis pernoctarunt.

244. 2 Sept. Mane ivit fr. Bartholomeus Silvam litteras ad Nordingen destinandas portans ad Van den Ancker. Vesperi rediens adduxit fratrem Jeronimum, filium Van den Ancker, professum in Postula, qui hic cum aliis pernoctarunt.

245. 3 Sept. Nuntiatum nobis est, pastorem in Schindel peste obiisse. Mane discessit fr. Leonardus cum sua carruca Postellam, et uxorem

635 Jhr. Willem van Boschhuysen. Hij woonde op het huis Ter Weer te Dinther. Frenken, Dagboek Moors, blz. 210 noot 431: Juten *Tax.* V, blz. 292.

636 Max. Moors noemt hem in A.A.B. Brief van Max. Moors aan abt Moors van 8 sept. 1636.

Vlemnicx post jentaculum curavi vehi ad Sanctam Agatham, quam deduxit fr. Cornelius. Item discessit fr. Van den Ancker. In prandio soli fuimus cum Herenhovio, cuius uxor visitavit cum sorore nostra Bosshuysen.

Interea venit huc receptor De Weer, et repetiit actam inhibitionis servitiorum domino prestandorum.

Item nuntiatum nobis est, drossardum cum suis scabinis convocasse multos de communitate, et certa illis proposuisse, quae debent jurare omnia tangentia transactionem factam inter nos et communitatem anno superiore, ex qua vult probare domino temporali factum prejudicium[637].

246. 4 Sept. Venerunt huc Jan Aertsen et Jan Henrickx cum filio petentes, num etiam signare et jurare debeant ad illa, quae drossardus requirit. Quibus dixi, uti et nonnullis aliis, ut exigerent copiam, qua obtenta possent petere a jurisperitis, quid agere debeant. Interim concitat plebem contra nos.

In prandio preter Herenhovium adfuerunt duo patres minoritae, Voxius et Pauwels, et nepos Herenhovii, Segewoldus, qui prandio absoluto omnes discesserunt. Interea rediit carruca nostra ex Sancta Agatha cum fratre Cornelio. Pastor noster ivit ad secretarium pro copiis levandis publicationis factae. Sed non obtinuit. Ibique ivenit drossardum, Wilhelmum Spirincx, et plurimos de communitate congregatos, quos citavit drossardus, ut ferant testimonium contra nos, in quatuor punctis, videlicet: primo, quod illis sit notum, quod dominus temporalis dederat communitati consensum sive octroy vendendi certa jugera de merica; secundo, quod Mathias Rutten emerit tres partes de merica, quam emptionem abbas impedivit; tertio, quod abbas sic festinaverit, ut submitteretur negotium, quod erat inter abbatem et scabinos, ut illis unum diem concedere non voluerit; quarto, quod abbas objurgaverit scabinos acriter et dixerit se habere aliquot millia, quos impendere vellet contra eos, nisi acquiescerent, etc. Similia extorquet a singulis etiam villicis, qui numquam fuerunt presentes in simili negotio, sed, etc.

(*f. 64 r.*) **247**. 5 Sept. In prandio adfuit Henricus van den Leemputte, petens a nobis litteras gratiarum actionis ad dominum de Loon, eo quod ipsum promoverit apud dominum de Empel ad recepturam Empelensem. Quas dedi. Et simul scripsi eidem domino, ut oportunitate data dignaretur significare domino de Tilly, quod drossardus noster omnes simplices

637 A.A.B. stuk van 4 sept. 1636 in de map: Schepenen en regeerders van Heeswijk in conflict met abdij.

rusticos decipiat et ab eis extorqueat testimonium, quod vocat veritatis, sed dico falsitatis.

Circa tertiam venit pastor Dinterensis invisum nos et Herenhovium, qui circa sextam abiit. Vesperi preter Herenhovium nullus adfuit.

248. 6 Sept. Mane misi litteras Bruxellas ad fratrem meum conscriptas a fratre Folcoldo, quibus peto significari Van Zeuynen et Tipotio sinistras drossardi actiones et quomodo decipit rusticos in extorquendo ab ipsis testimonium contra nos. In prandio soli cum Herenhovio et uxore fuimus, ita et in cena. Hodie castra Principis Orangiae ex Lith et vicinis pagis migrarunt versus Waalwijck[638].

249. (*Zondag*) 7 Sept. Hodie soli fuimus cum eodem Herenhovio. Sed post prandium invisit nos pastor in Dinter, qui circa sextam abiit. In cena soli fuimus cum, etc.

250. 8 Sept. Soli fuimus cum Herenhovio et uxore et nepte. Hodie iterum accepi litteras ab Engelberto Slots Hagacomitis, quibus iterum vult, ut nostra bona Maeswalensia faciamus venalia. Hominem non novi, nec bona dicta vendere cogito ne quidem per somnium. In cena soli fuimus cum, etc.

251. 9 Sept. Mane ivit pastor noster Silvamducis, ut loquatur Herlario, Francisco Nyhoff et coco Roberto[639], qui vesperi rediit. Interea advenit Van der Cammen, qui fecit libellum supplicem[640]reverendissimo domino exhibendum, quo petitur, ut onus cathechismi annectet beneficio Sanctae Mariae in ecclesia de Heeswijck vacanti per mortem pastoris in Schijndel. In prandio et cena fuimus cum Herenhovio et Van der Cammen, qui hic pernoctavit.

Hodie curavi fodi puteum in culina, quo aqua per fistulam extrahatur: een pompe.

252. 10 Sept. Mane cum libello praedicto profectus est pastor noster in Geldorp ad reverendissimum. Van der Cammen rediit in Berlickem. Sergantius in castro infirmus tulit vinum cum nuce muscata. Heri accepi litteras ab Horenbeeck, quibus significat peditatum Principis ibi transiisse ac eidem damnum magnum intulisse. In prandio adfuit laicus minorita fr. Petrus, et supervenit receptor domini de Mackem, qui pransus abiit; etiam domicellus Herenhovius, uxor et neptis more solito. In cena soli cum Herenhovio fuimus.

638 Wagenaar, blz. 234.
639 Mr. Robbert, kok te 's-Hertogenbosch. Frenken, Dagboek Moors, blz. 201 noot 193.
640 A.A.B. Libellus supplex aan de bisschop met apostilla.

253. 11 Sept. Mane ivit fr. Bartholomeus Silvam cum carruca, ut advehat calcem pro cisterna facienda, et simul plumbum pro puteo in culina facto.

Circa octavam advenerunt huc pastor in Dinter et filius Joannis Herenhovii, Segewoldus.

(*f. 64 v.*) In prandio adfuerunt supradicti et pater prior cruciferorum cum Degens, et prandio facto discessit domicellus Herenhovius cum uxore et nepte et Segewoldo in Kessel animi causa. Pater prior cum socio in Schindel. Et supervenit postea receptor De Weer, qui cum pastore de Dinter discessit.

Accepi litteras a fratre Maximiliano[641], quibus indicat reditum pastoris de Berlickem et adventum uxoris suae. Item litteras ad uxorem Flemnickx destinandas.

Item rediit pastor noster ex Geldorp cum apostilla[642] requisita in libello ut supra a reverendissimo domino.

254. 12 Sept. In prandio soli fuimus et in cena. Hodie elocavi terras pastorales cum prato aen den Hoochvonder[643] Henrico Joannis Rovers et Joanni Aertsen Vercuylen pro medietate fructuum et 32 florenis.

255. 13 Sept. Mane ivit fr. Bartholomeus cum curru Silvamducis pro asseribus, deelen et reliquis voor de pompe necessariis advehendis. In prandio et per diem soli fuimus. Rediit fr. Bartholomeus cum asseribus et aliis, et cum eo venit famulus stannarii, qui fontem de pompe conficeret. Item pernoctavit hic cognatulus fratris Griensven. Fuit Griensven in Vechel, ut inquirat de ancilla culinaria apud dominam habitante, de qua per neptem exspectat responsum post diem unum aut tertium.

256. (*Zondag*) 14 Sept. Minorita habuit stationem pro lupulo et hic in prandio adfuit, videlicet pater Foxius, qui postea discessit. Vesperi advenit cum Griensven Van der Cammen, qui hic, uti et magister ille qui fecit puteum de pompe, pernoctavit.

257. 15 Sept. Mane fecit computum suum Van der Cammen. In prandio fuimus cum Van der Cammen et altro soli. Post prandium venerunt huc duo ex Alfen[644] petentes scire, quot jugera terrae et virgas aggerum habeamus in predicto pago. Et dedimus illis specificationem, et litteras ad Joannem van Balveren locumtenentem inter Mosam et

641 A.A.B. Brief van Max Moors aan abt Moors van 8 sept. 1636.

642 Zie voetnoot 640.

643 Een bepaalde vonder over de Aa bij Berlicum. A.R.A. Blaffart f. 127 r.; A.A.B. ms. G. v. d. Elsen, *Documenta pro historia de Berlicum et Middelrode*, blz. 245 en 279.

644 Alphen tussen Maas en Waal.

Waalam[645]. Postea discessit Van der Cammen. Et advenit receptor De Weer, qui iterum post pusillum temporis abiit.

Hodie puteus et fistulae plumbeae positae sunt et perfectae.

In cena soli fuimus.

258. 16 Sept. Transeundo salutavit nos pastor in Beers, dominus Petrus Veraelsfort. Circa prandium venerunt hic pastor in Berlickem, qui venerat pridie Bruxellis, fr. Joachimus, pater Degens et Van der Cammen, qui hic pransi sunt. Et fecit pastor rapportum de omnibus, quae fecerat in Tilly apud dominum, et Bruxellis et Antverpiae[646]. Et contulit nobis sauvegardiam a Principe Cardinale nobis concessam. Pater Degens prandio facto discessit. Item alii circa quintam horam cum carruca, qua venerant.

259. 17 Sept. In prandio supervenit receptor De Weer, qui narravit, drossardum cum suo secretario turbasse ipsum, ne accipiat censum hodie levandum tam in Heeswijck quam Dinter. Et circa quartam discessit. Vesperi contuli beneficium B. Mariae in ecclesia de Heeswijck fratri Waltero Meynaerts, et dedi illi litteras sigillatas ipsius collationis ostendendas sequenti die archidiacono, etc.

(*f. 65 r.*) **260**. 18 Sept. Mane ivit Silvam fr. Walterus, ut ab archidiacono accipiat institutionem sui beneficii predicti. Vesperi rediens eandem adsportavit. In prandio adfuerunt pater prior ex Schindel et fr. Joannes Arnoldi, qui postea discesserunt.

Van der Cammen venit cum fratre Waltero nuntians, quod ex parte rusticorum Berlicomensium et Heesvicanorum transmissa esset publicatio per nos in duobus pagis facta, qua repetimus expensas in executione nuper perpessa, et alios nummos, quos ratione decimarum coacti fuimus contribuere. Et hic pernoctavit.

261. 19 Sept. Mane celebravit hic dominus Simon Verweteringe, et nobiscum cum Van der Cammen pransus abiit.

Etiam venit pastor in Gemonden[647] petens unum religiosum ex nostris ad tempus, qui in Boxtel visitet egrotos eisque administret sacramenta propter absentiam domini Antonii de Roy et infirmitatem pastoris. Quem sub conditione addixi. Qui hic etiam pransus abiit. Hodie scripsi litteras Bruxellas ad fratrem meum, quibus peto mihi provideri de famulo cubiculario. Etiam scripsit Van der Cammen ad Horenbeeck, ut nobis in feriam quintam, quae erit 25 huius, mittat duas oves ex Berna. Item

645 A.A.B. map: De abdijgoederen in Maas en Waal.

646 A.A.B. Specificatie van de vacatiën etc. van Max. Moors 1636-1642.

647 Wilhelmus Henrici Schellekens, Schutjes III, blz. 717.

mandavi Van der Cammen, ut curet per pastorem scribi Hagamcomitis ad Nordingen, ut advigilet contra conatus rusticorum in negotio istius publicationis supradictae, et curaret transmitti copias publicationis simplices.

262. 20 Sept. Hodie intellexi ex fratre Joachimo, pastorem de Berlickem scripsisse ad Nordingen et expressum misisse Hagam propter rusticorum machinationes, de quibus paulo superius.

Venit cum fratre Joachimo Wilhelmus Stout[648], quem 26 Maii in secretarium assumpsi, ut sese presentet ad omne servitium, quia jam prius obtenta est pro eo sauvegardia. Qui hic pransi simul abierunt in Berlickem.

Curavi scribi per provisorem litteras Bernam ad Horenbeeck, ut moneat colonos nostros int Broeck ad deliberandam[649] havenam.

In cena soli fuimus.

263. (*Zondag*) 21 Sept. In prandio non adfuit fr. Griensven, qui iverat in Berlickem pro currubus accipiendis, qui veherent sequenti die fenum ex Empel.

In prandio soli fuimus. Post prandium fuit hic fr. Christianus laicus ex Schijndel, qui sumpto haustu abiit. In cena soli fuimus.

264. 22 Sept. Circa prandium advenit pastor in Berlickem cum sorore et filia et Van der Cammen. Venit cum eis pastor in Bocholt, Lamsweert[650], qui postea discesserunt. Tradidit pastor in Berlickem computus suarum profectionum tam versus Hagam et Ultrajectum quam Bruxellam versus. Vesperi soli fuimus. Narravit insuper, drossardum curasse, ut tres scabini Berlicomenses testati sint coram controlario Vermiert, nos rigorose exegisse pecunias in executione expositas, sed falso.

(*f. 65 v.*) **265**. 23 Sept. Mane ivit pastor in Dinter deferens salutationes a domicellis Herenhoviis ex Kessel cum 12 parvis avibus, dictis teulingen[651], qui hic nobiscum pransus est. Vesperi venit fr. Godefridus, laicus predicatorum, petens stationem pro ventura dominica. Quem concessi. Et hic pernoctavit.

266. 24 Sept. Mane venerunt litterae ex Tongeren a genero Griensven, quibus scribit, ut equos ante prandium ibi mitterem, si eos vendere

648 Willem Stout uit Zaltbommel. Frenken, Dagboek Moors, blz. 196 noot 51; A.A.B. Sauvegarde van 30 juli 1636.

649 De boeren in Babiloniënbroek moesten haver leveren.

650 Een relatie van pastoor Gisbertus Distelbergh. A.A.B. map: Parochialia.

651 talingen.

vellem. Et misi duos fratres Folcoldum et Griensven cum equis duobus. Etiam fuit fr. Bartholomeus in Berlickem videns, num aliquis decimator ivisset in Empel pro feno ferendo, et dixit illi pastor, Beverum laborare ad pacem inter drossardum et pastorem faciendam, quodque drossardus paratus esset revocare scripto, quod doleret sese dixisse pastorem esse authorem libelli famosi alicuius, sed in dolo ambulat et addit, quod contra nos nullam egerit injuriam, sed quidquid facit, concernere[652] dominum suum, etc.

In prandio soli fuimus. Ita et in cena.

267. 25 Sept. Mane misi fratrem Bartholomeum Silvam cum carruca ad advehendum duas oves Berna mittendas. Et dedi illi 100 florenos ad solvendum stannario, qui fecit plumbeas fistulas pro puteo, de pompe, et fabro ferrario, qui fecit ferra ad eundem necessaria et adhuc dedi illi 2 florenos pro aliis necessariis[653] emendis. Circa prandium advenit pater prior ex Schindel, qui etiam hic pernoctavit solus. Item venerunt pastor in Berlickem, Van der Cammen et receptor De Weer. Pastor retulit, drossardum per Beverum justam offerre pacem, et scripto agnoscet suam culpam, quod peccaverit contra pastorem, sed contra nos nihil dicit sese peccasse. Dissuasi concordiam, nisi simul et nobiscum componat. Imo precepi pastori, ne quidquam agat sine nobis.

De Weer declaravit, quod inhibuerit forestario, ne villicum pastoris citaret ad laborandum, et hoc non obstante illum citavit, quod instigante drossardo factum dubium non est. Qui simul abierunt. Reversi sunt domum provisor et Griensven et vendiderunt unum equum 23 libris Flandricis. Rediit fr. Bartholomeus et adsportavit duas oves. Solvit stannario sed non fabro ferrario, quia ferramenta necdum erant parata.

268. 26 Sept. In prandio adfuit pater prior et venit fr. Tuelinck ad eundem deducendum, qui post prandium simul abierunt. Hodie scripsi litteras commendatitias domino Parcensi pro fratre meo, ut eidem velit concedere inhabitationem domus suae Bruxellensis. Etiam scripsi fratri et alteras his inclusi. Hodie intellexi drossardum apud advocatum Zomeren contra nos debachatum, videlicet quod jam videretur quis magister foret campanarum, et quod abbas dixisset, sese habere satis pecuniae ad agendum contra ipsum, sed experientia jam docebit, et similia, quae omnia Zomeren retulit fratri Francisci Nyehoff.

(*f. 66 r.*) **269**. 27 Sept. Mane misi juvenem nostrum Joannem Silvam ad destinandas predictas litteras.

652 betreffen.

653 A.A.B. Memorie van uuytgheven.

In prandio soli fuimus. Hodie ut scabini facerent publicationem aliquam, petierunt per custodem consensum pulsandi campanam et simul ostenderunt pastori ipsam publicationem in charta conscriptam legendam, et dedit consensum.

Post prandium venit huc procurator cruciferorum inpransus, qui pransus abiit. Etiam venit fr. laicus Christianus et bibit semel et abiit.

Vesperi advenit pater Dobbelens predicator, qui venit pro statione sequenti die servanda et hic pernoctavit. Inter caenandum advenit dominus Simon Verweteringe, qui tendebat in Vechel, sed quia serius fuit, hic cenavit et pernoctavit.

270. (*Zondag*) 28 Sept. Mane adsportavit pastor in Dynter litteras a Focquestaer scriptas ad Van der Cammen, quibus significat, Nordingen ivisse Hagamcomitis et se litteras ad eundem destinandas prima oportunitate missurum.

Venit huc pater villici nostri de Loon pro sauvegardia obtinenda a Principe Auriaco, qui in Sprang castra posuit[654], pro conservanda domo nostra. Sed respondi, quod is debeat sese ostendere fidelem villicum. Et hic dormivit precedente nocte et abiit cum jentaculo. In prandio adfuit pater predicator, qui pransus abiit in Berlickem. Item adfuit pastor in Dinter, qui retulit, nos esse in causa, uti garrit Hedichuysen, quod ipsus pastor quidquam agat vel dicat contra eundem, etc. Post quartam abiit.

Circa cenam advenit fr. laicus Godefridus ad circumeundum pro lupulo.

271. 29 Sept. Per diem soli fui cum fr. Godefrido laico. Nihil occurrit. Vesperi item soli fuimus cum fratre predicto, qui hic pernoctavit.

Cepit male habere fr. Bartholomeus ex ulcere vel tumore in collo, ita ut malum timeamus.

272. 30 Sept. Mane ivit pastor noster Silvam, ut inquirat de ancilla culinaria, item ut procuret ab Herlario testimonium, quod drossardus nos fecerit authorem libelli famosi, item quod secretarius subtraxerit redditus in venditione domus suae, et adhuc alia necessaria procuret. In prandio supervenit Henricus van den Leemput petiens pro domino de Loon anates cum curvis rostris, cui duas concessi. Et post prandium venit senior domicellus Boshuysen querens hic Van der Cammen. Uterque postea abiit. Circa cenam pastor rediens domum retulit, in diem Jovis omnia superius dicta parata fore.

273. 1 Oct. Hoc die soli fuimus nec aliquid occurrit.

654 Op 7 sept. 1636. ten Raa en de Bas, blz. 91.

274. 2 Oct. Misi pastorem cum carruca Silvam ad ferendum vas vini et ferramenta pro puteo, die pompe, necessaria. Quae vespere adduxit, et simul adsportavit testimonium Herlarii, quod drossardus nostram personam placeret authorem libelli famosi, et alia quedam concernentia secretarium. Circa prandium advenerunt pastor in Haren, fr. Joachimus et Van der Cammen, qui postea discesserunt. Et ivit Maria[655] cum pastore habitatum.

(*f. 66 v.*) **275**. 3 Oct. Sigillavi et subsignavi testimonium vitae Adriani, filii magistri Petri de Lieshout, quondam custodis in Dinter; item testimonium quo recepi pro secretario meo Wilhelmum Stout, quod statim misi in Berlickem ad Van der Cammen cum fratre Griensven, per quem curavi vocari Hermannum Zomers, ut visitet fratrem Bartholomeum laborantem catarro.

Circa prandium advenit cum Griensven Herman Zomers et filius, qui hic pransi, visitavit pater nostrum fratrem Bartholomeum, et eidem emplastum ulceri imposuit, nec judicat aliud esse quam catarrum. Circa quartam discessit.

Venit Embertus van den Heuvel ex Bochoven cum litteris drossardi ad nos, quibus petit (quia pastor iterum infectus est, et soror hoc die peste mortua), ut unum religiosum mittere velim pro officio divino faciendo. Sed respondit illi pastor noster, nobis impossibile hoc esse. Simul scribit pastori, ut discrete sese habeat in conversatione sua inter populum, etc. Hic pernoctavit et summo mane discessit.

Circa quintam advenerunt hic duo augustiniani Herentalenses petentes hospitium et hic pernoctarunt.

276. 4 Oct. Mane recipio litteras a fratre meo Maximiliano, quibus indicat, Hedichuysen scripsisse Van Zuynen, agenti comitis de Tilly, quod breve informationes captas super transactione Heesvicana transmittet domino comiti. Et quedam alia scribit de famulo et mutuando, etc. Augustiani discesserunt mane.

Van der Cammen indicat novam ancillam culinariam ad nos infra 14 dies venturam ex civitate Silvaeducense.

Circa prandium advenit receptor De Weer, qui nobiscum pransus, postea abiit. In cena soli fuimus.

277. (*Zondag*) 5 Oct. Hodie forestarius citavit iterum villicos nostros tres de Heeswijck ad laborandum pro domino ad molendinum de Middelrode, citra imo contra mandatum receptoris, qui alios nominaverat. Sed hoc facit Hedichuysen ex invidia.

655 Maria Vloeymans. A.A.B. Memorie van uuytgheven.

In prandio soli fuimus. Postea advenit pastor in Dinter, qui se dixit iturum Bruxellas pro pastoratu in Middelaer, qui nobis retulit, se fecisse edituum Petrum Bogarts. Circa quintam abiit. Misi post prandium fratrem Griensven ad receptorem De Weer, ut supradicta ei nuntiet. Sed eum non invenit. Dixit molitori Wilhelmo.

278. 6 Oct. Mane adfuit hic Cornelius Deenen, edituus alius in Dinter, et consilium petiit, utrum pastor posset sumere edituum, cum fructus pastoratus sed non ipsum pastoratum resignavit. Respondi quod valide. Item petiit, an deberent editui ad requisitionem communitatis facere ostium, quo exterius intraretur in cubiculum sub turri pro deservitore. Respondi quod non, nisi sumptubus communitatis vel pagi vel ad minus ferrent ordinationem reverendissimi domini.

Misi in Berlickem fratrem Cornelium pro Hermano Zomers advocando, ut iterum visitet fratrem Bartholomeum adhuc male valentem. Qui cum eodem advenit circa undecimam horam, et nobiscum pransus est cum filio juniore.

Transiit hic pastor in Dinter iturus Bruxellas, cui dedi litteras ad fratrem meum perferendas. Retulit nobis, Joannem apud Herenhovium bene inclinatum nobis servire, modo mater velit consentire, de qua consentia nobis dominica proxima faciet raportum. Post prandium venit Petrus Adriani cum uxore et marito filiae suae, Wilhelmo Gerardi, et numeravit pastori ad usum ecclesiae de Heeswijck
(*f. 67 r.*) 200 florenos hac conditione, ut pastor eundem Petrum servet immunem et indemnem istis pecuniis ab actione, quam drossardus pretendit contra eum ex levi aliquo verbo prolato a Petro predicto in scabinos, audiente Wilhelmo Spierincx primo scabino, qui hoc detulit secretario in absentia drossardi, videlicet: «Ghij hebt daer een plompe schouw[656] gevoert», vel similia. Ex quo verbo pretendit drossardus Petrum iniurias dixisse in scabinos[657]. Pastor autem suscepit in se, et quod reliquum fuerit ex pecuniis predictis preter exspensas in processu faciendas erit pro ecclesia in puram eleemosynam. Pastor dedit Petro obligationem manu sua scriptam. Vesperi soli fuimus.

279. 7 Oct. Circa prandium advenit Van der Cammen, cum quo pransi sumus, et hic pernoctavit. Pastor noster hodie ivit ad judicium scabinorum causam agens Petri Adriani, editui sui[658]. Sed contra eum

656 schouw = controle van het onderhoud van wegen en sloten.
657 A.A.B.Petrus Adriani en de kwestie van de beloofde 200 gulden. Zie Inleiding § 16.
658 Frenken, Dagboek Moors, blz. 200 noot 150.

tulerunt ad requisitionem drossardi sententiam[659], quod per provisionem promissam sommam 200 florenorum deberet numerare infra triduum, ex eo quod dicat drossardus, ipsum Petrum promisisse predictam sommam coram uno scabino, genero suo Joanne Wilhelmi[660], qui alteri, Henrico scilicet Martini, hoc scabinaliter retulisset, et isti duo simul secretario, qui hoc in protocollo signavit. Sed omnia falsa, quia Joannes Wilhelmi tantum ivit cum Petro in Middelrode ad drossardum ut videret, an posset cum eo de verbo prolato ut supra transigere. Tunc quidem ex intimidatione, Petro a drossardo facta, promisit sommam praedictam, de quo postea penituit Petrus, et requisivit pastorem, ut ejus honorem defenderet in judicio, quod calliditate et fraude drossardi et sui secretarii pervertitur, uti in pluribus aliis. Etiam comparuit custos, citatus a drossardo[661], quod dixisset verbum contumeliae in secretarium, qui putans audire quod contra eum ageret ac praetenderet, responsum ei est, causam ipsius inceptam in ultima die juridica, et nisi jam responderet, quod propter silentium condemnaretur. Et hoc falso, quia nihil in primo judicio contra eum actum erat. Sic pervertitur ut supra.

Post prandium venit De Weer, cui solvi 6 florenos pro campo fenali, den Abeempt, et dedit mihi quitantiam.

Vesperi iterum cum minis executionis citavit forestarius tres villicos nostros in Bernhese ad laborandum nomine drossardi, sed non receptoris. Quibus ne irent interdixi.

280. 8 Oct. In prandio soli cum Van der Cammen fuimus, qui postea ivit in Berlickem, et numeravi eidem reliquum pecuniae[662], quod debebam Werimontio pro liberatione reditus, quem hactenus annue eidem solvi, videlicet 880 florenos. Post prandium ivit pastor noster ad secretarium pro copiis actarum precedenti die in causa Petri Adriani et custodis. Sed nihil scripserat, imo irato animo respondit, se non habere tempus ad ea ante[663] prandium, quia debebat juvare in negotiis drossardi et quod non posset duobus dominis servire. Interim cras mane acta custodis esset excopiata, sed altera non ante decimam huius, ut interea non haberet tempus, etc.,
(*f. 67 v.*) sibi apud jurisperitos consulendi, et triduum interea esset completum. De quo pastor protestatus est.

659 In het ms. staat dit woord «sententiam» achter «200 florenorum».

660 Joannes Wilhelmus Bosch.

661 Zie Inleiding § 16.

662 A.A.B. Memorie van uuytgheven.

663 Het ms. is hier onduidelijk. Het woordje «ante» staat er niet, maar geeft wel aan wat er bedoeld is.

Wilhelmus Spirinx petiit, num matricularia non subesset communitati, et gravaretur scholis aperiendis, et similia. Principia hereseos.

281. 9 Oct. Mane ivit pastor Silvam cum sorore nostra et Van der Cammen; soror pro suis, et alii ut[664] consulant de utraque causa advocatos Brugelium et Herlarium. Et misi cum eis Gansio 4 paria perdicum et pecunias predictas. Heri vesperi venit domum, vectus in carruca, famulus Joannes Antonii[665] eger ex feno Empelensi, de quo timemus malum pestis, sed speramus adhuc bene. Dixit mihi custos, quod copiam contra eum in judicio pretensionis drossardi acceperit a secretario. Circa decimam advenit pastor in Berlickem nuntians, fratrem Folcoldum descendentem ex carruca ictu pedis equi accepisse infortunium in indice sinistrae manus, qui magnopere lesus ex eo est. Nobiscum pransus circa quartam discessit. Eadem hora curavi, visitari famulum nostrum Joannem Antonii per unum gnarum, est expertum morbi pestis. Qui judicavit nihil mali subesse, ut ille potuit colligere. Vesperi reversi sunt pastor noster et soror cum duabus ovibus Berna missis.

282. 10 Oct. Mane ivit pastor noster cum Petro Adriani edituo et duobus scabinis ad edes secretarii, ut coram eis dictus Petrus instituat appellationem contra sententiam latam 6 huius a scabinis in judicio[666], de 200 florenis, quod illos deberet infra triduum drossardo numerare, presentibus scabinis Joanne Wilhelmi Bosch, Gerardo Verdussen et Wilhelmo van Dorn. Item hodie appellatio illa facta drossardo insinuata est per forestarium Heesvicanum et Berlikomensem.

Hodie rediit pastor in Berlickem huc cum Hermanno Zomers, qui hic pransi sunt et abierunt. Hermannus Zomers refecit vulnus pastoris nostri acceptum hesterna die ab equo. Hodie iterum curavimus visitari Joannem Antonii, famulum nostrum, per unum pestis morbi expertum, qui judicavit illum liberum esse, quod Deus concedat.

283. 11 Oct. In prandio adfuerunt fr. Joachimus et Van der Cammen. Interea auditum est, quod drossardus, non obstante appellatione facta hesterna die ex parte Petri Adriani, sententiam impetratam mandaverit executioni arrestando omnia bona mobilia dicti existentia in domo sua et tres vaccas in agro, quas publice curavit exponi ad pascendum pro 10 assibus. Forestarius illas pro dicta somma accepit. Sed Henricus Rovers, alter edituus, illas liberavit.

664 «ut» staat niet in het ms.

665 Frenken, Dagboek Moors, blz. 65 onder 21 juli 1637.

666 A.A.B. ms. G. v. d. Elsen, *Geschiedenis van de Heeren van Heeswijk en Dinther*.

Mandavi predictis Van der Cammen et fratri Joachimo, ut omnia hec pastori nostro, qui Silvam iverat et ibidem maneret ad aliquot dies propter vulnus manus suae curandum, nuntiarent, quatenus remedium adhiberetur per scabinos Buscoducenses appellatos.

Vesper soli fuimus.

284. (*Zondag*) 12 Oct. Mane venit huc ancilla Herenhovii cum corbe pleno pyris, quae vocamus queperen[667]. In prandio soli fuimus. Post prandium attulit Petrus Bogarts corbem adhuc ex phyris Herenhovii, ut ancilla mane, et retulit nobis famulum Joannem non venturum. Dixi illi, ut caute ambularet quia drossardus cogitaret ab eodem expetere juramentum, quia edituus factus est[668]. Vesperi venit Horenbeeck ex Berna et cum eo pastor noster. Horenbeeck petiit consilium nostrum super elocatione fenorum Anthonio Nicolai Loeffio[669] facienda, quam laudavi, modo competens daret pretium.

(*f. 68 r.*) **285**. 13 Oct. Mane simul abierunt Horenbeeck et pastor noster Silvam, pastor ut curet manum suam, cum Horenbeeck reivit Bernam; pastor in Berlickem et Van der Cammen ituri ulterius in Heusden et Venloon; in Heusden, ut conveniant drossardum et Focquestaer cum linteo cameracensi, in Loon, ut conveniant dominum super calumniis a drossardo nostro ibidem effusis in personam nostram et ipsum pastorem de libello famoso contra eum composito.

In prandio adfuit pater prior et Eynhoutius. Et discessit postea Eynhouts, manente priore et pernoctante.

Vesperi rediit pastor et eum pauper Mathias subsecutus fuit cum litteris van den ingebude[670], quibus citatur drossardus in deciman sextam huius ad comparendum coram commissariis Silvam in causa Petri Adriani manente interea suspensione executionis.

286. 14 Oct. Mane inthimata est drossardo per forestarium comparitio habenda et suspensio predicta.

Circa prandium advenerunt Van der Cammen cum equo nostro ad eum misso, Hermannus Zomers, ut visitet vulnus nostri pastoris, et fr. Christianus laicus ad deducendum patrem priorem. Sumpto cum iis prandio discessit pater prior et socius cum eo, et postea Hermannus Zomers cum pastore nostro in Berlickem, sequenti die iturus Silvam, manente hic Van der Cammen.

667 Kweeperen, vruchten van de kweeboom.
668 Zie 5 okt. 1636.
669 Frenken, Dagboek Moors, blz. 30 voetnoot 1; A.A.B. Brieven.
670 ingebieder. Coopmans, blz. 52.

Retulit Van der Cammen Margaretam antiquam culinariam conductam pro nostro famulatu in culina, et venturam statim post festum Omnium Sanctorum. Vesperi soli cum Van der Cammen fuimus, qui hic pernoctavit.

287. 15 Oct. Circa prandium pater Rider[671] scripsit per expressum, sese heri visitasse pastorem in Bochoven peste infectum eique administrasse extrema sacramenta, ipsumque desolatum ac destitutum omni famulatu ac auxilio humano. Quare statim per Van der Cammen curavi scribi magistrae xenodochii, ut unam ex suis eo mittere velit. Quod si non posset, scribi curavi per eundem ad Petronellam van Broeckhoven[672], ut velit curare, quod illa, quam Horenbeeck per provisionem pro se conduxerat, mitteretur. Item mandavi Van der Cammen, crastina die ituro Silvam, ut patrem Pottey[673] conveniat, quatenus velit tamdiu curae pastorali de Bochoven deservire. Item mandavi eidem, ut dicat Margaretae ancillae jam conductae, ut statim velit venire ad servitium. Post prandium abiit idem.

Vesperi accepi litteras a pastore nostro cum certis articulis, conceptis a Van Asperen[674], proponendis drossardo in negotio Petri Adriani, et si velit juxta illos jurare, quod juramentum ipsi deferatur vel quod Petrus offerat jurare. Rescripsi, mihi illos placere, sed consulendum esset animae ipsius, ne falso juret. Accepi litteras a Brakelio, quibus significat de butyro ex Maes et Wael exspectando, sed colonos multos peste laborare.

288. 16 Oct. Hodie soli fuimus in prandio, sed postea advenit receptor De Weer referens ferturum brevi Bruxellam.

Vesperi rediit pastor Silva nuntians comparitionem inter drossardum et Petrum Adriani coram commissariis habitam in domo civica, sed nihil factum; etiam quod Joannes Willem Bosch in publico instrumento testatus sit, Petrum non scabinaliter promisisse, sed falso a drossardo actam promissionis postea fabricatam et plura alia, quod vidi; etiam, quod doctor Lintermans iverit in Bochoven visitatum pastorem; et quod

671 Joannes Rijder, predikheer. Schutjes IV, blz. 453; Bots, Noordbrab. Stud. nº 200; v. d. Elsen, *Tax.* IV, blz. 125-126; Frenken, Dagboek Ophovius, blz. 72 voetnoot 3. Zijn ware naam was Joannes Asseldonck.

672 Weduwe Aertssęn te 's-Hertogenbosch. Frenken, Dagboek Moors, blz. 208 noot 381.

673 Raymundus Pottey, predikheer. Frenken, Dagboek Ophovius, Bijlage IX A, blz. 295; Meyer, blz. 93.

674 Arnoldus van Asperen, advocaat te 's-Hertogenbosch. Bots, Noordbrab. Stud. nº 192; Frenken, Dagboek Moors, blz. 148 onder 11 jan. 1639.

forte una nigra soror, Petronella Cornelii[675], esset itura ad serviendum pastori; et quod nullus sacerdos eo velit ire, etc.

(*f. 68 v.*) **289**. 17 Oct. Curavi scribi per Folcoldum fratri Joachimo, ut is velit ire Bochoven pro divino officio ibidem celebrando, etc. Per diem soli fuimus. Hodie attulimus ex Geffen 8 modios et medium havenae[676]. Heri inceptum est vas vini Francici.

290. 18 Oct. Accipio summo mane a pastore in Berlickem litteras. Scribit, pastorem in Bochoven, fratrem Norbertum, peste obiisse hesterna die, cum isto die expressus ex Bochoven veniens ejus convalescentiam nuntiasset. Rescripsi pastori, ut Cannart et Horenbeeck, quos indicat hoc prandio hic futuros presentes, etiam Van der Cammen et ipse pastor vellent adesse. Venerunt circa prandium pastor et Van der Cammen, et prandio fere absoluto subsecuti sunt Cannart et Horenbeeck cum carruca, et postea advenit currus, quo vexit Cannart vas vini duarum amarum. Et discessit pastor in Berlickem solus, aliis omnibus manentibus hic et pernoctantibus. Interea eodem die circa vesperam prestitit Cannart nomine domini Thomae de Thennes, baronis de Heuckelem, juramentum fidelitatis et homagium, et levavit feudum[677] de decimis in Hedichuysen, testibus Van der Cammen et Henrico Jansen Spierinx, in manus Horenbeeck, vicarii feudorum nostrorum.

291. (*Zondag*) 19 Oct. Mane sumpto jentaculo discesserunt Cannart et Horenbeeck, manente hic Van der Cammen et pernoctante. Post prandium advenit De Weer, receptor, qui servitium suum obtulit, quia cogitabat ire Bruxellam. Cum quo scripsi domino comiti de Tilly; etiam fratri meo Maximiliano, cui misi 8 duplices rideros, 18 florenorum et 4 assium[678], et munimenta ac litteras nostrorum privilegiorum de Heeswijck et Dinter; item advisamenta jurisconsultorum cum «Intendit» pro directione ejus et Tipots, omnia ostendenda domino comiti, ut examinet etc. Et tradidi eidem De Weer etiam inventarium omnium scriptorum eidem traditorum signatum per me et abiit. Vesperi cum Van der Cammen soli fuimus.

292. 20 Oct. Mane discessit Van der Cammen cum pastore nostro, qui Silvam pro manu curanda ivit. Mandavi, ut diceret Van der Cammen pastori in Berlickem de litteris mittendis in Waelwijck. Hodie mactavimus duos porcos.

675 Schutjes IV, blz. 508.
676 A.A.B. Memorie van uuytgheven.
677 A.A.B. Leenverheffing betreffende koren- en smaltiende van 17 okt. 1636.
678 A.A.B. Memorie van uuytgheven.

In prandio adfuit fr. Joachimus veniens ex Bochoven, ubi officium divinum precedentibus diebus celebravit. Et nuntiavit, drossardum cum communitate expetere ardenter sacerdotem, sed vix locum habitationis pro eo sese velle ostendere vel procurare. Cui mandavi, ut ad illos regrederetur, et, nisi locum commodum ei monstrarent, rediret in Berlickem. Vesperi non rediit pastor noster, sed mansit Silvae usque ad sequentem diem, quia non erant parata scripta contra drossardum in judicio exhibenda in causa custodis et Petri Adriani.

293. 21 Oct. Misi hodie pastorem in Berlickem cum Van der Cammen in Boxtel ad pastorem, fratrem Augustinum, invisendum cum 50 florenis ipsi dandis, etc. Circa nonam matutinam vendidit in edibus secretarii drossardus vaccas Petri Adriani, quia noluit dare dictos 200 florenos ipsi juste promissos. Sed adveniente Petro cum pecuniis, quae erant monetae imperiales, voluit habere regias. Interea confiscavit alias. Et advenit pastor noster Silva cum scripturis et tunc pecuniae sunt consignatae sub custodia scabinorum. Et treucha[679] indicata est ad consilium advocatorum tam custodis quam Petri. Hodie fuimus soli.

(*f. 69 r.*) **294**. 22 Oct. Mane salutavit nos pastor in Dinter asserens, se habere presentationem pastoratus in Middelaer, quam obtinuit a domino temporali Vlemnix. Et detulit salutationem ab eodem et a fratre nostro Maximiliano. Nuntiavit nobis abbatem Postellensem declaratum liberum a Statibus Hollandiae tam in decimis, molendinis ac ecclesia propria pro contributionibus et exercitio libero religionis. Discessit iterum Silvam pastor noster propter manum curandam et manebit usque in crastinum.

Per totum diem soli fuimus. Secretarius Heeswicanus negavit copias dare custodi et Petro Adriani actarum hesterna die in judicio, dicens esse contra stilum et consuetudinem hoc facere ante consilium jurisperitorum datum, ad quod causae remissae sunt.

295. 23 Oct. In prandio soli fuimus. Vesperi fuit hic pastor in Geffen[600] veniens ex Schijndel et hic pernoctavit. Rediit pastor noster Silva cum carruca nostra et ovibus duabus ex Bern missis aliisque necessariis, adducens Margaretam famulam culinariam, quae venit ad suum famulatum.

296. 24 Oct. Mane cum nostra carruca discessit pastor in Geffen in Geldorp et cum eo pastor noster pro domo mortuaria pastoris defuncti in Schindel ad episcopum, quem jussi salutari et invitari.

Sub prandio venerunt hic dominus decanus Boxtellensis et pastor in

679 tijdelijk seponeren.

680 Gerardus van Amstel. Schutjes III, blz. 668; Bots, Noordbrab. Stud. n° 123.

Gemonden canonicus ibidem, petentes a nobis subsidium pro pastoratu, quandoquidem fr. Augustinus non videtur recuperaturus pristinam sanitatem. Sed excusavi me propter defectum personarum. Et tunc petierunt, ut curarem moneri dominum Anthonium de Roy, ut is pastoratui deserviret tanquam debens, quia fr. Augustinus illi serviendo et fidelitatem prestando in peste ibi infirmitatem contraxit. Quod addixi facturum per pastorem in Berlickem, et sumpto prandio abierunt. Vesperi soli fuimus.

297. 25 Oct. Misi fratrem Walterum Silvamducis, ut dirigat causam Petri Adriani in juramento prestando per Joannem Wilhelmi Bosch et forte alios. Sed frustra, quia Joannes Bosch non comparuit nec alii. Vesperi redierunt ex Geldorp pastor in Geffen et pastor noster et detulerunt salutationes ab episcopo. Pernoctavit hic pastor predictus.

298. (*Zondag*) 26 Oct. Mane cum carruca nostra discessit pastor in Geffen, quia dominica dies est, ut faciat sacrum officium. Fr. Bartholomeus ivit in Berlickem celebraturus, quia fr. Joachimus manet adhuc in Bochoven ad tempus. In prandio et per diem soli fuimus. Fr. Bartholomeus non rediit ex Berlickem.

299. 27 Oct. Mane discessit pastor noster Silvam propter manum curandam, qui dedit Petro Petri famulo stipendium suum et dimisit eum, quia annus ejus completus est.

Hodie citatus est Petrus Adriani, ut videat registrari omnes scripturas, quibus scabini utentur in consilio tenendo apud jurisconsuetos in causa contra ipsum et drossardum pendente. Misi cum illo fratrem Walterum, etc.

Hodie etiam rediit domicellus Herenhovius cum uxore sua ex Kessel circa septimam in tenebris et nepte sua Catharina et juvene, qui hic pernoctarunt.

Venit pastor noster Silva cum pastore in Waelwijck nuntians, edes Pelsii, quas Van der Cammen inhabitat, in periculo fuisse incendii ex proprio igne; item pastorem in Berlickem fuisse in Boxtel, ut dominum Antonium de Roy inducat, quatenus egrotante pastore ipse curae pastorali deserviat. Sed negavit cum aliqua indignatione.

(*f. 69 v.*) **300.** 28 Oct. Mane misi carrucam nostram in Berlickem ad advehendum pastorem, qui venit circa prandium referens, quod scabini de Berlickem per pulsum campanae heri voluerunt concitare populum contra pastorem, quasi is author fuisset, quod Meerwijck[681] executione

681 A. van Meerwijck. Beermann, blz. 58; A.A.B. ms. G. v. d. Elsen, *Documenta pro historia de Berlicum et Middelrode*, blz. 251.

illos provocat ad restituendum nobis, quod nuper dare coacti fuimus, quia villicos nostros captivos abduci curarunt pro contributione danda de decimis. Sed aliqui pulsum campanae impediverunt. Circa prandium etiam venit pater prior ex Scindel cum Eynhoutio, qui postremus discessit manente hic et pernoctante priore. Discessit post prandium pastor in Berlickem et cum eo fr. Rudolphus Zegers, hactenus pastor in Waelwijck, quem feci pastorem hodie in Bochoven, resignato prius pastoratu de Waelwijck in manus collatoris. Post prandium etiam nuntiatum est, quod scabini de Heeswijck, quia etiam ob simile et idem premuntur a Meerwijck, voluerunt concitare populum per pulsum campanae, sed non venerunt. Auctor istius consilii indubie est Hedichuysen, qui furit contra nos ac insanit.

Vesperi rediit fr. Bartholomeus ex Berlickem et fuimus cum Herenhovio, uxore, nepte et patre priore in cena.

301. 29 Oct. Mane ivit pastor noster in Schindel ad domum mortuariam defuncti pastoris cum aliis executoribus dirigendam, quia per episcopum tertius executor est ordinatus. Vesperi rediit.

Circa prandium advenit fr. Christianus laicus ad deducendum priorem suum, qui post prandium cum eodem discessit in Schindel. Vesperi fuimus cum Herenhovio, uxore et nepte soli.

302. 30 Oct. Mane ivit pastor noster Silvam pro manu curanda, nec rediit hodie. In prandio adfuit Henricus van den Leemput, qui convenerat Herenhovium pro explicanda epistula scripta caractere Germanico. Circa quartam venerunt hic et in Dynter ex castris Principis Orangiae 14 turmae equitum. Sex hospitati sunt in Heeswijck sub ducatu tribuni Rantwijck[682], et 8 in Dinter sub ducatu ducis Bullonensis[683]. Tres milites voluerunt hic apud nos divertere, sed cum intrare nequirent unus per aquas transvadavit nudus una manu habens gladium, altera securim qua tentabat perfringere seras portae, sed frustra. Statim, per Leemput vocatus, lutinantius Loserot, gener ejus, impetum istius militis repressit, et aufugit per viam qua venerat. Sed quia lutinantio indigne locutus erat miles, deposuit querelas apud Rantwijck, qui hic statim destinavit unum ex suis, sed ante cessaverat. Cui cum dicto lutinantio dedi haustum vini. Vesperi misit Rantwijck pro pane, butiro et cerevisia nostra, quae misi. Et egit gratias.

682 Hans Willem van Randwijck werd in 1628 ritmeester van Vaan nº 25. ten Raa en de Bas, blz. 251; Aitzema, blz. 199.

683 Frederik Maurits de la Tour d'Auvergne, hertog van Bouillon, was luitenant-generaal in het leger van Frederik Hendrik. ten Raa en de Bas, blz. 203, 213, 332, 339; Houben, Eindhoven I, blz. 351 en 377; Aitzema, blz. 199.

In cena invitavi lutinantium praedictum cum uxore et fratre, qui circa nonam discesserunt in suum hospitium, quod habebat apud Joannem Aertsen Vercuylen. Pernoctavit hic Leemput.

303. 31 Oct. Mane ante lucem discesserunt milites. Et Leemput discessit et cum eo ivit fr. Bartholomeus adjuvandum pastorem in Berlickem hoc festo Omnium Sanctorum. Circa prandium rediit pastor noster, qui pernoctaverat in Berlickem, et cum eo venit Hermannus Zomers, qui indicat Margaretam nostram lesam morsu zimiae Herenhovii, et abiit.

(*f. 70 r.*) **304**. 1 Nov. Post prandium, in quo cum Herenhovio et uxore et nepte soli fuimus, salutavit nos pastor in Dinter rediens pridie Ruremunda et nuntians, reverendissimum dominum Ruremondensem[684] eum non admisisse ad pastoratum de Middelaer, ex eo quod non agnosceret dominum temporalem de Middelaer collatorem. Affirmavit sibi oblatum et collatum pastoratum in Scayck, modo eum velit acceptare.

Vesperi soli fuimus cum Herenhovio, etc.

305. (*Zondag*) 2 Nov. In prandio cum Herenhovio soli fuimus. Hodie ex parte fratris Augustini pastoris in Boxtel nuntiatum nobis est, quod, nisi Silvamducis vehatur, doctores medici de eo desperent. Hodie item obtulit servitium suum ludimagister in Vechel, ut hic in pago posset aperire scholas.

306. 3 Nov. Mane ivit pastor noster Silvam pro curanda manu. Per diem cum Herenhovio soli fuimus. Vesperi rediit pastor noster et cum eo pastor in Bochoven et fr. Bartholomeus, qui fuerat tribus diebus in Berlickem.

307. 4 Nov. Mane hic nuntiatum est, castra Principis Orangiae se parare et hinc magnus hic timor in plebe ab illorum hic visitatione et transitu, quia transitum voluerunt residui, ut narrant qui missi fuerant, nec hodie se parati sunt. In prandio et cena tantum adfuerunt Herenhovius cum sua et pastor in Bochoven.

308. 5 Nov. Mane ex Heeswijck et Dinter iverunt ad castra predicta, qui explorarent per quam viam venient.

Etiam hodie pastor in Bochoven pro institutione sui pastoratus profectus est in Geldorp ad reverendissimum.

Postea venit hic pater Van den Dael minorita cum lectore Antverpiensi

684 Jacobus van der Burg. Schutjes I, blz. 218.

socio, qui hic celebrarunt et jentarunt et iverunt in Geldorp vocati a reverendissimo.

In prandio soli fuimus cum Herenhovio, uxore et nepte, uti et in cena. Circa vesperam hospitate hic sunt sex turmae equitum Ordinum et septem in Dinter, quae sequenti mane circa septimam discesserunt versus Graviam. E. Isselsteyn[685] fuit eorum ductor ac gubernator.

309. 6 Nov. Ante prandium advenit huc receptor De Weer, qui recenter venit Bruxella et defert salutiones tam a comite de Tilly quam fratre meo et de Zuyne. Non tamen retulit scripta ac privilegia nostra ipsi in discessu data et domino temporali communicanda, sed dicit per fratrem meum eadem remittenda. In prandio etiam adfuit Hermannus Zomers cum filio. Post prandium advenit pastor in Dinter, qui omnes discesserunt postea. Et fr. Bartholomeus cum Zomers ivit, ut sequenti die eat Silvam inquisiturus de fratre Augustino, an ibi sit et qua conditione.

310. 7 Nov. Hesterna die rediit ex Geldorp pastor in Bochoven cum institutione pastoratus de Bochoven, deferens salutationes reverendissimi, simul narrans, quod reverendissimus feria secunda proxima ventura, id est decima huius, nos cum archidiacono decreverit invisere. Sumpto prandio in quo nullus alius quam dictus pastor et Herenhovius cum suis adfuerunt, discessit in Berlickem. Accepi litteras a capitulo Boxtellensi, quibus renuntiant contractui cum fratre Augustino inito et agunt nobis gratias.

(*f. 70 v.*) Eodem die accepi litteras Bruxellis a fratre meo Maximiliano, quibus significat, quid actum sit inter comitem de Tilly et ipsum fratrem meum et advocatum Tipoets, et quod comes petierit ab illis, ut scripta vel privilegia nostra, jam cepta examinari, ulterius possent et exactius examinare, et quod eo casu illa ibi retinuerit; et quod Hedichuysen suggesserit, nos alios inhibere piscationem in flumine Aa, quodque hoc sapiat superioritatem, et quod piscatio soli domino competat, et plura alia, etc.

311. 8 Nov. In prandio et per totum diem soli fuimus cum Herenhovio, conjuge et nepte, qui hodie acceperunt nuntium, filiam fratris sui in Kessel Joannis, a nativitate fere semper infirmam, de nocte mortuam[686].

312. (*Zondag*) 9 Nov. In prandio soli cum supradictis fuimus. Postea circa tertiam advenit pastor in Berlickem, qui hic pernoctavit, et misi

685 Waarschijnlijk is hier bedoeld Vincent van Ysselsteyn, kolonel van regiment n° 9 sinds 26 jan. 1635. ten Raa en de Bas, blz. 306 en 343; Aitzema, blz. 199.

686 Zie Inleiding § 3.

cum carruca, qua venerat dictus pastor, fratrem Bartholomeum, ut in absentia alterius administret pastoralia, si necesse sit.

313. 10 Nov. In prandio cum pastore Berlicomensi, Herenhovio et uxore soli fuimus. Circa tertiam advenerunt hic tres adolescentes Silvaeducenses, Brochoven, Germans et Van Siephen, querentes episcopum pro tonsura clericali accipienda. Sed eundem non invenientes cum pastore de Berlickem discesserunt.

Etiam supervenit pastor in Dinter, qui etiam statim discessit. Circa quartam venit reverendissimus dominus cum archidiacono, capellano Marquis et quatuor equis et tribus famulis et hic pernoctarunt.

314. 11 Nov. Dedit reverendissimus dominus tonsuram clericalem supradictis adolescentibus, qui hic cum reverendissimo, archidiacono, Herenhovio pransi sunt, et abierunt uti et archidiaconus. Etiam venit pastor in Dinter post prandium, sed statim sumpto haustu discessit. Adfuit pater prior cruciferorum in prandio. Et post illud cum fratre Christiano discessit. Pernoctavit hic reverendissimus cum Herenhovio.

315. 12 Nov. Reverendissimus cum Herenhovio, uxore, etc. hic pransi sunt. Et sub prandio venit uxor drossardi nostri cum duabus filiabus, seniore et juniore, et nobiscum assedit inde. Causa adventus ejus erat, ut confirmationis sacramento junior filia a reverendissimo roboraretur. Sed quia post prandium et sola, distulit reverendissimus usque in alium diem, quia reverendissimus non bene hodie valuit. Similiter de nocte ex gravedine. Discessit circa quartam uxor drossardi cum filiabus.

Vesperi soli cum reverendissimo et Herenhovio, etc.

316. 13 Nov. Mane sumpto jentaculo hinc discessit reverendissimus in Geldorp, relinquens nobis scriptum suum, quo nos faciat suum vicarium forarium in districtu tamen maxime de Dinther, Heeswijck et Berlickem[687]. Circa prandium advenerunt pastor in Berlickem, in Dinter et Van der Cammen, et nobiscum pransi abierunt. Venit Silva pastor noster cum provisione halecum, stocvis, ... et duobus ovibus ex Berna missis.

(*f. 71 r.*) **317.** 14 Nov. Mane venit pastor in Dinter petens a nobis testimoniales litteras suae conversationis vitae et functionis pastoralis, simulque quod de consensu et scitu reverendissimi Buscoducensis pastoratum suum ob mediorum defectum cogatur deserere. Quas dedi et sub sigillo et manu nostra expedivi.

In prandio cum Herenhovio soli fuimus.

687 Frenken, Dagboek Moors, Bijlage VI, blz. 220.

Hodie recepi litteras a sculteto de Altforst Hermanno Peterssen[688], villico nostro in Monickenwoordt[689], quibus petit sibi impetrari salvumconductum a rege[690], ut libere posset habitare in villa nostra. Cui respondi me tentaturum, num impetrari posset.

Circa tertiam venit dominus Joannes de Dinthere exponens querelas, quod Jan Petersen de hackelaer turbet suam possessionem antiquam, quam habet de oblatione, quae fit in exequiis defunctorum in altari Sanctae Catharinae, petens aliquod ea in re statui pro manutenentia suae possessionis. Cui respondi, me nihil statuere posse nisi audita parte. Preterea proposuit sibi divendum aliqua bona ut breinaet, garen, lint, etc. quae milites abstulerant a viatoribus et in domo cujusdam Dinterensis inventae fuerant; quid de eis faciendum. Respondi, publicationes debere fieri in pagis vicinis, quod predicta bona servarentur apud eundem, et casu quo nemo compareat, qui se dicit illorum dominum, postea ad nos veniat et referat, quod actum sit, etc. Tertio conquestus est, quod pastor in initio suae administrationis pastoralis cum matre et sorore apud eundem hospitati sunt 62 dies et cum eodem convixerit, et quod nihil inde habuit, nec pastor ei cogitet quidquam dare, licet monitus sit. Ad quod respondi, rem esse civilem et debere per judicem in judicio determinari, etc.

Vesperi soli cum Herenhovio fuimus.

318. 15 Nov. Scripsi pastori in Berlickem, ut per fratrem seniorem Franciscum van den Dael pro schulteto de Altforst impetraret sauvegardiam. Insuper ut veniam Hagae recipiat litigandi contra Joost van Hedichuysen Bruxelle et ut argumentum litterarum scribendarum per reverendum conciperetur ad dominum de Tilly. Preterea accipio ab eodem litteras, quibus indicat malam suam dispositionem, et ut Focquestario scriberem, ut cum Horenbeeck accedat gubernatorem ei bove dando, quatenus Herptenses sumptus simul ferant. Quod feci. Insuper ut Bartholomeum mitterem in Berlickem pro crastina die, quia fr. Joachimus est adhuc in Bochoven. Quod feci post prandium, in quo cum Herenhovio uti et in cena soli fuimus.

Hodie coximus 5 aamas bonae cerevisiae.

319. (*Zondag*) 16 Nov. In prandio adfuit pastor in Dinter cum

688 Hermannus Peterssen, schout van Altforst in het land van Maas en Waal. A.A.B., Pachtboek 1634; A.R.A. De nieuwe Blaffart f. 153 v. en 154 v.

689 Monnikenwoerd valt onder Altforst.

690 Filips IV, koning van Spanje en de Spaanse Nederlanden. Cat. Beleg Den Bosch, blz. 54.

Herenhovio, etc. Post prandium accepi litteras ab Horenbeec de fruxinis[691] dandis minoritis Bredanis.

Fr. Bartholomeus non rediit ex Berlickem.

Hodie aliqui ex communitate signarunt volentes retinere ludimagistrum, quem secretarius querit amovere. Curavi per pastorem scribi Horenbeeckio, ut fruxinos parvos a minoritis petitos eis concederem.

In cena cum Herenhovio soli fuimus.

(*f. 71 v.*) **320**. 17 Nov. Ante prandium advenit fr. Joachimus et cum eo fr. Bartholomeus, et nuntiarunt, pastorem in Bochoven venisse die 13 huius in residentiam. Et reliquum statum pastoratus aperuit. In prandio cum Herenhoviis adfuit, item et in caena et pernoctavit.Frater laicus Cornelius van der Straten minorita vesperi huc venit. Sumpto haustu abiit.

Venit post prandium dominus Joannes de Dintere petens, num aliquid de oblatione in exequiis, quae fit altari, statuissem. Cui respondi nihil, sed me scripturum pastoris vicem gerenti, quod is offertorium servet ad usum jus habentis. Et sumpto haustu abiit.

Vesperi cum Herenhoviis soli fuimus.

321. 18 Nov. Mane venerunt decani altaris B.B Mariae et Sanctae Catherinae, Henrick Costen et Evert Jacopsen, qui presentarunt omnia domini Joannis allegata de oblatione cassa facere, et nulla est, quod via facti procedit sine titulo vel possessione. Quibus dedi ordinationem vel seu mandatum, fratri Petro crucifero[692] vicem gerenti pastoris tradendum, quo mando, ut ipse accipiat partibus presentibus oblationem, donec res sit determinata et nobis vel aliis de ea faciat rationem.

In prandio fuimus cum Herenhoviis et fratre Joachimo, qui postea ivit in Berlickem. Circa vesperam advenit nepos Herenhovii, domicellus Daniel ex Kessel, qui hic cenavit et pernoctavit.

Heri mactavimus duos porcos a villicis traditos.

322. 19 Nov. In prandio cum Herenhoviis soli fuimus, sed nepos sumpto jentaculo ivit in Dinter nec rediit in prandio. Nec adfuit pastor noster, quia iverat cum Marten Corsten ad drossardum ad transigendum, quod contra edictum tulisset ex domo infecta supellectilem in Schindel, licet omnia mundata essent. Et transactum est gratis. Etiam cum Jan Jacobsen et cum Jan Goyertsen, nepote ejus. Griensven etiam non adfuit, quia iverat in Berlickem ad exequias amitae suae. In cena pastor et Griensven adfuerunt cum aliis, etc.

691 fruitboompjes.

692 Petrus van Gestel, kruisheer.

323. 20 Nov. Circa prandium discessit uxor Herenhovii cum nepte in Dinter propter sua negotia. Circa quartam redierunt. Mansit hic vir cum quo soli in prandio fuimus.

Pastor noster hodie ivit Silvam propter manum suam. Circa vesperam venerunt duo laici discalciati Lovanienses pro hospitio et eleemosyna, fr. Ignatius de Jesu, unus filius Wilhelmi Petri den rijcken boer van Deyl, et alter fr. Antonius de sancta Teresia, quibus dedi eleemosynam undecim florenorum huius monetae. Rediit pastor noster Silvaducis nuntians fratrem nostrum Augustinum sanum et fortem.

324. 21 Nov. Mane sumpto jentaculo discesserunt predicti laici in Boxtel[693], quibus etiam dedit Herenhovius eleemosynam. In prandio et cena soli fuimus cum Herenhoviis. Post prandium consuluerunt pastorem nostrum editui et rectores Spiritus Sancti de ludimagistro retinendo. (*f. 72 r.*) **325**. 22 Nov. Mane cepi plantare novum pomarium ultra fossam et vesperi perfeci. In prandio soli cum Herenhoviis fuimus. Postea circa tertiam venit pastor in Dinter et cum eo domicellus Daniel Herenhovius, et ostendit nobis pastor predictus institutionem pastoratus in Middelaer ab episcopo Ruremondensi. Idem dixit nobis, patrem Petrum van Gestel, qui modo deservit curae Dinterensi, habere secum famosam ancillam suspectam non tantum de levitate, sed etiam de alienis concupiscendis, etc.

Circumierunt hodie unus edituus et unus rector Spiritus Sancti pro signatura eorum, qui ludimagistrum retinere velint. Sed nullus signavit, licet peterent illum tenere, etc.

Vesperi soli fuimus cum Herenhoviis. Hodie propter tempestatem cimba plena populo ex Dungen subversa dicitur. Octo animae perierunt.

326. (*Zondag*) 23 Nov. In prandio fuimus cum Herenhoviis. Perfecto venerunt pastor in Dinter et domicellus Daniel. Et pastor valedicens nobis, cogitat sequenti die abitum ad pastoratum suum de Middelaer. Qui sumpto haustu discesserunt. Vesperi advenit pater prior cruciferorum a nobis vocatus per Griensven, qui hic pernoctavit.

327. 24 Nov. Mane scripsi reverendissimo et misi illi duas copias, quibus probatur, dominium de Ravestein subesse Brabantiae, cum aliis litteris pastoris de Berlickem ex quibus faciet conceptum scribendi domino temporali de Heeswijck. Per fratrem pastoris nostri illas misi.

Heri vas vini duarum amarum inceptum est.

693 A.A.B. Memorie van uuytgheven.

Advenit fr. Degens, cui cum suo priore aperui et communicavi quae de fratre Petro in Dinter spargerentur. Et accesserunt eundem ac monuerunt ipsi sese eam derelicturum. Affirmavit et addixit. Abiit fr. Degens, sed prior hic mansit et pernoctavit.

Hodie misi Griensven in Geffen pro emenda havena. In prandio et per diem cum Herenhoviis, patre priore fuimus. Nec aliud occurrit.

328. 25 Nov. In prandio cum Herenhoviis adfuerunt pater prior et domicellus Herenhovius Daniel, qui postea ivit in Dinter. Mansit hic pater prior. Post prandium venit Joannes de Dinter adferens suum registrum ad ostendendum, quod tantum ad quatuor teneretur legere hebdomadatim missas. Sed non inveni allegata ipsius esse autentica.

Declaravit insuper, se non velle intentare vel sustinere litem propter offertorium veniens in altari Sanctae Catharinae, etc.

Misi etiam pastorem nostrum in Berlickem vesperi, ut sequenti die ulterius vadat Silvam pro necessariis comparandis et aliis, etc.

329. 26 Nov. In prandio et cena soli cum patre priore et Herenhoviis fuimus. Post prandium venit Henricus Costen petens coram quibus uxor fratris sui Jacobi, editui in Dinter, facere debeat computum, ut liberetur (*f. 72 v.*) ab ulteriore onere administrationis ecclesiae post mortem viri. Respondi, quod debeat agere cum modernis edituis, ut ii loco et tempore consuetis faciant et nomine mariti sui et suorum propriorum. Etiam idem nos monuit de mortariolo in domo pastoris de Bochoven concesso, et de siligine matris defuncti pastoris ibidem deposita.

Pastor noster non rediit heri iens Silvam nisi post septimam, qui necessaria non asportavit, quia necdum erant pisces adusti.

330. 27 Nov. Circa prandium advenit pastor in Berlickem cum fratre Joachimo et fr. Degens, qui tres discesserunt circa vesperum.

Etiam circa vesperam discessit Herenhovius cum uxore et nepte in Dinter ad propria, sperans omnia salva et a peste munda.

Mansit hic et pernoctavit pater prior.

Hodie adfuit nobis edituus de Dinter, Cornelius Denen, proponens de templo mundando et de computu reddendo ex parte Jacobi Costen. Respondit illi templum mundandum per vel sumptibus communitatis, et rationem vel computum Jacobi Costen non esse specialem computum sed generalem, et ideo per modernos edituos etiam nomine ipsius faciendum, etc.

Hodie etiam aliud vas vini inceptum est, ut communiter illud et precedens inceptum bibatur et misceatur. Fuit Griensven in Vechel propter sua.

331. 28 Nov. Mane discessit pater prior celebraturus apud Herenhovium et postea iturus in Schijndel.

Per diem nihil occurrit. Fuimus soli.

332. 29 Nov. Circa prandium advenit pastor hactenus de Boxtel, fr. Augustinus, qui hic permansit.

Circa secundam venerunt decani altaris Sanctae Catharinae in Dinter et obtulerunt libellum supplicem, quo petunt sibi adjudicari offertorium tempore sepulturae alicuius defuncti in dicto altari veniens. Super quem apostillam dedi, quod debeant ostendere proborum virorum testimoniis sic a longo tempore et antiquitus fuisse.

333. (*Zondag*) 30 Nov. In prandio cum fratre Augustino soli fuimus. Post prandium discessit hinc in Berlickem fr. Bartholomeus iturus sequenti die cum fratre Joachimo in Bochoven, ut mandatum illis datum a nobis, tangens domum mortuarium pastoris defuncti, compleant. Cui dedi litteras ad fratrem meum Bruxellae habitantem destinandas, quibus significo illi adventum drossardi nostri, etc. Cum equo, quo ivit dictus Bartholomeus, venit circa vesperam Van der Cammen et hic pernoctavit uti et fr. Augustinus.

(*f. 73 r.*) **334**. 1 Dec. Nihil hodie occurrit preter quotidiana et domestica. In prandio Van der Cammen et fr. Augustinus adfuerunt. Sed Van der Cammen cum equo ivit circa vesperum in Berlickem sequenti die reversursus, missus in Vucht ad dominum Leonardum van der Plas propter matriculariam Heesvicanam. Fr. Augustinus hic pernoctavit.

Hodie etiam numerato stipendio Joanni Massaert famulo nostro cubiculario, idem dimissus est. Et dedi ei litteras testimoniales, subsignatas et sigillatas sigillo nostro et manu propria.

335. 2 Dec. Mane Henricus Costen, tamquam magister videlicet altaris Sanctarum Mariae et Catharinae in Dinter, consignavit in manibus nostris testimonia, quibus probat, offertorium veniens tempore exequiarum in dicto altari pertinuisse, ut adhuc debent pertinere ad dictum altare.

Post prandium, in quo soli cum fratre Augustino fuimus, venit pastor in Haren, qui cum fratre Folcoldo prandium postea sumpsit.

Fr. Augustinus fuit apud Herenhovium offerens servitium suum in festo S. Barbarae[694].

Vesperi rediit cum equo Van der Cammen et tres praedicti pernoctarunt.

694 Reeds voor 1425 was er een kapel in het kasteel dat de familie Ter Herenhaeff bewoonde. Krom en Sassen, blz. 130.

336. 3 Dec. Summo mane discesserunt hunc in Loon ad villam nostram videndam, per castra vel exercitum Principis Orangiae fere dirutam, pastor noster et Van der Cammen equites. Simul etiam in Vucht ad dominum Leonardum Plas pro matricularia.

Pastor in Haren ivit in Berlickem vesperi reversurus, uti fecit.

In prandio nullus adfuit preter fratrem Augustinum. Eo absoluto advenit domicellus Herenhovius cum nepote suo Daniele, et reliquit hic 100 florenos pro secreta sollicitatione facienda per, etc. Circa quintam discessit.

Vesperi cum pastore in Haren et fratre Augustino soli fuimus.

337. 4 Dec. Ivit celebratum fr. Griensven in Berlickem et cum equo quo iverat venit circa prandium pastor in Berlickem, cum quo et pastore in Haren soli pransi sumus, nam fr. Augustinus mansit apud Herenhovium in Dinter apud quem celebravit mane.

Discessit hinc pastor in Berlickem circa secundam cum eodem equo, cum quo vesperi Griensven revertetur. Dedi pastori dicto in mandatis, ut loqueretur domino archidiacono de sollicitando pro pastoratu in Dinter, etc.; de honorario Gansio faciendo feci mentionem; etiam de promovendo paupere juvene Dinterensi, ut in Domo Apostolorum in Mierlo[695] posset habere locum. Mansit hic pastor in Haren.

338. 5 Dec. Circa undecimam discessit hinc pastor in Haren. Sub prandio rediit solus pastor noster a visitatione villae Lonensis. Iverat Van der Cammen in Berlickem propter sua particularia.

(*f. 73 v.*) Remisit equum ex Berlickem. Pastor contulit secum resignationem matriculariae Heesvicanae a domino Leonardo Plas in Vucht commorante factam ad manus nostras tamquam ad verum collatorem.

Post prandium venit dominus Joannes de Dinter a nobis vocatus, cui injunximus, attestationes ac verificationes suae allegatae possessionis super offertorio altaris S. Catherinae suae ecclesiae producendas infra hunc diem et dominicam festum Epiphaniae proxime sequentem. Quod addixit et abiit.

Vesperi rediit fr. Bartholomeus Bochovia et fecit raportum, omnia in domu mortuaria esse accommodata, videlicet domo pastorali. Sed non inventum registrum pastoris defuncti, cum tamen mundatrix domus locum, ubi eum posuerit, assignet. Et secum attulit usque in Berlickem cistulam cum linteis vel linea pastoris defuncti, supellectile et inventarium factum.

339. 6 Dec. Circa prandium advexit fr. Joachimus cum carruca

695 Zie voetnoot 546.

pastoris dicta linea in dicta cistula. Qui nobiscum pransus est, et postea abiit. Vesperi soli fuimus. Fr. Augustinus celebravit et pransus est apud Herenhovium.

340. (*Zondag*) 7 Dec. In prandio soli fuimus. Fr. Augustinus celebravit et pransus est apud Herenhovium.

Post prandium venit Henricus Costen cum uno decano altaris Sanctarum Mariae et Catherinae Dinterensis loquentes de offertorio dicti altaris, quibus injunxi, ut testimonia producant recentiorum annorum.

341. 8 Dec. Fr. Augustinus celebravit et pransus est apud Herenhovium. Per diem soli fuimus. Item vesperi.

342. 9 Dec. Soli fuimus per integrum diem. Ivit fr. Folcoldus Silvam pro necessariis domesticis. Ivit cum eo fr. Augustinus pro particulariis suis. Ivit fr. Cornelius ad advehendam havenam in ..... et advexit 8 modios. Pastor noster et fr. Augustinus non sunt reversi, sed manserunt in Berlickem.

343. 10 Dec. Mane recepi litteras ad Horenbeeck scriptas octava huius, quibus significat Herptenses nobis minatos executionem. Etiam recepi litteras a fratre meo Maximiliano, quibus significat, se nihil a domino de Heeswijck intellexisse hactenus quoad nostra contra drossardum. Venerunt supradicti domum circa duodecimam cum necessariis, sale, pisce, etc. Vesperi soli fuimus.

344. 11 Dec. Mane profecti sunt pastor noster et fr. Augustinus Boxtellam, ut ibi componat et disponat sua; idem frater, cui dedi pecunias collectas in statione lupuli 29 Septembris, et mandavi, ut daret monialibus ibi saccum siliginis in eleemosynam.

(*f. 74 r.*) Vesperi venerunt hic pastor in Berlickem et magister Laurentius, receptor episcopi, in causa communi quam habet contra taxam Schulii. Hic pernoctarunt.

345. 12 Dec. Mane misi fratrem Bartholomeum Silvam ad archidiaconum, ut eundem conveniat de contributione facienda et preparanda in feriam secundam proximam pro resanatione pastoratus Dinterensis Hagae sollicitandae per pastorem de Berlickem.

Discesserunt hinc in Geldorp pastor Berlicomensis et magister Laurentius mane sumpto jentaculo[696]. Pastor habuit nostrum equum.

In prandio adfuit Van der Cammen, qui hic pernoctavit. Mansit fr. Bartholomeus in Berlickem, ut ibi celebret, quia festum Luciae.

Vesperi soli fuimus cum Van der Cammen, qui hic pernoctavit.

696 A.A.B. Memorie van uuytgheven.

346. 13 Dec. Rediit fr. Bartholomeus circa prandium. Et pastor noster ex Boxtel venit circa nonam et attulit secum inventarium supellectilis fratris Augustini, qui ibi mansit.

In prandio cum Van der Cammen fuimus. Post prandium invisit nos Herenhovius cum Adriano Masio et suo nepote Daniel et attulit scripta sollicitationis pro pastoratu de Dinter, qui circa sextam abierunt. Et tunc venit receptor De Weer, qui invenit pastorem de Berlickem in Middelrode redientem ex Geldorp, a quo acceptavit equum nostrum reducendum ad nos. Qui hic pernoctavit.

347. (*Zondag*) 14 Dec. Mane post sacrum auditum discessit hinc Van der Cammen. De Weer nobiscum pransus est et hic hoc die et nocte mansit. Hodie scabini curarunt publicari, ut omnes, qui neglexerunt anno superiore reparare ac satisfacere inspectioni scabinali in viis et aquis, vulgo dictae die scouw, et ob neglegentias annotati sunt, infra triduum solvant mulctam vel penam. Inter alios nos bis notaverunt. Iterum aliquid novi.

Hodie nuntiavit fr. Augustinus Boxtella, quod debita ipsius adhuc solvenda, preter solutionem factam ultra 116 florenos, adhuc adscendunt ad 100 florenos. Sed jussi responderi, ut specificentur tam soluta quam solvenda, ut postea ordinate omnia fiant. Vesperi cum De Weer soli fuimus. Qui hic pernoctavit.

348. 15 Dec. Mane ante prandium idem De Weer discessit. In prandio adfuit pastor de Berlickem cum fratre Joachimo, qui attulerunt nobis litteras ab Horenbeeck, quibus significat, Status Hollandiae nobis mandare, ut omnia bona nostra, sita extra provinciam Hollandiae et tamen in Provinciis Unitis, illis declaremus. Adrianus Jansen van Cuyck[697] commissionem se scribit habere. Petii per pastorem, ut nobis detur copia ipsius commissionis. Fr. Cornelius van der Straten laicus minorita nobis valedixit. Fr. Augustinus rediit Boxtella.

(*f. 74 v.*) **349**. 16 Dec. Nihil occurrit per diem. Curavi scribi fratri meo Bruxellae per fratrem Folcoldum adventum drossardi nostri. Vesperi soli fuimus.

350. 17 Dec. Mane post missam quatuor temporum, quam auream vocant, publicatum est a parte scabinorum, ut omnes sub pena sommationis solvant mulctam, quam debent ex non completa ordinatione visitationis, quam schouw dicimus.

Circa nonam ivit pastor noster Silvam. Vesperi rediit, et cum eo pastor de Bochoven.

697 Frenken, Dagboek Moors, blz. 187 onder 3 nov. 1639.

Circa prandium advenerunt fr. Balthasar ex Haren et De Weer, qui hic pransi sunt et pernoctarunt.

Accepi per fratrem Balthasarem litteras a fratre meo Maximiliano, quibus scribit, dominum de Tilly nihil adhuc resolvisse de nostris differentiis, etc.

Circa sextam rediit pastor noster Silva et cum eo venit pastor in Bochoven, qui hic omnes pernoctarunt. Et attulit pastor noster litteras a Gansio, quibus excusat, quod non intendat gravare decimas.

351. 18 Dec. Mane pastor in Bochoven discessit et cum eo fr. Bartholomeus, ut in festo eum juvet in confessionibus excipiendis.

Circa prandium pastor noster cum Balthasare et de Weer iverunt in Haren mane sequenti ituri in Loon ad villam nostram reparandam.

In prandio et cena soli fuimus.

352. 19 Dec. Circa prandium venerunt fr. Joachimus et Van der Cammen, qui sumpto prandio discesserunt. Et adfuit Jan Aertsen Vercuylen, cui reddidi pro argento valuato aurum currens a 172 florenis.

Circa vesperum accepi litteras a reverendo domino Antverpiensi, quibus significat[698] statum ordinis et sententiam abbatum Germaniae, et quod de novo generali sit cogitandum eligendo, vel de visitatore generali. Litterae erant de data 8 Decembris.

353. 20 Dec. Sub prandio venerunt pastor in Berlickem, fr. Joachimus et Van der Cammen, quibus litteras domini Antverpiensis communicavi et in meam sententiam conveniunt, videlicet, quod generalis quidem deberet eligi ex quolibet monasterio, sed an efficaciter fieri posset dubitem. Ideoque deflectendum ad visitatorem in qualibet provincia. Recesserunt pastor et frater Joachimus, manente hic Van der Cammen.

Circa quartam rediit ex Loon provisor noster, qui hoc procuravit, quod villicus nostris expensis villam reparabit, instrumento super hoc confecto.

(*f. 75 r.*) **354**. (*Zondag*) 21 Dec. Per diem cum Van der Cammen soli fuimus, nec aliquid occurrit.

355. 22 Dec. Scripsi litteras commendatitias, ad instantiam fratris mei Maximiliani pro graphiariatu Camerae Telonii Bruxellensis, dominis Rosa[699] cancellario et Steenhuysen[700]. Item scripsi fratri praedicto. Et

698 In het ms. ontbreekt dit werkwoord.

699 Petrus Roose, president van de Raad van State te Brussel. Frenken, Dagboek Moors, blz. 204 noot 277, Dagboek Ophovius, blz. 52 voetnoot 6.

700 Willem van Steenhuizen, lid van de Raad van State en van de Geheime Raad. Frenken, Dagboek Moors, blz. 206 noot 324.

scripsit pastor in Berlickem pro eodem negotio dominis Rosa et Steenhuysio. Scripsi fratri Cornelio meo Teneramundae responsoriales ad suas extremas.

Accepi a pastore in Berlickem post prandium litteras, quibus scribit generalem proscriptionem totius cleri Maioriae Silvaeducensis esse publicatam Silvaeducis[701]. Postea idem intellexi a Francisco Nijhof.

Hodie etiam Van Dale in Middelrode emit a nobis fasces, singulas centenas 42 stuferis, ad numerum unius acervi vel cumuli jacentis prope porcos.

356. 23 Dec. Misi pastorem nostrum Silvamducis, ut inquirat, quid sit de edicto ac ejus publicatione. Et rediens vesperi venit cum eo pastor in Berlickem tristes, adferentes edictum, quod legi. Et est rigorosum. Et resolvi statim mittere pastorem in Berlickem Hagamcomitis, ut ibi requirat declarationem, an etiam nos sub eodem edicto contineamur. Et in illum finem dedi ei centum septuaginta florenos et 14 asses[702].

Mane sommo accepi per Horenbeeck litteras Adriani Coolwijck[703], quibus petitur a nobis nomine Ordinum Hollandiae specificatio bonorum nostrorum in Mersbergen et in Geldria et in territorio de Ravestein, ac onerum bonorum istorum similiter. Tradidi illas litteras legendas Gansio, qui judicat, ut judicium Van der Wolff super his inquiramus. Idcirco illas tradidi pastori in Berlickem, ut Hagam veniens idipsum perficiat.

De die venerunt hic editui de Dinter inquirentes, an possent in festo instanti divinum officium curare peragi. Quibus sub dubio respondi, saltem non debere fieri in templo, etc.

357. 24 Dec. Mane circa quintam discessit hinc cum carruca nostra pastor in Berlickem iturus cum commissione praefata, et ivit iterum cum eo pastor noster, ut videat Silvaeducis, an possit invenire pro nobis evasionem. Vesperi rediens nuntiavit, omnes judicare nos tuto in Bochoven posse manere. Item quod pastor in Berlickem iverit cum Horenbeeck in Berne, inde ulterius profecturus.

Mane hic fuerunt duo cruciferi pro consilio in hoc edicto satisfaciendo. Sed inops consilii nihil illis dixi. Post prandium venit huc Van der Cammen et mansit. Postea venit Herenhoven cum fratre Augustino et

701 Plakkaat van 2 dec. 1936. Beermann blz. 158. Zie Inleiding § 13.
702 A.A.B. Memorie van uuytgheven onder 24 dec.
703 Adrianus van Coolwijck, ontvanger-generaal van Holland. v. Bavel, Archief Mariënkroon en Mariëndonk, blz. 726.

nepote, qui vesperi in tenebris omnes tres abierunt cum carruca nostra in Dinter.

(*f. 75 v.*) **358**. 25 Dec. Hoc die officium divinum cessavit publice propter edictum Ordinum. In prandio adfuit Van der Cammen et sub prandio venerunt pater Dobblens predicator et fr. Paulus crucifer laicus petentes consilium de proscriptione facta per edictum. Et proposuerunt de sollicitatione instituenda Hagae pro mansione ex consilio episcopi. Sed me excusavi propter neutralitatem nostram.

Vesperi venit pater Van den Dael minorita et fr. Laurentius laicus et hic manserunt.

359. 26 Dec. Misi pastorem nostrum ad dominum de Loon çum litteris, ut petat pro nobis domum Bochovianum ad tempus, donec per nebula proscriptionis distinguatur. Circa undecimam discessit hinc cum sua carruca, qua venerat, pater Franciscus van den Dael cum socio suo sumpto jentaculo.

In prandio soli fuimus cum Van der Cammen. Post prandium venerunt mater et soror fratris nostri Norberti in Bochoven defuncti, petentes varia supellectilia tam in lineis quam aliis. Quibus respondi, quod nihil invenissemus ad illas spectans juxta inventarium fratris defuncti. Sed si inveniatur illis dandum, etc.

Vesperi soli fuimus cum Van der Cammen.

360. 27 Dec. Per diem nihil occurrit et soli fuimus. Circa vesperam rediit pastor noster ex Loon cum fratre Balthasare et asportavit litteras domini de Loon, quibus scribit, quod pro mea persona locus in domo Bochoviana erit apertus cum venero. Vesperi hic permansit fr. Balthasar. In prandio adfuit fr. Joachimus, cum Van der Cammen discessit in Berlickem.

361. (*Zondag*) 28 Dec. Fr. Balthasar petiit veniam eundi ad universitatem interea quod proscriptio ista durat. Quam dedi in scripto cum sigillo. Et abiit post prandium, in quo adfuit Herenhovius nobiscum, qui post quartam discessit cum clavibus portae nostrae ipsi per me porrectis. Interea adfuit fr. Arnoldus laicus crucifer petens iterum consilium pro fratribus suis in causa proscriptionis. Quod illis dare non potui nec feci. Circa quartam venit Van der Cammen, qui hic mansit et pernoctavit.

362. 29 Dec. Mane misi fratrem Cornelium cum Van der Cammen ad commendatorem Gemertanum pro hospitio aliquot dierum tam pro me ac meis religiosis. Qui vesperi redientes nuntiarunt, commendatorem annuere nostrae petitioni. In prandio soli fuimus. Pastor noster fuit Silvaeducis pro consilio petendo a Gansio quid faciendum cum seniore nostro[704]. Qui non dabat bonum assertum sed dubitare, an posset excusari per infirmitatem suam, etc.

(*f. 76 r.*) Vesperi huc venit Horenbeec cum famulo et equis et obtulit suum servitium. Et supervenit pastor in Middelaer. Uterque hic pernoctavit.

363. 30 Dec. Mane discessit pastor in Middelaer. Circa undecimam discessit Horenbeeck. Advenit tunc dominus canonicus Broechoven pro consilio. Qui hic pransus est, et etiam fr. Degens crucifer, qui duo simul iverunt in Berlickem cum carruca Broechovii, in qua posui cistulam repletam argento et aliis praetiosis et chartis reponendam in edibus Van der Cammen. Adfuit item hodie dominus Herenhovius cum sua conjuge pro valedicendo, quia cogito discessum sequenti die. Qui etiam circa quintam discessit.

Commendator in castro de Heeswijck litterula sua a nobis petiit nummisculum novi anni, ad quem misi dominum Van der Cammen cum pattacone, quam gratanter accepit.

Etiam hodie mandavi rectoribus mensae Spiritus Sancti de Dinter per litteras, ut omnia bona a domino Andrea Beis[705], pastore olim ibidem, legata mensae iidem administrent et curent, ut juxta intentionem testatoris erogentur aut distribuantur. Insuper petii, ut Herenhovius advigilet, quatenus praedicta diligenter fiant tamquam executor dicti testatoris.

364. 31 Dec. Mane circa undecimam omnibus derelictis et valedictis discessi propter proscriptionem cum fratre Waltero et Van der Cammen in Gemert apud commendatorem apud quem gratus fui. Fratrem Cornelium sommo mane misi in Bochoven. Pastori et fratri Augustino mandavi, ut secedant in Uden[706]. Hodie ante discessum venerunt duo villici ex Gaal cum aliqua somma pecuniae.

d. 1637

1. 1 Jan. Mane circa decimam discessit currus noster cum Van der Cammen. Postea advenit noster pastor nuntians commendatorem judicare seniorem nostrum pastorem debere fugere nobiscum, alias juxta edictum foret apprehensibilis; quodquam mihi fuit audire novit Deus. Respondi, quod illum in Uden veherent et ibi de loco providerent. Et sic remissus est pastor noster in Heeswijck per Uden.

704 Frater Petrus van den Meulenhof, norbertijn van Berne. Senior van het convent. Zie Inleiding § 1.

705 Arnoldus Andriessen Beijs.

706 Houben, Eindhoven II, blz. 30.

Hoc die post prandium ambulavimus cum domino commendatore et visitavimus sacellum novum, quod edificari fecit in honorem Sancti Anthonii in de Mortel[707].

2. 2 Jan. Circa decimam venit famulus noster Gisbertus cum litteris a drossardo de Bochoven, quibus scribit commendatorem de Thiene[708] et auditorem Silvaeducensem declarasse, clerum proscriptum ex Maioria posse tuto refugere ad loca neutralia, ut Bochoven, et nos invitans, ut veniamus in Bochoven. Item scribit pastor noster de seniore vehendo Silvam, quia in Uden non est ei locus. Respondi me hic mansurum, donec per pastorem de Berlickem certiores fiamus, quid Hagae fiat.

(*f. 76 v.*) **3.** 3 Jan. De rebus nostris nihil occurrit. Pransus est apud generosum dominum commendatorem dominus de Rixtel et pastor de Middelbeerse Joan Oudart[709], qui etiam hic hospitatur. Vesperi advenit item pastor Sancti Lamberti[710] in Vught. Hodie dictum est a parte regis renuntiatum esse, ne amplius contributiones dentur; item pastorem de Schindel[711] a milite Hollandico bombarda occisum. Sed fama incerta erat de utroque.

4. (*Zondag*) 4 Jan. Pransi hic sunt vidua colonelli Eynthouts[712], filius qui fuit capitaneus, et alii filii et filiae ejusdem viduae.

Circa quartam accepi litteras a Van der Cammen cum inclusis aliis, ab Horenbeec ad Van der Cammen scriptis, quibus significatur, gubernatorem Heusdensem declarasse, quod clerus, qui refugium suum accepit in Bochoven vel locis neutralibus, non est ibidem liber et tutus. Item scribit, seniorem nostrum cum aliis duobus ivisse in Uden. Rescripsi illi me hic mansurum et quod me committam divinae providentiae, etc.

5. 5 Jan. Misit Gisbertum famulum nostrum fr. Folcoldus cum litteris post prandium ad nos, quibus scribit quod Van der Cammen pridie scripserat. Et rediit in Uden famulus cum responso, ut se quietum haberet.

707 A.A.B. ms. G. v. d. Elsen, *De S. Antoniuskapel in De Mortel.*

708 Filips van Thienen, commandeur van 's-Hertogenbosch. Belonje, *Brab. Leeuw* XX, blz. 134; ten Raa en de Bas, blz. 230, 338; Sasse v. Ysselt, *Tax.* XLVI, blz. 81-90; Smit. *Brab. Leeuw* V, blz. 110; v. Dijck, Bossche Optim., blz. 321.

709 Schutjes V, blz. 91, 578; Sasse v. Ysselt, *Tax.* XIX, blz. 269; Voorname Huizen II, blz. 291.

710 Arnoldus Pesserius, lid van de Duitse Orde. Schutjes V, blz. 851.

711 Adrianus Rutgers, pastoor van Schijndel. Schutjes V, blz. 642; Bots, Noordbrab. Stud. nº 4468.

712 De verrassing van de Schenkenschans was geschied door Eynhouts, luitenant-kolonel in Spaanse dienst. ten Raa en de Bas, blz. 84 noot 2; Sasse v. Ysselt, *Tax.* XI, blz. 226-230, Aitzema, blz. 199.

Vesperi circa septimam accepi litteras a pastore in Berlickem Haga, quibus scribit sollicitationem suam versari in magna ambiguitate et periculo non obtinendi quod petimus, tamen adhuc spem superesse[713].

6. 6 Jan. Mane dimisi tabellarium in Heeswijck cum responso ad Van der Cammen a fratre Waltero scripto, ut omnia templorum ornamenta extra ecclesias ferrentur ad alium locum tutum, et ut scribat suae filiae[714], quatenus pastori in Berlickem dicat, me nec Bernae nec Bochoviae esse, sed in loco neutrali.

7. 7 et 8 Jan. Nihil de meis rebus occurrit.

8. 9 Jan. Mane accepi apostillam[715] Haga qua declaratur, nos liberos esse posse ab edicto Hollandico et Bernae manere cum omnibus nostris; insuper litteras a pastore de Berlickem, et Horenbeeck et Van der Cammen, quibus respondi.

Post prandium, quod cum domino de Rixtel dominus commendator fecit, advenit ex Uden pastor noster Heesvicanus cum magistro Wilhelmo custode petens, quid agendum. Cui mandavi, ut omnes ex Uden sequenti die venirent in Heeswijck, ut post disponamus. Et sumpto haustu discessit in Uden.

9. 10 Jan. (*Heeswijk*) Sumpto prandio cum domino commendatore, domino de Rixtel et Van der Cammen, discessi ex Gemert[716] et veni in Heeswijck, ubi inveni seniorem et fratrem Augustinum reversos et Lentium venisse ex Littoyen.

10. (*Zondag*) 11 Jan. Misi Van der Cammen Silvamducis ad commendatorem De Thienen, petens ab eo, ut possem juxta apostillam Hagae impetratam ire Bernam per civitatem. Qui respondit hoc licere. Etiam petii, an senior posset manere hic. Respondit non licere, nec etiam posse in civitate manere. In prandio adfuit Herenhovius, qui discessit circa vesperam.

(*f. 77 r.*) **11**. 12 Jan. Discessit hinc fr. Lentius in Lith ante prandium. In prandio soli fuimus. Et discessit Van der Cammen in Berlickem.

12. 13 Jan. Ivit iterum Van der Cammen Silvam ad Thienen, cui donavit nostro nomine sesqui amam vini vel 14 pattacones. Et dedit nobis sauvegardiam pro domo nostra Heeswicana, et pro seniore nostro,

713 Frenken, Dagboek Moors, blz. 201 noot 186.

714 Een dochter van Van der Cammen woonde in Den Haag bij Diederich van Schagen, heer van Goudriaen.

715 Frenken, Dagboek Moors, Bijlage VII, blz. 220; Beermann, blz. 161.

716 A.A.B. Memorie van uuytgheven.

ut vadat libere in Uden[717]. Etiam dedit Lussio[718] pattaconem. Consuluitque Thienen, ut prima oportunitate discederem in Berne.

Invenit Van der Cammen Horenbeeckium Silvae, ubi pridie venerat expectans nos per civitatem. Et retulit, comitem Wilhelmum Nassovium maxime urgere nostrum adventum in Bernam propter periculum.

13. 14 Jan. (*Helvoirt*) Dispositis omnibus prout potui, discessi ex Heeswijck cum Van der Cammen et duobus religiosis, Augustino et Waltero, et veni in Helvoirt. Et diverti ad aedes pastorales ibique pernoctavimus[719]. Reliqui seniorem in Heeswijck, et fratrem Folcoldum, sororem et alios famulos. Tamen mandavi, ut senior veheretur 16 huius in Uden et fr. Folcoldus 19 subsequeretur.

14. 15 Jan. (*Berne*) Venit mane Horenbeckius cum curru suo in Helvoirt, et sumpto ibi simul jentaculo discessi cum eodem in suo curru versus Bernam, quo feliciter circa primam perveni, remisso in Heeswijck curru nostro cum Van der Cammen. Vesperi ibidem cenavi cum familia Horenbeeckii, pastore in Berlickem, quem ibidem inveni, et duobus fratribus praedictis.

15. 16 Jan. Misi Horenbeeckium in Heusden, ut salutet comitem Nassovium cum sesqui ama vini Francici, quod fuit gratum. Ibique curavit idem excopiari per secretarium[720] actam nostram impetratam Hagae et sigillari sigillo civitatis.

Misit huc expressum Van der Cammen cum litteris pro habenda copia autentica actae predictae, quam eodem die per eundem remisi.

Misi etiam mane expressum famulum Horenbeeckii cum litteris ad commendatorem in Gemert a pastore de Berlickem scriptis, quibus monetur, ut sibi caveat, si non sit sub imperio.

In prandio fuimus soli cum familia Horenbeec uti et in cena.

Retulit nobis pastor de Berlickem, quod donaverit Noortwijck argentea duo candelabra 170 florenorum, Van der Wolf argenteam pixidem saccaraceum 70 florenorum et Mussio partem lintei cameracensis 40 florenorum, et quod, preter 170 florenos eidem ad proficiscendum datos, adhuc mutuo acceperit alios 150 ab hospita diversorii[721].

16. 17 Jan. Mane missus est famulus Horenbeecii Bredam ad revocandum fratrem Griensven, qui eo, me inscio, confugerat, cum litteris

717 A.A.B. Sauvegarde gegeven door Philips van Thienen op 13 jan. 1637.
718 Trompetter Lus. Frenken, Dagboek Moors, blz. 169 onder 12 juni 1639.
719 A.A.B. Memorie van uuytgheven.
720 Adriaan van Haren. Frenken, Dagboek Moors, blz. 100 onder 19 febr. 1638.
721 A.A.B. Memorie van uuytgheven onder 3 febr. 1637.

libertatis nobis concessae et litteris dandis domino de Loon a pastore de Berlickem scriptis, quibus eidem
(*f. 77 v.*) gratias agimus pro presentata domo vel arce Bochoviana in hac miseria.

In prandio cum familia Horenbecii soli fuimus. Ita et in cena.

17. (*Zondag*) 18 Jan. Nihil occurrit et soli cum familia Horenbeecii fuimus per totum diem.

18. 19 Jan. Advenerunt Breda evocati a nobis per famulum Horenbeckii pastor in Haren et fr. Cornelius.

Per diem nihil aliud occurrit.

19. 20 Jan. Mane ivit Horenbeeck Silvamducis, ut emat pro me materiam ad faciendam tunicam talarem secularem. Scripsit pastor in Berlickem nomine meo fratri meo Maximiliano significans eidem, quod hic Bernae sumus, petens, ut nobis perscribat, quid Hedichuysen egerit Bruxellae apud dominum de Tilly. Scripsit insuper sorori nostrae Johannae, ut mittat nobis ex Heeswijck manutergia, linteamina lecti et stragula lecti. Insuper scripsit fratri Bartholomeo Bochoviae moranti, ut advehat duos lectos, qui circa vesperum cum eis venit et hic pernoctavit.

Circa secundam pomeridianam visitarunt nos duae filiae Fockestarrii cum uno adolescente Synerack.

Insuper misit huc salutationes suas comes Wilhelmus, gubernator Heusdensis, per suum magistrum mensae, den hoofmeester, qui sumpto haustu omnes discesserunt Husdanum. Fuit hic Huybert Viversen[722] ex Babilonienbroeck. Asportavit nummos et nobiscum pransus abiit ad propria.

Hodie pastor in Haren valetudinarius non comparuit in mensa. Fr. Griensven non fuit ex mandato nostro in mensa.

20. 21 Jan. Hodie in prandio soli fuimus cum familia Horenbeeckii. Conventus itidem solus. Post prandium discessit hinc fr. Bartholomeus in Bochoven, et advenit fr. Joachimus ex Hedel. Vesperi rediit Horenbeeck Silvaducis ferens secum ex Heeswijck sibi missa vas halecum, quartam partem vasis piscis salsi, et centum quinquaginta libras salpae vel stokvis cum duobus saccis neparum non plenis[723], quatuor dosynas manutergiorum of servetten, septem paria linteamina lecti, et quinque stragula lecti.

21. 22 Jan. Mane misit commendator Heusdensis Slavida[724] pro quatuor aut quinque arboribus, quas addixi, tamen per nos secandis.

722 A.A.B. Pachtceel van Huybert Vyverssen van Oss.
723 A.A.B. Kwitantie van inkopen voor de keuken.
724 Baron de Slavida. Beelaerts v. Blokl. *Ned. Leeuw*, blz. 27; Aitzema blz. 199.

Ante prandium feci fratrem Joachimum rectorem conventus quoadusque hic simus.

In prandio soli fuimus. Quo absoluto venit Ipelaer cum uxore nos salutatum et postea discesserunt.

Ad litteras Brackelii heri acceptatas rescripsit meo jussu pastor in Berlickem, quod simus Bernae et quod hic tuto possit permeare. Item scripsit Silvam Francisco Nieuhoff de parte lintei emenda, et de materia tunicae talaris pro me faciendae.

(*f. 78 r.*) **22**. 23 Jan. Recipio hodie in mensa a Van der Cammen litteras, quibus scribit in Uden a Ravesteinensibus militibus captos omnes cruciferos Silvaeducenses, qui ibidem ob edictum Ordinum refugerant. Item a Francisco Nijhoff, quibus indicat partem lintei a se emptam et paratam et tunicam talarem fore paratam in diem 27 huius. Scribit Van der Cammen pastorem de Heeswijck perplexum, an in Uden posset libere morari propter cruciferorum captivitatem et alterius pastoris ibidem exulantis, qui et captus est. Petitque nostrum consilium.

Hodie in prandio misit uxor Ipelarii lagenam vitream duorum ad minus poculorum vini adusti infusi diversis aromatibus et medicalibus speciebus. Fuimus per diem soli cum familia consueta.

23. 24 Jan. Mane per famulum meum misi Van der Cammen ad omnia sua scripta pridie ad me responsum,per pastorem in Berlickem conscriptum, videlicet de Folcoldo, ne exponat se periculo, de panico vendendo, et aliis.

Ante prandium misit Ipelarii uxor duos caseos Gravesandicos et quartam partem infumati psalmonis.

In prandio et per diem soli fuimus. Ita et in cena.

24. (*Zondag*) 25 et 26 Jan. Nihil notabile occurrit et soli fuimus.

25. 27, 28 et 29 Jan. Nihil notabile occurrit. Soli fuimus. Nihil aliunde intelleximus.

26. 30 Jan. Quia pastor in Haren non bene dispositus fuit vocatus doctor medicus ex Heusden Gellicum[725], qui eundem visitavit, et nobiscum pransus est et abiit.

Item mane misit Horenbeeckius famulum suum in Heeswijck cum litteris pastoris de Berlickem ad Van der Cammen, ex eo quod famulus noster in Heeswijck 24 huius mensis missus necdum rediit, ut aliquid de mora ac aliis, propter quae missus fuit, audiamus.

725 Cornelis van Gellicum, stadsgeneesheer van Heusden. Bots, Noordbrab. Stud. n° 1573; v. B. *Tax.* XI, blz. 78.

27. 31 Jan. Per diem nihil occurrit. Sed vesperi rediens famulus Horenbeeckii, qui missus fuerat in Heeswijck, asportavit Silvaducis, novam tunicam talarem, quam per Franciscum Nieuwhoff faciendam curaverat Horenbeeck, qua modo utor; item ex Heeswijck varias litteras, unam a priore cruciferorum, modo in Ravestein a comite de Hoorn[726] cum suis et multis aliis sacerdotibus captivo detento, qua petit nostrum in Haga auxilium; alteram ab Van der Cammen, qua scribit Joannem famulum nostrum ivisse et manere in Nistelrode propter sua negotia expedienda, qua itidem scribit drossardum de Heeswijck per forestarium suum litteratorie mandare pastori de Heeswijck, ut liberet edituum Henricum Joannis Rovers a suo officio et petit insinuationis factae testimonium. Sed pastorem absentem non invenisse.
(*f. 78 v.*) Item scribit omnes sanos in Heesvicana nostra familia; item pannum nigrum, a nobis petitum, missum Silvamducis opten Ulenborch. Item mittit litteras ad pastorem de Berlickem a fratre minorita scriptas Bruxellis, etc.
28. (*Zondag*) 1 Febr. Nihil occurrit nisi quod preparaverimus litteras destinandas Hagam, quibus petitur a domino de Gaudriaen, ut impetret pro nobis a Statibus interpretationem nostrae apostillae, quod sit nobis licitum ire in civitates subjectas ipsis Statibus; item quod senior noster posset manere Heesvicae; tertio quod nobis liceat frequentare pagos de Heeswijck et Berlickem ad regenda bona nostra. Item mittitur eidem pars lintei panni dandi Mussio. Item mittitur status, a Coolwijck petitus, de bonis Maeswalensibus, Ravesteinensibus et Mersbergensibus ad Wolfium. Item litterae, quibus petitur a nobili domino de Gaudriaen, ut curet pixidem fieri argenteam dandam Gansio, etc.

Etiam hodie intellexi, Joannem famulum meum non reversurum, sed insalutato hospite emanere.
29. 2 Febr. Scripsi litteras sorori in Heeswijck de Margareta huc mittenda et de Angela dimittenda. Etiam per pastorem curavi scribi Herlario pro consilio in negotio editui Heesvicani, quem vult drossardus, ut pastor absolvat a suo officio aedituali, ut ipsum faciat burgimagistrum. Item scribi per eundem curavi fratri meo Maximiliano; similiter Van der Cammen, ut insinuet pastori nostro, ne eundem absolvat; etiam domicello Absoloons pro novo famulo.
30. 3 Febr. Ivit Horenbeeck in Vlijmen ulterius iturus, si per tempes-

726 Graaf Johan van Horne, erfbaanderheer van Batenburg en Kessel, commandeur van Ravenstein. ten Raa en de Bas, blz. 338 en 344.

tatem licuisset, Silvam, sed rediit propter ventum validum. Interim famulum suum miserat cum nostris litteris suprascriptis destinandis. Cum quo recepi litteras a fratre meo Maximiliano, quibus scribit Hedichuysen Bruxellis adhuc computum suum nondum inchoasse; item quod jactitet sibi a domino restitutum officium receptoris, sed agentem fratri dixisse, illum talia fugere; et quia dominus temporalis eget nummis, eundem Hedichuysen sua fide domino de nummis providisse, quo gratiam venatur; item quod calumnietur nos, quod Bernae locum refugii sumpserimus quasi sub protectione Hollandorum et in illorum territorio. Item litteras recepi a Van Herlaer, quibus significat, se consultasse cum archidiacono super attentato, quod facit Hedichuysen de edituo nostro Heesvicano, quem vult facere burgimagistrum, videlicet, quod archidiaconus scribet illi monitoriales, et quod ille mature deliberabit, etc.

(*f. 79 r.*) **31**. 4 Febr. Mane tentavit ire cum nostris litteris scriptis ad fratrem meum Bruxellis et ad Van der Cammen Silvamducis, ut illas destinet et reliqua diebus praecedentibus disposita destinanda, sed iterum propter tempestatem impeditus fuit et coactus redire. Interea scripsit pastor Berlicomensis litteras ad fratrem suum minoritam, quibus describit factiones et ingenium Hedichuysen, petens, ut accedat dominum temporalem eidemque aperiat. Item scribit litteras ad Herenhoven, quibus idem facit; item ad communitatem Berlicomensem, quam monet permanere in bono proposito et fide catholica, etc.; item Van der Cammen, quibus significat eidem, nos cum tempore effigiem nostram depingendam curare, ut hoc scribat Wespyn Leodium; item ut informet se de semine raparum, an non sit per gelu corruptum.

32. 5 Febr. In prandio, in quo aderant religiosi omnes, supervenit domicellus Van Brakel cum famulo, et nobiscum pransus est, et hic pernoctavit.

Vesperi accepit pastor in Berlickem litteras ab Herlario advocato, quibus mittit advisamentum suum et Brochovii de edituo nostro Heesvicano non posse eundem per drossardum constitui burgimagistrum, sed frustra, quia intelligimus ex eisdem litteris, edituum jam prestasse juramentum. Item recepit litteras a Van der Cammen, quibus petit consilium de minoribus decimis in Berlickem elocandis, et de lignis secabilibus vel vendendis vel secandis. Item litteras a Folcoldo, quibus scribit, se nostrum mandatum de manendo in Uden vel migrando exspectare.

33. 6 Febr. Mane numeravit nobis Van Brakel 1740 florenos pro solutione anni 1636 cessi tam pro summario reditus et additionibus butyri et caseorum, 600 de restantiis presentorum annorum juxta concordiam cum eodem initam, et hoc pro secundo termino. Item tunc de continuatione locationis cepit dicere, sed distuli in sequentem diem respondendum.

Vesperi rediit famulus noster Joannes, qui per 12 dies sine consensu emanserat, et adduxit 4 modios polentae et litteras a Van der Cammen, quibus scribit, se mittere superpellicium et alia supradicta. Scripsit pastor in Berlickem litteras Bredam ad Pelsium, quibus eidem agit gratias pro presentata domu sua ibidem in hac tribulatione, etc.

(*f, 79 v.*) **34**. 7 Febr. Mane ivit Horenbeeck Silvam soluturus pecuniam pro parte lintei missi Muschio, et pro tunica talari, etc. In prandio tantum adfuit domicellus Brakelius. Ita et in cena.

Post prandium advecta est polenta et hordeum ex Boxtel pro parte fratris Augustini juxta nostrum mandatum. Hodie novus factus est contractus locationis[727] terrarum nostrarum intra Mosam et Waalam inter me et dictum Brackelium. Qui tunc donavit 6 vascula argentea salinaria pastori in Berlickem.

35. (*Zondag*) 8 Febr. Hoc die cum Brakelio soli fuimus per totam diem, Horenbeeckio nondum Silva reverso.

36. 9 Febr. Contractus inter nos et Braeckelium initus solemnizatus est signaturis nostris. Et circa octavam idem Braeckelius discessit hinc Bomeliam.

In prandio fui cum pastore in Berlickem solus.

Vesperi rediit Horenbeec portans Silva litteras cum seminibus diversis missis Lovanio a discalciatis.

Item petiit per litteras Herlarius informationem dominii de Heeswijck et Dinther, etc.

Accepi etiam specificationem expositorum a Francisco Nijhoff et eorum solutionem.

37. 10 Febr. Venerunt quidam rustici ex Haerstege debitores duorum modiorum tritici ex terris int Brouck, volentes solvere restantias aliquot annorum. Sed quia volebant dare pro modio tantum septem florenos cum medio, nolui recipere, nisi darent in specie vel pretium. Ad quod responderunt se hoc non facturos nisi juridice ad hoc compellerentur. Et abierunt.

Post prandium in quo cum Horenbeec soli fuimus, salutavit nos drossardus de Bochoven in transitu veniens ex Heusden.

727 A.A.B. Pachtovereenkomst met Zweder van Brakel van 9 febr. 1637.

Divisi semina horti missa, et partem dedi Horenbeeckio, et alteram partem misi in Heeswijck.

38. 11 Febr. Hodie misi memoriale ad Van der Cammen et unum ad sororem, quibus significavi de decimis minutis Berlicomensibus, de lignis secandis et aliis rebus quid agere deberent.

Etiam scripsit pastor litteras ad Herlarium, quibus informationem petitam scribit et litteras scripsit fratri meo Bruxellae, quibus petitur, ut nobis insinuet, quid sit de dominiis in Heeswijck, Dinter, etc., an alii sint qui seculares facere volunt, uti hic dicitur. Missus cum omnibus famulus est Horenbeec.

In prandio venerunt doctor Gellicum et Ewoldus van Wijck cum Maria sorore Brugelii, quae fuerat ad aliquot dies in Heusden. Gellicum visitavit pastorem in Haren. Uterque discessit.

(*f. 80 r.*) Post prandium venit fr. Lentius pro parte pastoris in Littoyen missus, ut posset scire de nostro statu et habere copiam libertatis nobis concessae. Qui hic Bernae pernoctavit.

Accepi litteras a fratre meo Cornelio, quibus de famulo aliquid significat.

Scribit insuper fr. Balthasar Lovanio.

39. 12 Febr. Hoc die soli fuimus nec aliquid occurrit.

Post prandium discessit hinc Lentius in Bochoven et ulterius in Lith.

40. 13 et 14 Febr. Nihil notabile occurrit, nisi quod decima quarta litterae venerunt Haga a Reinard[728] et domicella Van der Cammen ex domo domini de Gaudriaen, qui scribunt omnes litteras ad dictum dominum et litteras cum statu bonorum inter Mosam et Waalam, cum etiam parte dicti lintei venisse feliciter Hagam, et quod illi postulata nostra advigilabunt ut fiant.

Item rescripsit hodie pastor Reinard, et litteras misit ad dominum Focquestar in Heusden ulterius Hagam destinandas.

Post prandium pertransiit hic filius Theodori van Lith, qui sumpto haustu discessit.

41. (*Zondag*) 15 Febr. Post prandium, in quo cum familia Horenbeec soli fuimus, advenit pastor in Bochoven, qui hic pernoctavit. Et retulit nobis, quod Anthonii van den Stappen relicta vidua fuerit marito vivente conscia, quod quasdam terras possederit nobis insciis, quas ut proprias coluit, sed cogitavit nobiscum componere.

42. 16 Febr. Scripsi litteras ad sororem de vino et cerevisia bona huc

728 Jan Reinard of Renard in 's-Gravenhage. Frenken, Dagboek Moors, blz. 194 noot 11.

advehendis et aliis. Item scripsit pastor in Berlickem litteras ad Van der Cammen nostro nomine, ut curet omnia nostra. Quas litteras Horenbeeckius in persona eo detulit.

Accepi litteras a fratre meo Maximiliano, quibus scribit, drossardum nihil de rebus nostris apud dominum peregisse, sed sua propria tam apud dominum suum quam in concilio Brabantiae contra Leiten.

Accepi etiam litteras a fratre Leonardo nostro, quibus indicat se derelictum a Postulanis et esse apud pastorem in Hechtelt, et exspectare se ibidem nostrum mandatum. Insuper a Van der Cammen, quibus mittit litteras Wespin, mercatoris Leodiensis, quibus scribitur cambium solutum capitulo S. Joannis, sed eos plus solito accepisse, videlicet hoc anno et superiore quatuor florenos, simul octo. Rediit in Bochoven pastor, qui pridie huc venerat et pernoctaverat.

(*f. 80 v.*) **43**. 17 Febr. Soli per diem fuimus. At post prandium advenerunt duo ex Boxtel ad fratrem Augustinum nuntiantes, ipsius domum pastoralem, quam pastor existens inhabitaverat, esse elocatam. Idcirco ipsius supellectilem adhuc ibi existentem amovendam, quod nobis indicavit. Et mandavi, ut frumentum, quod ibidem esset ex parte ipsius relictum, divenderetur, et alia supellex apud fidelem aliquem amicum deponeretur. Et dedi illi acrem monitionem, quod non omnia sua nobis sincere revelasset, etc.

Curavi scribi per pastorem fratri Leonardo ad suas responsum, et ut apud pastorem in Hechtel mensam redimeret.

Item Van der Cammen, ut rescribat mercatori Leodiensi Wespin, quod ultra solitum non velimus capitulo Sancti Joannis solvere, et ut inquirat de abusu mali computus anno superiore 1635 facto, etc.

44. 18 Febr. Per diem soli fuimus. Vesperi advenit cimba ex Berlickem cum vase vini et vase cerevisiae ex Heeswijck advectis. Item litterae venerunt ad nos a domino temporali de Heeswijck[729], quibus nobis indicit processum, et in illum finem, scribit Van der Cammen, drossardum publicationem fecisse dominica elapsa, 15 videlicet, qua dominus dictus declarat, contractum, inter nos et rectores pagi initum, esse nullum, et quod nostri villici debeant servire in servitiis aulicis ut reliqui rustici.

Item scribit Van der Cammen de decimis minoribus, quod quaedam sunt elocatae, et quod Beverius quaerat conducere maiorem decimam de

729 A.A.B. Brief van de graaf van Tilly aan abt Moors van 5 febr. 1637.

Beecvelt. Item mittit argenteam pelvim cum poculo et poculo missae inserviente, et albas meas et unam tobaleam[730].

45. 19 Febr. Mane missus est Silvam famulus cum litteris ad Van der Cammen destinandis, quibus petitur copia factae publicationis in Heeswijck ex parte domini temporalis per drossardum. Item cum litteris ad Horenbeeck, ut accedat gubernatorem petens, an pastor in Berlickem posset ingredi in civitatem Silvaeducensem. Sed vesperi rescribit cum famulo, se non locutum gubernatori ex causis, quas Gansius illi allegaverat. Insuper scribit idem, se Gansio nomine nostro dedisse pixidem argenteam[731] saccarum imponendam aptam, sicut nuper dedi Van der Wolf socero ejus, quae constitit 75 florenis.

Post prandium venit unus, qui conduxit gabellum de servis[732], dudum solvendum pro singulis florenum, ut videret quot famulos et famulas hic in servitio habeam. Respondi unum tantum, et sumpto haustu discessit cum suo socio. Cui dedi litteras Hagam per nautam destinandas ad Reinard, conscriptas a pastore in Berlickem, quibus significatur, pixidem supradictam bene acceptam esse, etc.

(*f. 81 r.*) **46**. 20 Febr. Scripsit pastor Berlicomensis fratri meo et advocato Tipoets Bruxellas singulis litteras cum copia litterarum a comite de Tilly nobis missarum, quibus indicantur acta hic contra nos in Heeswijck, et quid contra talia agendum consulant. Insuper signavi litteras, quas curavi scribi ad dictum comitem, quibus dico me defensurum privilegia nostra, licet invitus cogar. Quas apertas misi Bruxellas prius ab advocatis dictis legendas et tunc eidem, si ipsis videretur consultum, tradendas. Insuper advocato Van Herlaer scripsit pastor de eodem argumento cum copia litterarum comitis ad nos missarum, ut consilium suggerat quid contra talia agendum. Insuper scripsit pastor in Haren domicello Vladeracken, ut accedat gubernatorem petiturus, num pastor de Berlickem posset intrare civitatem. Insuper Horenbeekio ut litteras libertatis nobis a Statibus datas eidem tradat legendas. Omnia ista missa mane per famulum Horenbeeck Silvam.

47. 21 Febr. Misi per famulum Horenbeeck litteras ad Van der Cammen cum memoriali, quibus peto, ut omnes chartas et scripta, quae erant in parvo scrinio huc vacuum misso, deferat Silvamducis ad edes Nijhof, ubi pastor in Berlickem ea veniet 23 huius quaesitum. Insuper

730 altaardwaal.

731 Zie 1 febr. 1637.

732 Een soort belasting. Haberkern.

scripsi, ut scripto tradat magistratus, quidquid contra nos de contractu velit agere, quia indicaverat verbo per tres scabinos Van der Cammen se declarare, quod contractus initus haberetur ex parte ipsorum rescissus.
48. (*Zondag*) 22 Febr. Evocatus advocatus Van Herlaer, qui erat in Loon, venit circa prandium huc, cui exposui omnia quae[733] tam per drossardum, comitem de Tilly et scabinos Heesvicanos facta essent contra nos, qui consuluit[734] statim actam publicandam contra ista. Insuper redemit a me obligationem quam habui a magistratu ex parte viduae Mathiae Rutgeri 147 florenorum. Litteras inde conscriptas signavi et curavi sigillari.

Sub prandio advenit Fockestar cum uxore, qui nobiscum pransi sunt et circa quartam abierunt. Mansit hic Herlaer.
49. 23 Febr. Mane discessit Van Herlaer in Loon, et pastor cum Horenbeeck Silvam, ut nostra predicta pastor procuret. Item discessit famula Angela, cui curavi per pastorem numerari stipendium 33 florenorum[735].
(*f. 81 v.*) **50**. 24 Febr. Mane venit huc ex Waelwijck Daniel van Haren, qui tamquam heres et maritus filiae Anthonii van der Stappen inquisivit, an dictus Anthonius possederit aliquas nostras terras. Cui cum affirmative responderem, cepit in initio acerbe satis loqui et culpare pastorem modo in Bochoven, quod cum is pastor esset in Waelwijck, ubi Anthonius obiit, promiserat, se conducturum Anthonium in Heeswijck, ut differentiam illam coram me sopirent, et id non fecisset. Tandem cepit bona verba dare, et offere, casu quo ipsi ostenderetur terram illam pertinere ad abbatiam, compositionem ad arbitrium boni viri. Quam acceptavi tempore et die congruis faciendam et discessit.

In prandio pransi sunt nostri religiosi hic presentes mecum, excepto pastore in Berlickem, qui ivit 23 Silvamducis cum Horenbeeck.
51. 25, 26, 27 Febr. Nihil occurrit. 27 venit soror Anthonii Loeff pro dicto Anthonio decumbente petens, ut liceat illi vesci ovis in quadragesima, quod eidem concedi.
52. 28 Febr. Circa prandium invisit nos uxor Ypelarii cum duabus junioribus filiabus et duabus filiabus Van de Water et circa quartam discesserunt.

Interea venerunt Silvaducis pastor de Berlickem et Horenbeeck.

733 Er ontbreekt in het ms. een werkwoord. Er staat alleen «quae».
734 Dit werkwoord ontbreekt in het ms.
735 A.A.B. Memorie van uuytgheven.

Attulit pastor sigilla nostra et aliquas chartas; item litteras a Van der Cammen, quibus petit scire, num semen raparum volumus vendere.

53. (*Zondag*) 1 Martii. In prandio adfuit hic lutinantius domini de Hemert[736], in castro de Hemert commendator, cum puerulo, assecutus cum duobus militibus, qui in culina comederunt. Circa quintam discessit.

Misit hodie ad Van Haren in Waelwijck Horenbeeck famulum, ut hic compareat in sequentes dies super differentias terrarum, quas sibi usurpat et colit, cum nos eas pretendamus.

54. 2 Martii. Misit Slavida pro arboribus aliquot horto suo reparando necessariis. Sub prandio venit Egidius de Weer et filius ejus ex Oisterwijck, petentes commendatitias ad dominum de Loon, quatenus is scribat domino de Tilly, ne cogatur coram Hedichuysen reddere computum. Quod feci. Et manserunt hic et pernoctarunt.

Mane ivit fr. Joachimus Silvam propter negotia sororis suae, cui dedit pastor in Berlickem litteras destinandas ad Van der Cammen, quibus peto, reparationem equilis nostri fieri, et ne semen raparum vendatur.

(*f. 82 r.*) **55.** 3 Martii Discessit hinc senior de Weer Hagamcomitis, cui dedi 60 pattacones restituendos[737] Mechteldi hospitae in De Bel, quos mutuo dederat pastori in Berlickem ad nostrum usum.

Item discessit filius ejus in Oisterwijck. Sub prandio venit Daniel van Haren, qui duxit filiam Anthonii van der Stappen in uxorem et egit de terris istis, quas possedit dictus Anthonius aliquot annis tamquam suas, videlicet medium jugerum in ipsius mansi et 2 1/2 hont terrae in de Veeweie. De priore agnoscit unum hont esse abbatiae et reliquas negat. Discessit ea conditione, ut suas litteras visitaret et se plenius informaret.

Postea advenit Adrianus van Nieuwenkuyc dicens se habere in mandatis, ut a nobis petat nomine Koolwijck receptoris, quatenus statum aliquem, ab ipso Koolwijck petitum de terris nostris in Mersbergen et Maes et Wael, etc., vellemus tradere. Sed respondimus illi, nos jam prima Februarii illum tradidisse et sumpto haustu vini discessit.

Venit circa prandium fr. Bartholomeus ex Bochoven et hic pernoctavit.

56. 4 Martii Venerunt ex Bochoven nos visitatum drossardus ejusdem loci et gener ejus Willemssen, receptor domini de Loon Alosti, qui nobiscum pransi circa vesperum discesserunt cum equis suis.

736 Johan Turck, heer van Hemert. v. Doorninck, blz. 174.; Bokhoven, *Brab. Leeuw* XII, blz. 87.

737 A.A.B. Memorie van uuytgheven 24 dec. 1636 en 3 maart 1637.

Item venerunt pastor in Bochoven et Jan Geritsen avunculus dicti drossardi, qui quidem pastor nobiscum pransus hic pernoctavit. Sed Jan Geritsen cum fratre Bartholomeo, pransi apud conventum, discesserunt circa quartam in Bochoven.

Discessit mane Horenbeeck Silvamducis ibique mansit.

57. 5 Martii Cepit hortulanus reficere ac renovare hortum conclusum. In prandio solus adfuit pastor in Bochoven, et pransus discessit. Proposuit mihi de reditu duodecim florenorum cum medio redimendo; item de Bartholomeo revocando. Et ad utrumque nihil respondi, nisi quod expensas Bartholomei solverem. Item proposuit de pueris alendis, quod consensi. Hodie impositum est vas vini, et unum alterum, quod ex Heeswijck allatum est, fuit 2 huius inceptum. Per diem soli fuimus.

58. 6 Martii Mane missus est currus in Vlijmen et cum eo ivit Catharina Breugelia Silvam. Currus exspectabit Horenbeeck et fratrem Joachimum et Mariam Breugeliam, qui omnes sunt Silvaducis.

Hodie Slavida, commendator Heusdensis, curavit ferri sex arbores quercus de nostro consensu.

(*f. 82 v.*) Vesperi rediit Horenbeeck solus Silvaducis, manentibus adhuc aliis ibidem. Attulit nobis copiam simplicem declarationis factae per dominum de Heeswijck et publicatae 15 Februarii, scriptam manu secretarii de Heeswijck. Item attulit litteras a Maximiliano fratre meo Bruxella, quibus petit eandem copiam, ut cum Tipotio consulat, quid remedii posset contra talem adhiberi. Item accepi litteras a Van der Cammen cum eadem copia et scribit sororem nostram resolvisse nos velle invisere prima opportunitate et sereno caelo.

59. 7 et (*Zondag*) 8 Martii Nihil aliud occurrit quam quod octava scribi curavi litteras ad Van der Cammen, quibus inclusi ipsam declarationem domini temporalis publicatam 15 Februarii contra transactionem inter nos et pagum Heesvicanum factam, ut curet eandem autentizari per secretarium vel ipso nolente per aliquos ab pago. Item scribi curavi advocato van Herlaer, ut velit ad nostra contra drossardum Heesvicanum advigilare et misimus illi copiam eiusdem declarationis, ut videat, quid actum et quid contra agendum. Item scribi curavi ad De Louw de famulo nobis ostenso, quod non serviat nobis. Item fratri Joachimo, ut procuret pastoribus de Berlickem et Haren veniam ingrediendi in civitatem[738].

738 In het ms. volgt hier een inspringende alinea van drie regels, die totaal onleesbaar is gemaakt.

Hodie etiam discessit hinc Horenbeeckius in Loon, iturus Bredam pro certis aliquibus computubus reddendis domino d'Assen, cui dedimus litteras ad Werimont cum copia nostrae libertatis hic manendi, ut tradat et aliis intelligere faciat quid agimus, quia emulus noster Hedichuysen mira ubique, etiam Bredae, contra nos spargit. Per diem soli fuimus.

60. 9 Martii Soli fuimus per totum diem. Hodie scripsimus litteras ad fratrem Maximilianum, cum quibus misimus copiam autenticam contractus Heesvicani, et copias simplices, videlicet primae minutae actus contractus, procurationis communitatis ad submittendum item ad concordandum, etiam declarationis vel protestationis, publicatae contra nos 15 Februarii a drossardo. Et mandavimus eidem, ut litem contra dominum instituat.

61. 10 Martii Vocati a pastore in Bochoven et invitati ad prandium ivimus ibidem cum pastore de Berlickem et vidua Brugelii et familiaribus[739]. Venientes in Bochoven invenimus fratrem Joachimum ibi reversum Silvaducis cum litteris Van Herlaer, quibus consulit defensionem contra dominum de Heeswijck. Pransi sunt nobiscum Riemslach, canonicus Boxtellensis, drossardus et uxor. Vesperi redivimus Bernam manente (*f. 83 r.*)[740] pastore de Berlickem in Bochoven, ut sequenti die commodius iret Silvam ob nostra negotia. Venerunt nobis Bernam fr. Joachimus et fr. Bartholomeus. Venientes Bernam invenimus reversas Silvaducis duas sorores Breugelii, Catharinam et Mariam, quae contulerunt duo vascula piscium a Gansio donata, videlicet vasculum halecum et vasculum aselii salsi.

62. 11 Martii Inter prandendum venit domicellus Cannart, qui solvit filiae Horenbeeck nostro nomine censum, quem habemus levandum annue 2 florenorum et 14 stuferorum de decimis de Hedichuysen et solvit 14 annos nobis cessos, videlicet ab anno 1622 usque 1636 inclusive, et ego signavi quitantiam, tamen vidua predicta accepit nummos, videlicet 27 florenos et 16 asses. Mansit illo die hic Cannart et pernoctavit. Similiter fr. Bartholomeus.

63. 12 Martii Absoluto prandio discessit Cannart. Item abiit fr. Bartholomeus in Bochoven. Vesperi soli fuimus cum vidua et duabus sororibus Brugelii, quia pastor de Berlickem nec rediit Silvaducis.

64. 13 Martii Soli fuimus. Post prandium venit tabellio territorii Heusdensis cum rescriptione Herptensium, quam insinuavit nobis, dando copiam contra libellum exhibitum Ordinibus Hollandiae a nobis, quo

739 A.A.B. Memorie van uuytgheven.

740 folio 83 r. van het ms. begint met een regel, die totaal onleesbaar is gemaakt.

petimus, ut iisdem mandetur, nobis dare copiam suorum computuum, quibus nos nimium gravant.

65. 14 Martii Inter prandium rediit pastor de Berlickem Silvaducis, et contulit secum litteras a Van der Cammen, quibus scribit, sororem nostram non bene valere. Item quod forestarius de Heeswijck recusavit signare protestationem domini temporalis factam per se. Item quod non voluit publicare protestationem nostram, contra precedentem domini conceptam. Item mittit libellos aliquos reddituum Heusdensium. Item catalogum frumenti accepti. Item litteras a fratre meo Cornelio, quibus scribit nullam apparentiam de famulo, etc.

66. (*Zondag*) 15 et 16 Martii Soli fuimus.

67. 17 Martii Scribi curavi fratri meo Maximiliano et Tipotio, quibus misi copiam authenticam concordiae cum Dinterensibus olim factae, ut ex ea judicent

(*f. 83 v.*) quid de Heesvicana faciendum[741]. Item scribi curavi Van der Cammen de decimis et aliis necessariis. Quas litteras hodie pastor in Berlickem dedit ipsi Van der Cammen existenti cum sorore nostra Silvae. Iverat et fr. Walterus cum eo Silvam pro necessariis coemendis. Vesperi reversi sunt et cum eis venit famula nostra Margareta, ut hic serviat.

Visitavit nos Ipelarius cum filio et sub prandio misit Cassiopien[742] ex Crevecuer militem cum vasculo piscium, stuer dictorum, quem tractavi in prandio et vesperi simul discesserunt. Accepi litteras a sorore.

68. 18 Martii Fuerunt nobiscum in prandio pastor in Bochoven et fr. Bartholomeus. Prior ivit in Wijck apud dominum de Baerdewijck[743], et posterior rediit in Bochoven. Ante prandium rediit Breda Horenbeeckius, qui de famulo nos certiores fecit.

69. 19 Martii Circa prandium rediit ex Wijck pastor in Bochoven, qui nobiscum pransus est et abiit in Bochoven. Circa tertiam venerunt hic filius Ipelarii et filius Theodori de Lith portantes litteras a Renard et Bruynseels, et sumpto haustu discesserunt.

70. 20 Martii Mane citavit nos juridice Daniel van Haren tamquam maritus filiae Anthonii van der Stappen, ut probemus petias duas terrae,

741 A.A.B. Protestatie van abt Moors wegens de verkochte percelen van de gemeente van 22 maart 1637.

742 Dominicus Cassiopijn. Hij werd 17 sept. 1637 commandant van Geertruidenberg. ten Raa en de Bas, blz. 230 en 330. Zijn zoon studeerde te Leiden. Bots, Noordbrab. Stud. nº 2622.

743 Jhr. Jacob de Jonghe, heer van Baardwijk. Frenken, Dagboek Moors,blz. 195 noot 41 en blz. 197 noot 86; Beelaerts v. Blokl. *Tax.*VII, blz. 204.

quas ab eodem repetimus tamquam a priore male possessas, esse nostras terras, vel ut perpetuo sileamus.

Eodem die citavimus nos ad solvendum Wilhelmum Hermans, villicum int Brouck.

Hodie ivit pastor in Berlickem Heusdinum cum litteris Hagam ad Renard destinandis, et pransus est apud Ipelarium.

Hodie profectus est de consensu nostro Groeningam fr. Walterus. In prandio soli fuimus. Ante prandium locuti nobis sunt Wilhelm de Best et Nicolaus Loeff.

71. 21 Martii Vocavi per litteras Ipelarium pro consilio habendo in predicto negotio contra Van Haren, qui bonam notitiam habet et particularem de terris predictis. Nobiscum pransus est et cum carruca abiit. Ivit cum illo ancilla pastoris de Druenen, quae hic etiam pransa est. Venit villicus int Broeck petens delationem citationis promittens se soluturum, quam dedimus. Venit insuper frater villici de Loon, petens num arbores deciderentur. Cui Horenbeeck dedit litteras pro publicatione venditionis earundem facienda. Ad Cannart dedit in illum finem litteras.

Fr. Bartholomeus attulit plantas.

(*f. 84 r.*) **72**. (*Zondag*) 22 Martii Nihil occurrit notatu dignum.

73. 23 Martii Per diem[744] soli fuimus. Sed venit fr. Bartholomeus, ut hortum componat et hic pernoctavit.

Vesperi accepi litteras a fratre meo Bruxellis, quibus scribit, uxorem sibi peperisse quintam prolem filiam, et dominum de Tilli abivisse. Item litteras a fratre Leonardo et a fratre Balthasare, qui desiderant hic esse. Item a Renard, qui dissuadet sollicitationem pro seniore, etc.

74. 24 Martii Scribi curavi Van der Cammen, fenum non vendendum, nisi equi sint divenditi; vaccas vendendas; decimas Berlicomianas nondum elocandas, quia satis maturum est.

Vesper rediit Horenbeec Silva et fr. Joachimus, qui pridie abiverant. Et venit cum illis soror nostra Johanna valetudinaria.

75. 25 Martii Venerunt huc damosellae uxor Ipelarii cum duabus filiabus et uxor Focquestar cum duabus itidem filiabus, quae nobiscum pransae sunt et inter prandendum supervenit ipse Focquestar, qui circa quintam omnes discesserunt nosque invitarunt circa sequentis diei prandium.

76. 26 Martii Mane ivit Silvam Horenbeeck et iverunt cum eo fratres

744 In het ms. ontbreekt dit woord.

Augustinus et Cornelius, ut procurent sibi vestes novas fieri. Dedi Horenbeec in mandatis, ut consulat Herlarium super negotium Herptensium. Circa prandium ivimus in Heusden ad prandendum cum Focquestar et iverunt nobiscum pastor in Berlickem et filia Horenbeeck et Maria van Breugel. Et invenimus in edibus Focquestar invitatos baronem de Slavita et doctorem De Gellicum et honoravit nos post prandium musica. Vesperi venimus Bernam et redit solus Griensven Silvaducis.

77. 27 Martii Per totam diem male valui, nec fui in mensa tempore prandii. Post secundam rediit fr. Augustinus cum binis litteris, a fratre meo Maximiliano missis, de negotio Heesvicano mentionem facientibus. Vesperi collationem sumpsi cum aliis.

78. 28 Martii Per diem soli fuimus. Vesperi rediit Horenbeec Silvaducis. Fr. Bartholomeus, qui 27 huc venerat, rediit in Bochoven. Hodie accepimus litteras a Renard Hagacomitis, sed nihil adhuc ex eis solatii pro seniore.

79. (*Zondag*) 29 Martii In prandio adfuit nobis doctor Gellicum et mane venit huc Sebastianus Ipelaer[745] nos invitans in prandium subsequentis diei. Sed excusavi me et abiit.

(*f. 84 v.*) **80.** 30 Martii Profecti sunt Silvamducis pastores de Berlickem et Haren; prior ut adducat Herlarium advocatum et alia nostra curet; posterior pro seipso. Profectae sunt cum illis damosella Maria van Breugel et soror nostra iturae in Heeswijck; illa animi causa ut visitet simul Cammias; soror ut nostra curet; simul rediturae sunt huc. Dedi sorori memoriam Cammio tradendam et ut juxta tenorem illius et illa sua agat.

In prandio soli fuimus cum fratre Bartholomeo, qui advenit ex Bochoven. Ita et in collatione. Post prandium inviserunt nos aliqui officiales militares ex Heusden, videlicet lutinantius et duo signiferi comitis Nassovii peditum et unus signifer equitum ejusdem comitis et adhuc unus alius signifer. Et circa sextam abierunt.

81. 31 Martii Mane advenerat Ipelaer a nobis requestus, sed quia Van Herlaer non venit heri eo, ideo statim recessit.

Circa prandium venit nos visitatum dominus de Bardewijck. Inter prandendum advenit Wilhelmus Stout de Bommel et postea venerunt Van Herlaer et pastor de Berlickem Silvaducis, qui omnes nobiscum pransi sunt, et priores duo circa vesperum discesserunt, manente hic et pernoctante Van Herlaer.

745 Zoon van Jhr. Johan van Ypelaer. Bots, Noordbrab. Stud. nº 2460.

82. 1 Aprilis Mane venit Ipelaer, qui cum Van Herlaer conceperunt scripturam dandam in judicio coram Heusdensibus scabinis contra Danielem van Haren, qui detinet duas petias terrae nostrae abbatiae.

Ivit Horenbeeck ob sua Silvam. Predicti duo nobiscum pransi sunt. Et discessit circa sextam Ipelaer. Pernoctavit hic Van Herlaer. Dedi Martino ab Eversdijck[746], procuratori in Heusden, procuratorium ad lites contra Danielem van Haren.

83. 2 Aprilis Mane discessit hinc Van Herlaer et ivit cum carruca Silvam. Venerunt ante prandium pastor in Bochoven et Wilhelmus Stout, qui nobiscum pransi. Unus abiit in Bochoven, alter in Outheusden.

Vesperi soli fuimus. Circa decimam rediit Horenbeeck Silvaducis cum carruca et contulit litteras ab advocato magistro Tipotio Bruxellis scriptas, quibus dicit, licet terminis honestis, drossardum de Heeswijck magnum mendacem.

84. 3 Aprilis Soli per diem fuimus. Post prandium adduxit Horenbeec Theodorum Baesten, rusticum Herptensem, qui dicit, se habere bonam notitiam, quod abbatiae competat petia terrae in de Vewei, 2 1/2 hont terrae et 3 hont terrae int geseet van Anthoni Boudewijns van der Stappen, de quibus movet actis Daniel van Haren litem, quia praedictas petias repetimus ab eodem tamquam marito filiae Anthonii Bouwens[747].

Scripsit pastor Berlicomensis litteras advocato Broechovio, ut fideliter cum decimis Litoyensibus agat. Item litteras ad fratrem meum Maximilianum, ut cum Tipotio tertium adsumat advocatum, cum quo consulant in negotio domini temporalis de Heeswijck, et postea consilio capto litem incipiant contra eundem. Etiam scripsit Van der Cammen de nostris negotiis.

(*f. 85 r.*) **85**. 4 Aprilis Soli per diem fuimus. Ivit iterum Horenbeec Silvam propter propria sua negotia. Vesperi ad nos redierunt damosella Maria van Breugel et soror nostra Johanna cum curru nostro et equis Horenbeciis. Attulit soror litteras a`Van der Cammen et libros pactionum[748] de annis 1629, 1630, 31, 32, 33 et 34, scribens de decimis et aliis.

86. (*Zondag*) 5 Aprilis Rescripsit pastor in Berlickem Van der Cammen de equulo, de decimis, de litibus et aliis. Etiam scripsit Herlario de litibus et ingressu nostrorum religiosorum in civitates libere, etc. Soli fuimus. Venit vesperi fr. Bartholomeus et hic pernoctavit.

746 Martinus van Eversdijk. Frenken, Dagboek Moors, blz. 65 onder 20 juli 1637.

747 Anthonius Boudewijns van der Stappen.

748 A.A.B. Pachtboeken.

87. 6 Aprilis Ivit fr. Bartholomeus in Outheusden ad Anthonium Loeff, ut petat ab eodem, an non habeat notitiam petiarum duarum terrae, quas Daniel van Haren contendit sibi detinere, et ut faciat alia. Rediens Bernam circa tertiam pomeridianam retulit, Anthonium Loeff confessum esse, quod Anthonius van der Stappen eidem solvisset, licet non condignum pretium, pro petia terrae, quae est sita in ipsius Anthonii Van der Stappen manso, saltem semel interea quod Loeffius Bernae habitaret. Et de altera petia non habebat notitiam, sed hoc audivit, quod quidam rusticus Herptensis Henricus Nicolai Anthonio Stappen objecisset et exprobrasset, quod terram abbatiae possideret injuste, sed aliud nihil.

88. 7 Aprilis Per diem soli fuimus. Post prandium misi fratres Joachimus et Bartholomeus ad Anthonium Loeff, ut precisius ab illo petant de petiis terrae praedictis.

89. 8 Aprilis Rediit Horenbeeck Silvaducis ubi aliquot diebus fuit et venit cum illo frater sororum Brugelii Joannes Baptista[749] circa prandium.

Ivit iterum in Outheusden mane fr. Bartholomeus, ut de predictis terris cum Loeffio loquatur et alia agat, etc.

90. 9 Aprilis Fuimus soli et nihil occurrit. Post prandium rediit fr. Bartholomeus in Bochoven.

91. 10 Aprilis Fuimus soli et nihil occurrit.

92. 11 Aprilis Advenit mane uxor Ipelarii cum famula, quae hic mansit in prandio. Postea abiit.

93. (*Zondag*) 12 Aprilis Fuimus soli per diem et nihil occurrit. Fuit dominica Paschatis.

94. 13 Aprilis Mane summo abiit vidua Brugelii Silvam, cui mandavi, ut materiam estivalem mihi emat pro veste corporis mei. Venit huc Ipelaer et pransus est nobiscum et abiit. Accepit pastor in Berlickem litteras a Robberto de Bever, quibus significat morbum matris suae et simul monet pastorem officii sui, ut videlicet administret eidem sacramenta ecclesiae, cum adesse impossibile sit propter exilium in quo positi sumus.

(*f. 85 v.*) **95.** 14 Aprilis Mane scripsit nobis litteras drossardus Heusdensis, quibus petit consensum nostrum convivium celebrandi, quod nos ordinarie solvimus, 21 huius propter aliquos de Statubus vel de

749 Bots, Noordbrab. Stud. nº 833.

Camera Computus, qui tunc aderant. Et rescripsit illi pastor de Berlickem nomine nostro, quod nobis placeat.

Venit huc doctor medicus Van Gellicum. Venit etiam dominus de Bardwijck cum sua conjuge in rheda, qui nobiscum pransi abierunt. Vesperi venit Henricus Joannis Rovers, Heesvicanus edituus, et retulit nobis multa de drossardo, secretario et scabinis. Inter alia, quod piscationem elocasset Mathiae Egidii, et Gerardo Petri Dobbelstein, ut nos excludant. Recepi litteras a pastore Folcoldo, quibus scribit statum processuum in Heeswijck et statum senioris nostri in Uden, etc. Etiam litteras accepit pastor in Berlickem a Theodoro Bruynseels Hagacomitis, quibus mittit nomina deputatorum Ordinum Hollandiae.

96. 15 Aprilis Mane discessit Henricus Rovers. In prandio soli fuimus. Iverunt in Heusden pastor de Berlickem et Horenbeeck. Ibique locuti cum Focquestar et drossardo de convivio. Vesperi sero venerunt domum.

97. 16 Aprilis Mane pastor et fr. Joachimus iverunt Silvamducis; pastor ut nostra procuret, et fr. Joachimus ut consulat doctorem medicum pro seipso. Ibique manserunt, ut suis Berlicomiensibus pro paschate adsistant.

Post prandium venit Wilhelmus Stout cum salvoconductu patris sui, ut advisamentum nostrum desuper audiret. Venit cum aliquot militibus capitaneus maior Heusdensis, quem postea cum turma militum secutus est in rheda gubernator Heusdensis cum capitaneo De la Fontaine[750], et cum alio capitaneo, et drossardo et pluribus officialibus. Qui post sesqui horam iterum abiit, cum nos salutasset et haustum sumpsisset.

98. 17 Aprilis Non bene valui ex vino precedentis diei et non celebravi. Nec fui in prandio cum aliis in mensa. Interea advenit drossardus de Poyeroyen petens, num media invenire possent ad impetrandum pro se salvegardium a rege. Sed non est mihi locutus. Tantum Horenbeeckio.

99. 18 Aprilis In prandio soli fuimus. Vesperi redierunt pastor de Berlickem et fr. Joachimus Silva, et retulit nobis pastor, fratrem Rudolphum querere jam religiosum socium unum ac alterum, si expensas ei solvere vellem; item fratrem Bartholomeum bene velle ibidem manere.

100. (*Zondag*) 19 Aprilis Post prandium iverunt pastor in Berlickem et Horenbeec in Heusden, ut invitent in 21 huius comitem Wilhel-

750 Waarschijnlijk is hier bedoeld Gille de Champs, heer van La Fontaine. ten Raa en de Bas, blz. 204.

mum et duos deputatos ex Camera Computus Hollandiae. De reliquo nihil occurrit.

101. 20 Aprilis Mane iverunt Silvamducis pastor in Haren et fr. Augustinus, ut Harensibus adsistant. Iverunt cum eis in reda nostra soror nostra Johanna, (*f. 86 r.*) quae hic fuit a vigilia Palmarum, et hodie itura in Heeswijck, Horenbeec et damosella virgo Maria, soror Breugelii, et duae filiae viduae et aliae.

Item misi fratres Joachimum et Augustinum ad fratrem Bartholomeum et pastorem in Bochoven cum mandato, ut fr. Bartholomeus hodie huc veneat et maneat, ac ut pastor tradat computum suum ac libros defuncti pastoris mittat huc ad nos, etc. Venit ille circa prandium ad nos, sed parum secum contulit.

Venit huc Wilhelmus Stout ex Bommel et pransus est nobiscum. Petiit litteras a pastore in Berlickem ad generum suum Bredae. Quas dedit et abiit.

Hodie hic fuerunt Daniel et Joannes Emberti fratres ex Berlickem, et conduxerunt partem decimae de Brant pro 13 modiis et 45 florenis et abierunt.

Vesperi rediens Horenbeec Silva contulit litteras a Van der Cammen, quibus inter alia scribit, hesterna nocte arborem pensilem inter Longam Domum[751] et villam Henrici de Loon[752] fere dejectam, seram effractam et non invenibilem, et vallum dejectum pro una parte notabili, per quam liber est aditus cum curru et carruca. Rescribi curavi, ut reparetur post factam visitationem scabinalem[753], etc.

102. 21 Aprilis Hodie cum pastore et Horenbeeck pransus sum in Heusden bij den Heemraet, ubi prandio interfuerunt comes Wilhelmus de Nassou, baro de Slawita, duo deputati ex Camera Computus Hollandiae, Mierop et Forees[754]. Etiam invitavimus Mathiam Cannarts, qui vesperi nobiscum ivit Bernam ibique pernoctavit.

103. 22 Aprilis Numeravit mihi dictus Cannarts ex arboribus divenditis in villa nostra in Loon, uti ab eodem petiveram fieri, 264 florenos et 17 asses, ex quibus eidem pro suis molestiis et laboribus donavi 20

751 't Lanchuys.

752 Moet zijn Arnoldi Henrici de Loon.

753 A.A.B. Visitatio scabinalis in Bernhese.

754 Waarschijnlijk de Alkmaarse pensionaris Nanning van Foreest. Frenken, Dagboek Ophovius, blz. 41 voetnoot 5.

florenos[755]. Pransus nobiscum abiit. Hodie misi cum litteris ad Van der Cammen, Mariam Vranx et fratrem meum Maximilianum destinandis fratrem Bartholomeum Silvam, qui vesperi rediit. Scripsi Mariae Vranx pro semine bloemcoolsaet, sicut a me petiit comes Wilhelmus.

104. 23 Aprilis Hodie soli fuimus. Post prandium adfuit doctor Van Gellicum visitans egrotum. Et sumpto haustu discessit. Vesperi redierunt Silva pastor Harensis et fr. Augustinus, qui 20 dito eo profecti erant, ut Harensibus rusticis assisterent, etc. Accepi litteras ab Henrico Rovers, quibus scribit, scabinos Heesvicanos non intendere solvere obligationem 147 nobis datam ratione contractus, sed per drossardusm litigare contra nos; etiam Martinum Christiani depositum ex scabinatu, et Gerardum Petri den Snijder susceptum in ejus locum, etc.

105. 24 Aprilis Scripsit pastor in Berlickem Hagam ad Renard pro gratia respectu nostri senioris, etc. In prandio adfuit pastor in Bochoven, qui sollicitavit, ut aliquot religiosos nostros posset habere in suo convictu.

(*f. 86 v.*) Sed non consensi ei ob rationes nos moventes. Et abiit post prandium.

106. 25 Aprilis Scripsit pastor in Berlickem Herlario advocato, ut compellat scabinos Heesvicanos ad solvendum obligationem, quam signarunt, 147 florenorum.

Circa prandium visitavit doctor Gellicum fratrem nostrum Griensven male valentem. Et pransus est nobiscum et abiit.

Vesperi rediit damosella Maria Breugelia Silva et cum ea soror nostra Johanna ex Heeswijck portans litteras a Van der Cammen, quibus indicat presentem statum nostrorum ibidem et processuum inter drossardum et Petrum Adriani et magistrum Wilhelmum; item 7 paria columbarum, etc.

107. (*Zondag*) 26 Aprilis In prandio et per diem soli fuimus. Hodie sartor accepit mensuram vestium mearum conficiendarum. Qui hic pernoctaverat. Et abiit circa prandium.

108. 27 Aprilis In prandio adfuerunt Huybert Vyverssen et ejus socer Joannes Adriani van den Biesheuvel, villici nostri int Broeck[756], qui fecerunt suum computum et remissa est eis quinta pars sommae promissae anni 33. Quibus constitui diem veniendi et visitandi bona

755 A.A.B. Memorie van ontfanck.

756 Babiloniënbroek.

ibidem sita in quintam Maii. Vesperi accepi litteras a Folcoldo, quibus indicat morbum senioris nostri et quod timeat mortem ejus.

109. 28 Aprilis Curavi rescribi Folcoldo per fratrem Joachimum, quia pastor in Berlickem iverat post prandium precedentis diei in Bochoven, ulterius mane iturus Silvam, ut nostra procuret ibidem. Et scripsit fr. Joachimus ut, casu quo moriatur senior in Uden, ibidem sepeliatur in templo loco honesto, etc. Item ut de honorario faciendo praetori Ravesteinensi supersedeatur ad tempus, etc. Post prandium, in quo soli fuimus, ivit Horenbeeck Silvam, et carruca vesperi rediens asportavit litteras ab abbate sancti Michaelis cum sententia abbatum Brabantiae de constitutione capitis vel generalis ordinis nostri. Item litteras a Maria Vranx cum semine bloemcoolsaet comiti Wilhelmo dando, prout a me petierat, sed parum est. Item litteras a Bruynseels cum replica nostra contra Herptenses appostillata, quod infra octiduum debeat duplicare.

110. 29 Aprilis Mane jentavit hic doctor Rombouts[757], qui nos hic visitavit et statim abiit cum cimba militum conductu ex navi prope Bernensia prata constitua.

Vesperi advenit ex Uden famulus noster Ghisbertus nuntians patrem nostrum seniorem fratrem Petrum van den Molenhoff mane hic circa medium quintae obiisse.

111. 30 Aprilis Ante prandium rediit pastor in Berlickem Silva. Pernoctaverat in Bochoven. Hac nocte Hedichusani furati sunt arborem, quam tulerunt op de Stege.

Post prandium circa quartam visitavit nos dominus gubernator Heusdensis cum sua conjuge et una filia. Aderant Slavita et eius soror. Item ante advenerat Focquestar, et plures alii. Posuimus bancquetam. Post quintam abierunt.

(*f. 87 r.*) **112**. 1 Maii In prandio adfuit doctor Gellicum. Vesperi rediit Horenbeec Silva cum Catharina Breugelia.

Hac nocte Herptenses duas furati sunt arbores, quas dejecerunt in aggere vel prope. Rediit Horenbeec Silva.

113. 2 Maii Visitavit nos uxor Theodori Egens ex Bommel, quae pransa est nobiscum et rediit in Heusden.

114. (*Zondag*) 3 Maii Nihil occurrit.

115. 4 Maii Profecta est soror nostra Johanna in Heeswijck invisura

757 Rombout Rombouts, geneesheer te 's-Hertogenbosch. Bots, Noordbrab. stud. n° 4355; Verreyt en Juten, *Tax*. XI, blz. 176.

hodie Silvae, ut pro me materiam emat pro nova veste estivali[758]. Ivit cum illa Margareta famula nostra, post diem unam ac alteram reversura. Ivit item fr. Joachimus cum illis Silvam pro suis negotiis. Omnes carruca discesserunt.

Scripsi ad litteras domini Sancti Michaelis Antverpiensis responsum ad eundem. Fr. Joachimus rediens vesperi contulit litteras a fratre meo advocato, quibus scribit consultationem captam super contractu, inter nos et Heeswicanos inito, a quatuor advocatis Bruxellensibus. Simul mittens ipsam autenticam consultationem[759] a quatuor signatam, videlicet: Snavels, Deckher, Tipoets et Moors. Insuper contulit litteras a Bruynseels Hagacomitis, quibus scribit, litteras executoriales per Gripium sollicitari. Item accepi litteras per Focquestar a Renard, quibus scribit adhuc nullam apparentiam impetrandi facultatem eundi in Heeswijck.

116. 5 Maii Ivi cum pastore in Berlickem et Horenbeeck in Babilonienbrouck ibique perlustravi terras nostras et pransus sum apud Huybertum Viverssen. Ibique me convenit Jan Ariensen[760] van Aelst ratione reditus duorum modiorum tritici. In reditu in ipso ingressu obviavit nobis drossardus de Eten et Meuwen, Hedichuysen, qui nos salutavit et sobriis verbis abiit. Visitavi, uti mane faceram, Focquestar, apud quem inveni dominum de Bartwijck. Et ibi bibimus et mansimus fere ad spatium duarum horarum. Et salutavit nos Eversdijck et Laureins Engelbrechts[761] apparitor, qui fecit Herptensibus insinuationem ad duplicandum ad nostrum libellum, datum deputatis Ordinum Hollandiae ratione computuum exhibendorum. Pastor in Haren pransus est apud doctorem Van Gellicum et rediit nobiscum.

117. 6 Maii Mane invitari nos et pastorem in Berlickem curavit per Firi, suum hoofmeester, comes Wilhelmus Nassovius, gubernator Heusdensis, ad prandium hodiernum, in quo nos humaniter tractavit et benigne excepit. Et circa quintam nos dimittens ivimus ad aedes Focquestar cum eodem Focquestar et Ipelaer, qui etiam vocati erant. Item vocati erant Slavita et soror ejus. Reliqui erant domestici. Sermonem habuimus de mansione in Berna, in quo addixit suam operam.

758 A.A.B. Kwitantie van inkopen voor nieuwe zomerkleding.

759 A.A.B. Advies uitgebracht door Snavels, Deckher, Tipoets en Moors.

760 Burgemeester van Babiloniënbroek. A.A.B. Kwitanties geïnd door Jan Ariensen van Aelst van Huybert Vyversen te Babiloniënbroek.

761 Laurentius Engelbrechts, apparitor dominiorum Heusdensium. Frenken, Dagboek Moors, blz. 72 onder 29 aug. 1637.

118. 7 Maii Ivit pastor in Berlickem Silvamducis ad Herlarium pro consilio communicando, quod Bruxellis accepimus, cui dedi pro solutione sartoris 9 florenos[762], qui vestes religiosorum fecit, (*f. 87 v.*) item 6 florenos cum 8 stuferis pro bancqueto emendo.

Item hodie elocavi partem decimae in Berlickem, de Heuffthiend, Joanni Lamberti Goyertsen et Cool Petri, qui in illum finem huc venerant. Et dedi eis litteras ad Van der Cammen, cui conductionem illam insinuavi, et aliqua alia.

Vesperi rediens pastor praefatus Silva cum Margareta nostra contulit litteras a Van der Cammen et sorore nostra Johanna, quibus nuntiatur nobis, pastorem in Litthoyen periculose in Litta decumbere. Item quaedam alia domestica. Reportavit advisamentum, postquam a Van Herlaer visitatum est, quod dederunt advocati quatuor Bruxellenses contra dominum de Heeswijck.

119. 8 Maii Misimus replicam nostram contra Herptenses Hagam ad Bruynseels, ut tradatur Van der Wolff, etc.

Item scribi curavi ad Lentium, ut curam pastoris in Litthoyen habeat accuratam ipsumque moneret de resignatione pastoratus, etc.

Scripsi ad Van der Cammen, ut soror nostra visitet pastorem predictum et litteras praedictas conferat. Item expedivi procuratorium ad lites contra dominum temporalem de Heeswijck in personam Guillihelmi Langerijt, procuratorem Bruxellensem. Item curavi scribi ad fratrem meum, quatenus eligatur in dicta lite commissarius dominus Van den Velde, etc.

120. 9 Maii Mane ivit Silvam fr. Bartholomeus, ut litteras predictas destinet et propria curet. Venerunt hic diversi rustici Berlicomenses pro decimis conducendis, quibus diversas partes relocavi. Etiam pastor in Berlickem nuntiavit scripto fratri Leonardo mortem senioris nostri Petri van den Molenhof. Item in secunda Maii scripsit.

Vocatus est pastor in Bochoven, ut hic compareat ad dandum testimonium veritatis. Per diem soli fuimus.

Vesperi rediit fr. Bartholomeus, qui contulit scriptum ab Herlario conceptum contra Van Haren exhibendum. Item quod rumor erat Silvae, pontificem Urbanum VIII obiisse.

121. (*Zondag*) 10 Maii Post prandium venit huc Theodorus Breusten[763] Herptensis cum filio suo Adriano et testatus est, se notitiam

762 A.A.B. Memorie van uuytgheven.

763 A.A.B. Huurceel van Adriaen Dierick Bruystenssen.

habere, quod abbatia nostra de Bern haberet in manso Anthonii van der Stappen, qui nunc est Danielis van Haren, certam petiam terrae, et quod audiverit sepius, abbatiam etiam habere petiam in de Veweyde, et quod paratus sit illa sub juramento deponere.

122. 11 Maii Mane venit pastor in Bochoven et ivit cum pastore de Berlickem in Heusden, quos subsecutus est Horenbeeck, ut convinctionem[764] deponant coram scabinis, quod audiverint ex ore Anthonii van der Stappen, dum viveret et in Waelwijck habitaret anno 1636, quod is confiteretur se possidere terras aliquas competentes abbatiae nostrae.

In prandio omnes tres predicti fuerunt ab Ipelaere tractati. Vesperi redeuntes domum, ivit pastor in Bochoven domum, hic non declinans. Testimonia hodie expetita vel audita non sunt, sed sequenti die facienda. Reliquit Horenbeec in manibus procuratoris nostri Eversdijck decem florenos ad
(*f. 88 r.*) computum pro expensis faciendis in causa litis. Articuli, super quos interrogandi erunt, relicti sunt apud procuratorem.

Hodie venerunt ex Berlickem diversi rustici pro decimis conducendis. Westelacker addixi Servatio Petri et Waltero van Son. Alii nihil habere potuerunt, quia tardius venerunt. Inter quos Arnoldus van Swaenbergen, item Jan Peter Alberts et Willem Jan Dircxen.

123. 12 Maii Mane iverunt Silvam pastores in Berlickem et Haren; prior ut curet mutari scripturam contra Van Haren tradendam, et ut testimonium suum cum pastore in Bochoven, qui eo venturus est, et cum Horenbeeck, qui etiam subsecutus est, curent coram notario expediri; alter ut sua curet particularia.

Mane misi articulos in Heusden ad procuratorem, super quos audiendus et interrogandus erit Willem Corsten, rusticus in Herpt, citatus cum Theodoro Breusten, ad reddendum testimonium veritatis in lite contra Van Haren.

Post prandium ivit fr. Bartholomeus in Bochoven ad sartorem pro novis vestibus et vesperi non rediit propter pluviam. Vesperi rediit pastor in Berlickem et Horenbeeck et cum iis Van der Cammen venit. Et attulerunt litteras Bruxella ab uno Yvanen Have scriptas, quibus is significat fratrem meum decumbere ex febri. Item litteras a fratre Lentio, quibus scribit, pastorem de Littoyen ex hydropisi et tyfi laborare, nec eum velle pastoratum suum resignare. Item recepi computum expensarum factarum in Uden in edibus pastoris[765] ibidem per seniorem, per

764 Bedoeld is «convictionem» = bewijs.
765 Nicolaus Spirincx. Schutjes V, blz. 755; Bots, Noordbrab. Stud. nº 4900.

Folcoldum et famulum, simul cum exequiis ejusdem senioris, ascendentem circiter ad 455 florenos.

124. 13 Maii Rediit mane fr. Bartholomeus ex Bochoven.

Hodie retulit mihi Horenbeeck, quod juxta meum mandatum miserit ad fratrem meum Maximilianum centum florenos Brabantiae, ut inde solvat expensas litis instituendae contra dominum temporalem de Heeswijck.

Pastor Harensis existens adhuc Silvae misit aliqua scripta et testimonia, quae servient in lite contra Danielem van Haren. Hodie decima de Beecvelt elocata est Adriano Geritsen van der Coeveringe et Martino Huberti. Van der Cammen hic mansit.

125. 14 Maii Hodie post prandium iverunt pastor in Berlickem et van der Cammen in Heusden, ut tradant procuratori nostro Eversdijck scripturam, factam per Van Herlaer, tradendam in judicio contra Danielem van Haren. Eidem addita erant testimonia ipsius pastoris de Berlickem et Waelwijck et Horenbeeck, omnia simplicia preter testimonium Horenbeeck, qui ipse signavit. Vesperi redientes Bernam narravit nobis pastor, Focquestarium vendere velle suum braxatorium integrum pro 1800 florenis. Hodie hic fuerunt Adrianus Jansen van der Coeveringe et Andreas Jacobi Bastiaensen pro decima den Nonnenbosch reconducenda.

126. 15 Maii Mane domini burgimagistri de Heusden venerunt petitum, quid nos cogitemus facere in causa computus facti door den Hemeraet in presentia duorum
(*f. 88 v.*) dominorum de Camera Computus Hollandiae, domini videlicet Mierop et Forees. Quibus responsum dedimus per Horenbeec, nos perseverare in nostra solutione ante aliquot menses data, scilicet nos sentire magis via concordiae quam juris rem assopiendam. Qua audita declarunt, quod communitas Herptensis sese conjungere vellet nostrae opinioni vel sententiae. Absoluto prandio advenerunt signifer et duo serchanti compaigniae domini de Hemert, quos tractavimus liberali haustu vini. Circa sextam abierunt. Hodie fuerunt hic villicus pastoris in Berlickem et Matheus Jacobi pro decimis conducendis, sed nihil actum est.

Post prandium rediit Silvaducis pastor in Haren, qui nuntiavit, filiam maiorem natu damosellae Breugel male valere et forte peste, ob quod Horenbeec statim profectus est Silvam, et rescripsit valde dubie.

127. 16 Maii Hodie elocata est decima de Nonnenbosch Adriano Jansen van der Coeveringe Berlicomensi. Assignavi propter Deum domino Joachimo Walraven Middelrodano, in Uden nunc exulanti, maldrum siliginis. Item cruciferis modium.

Vesperi rediit Horenbeeck et cum eo soror nostra Johanna, quae asportavit vestes nostras novas. Horenbeeck narravit, filiam filiae suae quidem male valere, sed non infectam peste.

128. (*Zondag*) 17 et 18 Maii Nihil occurrit. Pastor in Berlickem ivit in Heusden et ibidem pransus est apud doctorem medicum Van Gellicum cum Ipelaerio. Hodie, videlicet 18, tradita est scriptura in judicio contra Van Haren.

129. 19 Maii Mane discessit hinc in Heeswijck Van der Cammen, cui dedi memoriale diversarum rerum per eundem expediendarum. Mansit hic soror nostra et per diem soli fuimus. Maria Vranx scribit, domum suam peste non esse infectam, sed sororem Catharinam catarra obiisse.

130. 20 Maii Soli fuimus nec aliquid occurrit.

131. 21 Maii Scripsit Reinard Hagacomitis se advigilandum in causa nostra. Scripsit fr. Leonardus, se adhuc manere apud pastorem in Hechtel. Cui responsum est, ut ibi maneat et celebret quinquies in hebdomada ad intentionem pro Busco[766].Venerunt huc uxor Focquestar, Ipelaer cum uxore et filia Maria mane circa nonam, quae omnes hic pransi sunt. Circa sextam curru nostro discesserunt.

132. 22 Maii Mane discessit hinc in Heeswijck soror nostra et Joannes famulus noster, ut comparet sibi vestes, soror ut faciat conservam et aquam rosaceam[767], et procuret nobis pallium et alia.Ivit etiam Silvam fr. Joachimus pro reparatione vestium. Item iverunt curru cum nostra sorore, vidua Breugelii et Catharina et Maria sorores pro propriis.

Scripsit pastor in Berlickem reverendissimo Buscoducensi nos brevi profecturos Hagacomitis. Item Herenhovio, ut huc veniens secum conferat necessarias chartas pro sollicitatione pastoratus Dinterensis. Vesperi redierunt omnes, exceptis sorore et famulo nostro. Et accepi litteras a fratre nostro Maximiliano, quibus scribit, se libellum obtulisse in senatu (*f. 89 r.*) Brabantiae nomine nostro contra dominum de Heeswijck, petens ut aula ordinet, quatenus casset suam declarationem factam in Heeswijck respectu contractus inter nos et Heesvicanos initi.

133. 23 Maii Advenit hic advocatus Melissen et obtulit suum servitium in servanda rotula in Heeswijck contra drossardum pro Petro Adriani et Wilhelmo Wijnants custode. Qui hic pransus abiit in Bocho-

766 Mogelijk is hiermee Leonardus Bosch zelf bedoeld. Hij mocht dan de misintentiegelden voor zich zelf behouden.

767 A.A.B. Memorie van uuytgheven.

ven. Hodie ante prandium pastor in Berlickem et fr. Joachimus iverunt in Heusden et circa prandium redierunt.

134. (*Zondag*) 24 Maii In prandio adfuit doctor Gellicum, qui circa tertiam abiit. Circa quintam venit nos invisum comes Nassovius Wilhelmus, cum sua conjuge et duabus puellis et domina de Slavita. Aderant dominus Slavita et colonellus Golstein[768] et alius capitaneus Scotus, stipati milite pedite et equite cum aliis officialibus. Circa medium septimae omnes discesserunt. Quibus abeuntibus venit Focquestar querens equum suum, qui sumpto haustu discessit cum carruca. Posui supradictis bancquetum.

135. 25 Maii Mane venit Ewoldus de Wijck invitatum nos secundo in prandium hodiernum. Invitarat nos Ipelaer 21 hujus. Et statim abiit et cum eo ivit pastor in Berlickem. Nos et Horenbeec et filia sequuti sumus circa prandium. Interea ante nostrum exitum supervenit fr. Folcoldus hic cum carruca nostra, quem ad dictum prandium adduximus. Sub prandio dixi Sebastiano Belarts de relevio domus, quam emit civitas Heusdensis, videlicet quod deberet homagium prestare, nisi jam fecisset tempore predecessoris nostri. Quod affirmabat. Sed petii litteras concessas videre, quas negabat se habere. Ex quo intuli, homagium non esse prestitum. Circa sextam redivimus domum et interea visitavit Petrus famulus noster braxatorium Focquestar, quod vendere vult, et retulit, cacabum esse satis bonum.

Pertransiit hic Wilhelmus Stout. Sed ei non sum locutus.

136. 26 Maii Mane summo discessit Petrus famulus noster et habuit in mandatis advehendi in Heeswijck advocatum Melissen, quia est dies juridica ibidem.

Et mane huc venit ancilla Francisci Nihoffii cum litteris a Maria Vranx, quibus scribit, sese per Wolsack misisse quatuor partes telae cameracensis; et litteris a Bruynseels, quibus scribit de processu contra Herptenses; et litteris a Reinard, quibus scribit, dominum de Goudriaen non suadere nostrum adventum Hagam. Item litteras misit filius Ipelaer, quas in Heusden misi.

Dimissa est ancilla cum litteris ad Nihof, ut partes telae curet deponi apud Wiflet in Vucht. Dedi ei 21 asses[769].

Post prandium discessit Horenbeeck versus Bredam in propria sua causa.

768 Joachim van Golstein. ten Raa en de Bas, blz. 250.
769 A.A.B. Memorie van uuytgheven.

137. 27 Maii Mane íverunt Silvamducis pastor in Berlickem, ut ovem donet nostro nomine Cassiopin et litteras
(*f. 89 v.*) fratri meo Maximiliano scriptas cum duabus cartis pagi in Heeswijck Bruxellas destinet et alia agat, et fr. Joachimus, ut vestes suas reficiendas curet. Vesperi non redierunt, sed manserunt in Bochoven, quia in mandatis habebant honorare Cassiopijn, commendatori in Creveceur, una pingui ove, uti fecerunt, et egit gratias.

138. 28 Maii Mane circa octavam redierunt referentes, pastorem in Littoyen agonizare. Quare statim misi per Focquestar ad dominum comitem Wilhelmum pro pascedulla[770], quam benigne dedit pro duobus religiosis. Et misi cum illa pastorem in Berlickem et fratrem Joachimum, ut per Bomel cum Wilhelmo Stout (qui hic fuerat in prandio) sequenti die proficiscerentur[771]. Decumbebat enim in Litta Magna. Discesserunt hinc post quartam horam.

139. 29 Maii Vesperi post collationem venerunt huc soror nostra Johanna et domicelli Daly et Herenhoven cum nostra carruca nos invisum. Qui hic pernoctarunt.

Etiam huc rediit Breda Horenbeeckius.

140. 30 Maii Laboravi chiragra hesterno et hodierno die ita ut celebrare non potui. Circa prandium redierunt pastor in Berlickem et fr. Joachimus ex Litt, qui nuntiarunt pastorem Littoyensem esse proximum morti, et se ad illam disponere. In prandio predicti domicelli nobiscum pransi. Etiam hic pernoctarunt. Discessit auriga cum carruca nostra mane.

141. (*Zondag*) 31 Maii Fuit festum Pentecostes.

Adfuerunt hic dominus de Bartwijck cum uxore, duabus ancillis et duobus famulis et reda sua. Qui hic pransi circa tertiam abierunt Silvamducis. Adfuerunt uxor Focquestar et doctor Gellicum. Etiam pransi iverunt in Heusden cum carruca circa quintam horam. Domicelli supradicti cum suis famulis hic manserunt et pernoctarunt.

142. 1 Junii Mane ivit fr. Augustinus in Heusden de nostro consensu, nec in prandio rediit. Fuimus pransi cum supradictis dòmicellis.

143. 2 Junii Mane ivit pastor in Berlickem in Heusden et domicellus Daly cum eo, qui circa prandium redierunt et nuntiarunt, scabinos Heusdenses in causa contra Van Haren pronuntiasse, quod debeamus replicare. Idcirco misimus expressum cum litteris ad Van Herlaer advocatum, cui haec insinuata sunt, ut in diem octavam sit paratus.

770 paspoort.
771 A.A.B. Memorie van uuytgheven onder 29 mei 1637.

Accepi litteras a Lentio, pastorem Littoyensem agonizare. Expedivi litteras collationis dicti
(*f. 90 r.*) pastoratus pro persona Lentii.

Scripsi litteras ad advocatum Van Outwijck Tielae, ne cuiquam det accessum ad cistas a pastore dicto ibidem repositas. Item scripsit fr. Folcoldus dicto fratri Arnoldo, qualiter eundem, casu quo moriatur, debeat sepelire, etc. Remissus est vitricus dicti Lentii in Litthoyen.

In prandio et in cena tantum adfuerunt domicelli predicti et soror nostra.

144. 3 Junii Mane curru nostro hinc discesserunt domicelli supradicti et soror nostra ad propria[772]. Dedi salvamconductum vel potius attestationem domicello Daly, quo attestor, Egidium de Cro esse meum famulum et neutralem personam, ut tutius hic ex Wilvoerden posset venire. Ivit cum illis pastor in Berlickem Silvam pro negotio contra Van Haren apud Herlarium promovendo. Ivit item vidua Breugelii Silvam pro suis negotiis et solvit nomine nostro Sergio Verheÿden de materia pro veste nostra meliore empta, 150 et ultra florenos juxta quitantiam quam habet. Per diem soli fuimus.

145. 4 Junii Mane ivit Horenbeeck Silvam allaturus vinum a Petro Cottel pro nobis et simul, ut curet pro nobis cambium Antverpiam mittendum ad Mariam Vranx 150 florenos et 14 stuferos pro quatuor partibus telae cameracenae nobis missis. Etiam ut lanam suam vendat.

Accepi a fratre Lentio litteras, quibus significat, pastorem adhuc in agone esse, sed brevi discessurum; item copiam resignationis ejusdem pastoratus Litthoyensis. Et aliud instrumentum, quo Littoyenses deposcunt eundem Lentium suum pastorem. Rescripsi Lentio, ut statim pastore mortuo huc veniat, et misi illi aliam formulam, quam debet curare describi per modum libelli ad nos qua petant Litthoyenses ipsum pastorem.

Accepi heri litteras Teneramunda a fratre, quibus petit, ut Petro Cottel solvatur duplex canon, simul 85 floreni et aliquot stuferi.

Vesperi redierunt pastor in Berlickem et Horenbeeck cum duobus vasis vini Francici apud Petrum Cottel allatum. Et recepit a Van der Cammen litteras, quibus scribit estimationem quatuor quercuum in Bernhese jacentium. Item scribit, Schuylium arrestasse bona capellani in Heeswijck, nisi eidem ex iis solvatur taxa pro predicantibus.

146. 5 Junii Quinta nihil occurrit. Sed recipio litteras a fratre meo

772 A.A.B. Memorie van uuytgheven.

Maximiliano, quibus scribit in negotio nostro contra dominum de Heeswijck adhuc nihil actum. Preterea quod Hedichuysen ceciderit causa in processu contra canonicos Aquisgranenses, et quod domus Tilly sit infecta peste, et
(*f. 90 v.*) quod propterea dominus fugerit cum sua familia. Item quod dominium de Tilly sit venale per decretum propter debita, etc.
147. 6 Junii Mane misi fratrem Folcoldum Silvam, ut loquatur Schuylio de taxa, quam imponit fratri meo Cornelio. Item ut loquatur Herlario de scriptura contra Danielem van Haren et aliis processibus. Item ut loquatur Brugelio de processibus Petri Adriani contra drossardum. Item ut solvat ovem donatam Cassiopijn emptam apud Margaretam Zomers[773]. Ut Joanni Jacobi, fabro lignario, loquatur de quatuor arboribus in Bernhese jacentibus. Item ut loquatur Johannae Doeyenbraeck[774], ne patiatur distrahi suppellectilem fratris Nicolai casu quo moriatur, etc. Venit hodie ante prandium Bernam fr. Arnoldus Lentius, nuntians fratrem Nicolaum Havens quarta huius circa octavam horam matutinam obiisse in Litta et sequenti die sepulturae traditum in ecclesia de Litthoyen. Contuli eidem fratri Arnoldo dictum pastoratum et misi eundem cum pastore in Berlickem Silvam ad archidiaconum pro institutione ejusdem post prandium cum carruca Horenbecii.

Vesperi rediit pastor in Heeswijck Silva et contulit replicam contra Danielem van Haren exhibendam in judicio. Alia ipsi demandata puncta perfecit.
148. (*Zondag*) 7 Junii Venit huc ante prandium Breda advocatus Jan Melissen[775], qui nobiscum pransus est. Post prandium iverunt Silvam ad nuptias advocati Costerii vidua Van Breugel in curru nostro, et cum eis pastor in Haren et Amelius. Vesperi rediit Silva fr. Arnoldus Lentius jam ab archidiacono institutus pastor in Litthoyen et hic Bernae pernoctavit. Mansit pastor in Berlickem Silvae.
149. 8 Junii Mane prestito prius juramento[776] quod revertetur ad conventum revocatus, dictus fr. Arnoldus discessit hinc in Litthoyen. Per diem nihil occurrit.
150. 9 Junii Scripsi litteras ad fratrem meum Cornelium, quibus indico illi, quod Schuyl velit beneficio ipsius habere taxam 3 florenorum

773 A.A.B. Memorie van uuytgheven.
774 Frenken, Dagboek Moors, blz. 88 onder 30 nov. 1637.
775 Jan Melissen is waarschijnlijk dezelfde persoon als Mr. Amelius. A.A.B. ms. G. v. d. Elsen, *Geschiedenis van de Heeren van Heeswijk en Dinther*, blz. 134.
776 A.A.B. Juramentum fratris Arnoldi Lentius van 8 juni 1637. Steynen, blz. 31.

et 18 assium annue pro predicantibus, etc. Circa prandium venit huc pastor in Bochoven cum Wilhelmo Suylen ex Anholt loquentes de domo mortuaria fratris Gisberti, et curavi scribi ad pastorem de Anholt de ista materia. Nobiscum pransi sunt. Postea supervenit pastor in Berlickem Silva, cum quo egit etiam super hoc Wilhelmus predictus.

(*f. 91 r.*) **151**. 10 Junii Mane venit huc capitaneus Slabuita petens nomine comitissae de Nassouw[777], uxoris gubernatoris Heusdensis, ut pro eadem impetrare velim apud Serenissimum Infantem Hispaniarum Cardinalem salvumconductum, quo libere posset cum suo sodalitio et commeatu et rheda proficisci quo luberet. Addixi eidem omnem operam et diligentiam possibilem. Et abiit. Dedi eidem memoriam qua ab ipso gubernatore possem pro duobus religiosis habere pascedullam 8 vel 10 dierum eundi in Lith et Tiel pro domo mortuaria pastoris in Litthoyen administranda[778].

Hodie venerunt 13 oves ex Heeswijck in pascua Bernensia, ut impinguantur.

Hodie expedivi commissionem super personas pastorum de Heeswijck et Berlickem componendi et administrandi domum mortuariam pastoris Litthoyen. Vesperi sero valde rediit cum curru nostro vidua Brugelii et Maria filia Brugelii ex nuptiis cognati Costerii et cum eis venit soror nostra Joanna.

152. 11 Junii Mane jentarunt hic Costerius advocatus cum sua sponsa et alio nobili Ultrajectensi, Ram dicto[779].

Mane etiam venit huc Adrianus de Weer, qui sub prandio cepit valde male valere ex colica passione. Post prandium discesserunt hinc pastores de Heeswijck et Berlickem cum commissione a nobis data de administratione domus mortuariae pastoris in Litthoyen[780]. Iverunt in Bommel ituri cras in Lith, deinde in Tiel. In prandio etiam adfuerunt doctor Gellicum et uxor.

153. 12 Junii Scripsi ad presidem Roosa et ad archiepiscopum Mechliniensem[781] pro salvoconducta dominae comittissae de Nassau, uxoris gubernatoris Heusdensis. Item scripsit heri in eundem finem pastor in Berlickem ad Tipoets et fratrem meum Bruxellis. Scripsi

777 Christina, gravin van Erbach.

778 A.A.B. Memorie van uuytgheven onder 11 juni.

779 Juten, *Tax*. XLII, blz. 120-121; H. G. Familie Ram, blz. 102. Welvaarts, *Postels Biogr. W.* blz. 176.

780 A.A.B. Memorie van uuytgheven.

781 Jacob Boonen, aartsbisschop van Mechelen. Ceyssens, *Nat. Biogr. W.* blz. 74.

insuper patri cruciferorum priori in Uden, ut ferat lecticam cum lecto relictam in domo pastoris de Uden. Etiam scripsit fr. Folcoldus pastori Udensi, ut tradat patri priori predicta. Sunt restituta[782]. Scripsi item Van der Cammen, ut in feriam secundam, quae est 15 huius, mittat carrucam, ut avehat sororem nostram, quae tunc revertetur in Heeswijck.

154. 13 Junii Misi fratrem Bartholomeum Silvam, ut praedictas litteras destinet. Insuper mandavi illi, ut pastorem Bochovianum moneat ad solvendum braxatori fratris Norberti. Quod fecit et solvit eodem die hoc. Post prandium venit huc dominus de Bardewijck nos invitans ad prandium in 16 huius, sed excusavi me propter podagram, qua vexor. Accepi per fratrem Bartholomeum litteras[783]
(*f. 91 v.*) a prepositis Fraternitatis B. Mariae, quibus invitant me ad novum praepositum eligendum in 21 huius post prandium circa tertiam.

155. (*Zondag*) 14 Junii Post prandium venit huc schultetus de Gemert Schellings et deposuit suas querelas de commendatore petens juvari, ut in gratiam mereatur recipi vel cum bona venia dimitti. Sumpto haustu hinc discessit.

156. 15 Junii Mane discessit hinc soror nostra in Heeswijck cum carruca Horenbecii et ivit cum illa Silvam fr. Joachimus et Catharina Breugelica.

Circa vesperum redierunt pastores in Berlickem et Heeswijck asportantes parvum inventarium mobilium domus mortuariae pastoris in Littoyen et cistulam cum scriptis diversis et cedulis elocationum decimarum. Vesperi rediens Catharina Breugelica habuit sociam uxorem Francisci Nieuwhoff, quae hic pernoctavit. Et emit a me arborem int Bernhese jacentem. Post prandium abiit, scilicet sequentis diei.

157. 16 Junii Mane transiit hic pastor in Bochoven, et venit dominus de Bartwijck et adduxit secum pastores de Bochoven, Berlickem et Haren, qui circa sextam redierunt.

158. 17 Junii Mane advenerunt huc dominus de Blaerthem et frater ejus Everardus in proprio negotio.

Etiam eodem mane venerunt in Hemert visitatum fortificationem duo de Statibus Hollandiae, Vei Amer Harlemensis et Nobel Rotterdamensis, quos circa fortalitium de Hemert salutavi. Aderat Slawida et plures alii. Etiam Zebastianus Belarts. Obtuli jentaculum, sed excuserunt propter brevitatem temporis. Aderant mihi pastor in Berlickem, et Horenbeec et

782 Deze twee woorden zijn later toegevoegd.
783 Dit woord ontbreekt in het ms. Het is klaarblijkelijk door Moors vergeten.

dominus de Blaerthem et frater ejus, etc., qui duo nobiscum pransi sunt, et hic pernoctarunt.

159. 18 Junii Nihil occurrit. Dominus de Blaerthem et frater ejus hic manserunt et pernoctarunt. Scripsit hodie Hagam ad Bruynseels pastor in Berlickem pro expeditione justitiae contra Herptenses pro impetrando executoriali in terra Heusdensi per Focquestar, qui proficiscitur Hagam, qui simul a Reinardt petet, quid sit de nostra licentia proficiscendi, etc. Vesperi rediit Silva fr. Joachimus referens, famulum nostrum Gisbertum esse sponsum. Pertransiit hic post prandium pastor in Bochoven veniens ex Wijck, ubi inviserat dominum de Baertwijck, referens dominum de Loon esse ab equitibus Neomagiensibus perturbatum propter sacerdotem quem alit.

(*f. 92 r.*) **160**. 19 Junii Nihil occurrit. Dominus de Blaerthem et frater hic pernoctarunt, sed non pransi sunt. Iverant in Outheusden cum Horenbeeck pro vendendis terris suis. Sed vesperi hic reversi sunt.

161. 20 Junii Mane discesserunt hinc dominus de Blaerthem et frater ejus. Hodie adfuerunt burgimagistri de Herpt Horenbechio referentes, quod abbas Bernensis deberet pro tempore, quo hic Bernae fuerit, dare contributionem, et quod taxatus sit ad septem florenos cum medio. Et hoc pro contributione regia. Et quod sic apud rectores Herptenses sit statutum, etc.

Post prandium ivit Horenbeeck Silvam et cum eo Margareta famula. Vesperi recepit pastor in Berlickem litteras a Weerimont, quibus scribit, Jensma[784] impetrasse suum pasportum, et quod brevi sit venturus ad famulatum suum apud nos.

162. (*Zondag*) 21 Junii Mane venit huc Henricus Joannis Rovers de Heeswijc, qui nuntiavit, dominum Boschuysen sacerdotem non velle amplius contribuere pro missis sui beneficii Item quod novam vellent instituere impositionem taxarum in Heeswijck rectores ibidem.

Item advenit fr. Lentius ex Litthoyen cum litteris, quae indicant, quod amici vel consanguinei defuncti pastoris Nicolai Havens fuerint ibi et pretendant hereditatem tam mobilium quam immobilium a pastore relictorum. Ad utrumque respondum est: pro primo, quod declarationi episcopi insistendum sit; pro posteriore, quod scientes quales et qui sint tales consanguinei facile resistemus.

Profecti sunt Silvam pastores de Heeswijck et Berlickem ob predicta et alia post prandium. Fuit hic in prandio uxor Focquestar.

784 Remigius Jensma, knecht van de abt. Frenken, Dagboek Moors, blz. 62.

163. 22 Junii In prandio adfuit pastor in Dreunen[785], querens pastorem in Berlickem, qui heri ivit Silvamducis. Circa tertiam abiit.

164. 23 Junii Circa prandium advenit Wilhelmus Stout nuntians, Ordines Hollandiae de novo inhibuisse, ne personae ecclesiasticae cuiuscumque etiam conditionis et qualitatis intrent civitates vel fortalitia aliqua sub pena captivitatis. Qui pransus nobiscum abiit.

Circa tertiam venerunt huc dominus de Bartwijck et uxor, dominus Pelgrom et uxor ambulatum et nos visitatum, qui circa septimam et cum iis pastor in Haren abierunt. Circa decimam redierunt pastores de Berlickem et Heeswijck et Horenbeec Silva et asportarunt litteras a fratre meo Bruxella, quibus scribit in causa contra dominum de Heeswijck nobis commissarios concessos Van den Velde et Cools[786]. Etiam asportarunt sexcentos florenos a domino Adriano[787], canonico Boxtelio, pro redemptione reditus sui totaliter solutae.

785 Adrianus van Schaluynen, norbertijn van Tongerlo. Schutjes III, blz. 499; v. Spilbeeck, Necrologium, blz. 90.

786 Waarschijnlijk J. Cools, secretaris van de Raad van Brabant. Frenken, Dagboek Moors, blz. 224 noot 257.

787 Adrianus Joosten, Schutjes II, blz. 359.

BIJLAGE I

Goedkeuring van 16 november 1634 te Heeswijk gegeven

Johan Moors, abt van de abdij van Berne, keurt goed, dat de schepenen van Dinther zes bunder land van de gemene grond ter ontginning aan particulieren van Dinther verkopen, om met de opbrengst hun schulden, die door de oorlogstoestand waren onstaan, te kunnen voldoen.

Origineel in A.A.B. afd. I. V D.
Het zegel ontbreekt.

Wij, Johan Moors, bij der gratie Goidts prelaet van Berne. Allen denghenen die desen onssen opene brieven sullen zien oft hooren lesen saluyt. Doen te weten, dat wij hebben ontfangen de oitmoedighe supplicatie van Jan Wijnant Suyssken, Dierick Jan Pennincx, Peeter Handrick Bogarts, Rombout Daniels, Jan Willems, Jacop Willems van Veerdonck ende Willem Costen, schepenen; Anthonis Huyberts ende Jan Willem Bartholomeeussen, gesworen; Jacop Costen ende Cornelis Daniels, kerckmeesteren; Handrick Costen ende Welt Anthonis Welten, heylighegeestmeesteren; ende Adriaen Fredericxen, Jan soone Jan Handrix Symons ende Jan Aertssen van Goch, borgemeesteren, allen als representerende het corpus der heerlickheyt van Dinther ende in den naeme van de gemeyne ingesetenen derzelver, inhoudende als dat zijlieden met gemeynen consente, omne te vervallen ende te mogen voldoen hender voors. dorps lasten geduerende dese voorleden oorlochssche troublen overcomen ende onbetaelt gebleven, hebben goet gevonden ennighe parceelen haerder gemeynte, tot ses buenderen in alles zijnde groot, aen particuliere ingesetenen te vercoopen omme bij denzelven affgegraven ende tot lant te werden geïncorporeert.

Dan alsoo dusdaenigen coop ende vercoop nyet validelick en can subsisteren zonder expres advoy, consent ende aggreatie van ons, ten insiene dat bij speciale acte van over memorie van mensschen onsser voorsaten prelaten van Berne door de voorgaende heere van Heeswijck ende Dinther de gerechticheyt in ende tot der gemeynte bij den supplianten van de voors. zijn vercregen, ende dat overzulcx oock bij andere specialen accoorde ende transactie t'anderen tijden tusschen den eerw. vader in Gode, heer Ottho van Boetselaer, prelaet van Berne, ende den schepenen, gesworen, kerckmeesteren, heylichgeestmeesteren ende gemeynen ingesetenen van Dinther over gelijcke aliënatie der gemeynte sonder voorgaende consent van de voors. heere prelaet pretenselick voorgeweynt, in den jaere 1550 den 15 Septembris aengegaen ende geraempt, der supplianten voorsaten onder anderen hadden gelooft voor hen, hennen oiren, erven ende naecomelingen, dat zij tot egheenen tijden en zouden mogen vercoopen, uuytgeven ofte transporteren iemanden ennighe parten oft parceelen, cleyn oft groot, luttel oft veel, van de gemeynte van Dinther zonder speciael ende bisonder consent, willecuer, approbatie ende ratificatie van de abt ende prelaets des goidtshuys van Berne voors., die tselve onder den gemeynen abtszegele soude approberen naer breeder vermellen van de voors. acte daertoe zij hen zijn refererende, soo verzochten die voors. remonstranten, dat ons zoude gelieven, ten insiene van de hoochdringende noot der supplianten ende de cleyne middelen derzelver, der vercoopinghe van ses buenderen ende incorporatie derzelver buenderen ten behoeve ende ontlastinghe der gemeynte als voor te doen, te aggreëren, te ratificeren ende met den gemeynen abtszegele te confirmeren.

Ende want wij ons over d'inhoude der voors. requeste wel ende rijpelijck hebben geïnformeert ende 't selve warachtich bevonden, soo eest, dat wij, genegen wesende ter bede ende begerte der remonstranten voorn., hebben geconsenteert, geaggreert, geratificeert ende geapprobeert, gelijck wij consenteren, aggreëren, ratificeren ende approberen bij desen, d'aliënatie ende incorporatie der ses buenderen van der gemeynte hierinne geroert, zoo nochtans, dat zij in toecomende tijden egheene voordere oft meerdere aliënatie en zullen mogen doen oft voorweynden, tenzij dat zijlieden, allvorens ende alleer tottere aliënatie te procederen, van ons oft onssen naecomelingen, prelaten van Berne, behoorlick consent zullen hebben verzocht ende vercregen, ende dat zij van de penningen, van de voors. vercoften ses buenderen geprocedeert, zullen hebben te doen behoorlicke rekeninghe, bewijs ende reliqua ten bijwesen van ons ofte imanden van onssentwegen daertoe te committeren ende daertoe binnen den tijt van acht daghen naer de voors. gedaene rekeninghe aen ons een duplicaet derzelver, door den secretaris van Dinther behoorlick geauctentizeert op hennen coste, zullen leveren.

Ende hebben in teecken der waerheyt deze onsse openen brieven bij onssen agent doen onderteeckenen ende met onssen zegele ter zaecken ofte ad causas doen bevestigen ende verstercken.

Gegeven tot Heeswijck den zesthienden dach der maent van November des jaers ons Heere Jesu Christi eenduysent seshondert ende vierendertich.

VAN DER CAMMEN.

BIJLAGE II

Akkoord van 4 september 1635 te Heeswijk gesloten

Johan Moors, als abt en vertegenwoordiger van de abdij van Berne, en de schepenen, als vertegenwoordigers van de regeerders en de ingezetenen van Heeswijk, oorkonden, dat zij tot een minnelijke schikking zijn gekomen in het tussen hen gerezen conflict naar aanleiding van het verkopen van gemene grond door de schepenen van Heeswijk zonder toestemming van de abdij van Berne. De abt ratificeert uit gratie alle gedane verkopingen van gemene grond, uitgezonderd de stukjes land onlangs aan Mathijs Rutten verkocht. De verkoop hiervan moet worden geannuleerd. Opdat de abdij door deze ratificering geen schade zou lijden, en ter erkenning van de rechten van de abdij, krijgt de abt het gebruik van een perceeltje gelegen tussen 't Lanckhuys en de hoeve, waarop Art Handrix van Loon woont, met het voorbehoud, dat de gemeente het ten allen tijde voor 200 gulden kan terugkopen. Er worden door de schepenen nog enige andere toezeggingen gedaan. Ook worden afspraken gemaakt betreffende de gemeenschappelijke bestrijding van het opdringend stuifzand, dat Bernheze en de daar liggende gemene grond bedreigt.

Origineel in A.A.B. afd. I. V D.
De oorkonde werd bezegeld. Er zijn nog drie uithangende zegels in rode was voorhanden: het eerste van abt Johan Moors (dat beschadigd is), het vierde van Jhr. Bruno Ter Herenhaeff en het vijfde van Jhr. Jacob van der Cammen, oud-schepen van 's-Hertogenbosch. Het tweede en derde respectievelijk van het schependom van Heeswijk en van Jhr. Joost van Hedichuysen, drossaard van Heeswijk, ontbreken.

Kondt ende kennelijck zij allen ende eeneniegelijcken die desen letteren ofte brieven van accoorde ende transactie zullen zien, voorcomen ofte hooren lesen:

Alzoo zekeren questiën ende differenten waeren opgestaen ende processe geresen tusschen den eerwerdighen heere en vadere, heere Johan Moors, abt ende prelaet der abdije van Berne, zoo in den naeme van zijnder eerw. als van wegen der voors. abdije ter eenre, ende den schepenen, gezworen, kerckmeesteren, heylichgeestmeesteren, ende den gemeynen ingesetenen der heerlichheydt van Heeswijck ter andere zijden, ende dat all ter cause ende saecke, dat die schepenen ende regeerders van Heeswijck voors., zoo hiervoorens aen diversen als noch onlanx gepasseert aen Mathijs Rutten zaeliger, hen hadden vervoirdert, zonder consent, approbatie ende toelaten van den abt ende prelaet voors. te vercoopen zekere parten ofte gedeelten van erven, genomen ende affgemeten zijnde inne verscheyden plaetsen van der gemeynte onder de heerlickheydt van Heeswijck gelegen, waerteghen hem hadde die voors. eerw. heere prelaet gerichtelijck, met ende door verscheyden verboden ende insinuatiën door den vorster van Heeswijck gedaen, behoorlick geopponeert, ende dat uuyt dyen, dat de abdije voors. hadde bij goede titule van vercrijch (all langhe voor den titule van vercrijch der voors. gemeynte van Heeswijck) vercregen van verscheyde temporele heeren der dorpen van Heeswijck ende Dinther in tijden wesende, te weten,

alsdat dieselve gemeynten van Heeswijck ende Dinther voors. souden naer inhoudt van de brieven der abdije van Berne voors. ten eeuwigen daegen alleenlijck bij die van Heeswijck, Dinther ende den goeden in Bernheze, toebehoorende der abdije voorn., werden gebruyckt, sijnde nu ter tijt vijff hoeven daeraff die twee sorteren onder Dinther ende die drye hoeven onder Heeswijck gesitueert, 't selve wel verstaende, dat die twee hoeven voors. onder Dinther sorterende zouden altijt gebruycken die gemeynte van Heeswijck achtervolgende den titule van vercrijch der abdije van Berne meer vermelt.

Ende hoewel dit all nyet tegenstaende de schepenen ende regeerders van Heeswijck voors. hen hadden vervoirdert, naegaende zekere carthe bij hen vercregen ende speciael consent ende octroy van wegen des temporele heere van Heeswijck daertoe vercregen, te vercoopen ende uuyt te geven aen ennigen der gemeynen ingesetenen van Heeswijck ettelicken parceelen van der Heeswijcksche gemeynt voors., zoo ende gelijck als noch onlanx aen Mathijs Rutten is geschiet. All waerteghens ende 't zelve nyet te doene hem hadde, met de voorgemelte gerichtelijcken verboden ende interdicten geschiet, die voors. eerw. heer prelaet behoorlijck geopponeert ende den voors. schepenen ende regeerders in dyer qualiteyt geroepen in recht.

Waeromme ende aengemerckt dat bij deze procedure geïntenteert omme uuyt te vueren zouden zonder ennichgen twijfel vallen zeer overgrooten ende insupportabelen costen van parthijen, allen welcken costen te doen ende op te brengen vanwegen der ingesetenen van Heeswijck (geconsidereert henne groote armoede bij deze tegenwoordighe lanckdurighe oorlochssche troublen ende daechgelijxen onverdraechgelijcke schattingen ende exactiën gecauseert) zoude zijn ende wesen een zaecke nyet ofte quaelijck mogelijck om doene.

Ende hiertoe alnoch considererende, dat alssmen heeft al gedinght tot den diffinitiven vonnisse toe ende staet te pronuncieren, nyet lichtelijck en is te weten wat oft hoedaenighe judicature oft sententie daerinne zal werden gegeven, ende dat daertoe oock gemeyndelijck uuyt grooten processen meer quaets dan goets opstaen ende werden geboren. Ende om dan dit alltemael des voors. is intijts geheelijck te verhueden, soo zijn zij schepenen ende regeerders van Heeswijck voors. gecomen ende gecompareert geweest voor den eerw.heer prelaet voors., ende hebben mondelinge verzocht ende gebeden, van ende over allen dezen verschillen ende questiën voors. te mogen werden gemackt ende geraempt een redelijck ende minnelijck accoort.

Dyewelcke zijn eerw. voors. aenmerckende zoowel haer oitmoedighe petitie als den grooten noot van dezelven ingezetenen hen hebbende gedrongen omme de voors. parten ende parceelen hiervorens bij hen te vercoopen, hebben alzoo zijn eerw. ter eenre, ende de schepenen, regeerders ende ingesetenen van Heeswijck ter andere zijden geraempt, gemackt ende gesloten van alles des voors. is deze tegenwoordighe minnelijcke transactie ende dit vast, sterck ende onwederroepelijck accoordt, waerdoor ende mede zullen zij parthijen ter eenre ende ter andere zijden, nu ende ten eeuwigen daghe zijn ende blijven van allen ende eeniegelicken questiën, differenten ende verschillen voorverhaelt vereenicht ende veraccordeert, ende dat all bij middelen ende conditiën hiernaer gespecificeert, te weten:

als dat uuyt sunderlinge gratie ende nyet van rechtswegen die voors. eerw. heer prelaet heeft gelaudeert, geapprobeert ende geratificeert, gelijck hij doet mits desen, allen ende eeneniegelijcken de vercoopingen ende uuytgevingen der gemeynte van Heeswijck voors. tot desen huydingen daghe toe bij den schepenen ende regeerders voors. geschiet (alleen uuytgenomen de parceelkens lants van de voors. gemeynte genomen ende bij denzelven onlanx aen Mathijs Rutten voors. getransporteert ende vercoft, welcke transpoort ende vercoopinghe de voors. schepenen ende regeerders zullen schuldich en gehouden wezen t'annulleren ende te nyet doen zoo ende gelijck zij geloven te doen mits desen), ende dat zoo van wegen van zijn eerw. voorder vermelt als zijnder abdije ende allen den naecomelinghen derselver als daertegen nyet te mogen doen ofte doen doen bij haerzelver oft oock enighen van zijnder abdije wegen, maer allet zelvighe vast ende stedich te houden, nu ende ten eeuwigen daghen, zonder enich arch ofte liste, blijvende de costen bij parthijen in de procedure gedaen uuyt gratie ten wederzijde gecompenseert.

Ende ommedat d'eerw. heere prelaet voors, zijne abdije ende zijnen naecomelingen in hennen goeden nyet en zullen hebben te lijden door deze zijnder eerw. speciael consente, approbatie ende ratificatie ter cause van hender ingesetenen noot hen gratieuselick vergonnen, soo eest dat wij: Jan Aertssen Vercuylen, Jan Hendrickx Roovers, Art Handrix van Loon, Nicolaes Willemsen van Driel, Marten Corstiaensen van Goch, Handrick Martens ende Jan Willemssen schepenen; Handrick Handrix Roovers ende Mathijs Delissens geswoorenen; Peeter Adriaens ende Handrick Janssen Roovers kerckmeesteren; Handrick Spierincx ende Laureyns Roeffen heylichgeestmeesteren; Handrick Janssen Spierincx ende Huybert Willemssen Bossch borghemeesteren; Willem Jans Spierincx ende Gerardt Adriaens van der Dussen, Jan Delissen Janssen, Elias Joosten, Willem Claessen van Duerne, Simon Anthonis Handrix, Peeter Handrix Dobbelsteyn, Peeter Jans Timmers gemeyne geërffde ingesetenen naergebueren als representerende het corpus der heerlickheyt van Heeswijck meer gemelt, hebben inne recognitie ende recompense van des voors. is eentzaementlijcken ende oprechtelijck aen dezelver zijnder eerw. ende zijnder abdije van Berne geconsenteert ende vergonnen, zoo ende gelijck wij consenteren ende vergonnen mits desen (ende dat voor zoovele als in ons is) het gebruyck van zeker stuxken lants van der gemeynte, gelegen tusschen het Lanckhuys ende de hoeve daerop Art Handrix van Loon is woonende, soo nochtans ende in der vuegen ofte bij avontueren inne tijden ende wijlen bij hen regeerders oft hennen naecomelingen werden goet ende geraeden gevonden van tselve wederomme tot de gemeynte te brengen, dat in all dyen gevalle dezelve regeerders of henne naecomelingen tselve zullen mogen doen, blijvende verbonden ende schuldich mits desen tot de lossinghe oft redemptie van dyen aen zijn eerw. voors. oft zijnen successeuren redelijcken te voldoen ende te betalen de somme van twee hondert gulden eens, den gulden tot XX st. gerekent, mits dezelve lossinghe een jaer tevoorens behoorlijck op te seggen.

Ende zullen alsdan aen zijn eerw. of successeuren voors. oock moeten werden in allen redelickheyt goetgedaen ende gerefondeert allen ende eeniegelijcken de verbeteringen ende melioratiën bij zijn eerw. ofte zijnen successeuren gedaen, dye oock ende van gelijcken alsdan allen de vruchten ende potingen daerop staende geheelijcken, sonder hen oft iemandts anders becroon, mogen tot zijnen proffijt affblooten ende affnemen.

Ende daertoe den wall (die welcke aldaer nu van oudts schijnt te zijn geleecht) zullen de regeerders van Heeswijck voors. neffens de hoevenaers van zijn eerw. onder Heeswijck gelegen, loffelijck ende behoorlijck ten verzoecke van zijn eerw. moeten opmaecken, maer den boom ofte hecken aldaer te stellene zal werden tot cost ende last van zijn eerw. alleen gehangen ende onderhouden ende besloten zoo ende gelijck zijn eerw. daervan meynt te hebben prooffijt.

Sullen oock de regeerders voors. de vier pachters van zijn eerw. hoeven (de drije te weten in Bernheze ende de vierde voor de poorte zijnder eerw. huysinghe gelegen) den tijdt van vijfthien jaeren naestcomende, van date dezer te beginnen, vrij ende exempt van allen dorps onereuse lasten ende bedieningen houden ende laeten. Ende dat voorzoovele dat in hen is.

Sullen oock die regeerders zijn ende blijven verobligeert van op allen jaeren te doen leggen twee gemeyn wercken, tzij van een, twee ofte meer daegen, zoo ende gelijck den noot ende oirbaer zal vereysschen ende parthijen onderlinghe zullen vijnden geraeden, omme het onsteken sandt ontrent der hoeven der voors. abdije gelegen allomme met alle mogelijcke ende doendelijcke middelen te schutten, keeren ende diverteren zoo uuytter hoeven voors. als der gemeynte meer gemelt.

Sullen daerenboven de regeerders voors. present ende toecomende zijn eerw. ende successeuren voors. laeten in allen hennen gerechticheden gerust ende geheel, zonder de minste ofte enighe turbatie daerinne te doen ofte dooghen mits conditie tot deze nerstelijck ondersproken alsdat de hoeven der abdije voors. in Bernheze onder Dinther gelegen zullen zijn ende blijven in hennen gebruycke ende oude possessie omme te mogen gebruycken de gemeynte van Heeswijck zoo zij diezelvighe van ouden tijden herwarts gebruyckt ende gepossedeert hebben.

Allet dwelck voors. wij schepenen, regeerders ende ingesetenen voors. geloven voor ons, onssen oiren ende naecomelingen nyet te mogen beletten, behynderen daertegens te doen ofte doen doen nu oft tot egeenen tijden zonder argelist.

Ende omdat egeen questiën, differenten ofte geschillen en zullen mogen opstaen, rijsen ende vallen, nu noch tot egheenen tijden, tusschen den eerw. heere prelaet van Berne in tijden wezende ende ons ingesetenen voors., dat wij nu noch egheenen tijden en zullen mogen vercoopen, uuytgeven ofte transporteren aen imanden ennighen parten ofte parceelen, cleyn ofte groot, luttel ofte vele, van der gemeynt van Heeswijck voors. zonder speciaell ende bisonder consent, willecuer, approbatie ende ratificatie van de eerw. heere prelaet der abdije van Berne voors. in tijden wesende, dat allzoo approberende, consenterende ende ratificerende met den zegel des prelats voors. in der tijd wesende, zonder argelist ter eenre ende ter andere zijden hierinne te zoeckene.

Ende omme allen poincten ende conditiën boven verhaelt ende gespecificeert vast, stedich ende onverbrekelijck ter eenre ende ter andere zijden gehouden te werden, soo hebben wij Johan Moors voors. als abt ende prelaet der abdije van Berne voor ons, onssen naecomelingen ende convente op verbyntenisse van allen der abdije goederen nu hebbende ende naemaels vercrijgende ter eenren, ende wij schepenen, regeerderen ende ingesetenen van Heeswijck voors. voor ons selven ende ellick van ons bisondere, onssen oiren ende naecomelingen, goederen nu tegenwoordelick hebbende ende naemaels hebbende ende vercrijgende ter andere zijden, gelooft en geloven mits dezen allen poincten, conditiën ende gelooften boven verhaelt ende gespecificeert, d'een den anderen inne goedertrouwen, vast ende stedich te houden nu ende ten eeuwigen toecomende tijden, ende met den wercke geheelijck te voldoen, zonder list, arch, droch oft simulatie hierinne te zoeckene ofte te willen laeten geschieden; verthijdende tot dyen op allen mandementen van relevatiën, reductiën ofte anderssints hiertegens te mogen vercrijghen, mitsgaders allen privilegiën, geestelijcken ofte werlijcken, bij ofte vanwegen cheestelijcken, prelaten ofte werlijcken heeren verleent, ofte alnoch te verleenen, ende alles sgheens des tegen allen poincten ende conditiën boven verhaelt zouden mogen suffrageren ofte ennichtsins behulpelijck wezen; verthijgende tot dyen eynde oock op den rechte; seggende dat gemeyne verthijdenisse nyet en opereert, tenzij dat speciale voorgaende is.

Ende in sterkenisse van allen poincten boven int langhe verhaelt ende gespecifieert, soo hebben wij Johan Moors, abt ende prelaet van Berne voors. ende oock wij schepenen van Heeswijck voors. desen brieven bezegelt, d'een den anderen, met de gewoonlijcken zegelen des heere prelats van Berne ter zaecken, ende den gemeynen schependomszegele van Heeswijck door begerte, wille ende verzoecke der ingesetenen van Heeswijck voors., hebbende tot meerdere versterckenisse ende vestinghe van des voors. is desen letteren oock doen bezegelen met de propren ende eygen zegelen van Jo[r]. Joost van Hedickhuysen, onssen drossart ende officier, ende Jo[r]. Bruno Ther Heerenhaeff ende Jo[r]. Jacob van der Cammen, licentiaet inne beyden rechten ende oudt-schepen der stadt van 's-Hertogenbossche.

Gegeven in den jaere van der zaelige geboorte ons Heere te rekenen duysent sesshondert ende vijffendedertich, vier daegen in Septembri.

INDEX

van persoons-, plaats- en perceelsnamen en van andere aardrijkskundige aanduidingen*

* De plaats- en perceelsnamen en de andere aardrijkskundige aanduidingen zijn cursief gedrukt. Met uitzondering van de perceels- en buurtschapsnamen is in deze Index de hedendaagse schrijfwijze van de aardrijkskundige namen gekozen in plaats van de zeer gevarieerde spelling van het handschrift.

Deze Index heeft betrekking op de tekst van het Memoriaal.

De namen in de voetnoten zijn van een * voorzien.

H.

I.

S.

INHOUDSOPGAVE